U0961005

The Exploration and Practice of Postgraduate Enrollment Reform

研究生招生改革探索与实践

赵怀力　吕　炜　主　编
赵建国　邢天才　副主编

东北财经大学出版社
Dongbei University of Finance & Economics Press
大连

图书在版编目（CIP）数据

研究生招生改革探索与实践 / 赵怀力，吕炜主编. —大连：东北财经大学出版社，2017.10（2017.12重印）

ISBN 978-7-5654-2953-8

Ⅰ. 研… Ⅱ. ①赵… ②吕… Ⅲ. 研究生-招生-考试制度-教育改革-研究-中国 Ⅳ. G643.6

中国版本图书馆CIP数据核字（2017）第230710号

东北财经大学出版社出版

（大连市黑石礁尖山街217号 邮政编码 116025）

网 址：http：//www.dufep.cn

读者信箱：dufep@dufe.edu.cn

大连图腾彩色印刷有限公司印刷 东北财经大学出版社发行

幅面尺寸：180mm×255mm 字数：487千字 印张：22 插页：1

2017年10月第1版 2017年12月第2次印刷

责任编辑：李 彬 宋雪凌 责任校对：齐 心

封面设计：冀贵收 版式设计：钟福建

定价：68.00元

教学支持 售后服务 联系电话：（0411）84710309

版权所有 侵权必究 举报电话：（0411）84710523

如有印装质量问题，请联系营销部：（0411）84710711

序

新形势下的研究生招生

道在日新，艺亦须日新，新者生机也；事物的发展在于不断创新，教育也应如此。

正值全国供给侧结构性改革、高校“双一流”建设推进之时，国家创新驱动发展需要大批高质量研究人才作为支撑，而高质量的研究生培养对招收具有创新潜力的优秀生源提出了更高要求。如何突破入口质量瓶颈，建立与学科人才选拔和生源国际竞争需要相适应、有利于高层次拔尖创新人才脱颖而出的招生制度，成为当前研究生教育事业面临的紧迫任务之一。

本论文集系辽宁省各研究生招生单位从事招生改革实践的成果，是工作经验的总结和升华，力图以这种形式为招生单位搭建一个交流实践经验、探讨改革难题、研究典型事例的平台，从而不断提高高等教育建设者的工作质量和管理水平。本论文集主要介绍了新常态下我省研究生招生制度的改革背景、探索现状和经验特色，重点阐述了新常态下博士“申请-考核”制的探索与实践，举措有力，亮点突出。各高校以提升质量、内涵发展为主线，通过构建多元化人才选拔模式，优化重构招生培养联动机制，动态调整博导招生遴选评价机制，健全招生奖助就业机制，完善招生监督管理体系；系统有序推进研究生招生制度改革，创新本硕贯通培养模式，实现博士招生选拔与硕士人才培养一体化，扩大博导招生自主权，增强导师团队协同作用；多维度提升了研究生的独立思考、自由创造和学术能力，切实做到机会公平、程序公开、结果公正。

作为一名教育工作者，我在教育厅任职八年，分管高等教育工作，曾有幸在改革开放以后高等教育大发展的时代，为学科建设、硕士点及博士点申报做了一些工作。韶光易逝，倏忽廿载。当前，正处于全日制和非全日制研究生统筹招生的新阶段，高校如何秉持质量观和发展观并重，创新探索非全日制招生模式，强化招生录取主体责任，规范导师权责，并积极做好政策配套内在协同，以实现差异化、有针对性地选拔优质生源的目标，成为高等教育深化改革长征路上的新思考。

风正潮平，自当扬帆破浪；

任重道远，更须奋鞭策马。

有幸作序，愿与诸同仁共勉！

都本伟

2017年8月15日

目　录

博士招考制度改革

新常态视阈下博士研究生招生“申请-考核”制的探索与实践
——以东北财经大学为例

赵建国　汤琼峰　李晓琳

（东北财经大学；辽宁大连，116025）

摘　要　基于博士招生“申请-考核”制的背景分析、研究现状和模式思考，本文以东北财经大学为例，探索博士招生“申请-考核”制的模式构建和支撑体系的建立，打破“唯分数、论文难”的僵化选拔模式，促使博士招生选拔模式更加灵活多元、鲜活立体，实现新形势视阈下高层次拔尖创新人才的有效“过滤”、公平筛选。

关键词　申请-考核，模式构建，支撑体系，公平筛选

Exploration and Practice of "Application-Assessment" System for Doctoral Admissions under the New Normalization
—A Case Study of Dongbei University of Finance and Economics

Abstract　Based on the background analysis, research status and model consideration of "application-assessment" system for doctoral admissions, this paper takes Dongbei University of Finance and Economics as a case, which mainly focuses on exploring the model-constructed and supporting system-established of "application-assessment" system for doctoral admissions. The model breaks the rigid selection system so called "only score not paper", which makes the model of doctoral admissions more flexible and tridimensional, and to realize the effective filtering and fair selection of high-level top creative talents under the new normalization.

Key Words　application-assessment, model-constructed, supporting system-established, fair selection

一、“申请-考核”制的产生背景

近年来，我国经济进入“提质增效、内涵发展”的新常态模式，如何主动适应经济社会发展需求，选拔高层次拔尖创新型人才成为当前人才培养转型升级的核心和关键。博士生教育作为我国最高学历层次，是高水平专门人才特别是拔尖创新型人才成长的重要途径，博士生的质量一定程度上映射了经济转型期下精英人才的培养水平。[1]而作为选拔优秀博士研究生的“滤波器”，招生工作在整个博士研究生的培养过程中占据着举足轻重的地位。

长期以来，我国博士生选拔主要采用“初试外语+2门笔试+面试”的统一招考方式，积累了经验的同时也出现了问题。统一招考是一种相对严格、公平的人才筛选方式，硬性分数、加权求和、先高后低，在很长一段时期内对博士生选拔起到了重要作用，但这种单一的指标制度过于僵化，忽视了新形势下多元化拔尖人才需求，暴露了诸多弊端。一是生源质量参差不齐，存在学术基础较弱、对学术没有追求的考生；二是初试固化，权重过大，部分研究能力突出但不善于考试的考生被拒之门外，难以充分考察出专业水平、创新能力和研究潜力，偶然性较大；三是导师和学院招生自主权不够，缺乏积极性、主动性，存在外语考试一票否决现象；四是招生监督保障机制欠缺，招生与激励资助机制融合不够，争取优质生源优势不足。由此可见，传统的公开招录方式已经不能实现高层次拔尖创新人才的有效筛选，并在一定程度上背离了博士生的培养目标，博士生的质量与国际先进水平差距较大。因此，在经济转型升级新时期，改革博士生招录选拔机制、强化博导责权、健全质量监督和保障体系迫在眉睫。

为此，2010年至今，国务院、教育部依次推出一系列博士研究生招考改革政策。一是《国家中长期教育改革和发展规划纲要（2010—2020年）》，要求深入推进博士研究生入学考试制度改革，加强创新能力考察，发挥和规范导师在选拔录取中的作用。[2]二是《教育部关于全面提高高等教育质量的若干意见》，提出推进博士生招生选拔评价方式、评价标准和内容体系等改革，把科研创新能力作为博士生选拔的首要因素。[3]三是《教育部 国家发展改革委 财政部关于深化研究生教育改革的意见》，提出建立与培养目标相适应的研究生考试招生制度，建立博士研究生招生选拔“申请-审核”制，发挥专家组审核作用，强化对科研创新能力和专业学术潜质的考察，完善研究生与导师互选机制。[4]四是《国务院关于深化考试招生制度改革的实施意见》提出形成分类考试、综合评价、多元录取的考试招生模式，健全促进公平、科学选才、监督有力的体制机制。[5]

与此同时，结合三部委出台文件，以北京大学、清华大学等为代表的国内知名高校，开始在部分学院、重点学科、部分院士或教授中试行博士招生“申请-考核”制。[6]截至2014年8月，实行该制度的高校已达70余所。[7]由此，博士招生改革“申请-考核”制应运而生、逐步推广。

二、“申请-考核”制的研究现状

1. “申请-考核”制的概念

所谓“申请-考核”制是指考生不参加招生院校组织的统一入学考试，直接根据报考院校公布的招考条件，按照本人申请、导师推荐、培养单位考核审定、确定录取博士的程序进行的招考方式。[8]

与传统的博士生统一招考方式相比，“申请-考核”制是为了科学有效地选拔出具有培养潜力的拔尖创新型人才，是一种由对考生的个人申请审查取代全国统一入学考试的灵活选拔制度，是通过学校自主的综合考核、考查申请人的培养潜力与学术创新能力，以强化导师与科研团队的自主权。

2. “申请-考核”制的特点

目前，国内高校试行“申请-考核”制主要集中在“985”、“211”工程院校的部分国家重点学科，省属院校较少，总体呈现“优中选优”“注重能力”这两项特点。各高校主要从考生资格、导师资格、外语水平、提交材料、考核内容、录取公示等6个方面来界定具体内容。具体指标要求[9]归纳如下：

考生资格：要求必须是全日制脱产攻读博士学位；部分高校要求毕业于国内外重点大学或国家重点学科；个别高校要求不能同时参加普通招考，必须为应届硕士毕业生等。导师资格：要求至少应具备院士、长江学者、杰出青年、二级教授等职称之一，职称级别要求较高；部分高校还要求博导为校内非超龄专职博导；仅个别高校对“申请-考核”的博导职称身份不作要求。外语水平：要求在大学英语六级以上，包括雅思、GRE等；个别高校还推出未达到规定水平，可参加学校统一组织的外语加试。提交材料：包括外语、成绩、学术、证书等材料；大多数高校采取学院组织审核，个别高校由研究生院统一进行资格审核，确定综合考核人选。考核内容：多以考核为主、考试为辅，主要考查专业知识、学术论文、综合能力和创新素质等方面。录取公示：考核领导小组确定后上报学校和研究生院，进行公示。

3. “申请-考核”制的模式思考

“申请-考核”制正式试行以来，国内部分高校开展的试行工作为在全国推行积累了一定的实践经验，也发现了模式运行中需要完善的地方，有以下几个方面：

（1）考生准入标准问题，如何突破“名校读名校”和外语成绩限制[10]，真正实现“不拘一格降人才”。

（2）博导资格问题，如何打破博导职称、头衔等外部标签限制，真正实现能力为先。

（3）录取结果更加公平公正问题，如何完备监督和申诉机制，避免人情因素的干扰。

三、“申请-考核”制的探索实践

2015年，辽宁省确定东北财经大学试点博士招生“申请-考核”制，学校推出《东北财经大学博士研究生招生“申请-考核”制实施办法（试行）》，并从选拔模式、质量跟踪、博导资格、监督程序、配套措施等5方面协同推出10个配套制度，力求多方位实现博士生招录机制改革的科学、公正。

（一）“申请-考核”制的基本模式

在借鉴国内重点高校“申请-考核”制的实践经验基础上，学校试行博士招生“申请-考核”制作为普通招考方式的一种补充，主要包括国内高校普遍采用的标准化“申请-考核”制（图1）和以硕博连读实验班为基础的定制化“申请-考核”制（图2）。二者均从选拔方法、选拔标准、选拔规则、选拔模式等4个方面突破传统招考机制，实现高层次拔尖创新型人才的筛选。

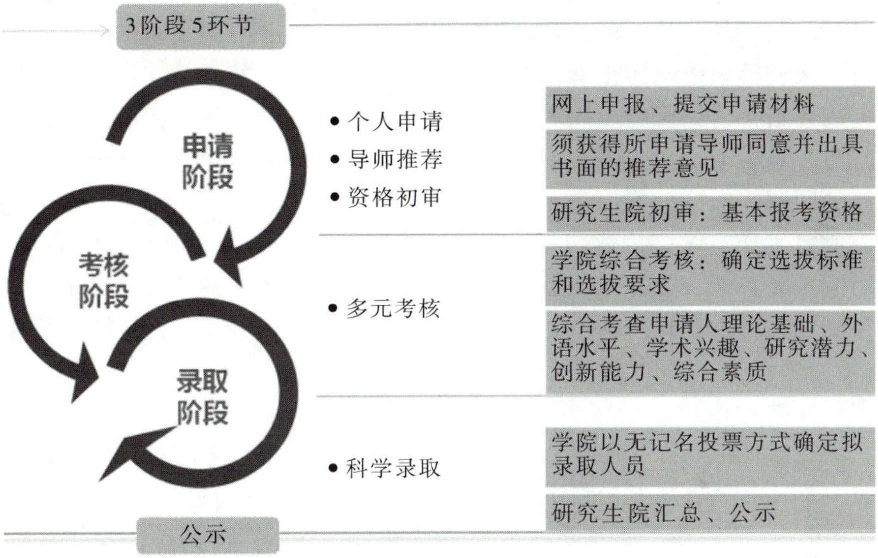

图1 标准化“申请-考核”制流程图

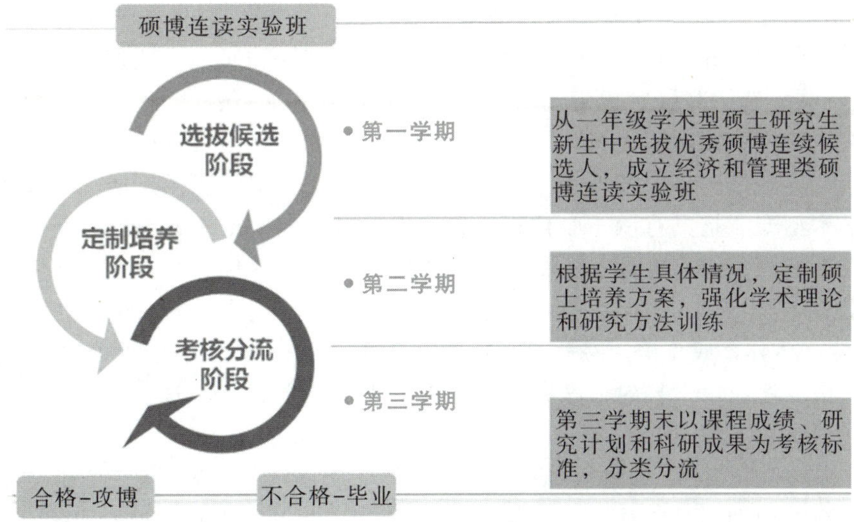

图2 定制化“申请-考核”制流程图

1.标准化“申请-考核”制

标准化申请-考核制是指不通过学校统一组织选拔，由学院成立考核小组，直接对申请人（具有硕士或博士学位）的综合素质、理论基础、外语水平、学术兴趣与研究潜力、创新意识与创新能力等方面进行综合考核。

（1）选拔办法：由“简单考试成绩决定”改革为“多元学术成果和发展潜力决定”；要求：申请人提交攻读博士学位期间本人致力研究的问题和设想陈述书（3 000字），与申请专业相关的代表性科研成果（学术论文应在CSSCI收录及以上级别期刊发表）。

（2）选拔标准：由“定位比较模糊”改革为“定位明确、细化”。要求：选拔创新能力和专业潜质较强，外语水平和综合素质较高，拔尖创新人才和高层次应用型人才；申请者为已获得硕士或博士学位毕业生，录取后须以全脱产方式在校学习（人事档案关系转入学校）；外语要求：如英语CET-6成绩≥430分或IELTS成绩≥6.0或TOEFL成绩≥90分或在英语国家或地区获得硕士或博士学位或发表过英文专业学术论文。

（3）选拔规则：由“研究生院统一制定招考规则，学院和导师招生自主权有限”改革为“突出特色，各学院分别制订工作方案，扩大导师和学院自主权”。要求：申请人须获得所申请导师同意并出具书面推荐意见，经研究生院初审、学院综合审查后予以公示和录取。各学院制订工作方案，内容包括：对申请人的要求、导师考核和学院综合考核细则、学院专家组成员名单、纪律检查负责人员名单等。复试阶段，由本专业或相近专业5名教授（其中至少包括3名博士生导师）组成专家组，采取答辩形式，就申请人研究计划进行论证考核。

（4）选拔模式：由“严进宽出”改革为“严进严出”。要求：规定“申请-考核”制录取考生，除完成规定课程学习外，还应在本领域取得较高水平的科研成果，必须在学校规定的一级A及以上刊物发表相关学术论文方可毕业。

2.定制化“申请-考核”制

2015年9月，学校开展硕博连读招生试点改革，成立硕博连读实验班（经济类和管理类），试行定制化“申请-考核”制，即从一年级硕士研究生新生中选拔优秀硕博连读候选人，通过定制化培养方案，在硕士阶段强化其学术理论和研究方法训练，进而通过中期考核-分流淘汰，选拔高层次拔尖创新型人才。具体规定如下：

（1）选拔条件：按学科大类将硕博连读实验班分为经济与管理两类，首次成立硕博连读实验班人数不超过当年全校博士生招生规模的60%。要求：①硕士所学专业为全日制脱产学习的学术型专业且具有博士学位授予权，申请攻读的博士专业与硕士所学专业属于同一学科门类下的相同或相近专业；②硕士新生须为推免生或优秀统考生（研究生入学考试综合成绩排名在本专业前50%以内，或本科毕业于国内重点高校或重点学科）；③英语CET-6成绩≥426分，或日语成绩达到国际一级水平，或俄语成绩达到大学四级水平。

（2）选拔方法：①学校对入选实验班的申请人实行定制化培养方案，采用双语教学模式学习博士基础阶段的中高级课程，定期邀请国内外知名学者到实验班进行专业学术讲座，在硕士阶段强化其学术理论和研究方法训练。②在硕士阶段的第三学期结束前，由研究生院负责组织中期考核工作，各学院成立专家组，由本专业或相近专业的5名教授组成（其中至少包括3名博士生导师），以答辩形式对申请人进行考核。专家组就其研究计划进行论证，重点考核是否具有较强的创新精神、科研能力和培养前途。

（3）考核标准（分类分流）：①申请人在中期考核时须完成规定的课程学习且成绩优秀，全部学位课考试成绩平均在80分以上，单科成绩不能低于70分；必须独立或以第一作者身份在中文核心期刊（或以上级别）至少发表1篇学术论文；确定为考核合格；考核合格者占用当年博士生招生计划名额，且不超过当年全校博士生招生规模40%。②考核合格者从第三年开始按硕博连读培养方案继续博士阶段学习，不撰写硕士学位论文；考核不合格者可继续完成原硕士阶段学业。③以硕博连读方式录取的博士研究生必须在学校规定的一级A及以上刊物发表相关学术论文才能毕业。

标准化“申请-考核”制和定制化“申请-考核”制均是通过“申请-考核”制，打破“分数线把关，万篇论文都难开”的僵局，在坚持“公平、公正、公开”原则的基础上，更侧重对考生创新能力和专业潜质全面深入考查的人才选拔方式。但二者在选拔方法、申请条件和考核标准上均有所不同，标准化“申请-考核”制是针对校内外硕士或博士考生，采用统一申请—考核—录取的方式；定制化“申请-考核”制是针对校内优秀的在读硕士考生，采用先申请—培养，后中期考核—分流方式，其选拔对象更具针对性，选拔条件、考核标准更严格，科研要求更具体，是一种个性化校内定向培养筛选高层次人才选拔的方式。

（二）“申请-考核”制的配套措施

博士研究生招考实施“申请-考核”制是一项系统工程，既需要招考过程的自我完善，也需要综合改革环境支撑。

1.博导遴选——建立博导招生资格动态调整机制

（1）改进博导招生资格认定审核机制。制定出台《东北财经大学博士生指导教师资格认定工作实施办法（试行）》和《东北财经大学博士生指导教师招生资格审核工作实施办法（试行）》。新办法放开博导遴选职称条件，打破“博导终身制”；实施选聘分离，定期审核招生资格；根据指导博士论文抽检或匿名评审情况，对博导招生计划进行动态调节，使学术能力突出的年轻副教授当选为博导。

（2）在博士研究生招生中推行导师组制度。制定出台《东北财经大学关于建立实施博士研究生导师组制度的暂行规定》，首次在博士研究生教育中组建导师组，鼓励以导师组形式招收博士研究生，充分发挥博士生导师团队协同作用，增强博导的质量和责任意识。

2.过程管理——建立培养质量跟踪反馈机制

（1）改进博士科研成果评价标准。修订出台《东北财经大学关于申请博士学位科研成果的规定》，新规定取消以往科研成果发表数量要求，更加突出成果质量的重要性，要求博士生申请学位前发表2篇CSSCI期刊或1篇一级A类论文，改变以往不论刊物级别拼凑篇数或折算分值的做法，从毕业学术要求上确保“申请-考核”制的出口质量。

（2）加强学位论文抽检。修订出台《东北财经大学博士学位论文预答辩及匿名评审工作实施办法》，规范博士学位论文预答辩和匿名评审程序；修订出台《东北财经大学学位论文学术不端行为检测工作实施办法》，调整学位论文检测指标，加大人工干预力度，保证“严进严出”。

3.公平公正——建立招考过程监督保障机制

（1）加强组织监督管理。成立东北财经大学研究生招生工作领导小组，主管校长为主要负责人；研究生院协同学校纪委，全程监督检查博士招考录取各环节工作；建立申诉-

复议制度，接受处置各类投诉和举报，切实做到博士招生工作科学严谨、依法依规。

（2）加大复试监督力度。成立各学院或本学科博士复试考核导师组，确定导师组组长和名额，制定符合本学院或本学科特点的复试考核形式；复试流程全程公开，答辩过程考生可参加，复试过程全面放开，实行学院、导师、考生公开透明一体化（如金融学院）；实施复试全程录音录像，复试过程透明公开，初审、复试、拟录取结果及时公布，所有复试方案报备学校纪委和研究生院，真正做到公平、公正、公开。

4.外部激励——健全博士招生-激励保障机制

出台《东北财经大学研究生学业奖学金评定办法》，提高助学金标准，增加资助人数；学校将在校非定向博士研究生助学金标准由原来人均280元/月上调至1 000元/月，每年按10个月发放，资助覆盖率100%。调整学业奖学金覆盖比例；将全日制博士研究生覆盖比例由50%调整为80%，即一等（20%，1.8万）和二等（30%，0.9万）调整为一等（20%，1.5万），二等（30%，1万），三等（30%，0.5万），新增一个等级。

四、“申请-考核”制的改革成效及模式分析

1.改革成效

2015年，学校“标准化”“申请-考核”制报名37人，最终录取11人；2016年报名35人，录取13人。“定制化”“申请-考核”制，硕博连读实验班共选拔63人，其中经济学类37人，管理学类26人。

相较于博士公开招考模式，学校“申请-考核”制使学术更纯粹，直接打破了“分数线把关、万篇论文都难开”的僵局，打破了传统僵化的博士招生制度，使招生选拔模式更灵活多元、鲜活立体。同时，通过综合改革“申请-考核”制的支撑环境，不仅打破了博导职称、头衔等外部标签限制，首次实现了副教授进入博士生导师行列（共2人），而且从内外部监督机制保证了教育的公平，规避了灰色空间，实现了博士研究生招考零投诉、零举报，学院、导师、考生公开透明一体化，留住了省内优秀生源并吸引更多省外生源，学位论文通过率明显提高。博士招生统一招考模式与“申请-考核”制改革成效对比，见表1。

表1　**博士招生统一招考模式与“申请-考核”制改革成效对比**

维度	统一招考模式	“申请-考核”机制
考生	1.选择机会少、一年一次（公考） 2.选拔方法单一 、简单考试成绩 3.考试能力强	1.选择机会多 2.一年两次（公考、申请-考核、硕博） 3.选拔方法多元、注重学术成果和发展潜力 4.选拔创新型人才
导师	1.招生自主权受限、通过考试确定导师 2.博导终身制 3.遴选评价标准固化 4.主动性不高，“人情”压力	1.招生自主权扩大 2.导师推荐即可进入考核阶段 3.博导动态上岗、遴选评价标准灵活 4.年轻的学术突出的副教授当选

续表

维度	统一招考模式	“申请-考核”机制
学院	1.积极性不高 2.自主权不够，参与度不高 3.招考规则模式由研究生院统一制定	1.自主权扩大，积极性增强 2.学院制订工作方案，综合考核 3.学院间紧迫感和竞争力增强 4.学科特色增强
学校	1.招考监督机制零散、“人情文化”下的公平性困境 2.培养质量监督不到位 3.招生激励机制有所忽略	1.招考监督机制全方位，保证“唯贤不唯亲” 2.纪委监督、申诉复议、信息公开、全程录像 3.预答辩和答辩申请人数同比减少 4.科研成果要求提高 5.奖助标准覆盖范围加大，吸引较多优质生源
综合	1.常规工作，关注度不高 2.博士招生和硕士招生关联性不强	1.关注度升高、评价反馈良好、学校声誉提高、咨询人数增加、申请报名人数较多 2.带动全校硕士招生培养改革，调整硕士招生结构，优化推免调剂机制 3.推进一流学科和一流大学建设进程

2.模式分析

博士招生“申请-考核”制是一种筛选高层次拔尖创新型人才的新模式，是我校研究生招生改革的一次探索与突破，适合经济转型期下选拔个性化高水平人才的规律。但随着“申请-考核”制模式的推广、普及，实施过程中仍会暴露一些制度未涉及、未具体细化的问题，需要完善。如英语分数差一点点，其他方面很优秀，是否直接“毙掉”；考核专家组如何分工，意见不统一如何处理等。

（1）淡化外语成绩问题，使外语水平成为一种参考，而不是一种准入标准；通过其他考核的考生可通过学校组织的英语考试，注重外语应用和外文科研文献阅读能力考查。

（2）科研成果如何评价问题，如何考量不同科研成果的含金量和后续科研价值，科研成果与博士研究方向的相关性探讨，使得申请人科研成果的考核能在录取后的科研工作中起到作用。

（3）专家组意见统一问题，专家组决策时，导师意见如何体现和统一需进一步探讨。

（4）考核内容、考核方式更加灵活和有效的问题，使得考核内容和方式可以根据不同学校、不同学科和不同申请者确定。

（5）招生与外部激励机制联动问题，如何下拨科研启动资助经费和生活补贴奖励给“申请-考核”制录取的考生，更直接地体现优中选优特点和精英化人才的筛选。

在研究生综合改革大背景下，博士招生“申请-考核”制作为一种新型的选拔模式，在我国还属于新生事物，仍需要摸索、探讨、完善，逐渐克服“水土不服”。“申请-考核”制试行以来，其打破了“唯分数”论的僵化选拔模式，使得博士招生选拔模式更加鲜活立体、有生命力，实现了新形势视阈下高层次拔尖创新人才的有效“过滤”、公平筛选。在现有改革模式的基础上，学校仍需要结合本单位学科特点，从学生、导师、学校三个维度探索、建立、形成一种长效机制，确保“申请-考核”制在公平、公正、公开的环境下成为博士招生的“导航仪”。

参考文献

［1］闫温乐，张民选．如何提高我国博士生培养质量——来自世界银行青年专家项目选拔的启示［J］．研究生教育研究，2014（4）：1-5．

［2］周善宝，马广富，季景涛．博士生招生“申请-考核”的思考与实践［J］．研究生教育研究，2015（1）：44-47．

［3］丛芳瑶，姚晓丹．我国多所高校试点博士“申请-审核”制［N］．光明日报，2014-07-30（06）．

［4］赵红军，陈薇，陈谦明．“精英化教育”语境下博士招生制度的选择［J］．研究生教育研究，2015（5）：31-35．

［5］陈亮，陈恩伦．“申请-考核”博士招生改革制度优化路径探究［J］．学位与研究生教育，2015（4）：49-55．

［6］杨震．基于申请-考核制的博士研究生招考改革［J］．当代教育论坛，2015（2）：6-11．

博士研究生“申请-考核”制招生的实践与思考

——以大连医科大学为例

邵淑娟　李华　赵越　赵杰

（大连医科大学；辽宁大连，116044）

摘　要　作为我省医学类高校试点单位，我校率先开展了“申请-考核”制的博士研究生招生。我校在导师资格选拔和考生基本条件的制定上充分结合医学博士生培养特点，在考核流程中引入导师专家组考核和纪检监察监督。选拔出了具有科技创新精神、适合培养目标的博士研究生，促进了我校的学科发展。

关键词　博士研究生，“申请-考核”制，招生

The Practice and Thinking of the “Application-Assessment” System for the Admission of Doctoral Students

—Taking Dalian Medical University as an Example

Abstract　As one of the medical universities in Liaoning province, our university firstly carried out the “Application-Assessment” system for the admission of doctoral students. Our university developed the rules of qualified selection of tutors and candidates in consideration of the training-characteristics for medical doctoral students. Our university brought the evaluation of the expert group and the discipline of inspection and supervision into the assessment. The system selected outstanding students with the innovating spirit of science and technology for the doctor-training, which promotes our university development of the discipline.

Key Words　doctoral students, “application-assessment” system, recruiting students

一、我校“申请-考核”制工作背景

博士学位是我国高等人才培养的最高学位，也是国家对于人才需求的最高层次。担负着为国家培养高层次拔尖创新人才的重任，对于提高国家竞争力、建设创新型国家、实施科教兴国战略和人才强国战略具有重要意义。[1]

长期以来统一考试一直是各高校招收选拔博士研究生的主要方式。这种方式通常要求考生参加一门外国语和两至三门专业课和专业基础课的考试，通过划定单科和总分的最低分数线，确定进入复试的学生名单，再根据复试成绩进行加权求和，结合导师年度招生计划和学生总分，由高到低进行录取。这种招生方式是一种严格的选拔性考试，在一定程度上保证公平、公正、公开，然而随着时代的日新月异和社会对高层次人才的多样化需求，初试制度僵化死板、复试流于形式、缺乏吸引优秀生源的机制等缺点逐渐显现出来，尤其是外国语成绩实行的“一票否决”权，已经将外国语的重要性置于专业能力之上。这种一刀切的方式，在很大程度上埋没了那些有着深厚科研功力的申请者，限制了高校对部分优秀学生的遴选与识别工作。由此可见，传统的统一考试制度已经不能成为对拔尖创新人才进行选拔的唯一途径，因而探索一套适应当代社会对高素质创新人才选拔机制的博士生招考方式已经迫在眉睫。[2]

构建多元化的适应教育规律和社会发展需求的人才选拔制度，对于促进人才的发展、学科的发展以及国家的发展至关重要。《国家中长期教育改革和发展规划纲要（2010—2020年）》和《教育部 国家发展改革委 财政部关于深化研究生教育改革的意见》（教研〔2013〕1号）相关文件出台了“积极推进考试招生改革，建立与培养目标相适应、有利于选拔拔尖创新人才脱颖而出的研究生招生制度”。优化人才选拔机制提出了明确的要求和目标：“建立博士研究生选拔‘申请-审核’机制，发挥专家组审核作用，强化对科研创新能力和专业学术潜质的考察。”

在医教协同研究生综合改革大背景下，在辽宁省教育厅研究生招生处的积极推进和宏观指导下，大连医科大学在辽宁省医学高校中率先开展了博士研究生“申请-考核”制招生的实践工作。在招生工作开展之前，省研招处组织省内“985”和“211”高校进行“申请-考核”制招生经验介绍，为我校搭建沟通交流平台，且研招处深入我校基层，具体部署和指导相关工作，为我校“申请-考核”制招生改革工作的顺利进行提供了经验和理论保障。校领导高度重视博士研究生的招生改革工作，多次召开以校长牵头的政策研讨会，精心谋划，最终制定了一系列的规章制度和实施办法：《大连医科大学2016年博士研究生“申请-考核”制招生实施办法（试行）》、《大连医科大学2016年博士研究生“申请-考核”制招生简章》、《大连医科大学2016年博士研究生“申请-考核”制招生实施细则》和《大连医科大学2016年博士研究生“申请-考核”制招生综合考核小组专家考核细则》。这些文件的制定确定了我校博士研究生“申请-考核”制招生的主题思想，规范了工作流程，确保了招生的公平、公正和公开，奠定了该项改革工作顺利和圆满完成的基础。

二、我校“申请-考核”制实施流程

1.导师资格的选拔

2016年是我校博士研究生“申请-考核”制招生改革工作的第一年，在省研招处的指导下，我校将当年招生计划的20%用于改革试点工作，并从科研水平和科研经费两个方面筛选可参与“申请-考核”招生的博士生导师。

在科研水平方面，选拔重点是院士、“千人计划”、“长江学者”、国家级重点学科和团队的带头人及其他当年获国家级人才项目或国家级重大、重点项目者。近三年内作为负责人主持过至少1项国家级课题（不含主任基金及小额基金，以立项时间计算）；以通讯作者发表SCI论文，单篇影响因子大于等于5或者位于JCR分区Q1区。

在科研经费方面，选拔重点是招收自然科学类博士研究生的导师，累计可支配在研科研经费应不少于50万元。

经过上述条件筛选出的博士研究生导师基本上包括了我校的“强人、强学科”，不仅可吸引具有科研能力和学术潜质的优秀考生申报，也为人才培养质量及科研创新提供了坚实的保障，进一步整合了优势资源，提高了学校的学术声誉和整体实力。

2.考生的基本条件

主要从思想品德、学术诚信、科研能力、科研潜质及英语水平等方面做出具体要求。

在思想品德和学术诚信方面，注重考查考生的诚实守信，学风端正，品行优良，无任何考试作弊记录，无论文抽检不合格及学术不端行为；身心健康，无违法违纪受处分记录。

在科研能力和科研潜质方面，注重考查考生对科学研究具有浓厚的兴趣，并具有突出的科研能力，有较强的创新意识和创新能力，在与报考学科相关的领域中取得较出色的科研成果者优先。考虑到部分优秀的应届硕士毕业生由于课题需深入研究等原因并未发表SCI文章，因此我校设定考生基本条件时未将SCI文章作为门槛条件。

在英语水平方面，注重考查考生的国家英语六级考试≥425；WSK（PETS 5）考试合格；雅思≥6.5或托福≥90；GRE≥305/1200；GMAT成绩600分及以上；国家英语专业四级考试合格；在以英语为授课语言的国家或地区获得过学士以上学位。

3.考核工作的流程

考核过程分为初审和综合考核两个过程。

初审阶段聘请专家对考生申请材料进行资格审核。考核专家根据考生硕士研究生期间的课程成绩、科研工作（硕士阶段科研成果、学位论文、SCI文章、专利、省级以上课题、省级以上科研奖励或是否有成果转化等）、综合能力、专家推荐书等进行综合评议，按照不超过招生计划200%的比例确定参加综合考核的考生名单，进行统一公示。

综合考核阶段考核专家小组对考生进行综合考核，内容分为学术水平考核及政治思想品德考查两部分。学术水平考核以面试为主，考试为辅。考生以PPT形式进行科研汇报，介绍既往科研情况、科研计划及预期目标等，时间为15～20分钟；考核小组专家现场进行提问，考生回答问题，时间为10～15分钟；对申请人进行专业知识和科研工作能力、外语及综合素质的考核，尤其注意考查申请人是否具备博士研究生培养的潜能和素质等。

考核过程中注重“提高政策解读的针对性、权威性和时效性”、“公平、公正和公开”及“加强纪检监察和社会的监督”。多渠道（宣讲会、QQ群和微信群）对导师和考生进行政策宣讲和解读，倾听导师和考生的诉求，对导师和考生集中提出的问题及时进行政策调整；全方位公开政策和实施办法、及时公示初审和综合考核结果，接受广大考生和社会的监督；考核专家组由科研作风严谨、科研实力强、责任感强的优秀专家组成。考前对专家进行现场随机抽签分组；专家考核时上交手机等通信工具；考核过程不得离开考场；考核问题难度分层，由易到难；考核过程全程录像、录音，纪检全程监督指导并留存备查。

三、“申请-考核”制招生工作的实施效果

1.有利于选拔符合培养目标的博士研究生

这种考核方式是一种智力和非智力因素的多维度的考核。通过更多的学生汇报总结和考核专家提问题，而不是简单的考生笔试答卷，考核专家可以评价出学生的一些特质：比如承受科研艰苦的能力、对科研探索的执着性、对科研客观结果的敏感性等；真正把具有良好的科研素养、科研潜质、科研兴趣、科研敏锐性的适合培养的目标学生选拔出来；作为一种导向有利于鼓励学生不去背书应试，而是考生更加注重培养自己的创新能力。

2.有利于科技创新

生命科学探索具有耗时多、周期长的特点。“申请-考核”制招生更加注重对考生既往的科技创新能力的考核。通过考生的备考和考核专家对其原有课题的多重梳理，更能确定录取考生对既往自己课题的理解和修正，更利于其科技创新；硕士研究生通过“申请-考核”制攻读博士，可以延续自己的科学研究，克服急躁情绪，保持科研的一贯性，凝心聚力钻研科学问题，有利于产生创新性的科研成果。

3.有利于学科发展

学科建设是高校发展的核心，学科水平是高校办学水平和综合实力的体现。重视学科建设工作，必然把学科建设作为推动高校整体工作的龙头，加强内涵建设，凝练学科方向，需要提升科研水平，而“申请-考核”制的招生方式，则能更好地为优秀学科招收到科研优秀考生，为提高学校核心竞争力打下坚实基础。导师满意，招到了自己真正需要的学生；学生满意，自己的真才实学在招录中得到了认可，避免为了考试而学习；学科满意，人才素质好，对学校学术和医疗的贡献度大。

四、我校“申请-考核”制的思考

1.入门槛条件是否需要SCI文章

我校经过“申请-考核”制招生实践之后，不要求将SCI文章的要求列入考生申请条

件之中，不把SCI文章作为重点考核指标。如果把SCI作为重要的考核指标，在读硕士将会为了能够在考核中有突出的科研成果，将本应该发表高质量和高深度的文章尽快结束发表获得文章。没有这样的导向，优秀的在读硕士研究生就不急于结束自己正在进行的科研工作，可以在博士期间延续硕士阶段的课题，发表高水平的文章，有利于科研工作的深入开展；虽然考核没有绝对的标志性成果，但选择高水平、有责任心的专家对考生的科研能力和科研素质进行考核，是对考生进行公平、公正的考核的有力保证。

2.是否允许跨学科申请

为了鼓励学科交叉，我校允许跨学科申请。允许有科研合作的导师通过推荐自己的学生到合作导师实验室去攻读博士，以学生为纽带，围绕课题开展研究，开展合作的科研项目，有利于交叉学科创新人才的培养；为了避免出现导师在将来的知识产权和科研成果的归属上出现问题，可以在考生报考前要求导师双方就知识产权达成共识，并签署相应的文件备案。

“申请-考核”制符合博士生拔尖创新型人才的个性化选拔规律，是我国博士生招生改革的必然趋势。“申请-考核”制的实行将进一步加大招生单位的博士生招生自主权，有利于促进各招生单位的相互竞争，提高我国博士生人才培养质量。[3]我校将会在医教协同研究生综合改革大背景下，在辽宁省教育厅研究生招生处宏观指导下，进一步深化博士研究生招生改革，为建设创新型国家做出应有的贡献。

参考文献

[1] 宋宽. 博士研究生“申请-考核”制思考与探究 [J]. 科技资讯，2015 (26)：188-189.

[2] 李玮. 博士生招生“申请-考核”制探析——以哈尔滨工业大学为例 [J]. 中国研究生，2015 (3)：54-56.

[3] 周善宝. 博士生招生“申请-考核”制的思考与实践 [J]. 研究生教育研究，2015 (1)：44-47.

基于行为选择的博士生招生申请考核制的设计与实践

——以沈阳药科大学为例

宋少江　杨亚明　李岩

（沈阳药科大学；辽宁沈阳，110016）

摘　要　为了满足提升博士生招生质量的需求和深入研究博士生招生申请考核制的理论需求，本文从行业选择角度，探讨导师、学生和研究生招生部门在博士生招生申请考核制实施过程中的行为选择，并提出博士生招生申请考核制的权力分配和监督机制的引入，是优化申请考核制中利益相关者权力选择的重要方式。

关键词　申请考核制，博士生招生，行为选择，利益相关者

The Design and Practice of Doctoral Application and Assessment System on the Basis of Behavior Choice

—A Case Study of Shenyang Pharmaceutical University

Abstract　In order to meet the demand of improving the quality of doctor candidate admission and the theoretical requirements of an intensive study of the doctoral application and assessment system, this article explores the behavior choice of mentors, students and graduates admission department in the process of doctoral application and assessment from the perspective of career choice. It puts forward that the power allocation and the introduction of supervisory mechanism in the process of doctoral application and assessment is an important way to optimize interest holders'right choice in the application and assessment system.

Key Words　application and assessment system, doctor candidate admission, behavior choice, interest holders

随着我国博士生招生制度改革的全面推进，博士生招生申请考核制从“985”、“211”工程高校试点逐步在全国各个博士生招生单位全面推行，目前，它已经成为国内高校提高博士生招生选拔质量的重要途径，有些学校甚至在博士生招生中全面实施申请考核制。但由于该制度作为一项直接从国外引进的招生制度，其制度本身的衡量与设计是建立与之匹配的学校管理制度以及所在国家的高校管理制度，原样照抄则可能会存在“水土不服”的问题。因此，如何设计出与我国高校管理运行机制相适应的博士生招生申请考核制，使之成为提升我国高校博士生招生选拔质量的重要制度，将成为我国研究生招生制度中的重要理论与实践热点。

一、我国博士生招生申请考核制的现状

（一）基本内涵

博士生招生申请考核制是具有申请资格的人员向博士招生单位递交能够证明其学习能力、知识结构和科研潜质的申请材料，招生单位（院系）根据申请材料进行筛选、审查，合格者参加院系组织的综合能力考核，合格后获取资格的考核模式。[1]

（二）发展历程

2007年，复旦大学率先在医学院开始试点实行博士生招生申请考核制，然后逐步向全校推广；2009年上海交通大学开始试行；2010年，西安交通大学在机械学院和材料学院两个学院开始试行；2013年教育部、国家发展改革委员会和财政部联合下发的《关于深化研究生教育改革的意见》（教研〔2013〕1号）明确提出：“建立博士研究生选拔“申请-审核”机制，发挥专家组审核作用，强化对科研创新能力和专业学术潜质的考察。”[2] 接下来全国各高校纷纷出台适合学校发展的申请考核制人才招生办法；2015年，我校作为辽宁省省属院校首批试点高校开始试点实行博士生招生申请考核制。

（三）现实的意义与实践中的困境

以综合能力考察为核心，突出科研创新能力和专业学术潜质的申请考核制，有利于发挥导师或导师组选拔人才的核心作用，对于建立提高博士生选拔质量的博士生招生制度具有重要的意义，但是随着申请考核制相继在国内各个高校的实施，其实践过程中，也不可忽视社会与考生对该项制度的公平性问题的考察，有些高校在试行这一政策时部分偏离了政策本身的价值，出现申请资格设计有失教育公平、考核内容违背教育完整性以及考核程序趋向功利化等不良现象。[3]

二、我国博士生招生申请考核制下相关主体的行为选择分析

我国博士生招生申请考核制的现有框架下，主要包括导师、学生及研究生招生部门三个行为主体，其行为选择分别代表着学术权力、学生权力与行政权力的利益诉求。

（一）导师的行为选择

传统的博士生招考方式主要是通过标准化的统一考试进行生源的选拔，其考试多由行政部门统一组织，导师较少参与整个招生过程或者具备较少的决定权；相比传统招考方式，申请考核制扩大了导师的权力，将博士生选拔权力更多地交给导师，扩大了博士生导师在招生方面的自主权。作为申请考核制的利益主体，博士生导师的行为选择主要有两种：以博士生质量为选拔依据；以社会关系为选拔依据。

申请考核制主要采取“申请+面试”或“申请+笔试+面试”的方式对学生进行综合考核，整个过程包括申请材料的审核、考核方式的确定以及面试的评价，导师是整个过程中的执行主体，其行为出发点也将决定导师的行为选择方式。

（二）学生的行为选择

相比传统招考考查考生的应试能力，申请考核制侧重对考生的英语应用水平、科研能力以及综合能力的考查。作为申请考核制的利益相关者，考核方式的变化也会直接影响报考学生的行为逻辑与选择，考生的行为选择主要有两种：以考核内容为导向，通过常规程序考试；以评价主体为导向，走违规渠道考试。

申请考核制主要决定权在于导师或导师组对考生的评价，这种以导师评价为核心的考核方式，决定了考生更加依赖导师的决策行为，其行为选择也是跟随导师的价值取向所变动。以博士生选拔质量为依据的导师行为也促进考生基于自身能力的考量，理智选择目标院校并按照申请考核制报考流程认真完成每一个环节；而以社会关系为选拔依据的导师行为也会让一些没有浓厚的科研兴趣也不具备科研能力的考生，通过提供虚假资料、动用社会关系公关导师或导师组等违规的方式试图获取资格。

（三）研究生招生部门的行为选择

研究生招生部门作为招生管理过程中行政权力的代表，其权力作用方式主要有指示、指令、决议等，这些方式具有一定的统一性、规范性与强制性特征。[4] 在申请考核制的运行机制中，尽管以导师或导师组为代表的学术权力发挥重要的作用，但是研究生招生部门仍然有一定的影响力和控制力，尤其在政策的制定、学科生源指标的分配以及过程控制等环节依旧发挥关键性作用。因此，在申请考核制运行的过程中，研究生招生部门面临两种行为选择：依法行使管理职能，促进申请考核制在阳光下运行；默视招生过程的不当行为甚至参与其中。

申请考核制能否达到预期目标，其研究生招生部门的定位和制约制度的设计十分关键，其行为选择在一定程度上左右了以导师或导师组的权力部门能否合法合规行使本身的权力，也在一定程度上影响了考生的行为选择。

三、基于行为选择的我校博士生招生申请考核制的制度设计与实践

2015年，我校博士生招生开始试行申请考核制，在申请考核制的设计、实施以及完

善的过程中，通过合理设计权力和引入监督机制优化导师、学生与研究生招生部门的行为选择，以保证不偏离该项制度的初衷。

（一）申请考核制的设计

1.导师权力的设计

从导师招生资格和导师招生数量限制、学科招生数量限制以及学科组织专家考核组三个方面对导师的权力进行限制，从而将导师的行为选择引导到以博士生的质量为核心的选择原则。一是导师的招生资格。申请考核制试行时仅允许我校一、二级教授以及拥有国家级在研课题的校内博导具有招生资格，后来扩大到通过博士研究生导师年度招生资格审定的校内博士生导师。二是导师招生数量限制。规定通过“申请考核制”选拔的方式招收博士研究生，每人最多招收1名，占导师当年招生名额。三是学科招生数量限制。各专业通过申请考核制招收的博士生规模原则上不超过当年博士招生计划的30%。各学科可根据招生情况决定是否通过申请考核制方式招收博士研究生。四是学科组织专家考核组。考核专家组由不少于7人的博士生导师组成，原则上以学科为单位以本学科委员（不少于2/3）和招生导师为主构成。

对导师招生资格和导师招生数量限制，有利于控制导师的指导水平和权力寻租的空间；对学科招生数量限制和学科组织专家考核组，既有利于控制导师个人的权力，又有利于保证考核的科学性和公平性。

2.考生权力的设计

从考生背景、学业成绩、英语水平以及科研能力等多方面限制考生的权力，从而将考生行为选择引导到关注考核内容。一是考生背景。申请者必须为全日制应届硕士毕业生（须在入学前取得硕士学位）或毕业一年以内的全日制硕士毕业生；申请者本科或硕士为“985”、“211”或本校毕业生；申请者本科或硕士毕业院校所在学科为国家重点学科。二是学业成绩。在校期间学习成绩优良，未有不及格的课程，未受过行政纪律处分。三是英语水平。申请者英语水平达到以下要求之一：①CET-4成绩≥425分；②托福（TOEFL）成绩>85分；③雅思（IELTS）成绩>6.0；④全国外语水平考试WSK（PETS 5）考试合格。四是科研能力。申请者对科学研究具有浓厚兴趣，并具有突出的科研能力，有较强的创新意识、创新能力和专业能力倾向，在与报考学科相关的领域中取得较出色的科研成果，以第一作者（不含并列一作）发表过一篇与硕士学位论文相关的英文SCI学术论文。

考生背景的设计有利于保证优质生源的稳定性，但也存在违背教育公平性的缺陷，为此，在实际操作中各学科还可自行为特别优秀的学生设计各自的标准，并告知考生；学业水平、英语水平和科研能力均在申请材料中体现，作为材料审核的重要依据，为专家考核组考核输送合格人员发挥着基础性作用。

3.研究生招生部门权力的设计

从考生材料的审核、考核工作的监督等对研究生招生部门进行限制，从而将招生部门更多的功能引导到考核工作全程监督、异议处理以及政策评估等方面来。一是考生材料的审核。申请者在每年11月中旬向研招办提交书面申请材料，研招办将对申请者资格进行初审，初审通过的申请者将参加11月底由各分科统一组织的综合考核。二是考核工作的监督。研究生处将对申请考核工作进行全面、有效监督，选派专门人员到现场抽查巡视。

研究生招生部门的主要精力用于考生材料的审核和考核工作的监督等方面，有利于促进申请考核制在阳光下运行。

4.监督机制的设计

（1）第三方监督机制。校纪检监察部门将对申请考核工作进行全面、有效监督，选派专门人员到现场抽查巡视。

（2）信息公开机制。研招办将对申请者资格进行初审，通过的申请者进行公示后参加11月底由各分科统一组织的综合考核。

综合考核成绩须现场对考生公布。考核过程应严格进行记录，所有考核内容各单位都应有可以复查的考核记录材料，考核全程录音、录像，所有考核相关材料妥善留存备查。

每年12月份研招办将拟录取名单在研究生教育网公示。

（3）申诉机制。考生在通过申请考核制申请攻读博士学位的过程中，如果对综合考核等方面有疑问，可首先向申请学科提出申诉，由分科委员会对考生提出的申诉进行调查及处理。如果考生对学科做出的申诉处理仍有异议，可进一步向学校提出申诉，并由学校研究生招生工作领导小组按照教育部及学校相关文件要求做出裁决。

（二）申请考核制的实践

2015年，我校博士生申请考核制开始试行，受政策传播慢等因素影响，该年共在药物化学、药剂学和药物分析学三个学科招收5人，详见表1。经过一年的运行，2016年我校博士生申请考核的生源范围、报名人数以及申请材料的合格人数都大幅度上升，详见表2。

表1　**2015年博士生招生申请考核制的报名、申请材料合格及录取的人数**

序号	学科名称	报名人数	申请材料合格人数	录取人数
1	药物化学	3	2	2
2	药剂学	1	1	1
3	药物分析学	4	2	2

表2　**2016年博士生招生申请考核制的报名和申请材料合格的人数**

序号	学科名称	报名人数	申请材料合格人数	外校合格生源人数
1	药物化学	3	2	1
2	药剂学	8	7	1
3	生药学	1	1	0
4	药物分析学	9	6	0

续表

序号	学科名称	报名人数	申请材料合格人数	外校合格生源人数
5	微生物与生化药学	1	0	0
6	药理学	2	1	1
7	天然药物化学	5	5	0
8	药事管理学	1	0	0
9	中药学	4	3	1
	总　计	34	25	4

（三）申请考核制的展望

博士生招生申请考核制成功的关键是有效发挥学科、导师在博士研究生招生中的主导作用，发挥专家组考核作用，而申请考核制设计的关键在于该项制度本身既有利于发挥学科、导师在招生过程中的积极性和吸引真正热爱科研的考生报考，又能有效控制导师、研究生招生部门在招生过程中个人寻租的空间。因此，申请考核制中的利益相关者之间的权力分配和有效监督机制的设计是优化申请考核制中的利益相关者权力选择的重要方式。

参考文献

[1] 罗英姿，等．博士生招生“申请-考核”制下的行为选择与制度安排［J］．教育发展研究，2016（5）：58．

[2] 教育部，国家发展和改革委员会，财政部．关于深化研究生教育改革的意见［EB/OL］．［2013-03-29］．http：//old.moe.gov.cn//publicfiles/business/htmlfiles/moe/A22_zcwj/201307/154118.html．

[3] 吴迪．博士招生“申请-考核”制的价值诉求及现实选择［J］．研究生教育研究，2015（4）：54．

[4] 罗家文．从行政权力到学术权力：高校招生权的性质走向［J］．课程教学研究，2015（2）：11-15．

硕士招考制度改革

我国硕士研究生招生制度改革思路探析

熊善勇

（辽宁工程技术大学；辽宁阜新，123000）

摘　要　在职人员攻读硕士专业学位全国联考取消后，相关工作纳入全国硕士研究生统一考试招生。我国现行的硕士研究生招生制度已与社会的发展形势不相适应，也对高等教育和研究生教育的发展产生不利影响，为更好地选拔创新型人才，对此进行改革具有十分重要的意义。硕士研究生招生存在自主权和招生效率偏低，以及考试设置不合理等问题，改革思路可从加大招生单位的自主权、调整考试科目、实行招考分离的招生模式，以及申请入学制等方面入手。

关键词　高等教育，硕士研究生，招生制度，改革设计

Analysis on Innovation of Postgraduate Enrollment System in Our Country

Abstract　The relevant work has been accounted into the national unified exam of master degree candidate due to cancelling the national entrance examination of the in-service personnel to study for a master's degree. It is not adaptable with the development of society and has a negative effect on the development of higher education and graduate education for the enrollment system of our country. It has great significance for reformation for the better selection of innovative talents. There are some problems such as the autonomous right, the law of admissions' efficiency and unreasonable test model. Therefore it should be reformed in terms of the increasing autonomous right of the recruit university, adjusting the test subjects, applying separate enrollment mode and application for admission.

Key Words　higher education, master degree candidate, enrollment system, reform design

自从1978年恢复研究生招生和1981年实施学位制度以来，我国硕士研究生教育迈开了快速发展的步伐，取得了举世瞩目的成绩，我国已跻身于世界研究生教育大国的行列。经过30多年来的探索与实践，学科、专业设置更趋合理，招生规模不断扩大，形成了比较完整的硕士研究生培养体系和招生制度。研究生招生在硕士研究生培养过程中，是首要环节、基础环节，也是最具有刚性质量标准的环节，起着把关入口的重要作用。随着改革发展的深入，社会对于高层次的应用型、创新型人才有着大量的需求，而现有的硕士研究生招生制度被刻上了“计划”的烙印，宏观调控度太强，不能很好地适应高速发展的经济社会形势，也对高等教育和研究生教育的发展产生了不利影响。研究生教育是培养高层次创新型人才的重要环节，因此，改革硕士研究生招生制度、增强高层次人才选拔的科学性和有效性、使具有创新能力和学术潜质的优秀人才脱颖而出具有十分重要的意义！

一、硕士研究生招生制度概述

（一）硕士研究生招生制度的理论基础

研究生招生制度自产生之时起，就深受各个时期教育理念和思想的影响。其中主要有人本主义教育观、社会公正理论和社会治理理论。现代人本主义教育理念源自古希腊的人文主义教育精神，经过不断发展，形成了倡导以人为本，把人的全面发展作为教育的最终目标的新内涵。受其影响，我国硕士研究生招生制度的改革思路始终呈现出更加人性化、合理化的趋势。罗尔斯的公正观主张确定和保障公民平等的基本自由和政治权利，认为社会分配以不损害生活境况最差的人的利益为原则。一直以来，公平公正作为研究生招生工作的核心指导思想，不断推进着招生工作有序开展。社会治理理论强调多元主体管理社会，政府只是从宏观层面上对公共管理领域进行引导和调控。十八届三中全会报告提出进一步简政放权，正是社会治理理论和我国国情的结合。而在研究生招生制度中，招生权一度由国家集中掌握，随后发展到权力下放地方，再到高校逐步开展自主招生，这一系列的改革深受社会治理理论的影响。

（二）我国硕士研究生招生制度的发展历程

我国硕士研究生招生制度开始于1978年，经过20世纪70年代的招生考试制度恢复时期、80年代的初步探索时期、90年代改革探索时期，以及到现阶段的改革深化时期，有了极大的发展。现阶段的改革取得了一定的成就，研究生招生制度趋于科学化、规范化，招生程序也更趋公平公开，注重以人为本。但其中也存在一些问题，需要进一步深化改革。

二、硕士研究生招生存在的问题

（一）招生单位自主权偏低，影响选拔质量

我国的硕士研究生招生制度以政府主导为主。从招生计划的申报审批、考试时间的确

定、公共科目试题的命制、考试的统一组织及分数线的划定等一系列环节都由教育主管部门控制，权力过度集中。政府主导为主的招生管理方式造成招生单位自主权偏低，无法根据市场需要和招生单位的实际情况来招生，人才选拔重分数轻能力，使招生单位学科、专业特色和优势不能充分体现，硕士研究生生源选拔质量不容乐观。

（二）招生效率偏低，影响本科教学

硕士研究生招生周期长、环节多，并且过程烦琐是造成招生工作效率低下的最主要原因。从每年招生专业目录的编制到来年录取名单的确定，整个跨度将近一年，这期间有多个环节的工作，且每个环节都需要大量人力、物力和财力的投入。此外，在漫长的招生过程中，自命题科目试卷的安全保密问题也最令招生单位头疼。自命题科目试卷的命题、交接、保管、印刷、分装和寄送等环节对安全性的要求极高，更多是依靠命题老师和招生工作人员的良心和责任心，一旦管控不力，容易造成试题出错、印错、装错和寄错，甚至会出现泄题，从而严重影响招生单位的形象和声誉。而且，由于一年就只有一次硕士研究生入学考试，硕士研究生的招生考试已经演变成一种高水平的选拔考试，从而导致有些不法分子为此铤而走险，泄题、窃题事件时有发生，这对试卷的安全性有更高的要求，无疑也加重了招生工作人员的压力和责任。

多数本科应届毕业生准备考研都花费了大量时间，早早就开始进行有针对性的复习。各类的考研辅导讲座挤占了他们本就珍贵的大学时间，使得他们无暇顾及本科阶段的课程，对许多大学课程一知半解，敷衍应付。学生过于重视与考研有关的课程学习，而忽视其他本科课程的学习，必然影响学生知识体系的建构，造成知识能力的欠缺，导致许多学生专业基础不牢固，专业素质不高，对本科的正常教学活动也产生了不良影响。

（三）考试设置不合理，制度不科学、不公平

我国硕士研究生入学考试分为初试和复试，初试采用笔试，其中政治、外语和数学等由国家统一命题，专业课试题一般由招生单位自主命题；复试阶段多采用笔试和面试相结合的办法。现行考试安排存在不科学和不合理之处，主要有：

外语考试起到“筛选”的作用。众所周知，大多数考研学生都很惧怕外语科目，每年大量的考生都是在外语上受限，没能达到国家复试线，纵使总分再高，专业再优秀，只要外语受限，就丧失复试的机会，使得很多专业能力强、有培养潜质的学生无缘继续深造，造成人才浪费。外语考试扮演硕士招生考试中的“过滤器”，虽然，外语能力对于科研有很大的帮助，但是硕士研究生招生考试应当要着重考查学生是否具备良好的科研能力和创新能力，懂得外语却不一定会搞科研。相反，西方国家的研究生招生考试中对外语没有统一的要求，考试更注重考查考生的学术研究能力。

自命题科目“有失公平”。公共科目试题是由国家统一命制，一套自命题科目试卷有的是由一位老师出，有的由多位老师共同命题，由于目前缺乏有效的监督机制，必然增加自命题试卷不安全、不公平的因素。一方面，对命题老师的保密意识提高和安全教育做得不够，命题老师完全是出于自律和职业操守来做好保密工作。现实中，存在考生打探考试范围，命题老师进行小范围的个别辅导等情况，需要引起高度注意。另一方面，命题老师水平参差不齐，难易尺度把握不均，影响试卷质量，进而影响试卷评判学生能力的效度，降低了选拔的科学性和有效性，有的招生单位为了招揽生源，甚至降低自命题试卷的难

度。总之，各招生单位的自命题科目设置不一样，试卷难易程度更是千差万别，评判标准和尺度也是宽严不一，但国家复试线却是全国统一划线，执行统一的最低分数要求，这种招生制度的设计存在着明显的不科学和不公平。

在职人员攻读硕士专业学位全国联考取消后，相关工作纳入全国硕士研究生统一考试招生。纳入后只需在录取时明确全日制或非全日制两种学习方式，其他没有任何变化。全日制和非全日制研究生考试招生依据国家统一要求，执行相同的政策和标准。国家于2009年开始大力发展全日制工程硕士专业学位教育，其选拔方式与工学硕士没有本质区别，如今非全日制工程硕士纳入后，选拔方式更无任何变化。不同生源主体、不同培养目标采取同一选拔方式，势必存在明显的制度缺陷。

（四）复试走过场，综合考核功能未能充分体现

复试是对学生专业能力、创新精神和综合素质等方面进行的进一步考查，是个性化、多样化的考查过程，是研招的特色也是一个非常关键的环节。初试环节着重考查学生的一般能力、对基础知识和系统专门知识的掌握情况，复试环节是要从入围考生中选拔出高素质创新型人才。但实际情况是复试的权重过小，没有受到充分的重视，复试中也存在不少问题。首先，复试过程中存在人情因素等问题，使得公平性大大降低。其次，按照规定本该是进行差额复试，但有些招生单位受地域因素和生源因素的限制，上线考生数量比原定招生计划少，调剂后也仅够让招生名额内的考生参加复试，招生单位对人才的选拔空间太小，为了完成招生任务，上线即录取。最后，时间紧，程序不规范，导致复试许多是走过场。一般招生单位的复试包括专业课笔试、外语的听力和口试、综合面试，还要政审、体检，时间相当紧凑。在实际工作中，许多招生单位复试方案制订得不科学、不合理，复试内容和方式不全面，复试中也没有充分体现考生过往的背景经历，对考生的综合素质和创新能力考查有限，导师在研究生招生中的重要作用没有得到充分发挥，复试常常流于形式，复试没有起到应有的综合考核的作用。

三、硕士研究生招生制度改革的设计思路

研究生教育是最高层次的高等教育，肩负着培养大批具有创新精神和能力的优秀人才的重要使命。当前，我国研究生教育发展正处于向研究生教育强国转变的关键时期。研究生招生制度改革的重点应以加强研究生的基础能力和创新能力为目标，统筹考虑、整体推进硕士研究生招生初试、复试、自主招生和入学申请制度改革。笔者结合自身的工作经验，在归纳分析制约硕士研究生招生制度发展的若干弊病的基础上，针对现阶段硕士研究生招生制度在选拔考试的效度、内容、程序以及招生自主权等方面存在的问题，提出相应的改革总体思路和具体细化的做法。具体改革设想如下：

（一）加大招生单位的招生自主权

硕士研究生的招生制度应当与我国的政治、经济改革形势，特别是高等教育改革形势相适应。教育主管部门应当积极简政放权，理顺上级部门与地方部门以及招生单位的关

系，明确各方的职责权限，主管部门应加强宏观指导，通过检查、评估和监督等方式进行宏观调控和管理。加大招生自主权需要强化招生单位在招生工作中的主体地位，合理放宽对招生计划的限制，以提高招生单位的积极性。招生单位从计划的确定及录取等方面入手，制订适合本地区人才需要的招生方案，真正做到按需招生、按计划招生，建立能力和知识并重的考核体系。在政策允许的范围内，招生单位可探索多种形式的招生选拔办法，明确选拔要求和标准。比如可以采用校长推荐制，招生单位赴生源地直接考核选拔，还有通过举办夏令营选拔优秀人才等方式。对部分具有明显区域特征和学校特色的学科专业，准许部分培养单位自主招考，既有利于充分发挥基层学术组织和导师群体在人才选拔中的作用，也有利于这些学科选拔合适人才，促进学科办出特色、办出水平！

（二）调整考试科目，增加复试权重

调整考试科目，可将现行的初试考试科目调整为外语加一门按一级学科设置的专业综合课，把思想政治理论和自命题科目放在复试阶段考查。专业综合课试卷由国家统一命制，并且划定最低复试线，重点考查进入硕士研究生学习必备的专业基础知识、基本理论和基本技能。自命题科目可与复试中的专业课笔试结合起来，考查学生的综合素质和创新能力。这种方式可大大减少招生的工作量，缓解试卷安全保密的压力，节省了招生单位与考务单位的人力、物力和财力；同时也减轻了考生的复习量，有助于他们考出理想成绩。

增加复试权重，可通过调整初试成绩在总成绩中的比重，增加复试成绩所占比重。实施规范化和科学化的复试，加大力度强化复试，进一步发挥导师在研究生招生中的作用，提高复试的有效性。首先，复试工作要做到公平、公正、公开，程序规范，过程透明。复试小组成员应当具备基本的职业操守，能自律，并且具有较高的学术评判能力。引入监督机制，对复试过程进行全程监控，及时解决发现的问题。其次，复试中应注重考查考生的背景经历。将考生本科成绩、学业表现、知识成就等作为考查条件，尤其是有些专业型硕士，一定要考查工作经历，同学术型硕士区别对待，根据培养要求和生源特点确定考查内容，突出对考生运用基础知识和基本理论分析问题、解决实际问题的能力的考查，更加全面合理地评判每一位考生。也可借鉴美国的推荐信方式，由2~3名教授或者熟悉考生情况的人员写的推荐信，对考生的各项能力和特长做出评定，为将来的学习和科研做出保证。再次，专业考试结合了初试的自命题考试和复试中的专业课笔试，可适当提高难度，增加发散思维的开放性试题，考查学生专业素质以及是否具备创造性思维和分析问题、解决实际问题的能力。面试中也应考查笔试反映不出的团队协作意识、动手能力等从事科学研究必备的素质。最后，加强复试命题考务人员的审查和培训，明确责任落实和责任追究，保证复试命题和考试工作的安全保密。这样，通过科学化和规范化的复试手段，加强对复试的监督和控制，以提高研究生选拔的质量。

（三）实行招考分离的两阶段招生模式

参考借鉴了美国的GRE考试制度，具体的做法是将现行的入学考试分为入学资格考试和专业复试两个阶段。硕士研究生入学资格考试是一种通识能力的测试，主要考查考生的基本素质、一般能力和学科基本素养，判断考生能否具有进入研究生阶段学习的潜质。考试内容可分为语言表达能力、数学基础能力、逻辑分析能力和写作能力，按照学科大类设置资格考试，内容各有侧重。由国家统一命制试题、组织考试并划定基本分数

要求，各招生单位可根据本单位和学科专业的实际，再自行确定本单位（专业）的分数要求，但此分数要求不得低于国家划定研究生入学资格考试的基本分数要求。通过资格考试仅是参加下一阶段专业复试的准入门槛，成绩不带入复试。一年之内可进行多次的入学资格考试，合理安排考试时间，既让考生能充分复习，又避免影响本科阶段的正常教学。考试成绩在一定时间内（通常2~3年）有效，考生可根据实际成绩同时向多个招生单位申请复试，招生单位可机动安排复试时间，让考生有机会在一年中参加多次的复试。考生可选择招生单位，招生单位也可根据实际情况调整招生计划以录取心仪的考生，各取所需，提高录取率。

第二阶段的专业复试。考生向招生单位提出复试申请，招生单位进行资格审查，根据考生提供的教授推荐信、本科成绩单、学位论文、科研经历和成果的证明，以及工作业绩等材料进行初步筛选，通过者才能参加招生单位的专业考试和综合面试，充分发挥导师组在人才选拔中的主体作用。专业考试要突出对考生科研能力和科研潜质的考查，这直接关系到研究生的培养质量。综合面试由导师组对考生进行多维度的考查，导师组的综合意见对最终录取结果有直接影响。在给予导师更大的自主权的同时，招生单位要加强制度建设和监督检查，加大面试复试工作的力度，以全面考查考生的专业能力和综合素质。

（四）建立优秀特殊人才选拔的绿色通道

在学校和社会中，都会存在为数不少的奇才、偏才和怪才，对其中具有特殊学术专长和突出培养潜质的人员，可建立推荐制，由所在学校（单位）或教授（专家）进行推荐，也可自荐，招生单位采取严谨而灵活的考核措施，注重审查申请者的推荐信和体现个人专长的材料，要建立专家考核小组，在知识功底、学术专长、创新精神、综合素质和培养潜质等方面对申请者进行全面客观的评价，让优秀特殊人才通过这种人才选拔的绿色通道被录取为硕士研究生，为拔尖高层次创新型人才的选拔开辟一个新的渠道。

（五）向申请入学制最终目标努力

我国硕士研究生招生制度改革，应切实落实招生培养单位的办学自主权，进而充分发挥招生单位的招生自主权，努力向开放式申请入学制最终目标积极探索。研究生招生录取中，国家一般没有政府管理的强制性的全国研究生统一考试，申请入学制是国外研究生招生普遍采取的方式，这种方式已取得许多成熟的经验和做法。申请入学制分为综合选拔制和开放式入学申请。开放式申请入学制的做法是申请人在符合学校要求的基础上，向学校递交申请书、简历、成绩单、综合测评评价分数、学术成就等相关材料。学校经过文字审查后，发出面试通知，最后经过综合考量后，选择录用。显然，申请入学制并未把申请者的成绩作为能否入学的唯一标准，而是以整体的评判视角看待学生，具有方式上的多样化、评价标准上的多元化的特点，增加了考生与学校的交流互动，也使得学校能够不拘一格地选拔所需的人才。我国硕士研究生招生制度改革，可学习、借鉴和探索申请入学制度，遵循高层次专门人才和拔尖创新人才选拔、培养规律，积极运用教育评价的理论、方法和技术，充分考虑中国国情，制定和建立科学、规范的硕士研究生申请入学制度，充分发挥和规范学术组织和导师群体在人才选拔中的作用，提高导师群体科学选拔人才的能力，增强人才选拔的科学性和有效性，使具有创新能力和专业潜质的优秀人才脱颖而出。

总之，在研究生教育发展的关键时期，我们应该不断革新人才选拔模式，把促进人的全面发展和适应社会需要作为衡量人才选拔水平的根本标准，逐步建立符合高层次人才选拔培养规律，适合我国国情的研究生招生制度。

参考文献

[1] 张万朋. 从平均走向公正！以社会公正理论审视高校自主招生制度 [J]. 湖北招生考试，2006 (8).
[2] 马超培. 中外研究生招生制度的比较与借鉴 [J]. 中国建设教育，2010 (3).
[3] 龚岚. 尴尬与思考——研究生招生工作中的问题探析 [J]. 学位与研究生教育，2001 (9).
[4] 张亚群. 大众化阶段研究生招生考试的演化趋势 [J]. 学位与研究生教育，2007 (1).
[5] 章晓莉. 浅议研究生招生制度改革 [J]. 江苏高教，2007 (3).
[6] 梁大战. 研究生招生制度改革初探 [J]. 边疆经济与文化，2007 (6).
[7] 汤苗苗. 硕士研究生招生考试制度改革的三种模式构想 [J]. 中国电力教育，2009 (2).

硕士研究生招生层级式管理模式的思考

王宁　冯永新　邓子久　李媛

（沈阳理工大学；辽宁沈阳，110159）

摘　要　随着我国高等教育事业的不断向前发展，硕士研究生招生规模逐年稳步扩大，硕士研究生生源数量及质量的高低直接影响高校培养人才的质量，但硕士研究生收费制全面实施、招生单位所在区域经济影响、高校竞争力及学科影响力等因素决定了辽宁省属工科院校硕士研究生招生工作面临着空前的挑战。在这种背景下，研究生招生工作越来越受到重视，研招队伍根据学校自身行业背景和特点，克服二本工科院校在整个研招工作中的局限，不断进行招生宣传工作探索和创新，重视招生过程中的调剂环节，树立以人为本的理念，立足实证调研，主抓纵向层级招生模式，建立横向资源共享，以达到招到更多、更优秀的研究生生源的目的。

关键词　硕士研究生，招生，管理模式

Reflections on the Hierarchical Management Mode of Postgraduate Enrollment

Abstract　With the continuous development of higher education in China, postgraduate enrollment has been increasing steadily year after year; and the quality and quantity of postgraduates have a direct impact on talent training. However, influenced by some factors such as full implementation of the tuition system, regional economy, and the competitiveness and academic influence of universities, the postgraduate enrollment in Liaoning Provincial Engineering Colleges is facing unprecedented challenges. In this context, the postgraduate enrollment has been paid more and more attention; and according to the disciplinary background and characteristics, admission office overcomes its limitations as an ordinary school among considerable universities to explore and innovate admission publicity, attaches importance to the adjustment in the process, and establishes the concept of people-oriented. Based on empirical researches, the establishment of primary vertical enrollment mode and horizontal resources sharing ensures more excellent postgraduate student sources.

Key Words　postgraduate,　enrollment,　management mode

一、相关研究、实践现状及存在的主要问题

从国内外相关研究来看，大多集中在研究生招生宣传和调剂环节，立意于多角度多层级利用不同媒介扩大招生宣传范围获得调剂信息。以上研究结果大致归纳为两种途径，一是利用网络系统资源，进行网络平台信息发布和收集；二是层级式管理，建立研究生学院-专业学院系统管理，做好招生工作的各个环节。

从实践中来看，网络系统和层级式管理，在一定层次上缓解了研招工作中时间紧、任务重、范围广、压力大的工作问题，但如果仅仅停留在硬件投入和制度建设层面，没有进行相应的研招工作队伍整体工作水平的提高，就难以应对复杂多变的研招形势。

存在的主要问题如下：

（1）对于学校来讲，层级管理系统中，各层对招生工作重视程度不同、步调不统一，造成招生宣传效果达不到预期。

（2）对于研招人员来讲，研招工作周期长、种类多、工作内容琐碎、工作时间要求严格，如不提高研招队伍整体工作水平，会导致压力过大、出现纰漏、秩序混乱等负面问题。同时，由于学校招生专业较多，研究生学院招生专职人员无法解释较为专业的学科咨询，造成考生咨询相对专业一些的问题时，得不到满意的答复，从而对招生单位产生影响。

（3）在调剂工作中，时间跨度大，影响招生工作进展。考生等待时间过长，出于求学的压力，很急切地想得知能否调剂成功、能否顺利复试、能否顺利被录取等信息，却又迟迟不能获取，考生会不停地致电研招办，心理压力非常大。再则，招生单位时间紧，任务重。按每年硕士研究生招生工作的惯例，考生考试成绩一旦公布，招生单位研招办的电话就会成为热线，并且需要等待一段时间才能得到具体的答复，而在这段时间研招办有很多常规事务，解答这类考生咨询的问题常常需要付出很多重复劳动。在招生工作中还存在一定的风险，如在寄发、接收考生调剂档案过程中会发生材料丢失，有时由于相关工作人员对调剂政策的把握不准，接收了本不应该接收的调剂考生。这些情况对于考生或招生单位来说，都存在极大的风险。

二、研究基础

本文基于沈阳理工大学近年来的招生工作，总结归纳出了提高研招工作整体水平的方式方法。

近年来，学校组织二级学院院长、特色专业学科带头人参加全国招生宣讲会，面对面与考生接触，从专业角度讲解，让考生对学校、对学科的专业特色有最直接的了解。通过此类宣讲，扩大学校影响，提高学校知名度。此外，还组织相关学院领导奔赴山东、河北、河南、四川等生源大省，加大招生宣传力度，并与当地高校建立联系，互通有无。

学校、研究生学院、二级学院紧密联系，步调一致，分工协作，分析学校特色专业生源不足的原因，克服兵工类院校社会公认度低、保密性强等宣传瓶颈，拓宽招生渠道，积极探究在保证生源数量的基础上让生源质量越来越好的工作模式，努力分析招生数量与特色学科、优势学科发展上的平衡关系。以人为本、细节化管理，做到招生工作零失误，保质保量完成工作。

三、层级式管理概述

研究生招生层级式管理从广义上来讲是指在招生工作中各个环节层面的协同运作和统筹规划，包括社会、网络、学校、考生等多个影响到研招动态的因素；从狭义上来讲是指在学校内部由学校—研究生学院—二级学院组成的研究生招生链，学校制定方针政策，研究生学院负责起草工作规范和规章制度、制订计划方案并组织实施，二级学院负责具体实施，各层级间角色定位准确，各司其职，相互协同。

四、层级式管理的具体实施

总的来说，研招工作的层级式管理主要遵循以下五个要点：(1) 以人为本，更新理念；(2) 加强沟通，统一协作；(3) 实时反映，保证信息渠道畅通；(4) 制定政策，规范管理；(5) 建立考核机制，细节化管理。下面本文将以沈阳理工大学为例，理论与实践相结合探讨层级式管理在省属工科高校的研招工作中发挥的作用。

学生作为学校的重要组成部分，其生源质量和数量直接关系到学校的教学质量、学术风气、科研成果、社会影响乃至社会政治和经济的发展。借用现今较为热门的词语为论，考生现在就是需求侧，而招生单位就是供给侧，需求侧主要就是考生报考学校，而决定考生的报考志愿却受到很多因素的影响，主要表现在：学校所在城市的气候与环境、地方经济情况、发展的规模与速度等大环境，以及学校的学科门类与优势学科、师资力量、学术氛围、是否具有健全的先进的培养机制、硬件设施设备条件，最重要的是考生报考专业的综合实力等，所以学校作为供给侧，就要做到“以人为本”，充分了解考生的需求，扬长避短，发挥优势，转变“等、靠、要”的思想，放下姿态主动出击，加大宣传力度，特别是将本校本科生作为潜在生源进行宣传和适当引导，同时做好走访宣讲，加强与各省同类院校特别是生源较为集中的院校的联系，宣传学科优势及招生政策，让更多考生了解学校、了解专业，在报考时提高一志愿报考机会，并为调剂工作打好基础，同时也制定更为科学的一系列奖助政策，完善研究生资助体系，就是要建立和完善提高硕士招生质量、提高硕士研究生培养质量的一系列配套制度，如新生奖学金、奖助学金、三助一辅等，研究生资助体系的构建和完善对于地方高校解决由全面收费制度带来的招生危机有着十分重要和深远的意义。为鼓励本校优秀本科生报考本校，学校还制定了《沈阳理工大学鼓励学生考研的有关措施》，对本校考生在增设与考研基础课程相关的公共选修课、申请免听缓考、科目加分等方面对学生进行鼓励，既调动了广大学生报考我校硕士研究生的积极性，营造了浓郁的考研氛围，促进学风建设，提高我校人才培养质量，又做好了学生考研的引导和动员。在这一过程中，研究生学院与二级学院要做到“加强沟通，统一协作”，做好角色分工，研究生学院通过对历年来招生情况的整体分析，查找出考生报考的规律，例如，热门专业、生源集中地区、生源集中院校、本校考生与外校考生比例、本校考生未达到分数线原因等，根据以上的分析制定出研招总体方案。二级学院按照总体方案进行细化并根据实际情况具体实施，可以通过网络、微博和微信平台等新媒体方式进行本学院的专业宣传、导师宣传；可以通过与专业对口、生源充足的院校建立研究生培养合作的方式做好长期生源储备工作等。为做好层级式管理，“实时反映，保证信息渠道畅通”必不可少，要形成研究生招生例会制度，定期召开，通报情况，总结经验，就产生的新问题随时研讨解决方案，研究生学院与二级学院主管研究生工作的副院长、秘书随时通气，利用电话、QQ、微信等工具建立起紧密联系的整体，以应对瞬息万变的招生形势，共同商榷共同研讨、思想走在事情前面，充分发挥二级学院的自主权。

在研招层级式管理过程中，一定要“制定相关政策，规范管理”，保证学校、研究生学院、二级学院步调一致，所宣传的政策统一准确，严格执行国家及省级教育主管部门的研招精神，不违规，不虚假宣传，学校对研究生学院进行相关制度政策的审核，研究生学院对二级学院进行宣传内容的审核。层级式管理是要充分发挥二级学院的自主权，但也需要统筹规划，各司其职。为保障研招层级式管理模式的正常运行，调动二级学院在研招工作中的积极性，还应该完善相关的“考核机制”，以沈阳理工大学为例，出台了《沈阳理工大学硕士研究生招生指标分配管理办法》《沈阳理工大学关于促进研究生招生工作管理办法》等相关考核政策，在《沈阳理工大学硕士研究生招生指标分配管理办法》中规定了我校研招指标分配的基本原则，通过向重点发展的学科倾斜与实际招生情况相结合，适度增减招生指标，需求导向、优化布局、适度调控，二级学院也根据此文件制定了相关硕士生导师研究生指标分配规则，对于招生好的专业和导师进行分配名额的增加，反之则减少；在《沈阳理工大学关于促进研究生招生工作管理办法》中规定依据研究生招生计划完成情况、录取人数与上一年同比增量情况、生源情况，以学院为单位考核研究生招生工作成效，对于超出学校总体计划完成率的学院给予招生绩效工作量，使招生情况直接与学院、导师、招生工作人员的绩效挂钩，发挥在研究生招生工作中的主导作用，进一步提高学校研究生生源数量及质量，合理调整学科布局，体现导师主体责任。

五、结语

研招层级式管理只是在当今复杂多变的研招形势下的一次小小的创新与尝试，特别是在国家统筹全日制和非全日制研究生管理工作以后，作为省属的工科高校面临的困难更加未知，面对未来，高校研招队伍只能不断学习、不断提升自己的工作能力来接受新的挑战，“打铁还需自身硬”，层级式管理只有每一个层面都发挥好自己的作用才能更好地迎接新的机遇。

参考文献

[1] 钟宇红，邱立民，马浩. 提高研究生生源质量方法实例探析 [J]. 吉林省教育学院学报，2016 (11).

[2] 章洪源. 收费背景下地方高校硕士研究生招生制度改革研究 [J]. 亚太教育，2015，36: 215-217.

艺术类专业院校研究生招生考试制度研究

冯子祥

（沈阳音乐学院；辽宁沈阳，110818）

摘　要　招生考试是高等院校选拔人才的重点工作，研究生招生应以选拔高层次专门人才为目标，向社会培养具有良好职业道德、具备系统专业知识的专业型人才。近年来，国内外不乏专家学者对研究生招生考试制度进行研究，然而，艺术类专业院校同其他院校研究生教育相比既有相似又存差异，因此，本文对艺术类专业院校研究生招生考试制度进行研究，旨在作为艺术类研招制度之补充。

关键词　艺术类院校，研究生，招生考试制度

Professional Art Colleges and Universities Graduate Admissions Examination System Research Shenyang Conservatory of Music

Abstract　Admissions examination is the key work of colleges and universities talents, Which should be in the selection of graduate student recruit students high-level talents, as the goal, and to cultivate good professional ethics, the system of professional knowledge in the field of professional talents for the society. In recent years, many experts and scholars at home and abroad study of graduate student recruit students examination system, however, compared with other colleges and universities graduate student education, professional art colleges and universities have both similarity and difference, therefore, the author will study professional art colleges and universities graduate admissions examination system, designed to improve the system of art research for study added.

Key Words　artistic colleges, graduate student, admissions examination system

研究生教育是高等教育中的最高层级教育。招生和培养两大环节占据着研究生教育的半壁江山，而招生工作在研究生教育中的地位不可忽视。招生的质量直接影响后续培养的质量，以及是否可以为国家培养高层次、专业型、创新型拔尖人才。研究生水平的高低，代表着一个国家的教育水平。因此，研究生招生工作始终是各个国家广泛关注的问题。

一、艺术类研究生招生考试之源流

我国的研究生教育始于民国时期。当时只有少数的高等院校开展研究生教育，且规模较小，并由当时的最高行政机关——南京国民政府制定相应的学位制度。当历史的脚步走到1949年，研究生教育才又发展起来。中华人民共和国成立初期，研究生招生处于初创期，此时招生规模并不大。但“文化大革命”的突然袭来，使全国的教育发展基本停滞甚至倒退，而研究生招生也不例外，被足足搁置了12年之久，直至改革开放才开始复招，并改革相应的招生制度。教育部《关于高等学校招收研究生的意见》提出：“从1977年开始，在认真抓好本科办学的同时，教师素质及科学基础较为完善的高等院校，均应将研究生教育放在下一阶段的主要任务之中。”自愿报名、单位推荐、文化考试、择优录取等考试制度作为当时主要的招生制度。同时，将研究生招生考试首次规范化，将考试分为初试和复试。政治、外语、基础课、专业课作为初试的必考科目，并明确规定不论是基础课考试还是专业课考试均不超过3门，考试的命题由招生单位自主决定。

改革开放以后，研究生的招生考试制度发生了变化，只有一个阶段考试，将复试取消，此时的考试科目有：政治理论、外国语、基础课、专业基础课和专业课，所有考试均为闭卷考试，命题则是由招生单位自主命题。

1980年，研究生招生考试的考试科目基本无异，只是命题的方式有所变化，如政治理论、外国语考试科目由原来的招生单位自主命题改为国家教委统一命题。

艺术类院校中，最早成立硕士点的是上海音乐学院，首任院长是教育家蔡元培。1964年曾招收过声乐、小提琴专业的硕士研究生，但在“文化大革命”中受政治影响停招，于改革开放后恢复招生。目前上海音乐学院拥有艺术学理论、音乐与舞蹈学、戏剧与影视学三个一级学科授权点。

中央音乐学院第一位院长是马思聪，学院于1978年开始招收硕士研究生。起初，负责研究生工作的研究生科隶属于教务处，后于1999年正式成立研究生部，研究生的相关教育工作才得到规范的落实。

目前，获得硕士研究授予权的艺术类高校有上百所，其研究生招生考试制度正在逐步完善。研究生招生考试是选拔高层次专门人才的考试，对我国各项事业的发展起着积极的推动作用。然而，研究生教育在新时期也出现了一些新问题，因此，必须要不断改革完善思路才能使其不断优化。招生规模的扩大一方面可以培养更多的人才，但若不把握好尺度，便会影响后续培养的质量，在大幅度扩招的同时保证生源质量，这是研究生教育的关键所在。

二、中、美研究生招生制度之异同

不同国家由于国情的差异，在研究生招生制度上必然也存在着差别。作为高等教育最发达的国家——美国，在硕士研究生的招生上有着比较完善的招考制度。与国内硕士研究生招生制度不同的是，美国采取的是申请入学制度，该制度充分地发挥了高校的自主招生权，申请入学的举措更侧重于学生的能力及平时成绩，通过日常表现来判定一个学生是否有能力成为硕士研究生。

在国内，硕士学位是攻读博士学位的必备条件，但在美国并非如此，美国的硕士研究生教育只是介于学士与博士之间的一个中间学位。因此，在美国，硕士学位的性质和地位颇具争议，关于硕士学位的培养目标，曾有专门的机构将其总结为三点：

（1）为研究生阶段的学习打下基础；

（2）对于本科阶段学习未尽的教育进行补充；

（3）作为专业教育的终结。

硕士研究生根据其培养目标可分为：学术型硕士研究生和专业型硕士研究生。艺术类院校（音乐院校）的学术型硕士研究生包含艺术学理论、音乐与舞蹈学两个专业方向。专业型硕士研究生主要目的是针对今后的职业进行培训，有些领域的专业硕士学位是取得执照的先决条件。艺术类院校（音乐院校）中的专业型硕士研究生主要指的是音乐、舞蹈两大研究领域。

美国作为教育强国，研究生的选拔、培养很早便趋向正规。不同于中国的应试考试制度，申请入学的方式是美国硕士研究生考试的一个特色，申请材料通常包含：

（1）学士学位证书及本科学习成绩证明；

（2）目的申诉书，描述申请人的研究兴趣、研究计划；

（3）专家推荐信，通常是由2~3名专家共同鉴定申请人的综合素质，对其学术水平、工作科研能力等给予客观评价；

（4）针对非美国国籍的申请者，英语水平须达到一定标准，申请时提供其托福（TOEFL）或其他相关英语考试成绩。关于申请入学的时间，美国一般分为春秋两季，各个学校院系都有严格的时间节点，但偶尔也会根据实际情况做以伸缩。

GRE考试作为美国硕士研究生入学的统一考试，在不断发展中逐渐改革、完善，力求在降低考试成本的同时兼顾到人才选拔的效率。

美国硕士研究生招生的申请制度相对来说非常公平，只要条件允许，任何人都可以申请。由各研究生院对申请人进行资格审查，审查通过后，再对学生进行其他方面的综合审核，录取与否要通过其综合能力及潜力来决定。

美国硕士研究生的招生、考试、录取均有严格的规章制度，各组织机构之间均有明确分工，工作人员的筛选十分严格，需经过复杂的流程，最终选出各研究领域的专家团队。高校的研究生院与教师委员会也都是由专家团队组成。美国研究生招生考试的实施机构是ETS，其工作人员也都是由在本科、研究生教育中颇具经验的，在考试、心理学方面具有一定资历的专业人士及部分行政人员构成，并以法律法规、行业规范作为制度保证。

美国研究生导师拥有招生自主权，并与各学科专家组成的教师联合会、大学教授等共同支配招生的决定权。美国的研究生入学考试更看重的是能力的考察，注重考试的科学性。这种更注重专业能力的人才选拔方式，更有助于使具备较全面才华的专业技术人才脱颖而出。

三、国内研究生招生考试改革之我见

硕士研究生的选拔是培养高层次、高水平专业人才的关键环节，通过前文对招生考试源流及与美国相关制度的比较可以看出，我国硕士研究生招生考试制度仍处于探索阶段，很多制度还有待完善。目前，我国硕士研究生考试基本上适应我国的国情，在选拔、培养人才等方面已卓有成就，但随着高等教育大众化的发展，研究生招生考试还面临着许多亟待解决的问题。

1.研究生招生考试的效度问题

目前，我国研究生考试基本分为初试、复试两个阶段，这样的选拔方式利弊共存，一方面可以满足优秀人才的选拔需求，而另一方面，也存在着对考生综合素质、专业潜能考察不够全面的弊端。随着社会发展，学历教育的关注度被逐渐加深。如今各个院校都在扩招研究生，而报考研究生的人数也在逐年递增，这对于高层次人才的选拔在客观上也加深了一定的难度。

不久前，出现了“陈丹青愤而辞职”“贺卫方罢招”事件，他们正是用自己的抗议表达了对现行招生考试制度的不满。优秀学生被录取是每一位研究生导师的心愿，他们都希望招收才华横溢且有创新精神的学生，认为学生是自己学术的延续。因此当看到优秀的人才被拒之门外的时候，导师内心会非常痛苦。

目前，研究生考试分为笔试和面试，笔试合格才能进入到面试的环节。考试是一种评价人才的手段，可以短时有效地达到选拔、审核、测量的目的。但应试教育的本身存在着局限性，单纯地以考试定前途无法考核考生的世界观、人生观、价值观等非智力因素，常常将一些专业技能很强却在文化课方面稍微薄弱的考生挡在研究生教育的殿堂之外。与现代教育所倡导的“培养什么样的人”的教育理念有大相径庭之嫌。

2.研究生招生考试的科目与内容问题

我国硕士研究生招生考试初试科目为英语、政治和专业基础课。

英语科目的设置目的是提升自身素养，尤其是艺术院校的学生在有机会出国演出时能够借助语言的优势促进国际交流。科目的设置本身并无问题，但将英语成绩作为艺术类研究生入学考试的关键科目并设置分数线就违背了考试的初衷，极有可能因此而流失许多专业优秀的人才。笔者认为，就艺术院校而言，英语的掌握程度应以实际应用为标准，另外，在音乐领域有各专业不同的研究方向，如民乐、民声等专业，英语得分的能力并不能代表考生的专业水平。对于这样的专业过分地强调考生英语水平却并未重视专业能力，人才流失的概率极大。

政治作为研究生考试必考科目之一，其设置的目的在于培养考生的爱国情操，引导考生关心世界和国家的时事政治、经济，树立正确的人生观、价值观，引导考生利用辩证的思维来思考问题、分析问题、解决问题。政治考试是否能达到其预期的目标有待商榷，人生观、价值观通过一场考试就可以决定的做法稍显绝对。政治考试分数高的考生人生观和价值观也未必完全正确。

3.培养单位的招生自主权问题

从改革开放至今，我国硕士研究生的招生考试已走过了38年的历程，但仍存在着明显的“计划经济”色彩。我国硕士研究生从招生计划的制订、考试科目的制定、入学考试的制定直至新生的录取无不体现着行政管理的统一性。循规蹈矩不是坏事，它使得每一项招生考试程序井然有序，但不能以阻碍高校招生的创造性、灵活性为代价。每一所涉及研究生招生的院校都应该有自己的特色，根据社会的实际需求和本校的办学特色来自主规划招收人才。

在录取分数上，我国硕士研究生招生一直由国家统一规定录取分数线，除211类院校外，其他招生单位均无权自主划定分数线。在招生的环节上，招生单位自主权过小，导致艺术类研究生招生考试限制了研究生导师在招生工作中的主动性和决策权，有很多真正有能力的考生未必能如愿地收录在自己门下。对于中国的国情来说，国家宏观调控无疑是一个必然趋势，但艺术类院校人才选拔存在着特殊性，在国家宏观调控的同时应更注重其微观的特征。

研究生招生考试必然要求公平、公正，既要规范、具备现实可操作性，又要根据不同专业院校实际需要来制定相应制度。在符合我国国情的基础上，艺术类高校的研究生招生，可通过试点单位的尝试，进行有序的验证，在验证自主权的同时，还要兼顾相应的权力约束机制，只有这样，才能做到公平、公正。这一问题上如果处理得不好，也必然导致出现招生腐败、教育腐败等现象。

四、结语

综上所述，随着教育体制的不断改革，我国的高等教育正在逐步完善，研究生招生规模在不断扩大，在此背景下，艺术类院校研究生的招生制度如何进行更科学、实际的改革有待进一步的论证和试验。

通过前文对我国硕士研究生招生源流的研究，不难发现高等院校扩招前后招生考试的变化。硕士研究生制度初始时期，选拔的人才能够保证是精英中的精英，严格把关招生规模，秉承宁缺毋滥原则，保证招生质量。随着经济政治的发展，研究生人数逐年扩招，想要在人数增加的基础上保证选拔质量，无疑是对我国研究生制度的一个重大挑战。

美国的研究生招生制度有其自身的特点，中美国情的差异导致研究生招生考试制度也存在着一定差别。笔者认为，应在符合我国国情的基础上，融合其他发达国家的先进制度，以择优录取为目的，务必兼顾公平、公正，保证招生的高质量、高水平。

纵观我国研究生招生进程，国家的相关规章制度已经相对完善，研究生招生考试为我国选拔出大批专业拔尖人才，为社会进步、经济发展均做出重大的贡献。随着教育的普及，在研究生人数逐年扩招的趋势下，若能在招生考试的效度、科目与内容及高校自主权问题上，更加明确、细致，提高人才选拔质量，改进考试科目内容，建立以能力考核为重点的考试制度，扩大高校自主权，我国研究生招生考试制度将迈向新的里程。

在经济、政治、文化飞速发展的今天，我国更需要大量的优秀人才，务必做到优中择优。在保证招生质量的基础上，要多途径、多渠道地选拔人才，满足社会实际发展需要。

关于研究生招生考试制度的建设是一个需要长期摸索的大工程，在不同时期有其不同的发展需要。目前，笔者在此问题上既有收获又有不足，在今后的工作中，不断思考不断探索，将习总书记提出的“培养什么样的人、如何培养人以及为谁培养人”作为思考的目标，在工作中不断探索前行。

参考文献

［1］姚龙琴．论硕士研究生招生考试改革［D］．南京：河海大学，2006.

［2］刘海峰．中国考试发展史［M］．武汉：华中师范大学出版社，2002.

［3］陈睿．对我国研究生招生考试制度的历史回顾［J］．中国考试，2006（4）.

［4］周洪宇．学位与研究生教育史［M］．北京：高等教育出版社，2004.

［5］巨玉霞．我国学术型硕士研究生招生考试制度改革研究［D］．厦门：厦门大学，2007.

［7］康乃美，蔡炽昌．中外考试制度比较研究［M］．上海：华东师范大学出版社，2002.

［8］樊本富．中国高校自主招生研究［D］．厦门：厦门大学，2009.

［9］吴俊清．艺术类研究生招生改革该走向何方［J］．大众文艺（理论），2009（14）.

工科背景下非全日制硕士研究生招生考试探究

杜宁　刘铁铮

（辽宁工业大学；辽宁锦州，121001）

摘　要　教育部在2016年9月《关于统筹全日制和非全日制研究生管理工作的通知》（教研厅〔2016〕2号）中明确提出并界定了全日制研究生与非全日制研究生的招生、培养和就业的相关要求，开启了中国高等教育的新篇章。新政策实行一年来，在推进了教育法制化、终身化、科学化的同时，也出现了一些问题，本文结合新并轨的非全日制硕士研究生招生考试、原在职人员攻读硕士学位、国外硕士研究生招生工作与全国硕士研究生招生考试的利弊进行比较研究，试图找寻一个符合教育新常态下非全日制硕士研究生自身特点的招生录取方式，希望对今后的研究生招生工作建言献策。

关键词　工科，非全日制硕士研究生，招生

The Study on Part-time Post-graduates Recruitment Examination under Engineering Background

Abstract　Ministry of Education illustrated the definition of full-time post-graduates and part-time post-graduates exactly and the requirements of recruitment, education and career by < Note of Unified Management about Full-time Post-graduates and Part-time Post-graduates (bureau[2016]No. 2> in September 2016, which is the milestone of the new high level education. While promoting the rule of law, lifelong-time, and scientific managements, the new policy brings some problems. The paper summarize the merits and demerits of new part-time post-graduates, former part-time post-graduates, external post-graduates recruitment management and national master entrance examination, then is willing to find an advancing recruitment management in the new era and wish to provide help to the long-term reformation.

Key Words　engineering, part-time post-graduates, recruitment

一、工科非全日制招生考试背景

（一）工科

工科硕士研究生按照培养目的不同可以分为工学学术型（代码08）和工程专业学位（085）两类（以下简称工科学术型和工科专业型）。两者均为教育部硕士研究生招生考试的重要组成科目，其特点如下：

1. 考试难度大。根据教育部编制研究生招生专业目录的文件要求，工科学术型和工科专业型均需要参加国家统一命题科目数学考试，学术型以数学一为主（见表1），专业型以数学二为主（见表2）。而对大多数考生而言，统考数学为整个硕士研究生考试最难考且通过率最低的科目。

表1　　工学硕士考研考试科目

<table>
<tr><th>门类代码</th><th>门类名称</th><th>学科专业</th><th>第一单元科目</th><th>第二单元科目</th><th>第三单元科目</th><th>第四单元科目</th></tr>
<tr><td rowspan="5">08</td><td rowspan="5">工学</td><td>计算机科学与技术、网络空间</td><td rowspan="5">▲101-思想政治理论，111-单独考试思想政治理论（100分）</td><td rowspan="5">▲201-英语一或▲202-俄语或▲203-日语；其他语种、外国语言文学专业第二外语、单独考试外语可由招生单位设置自命题科目，也可选用全国统考科目（100分）</td><td rowspan="2">▲301-数学一（150分）</td><td>▲408-计算机学科专业基础综合或招生单位自命题科目（150分）</td></tr>
<tr><td>力学、机械工程、光学工程、仪器科学与技术、冶金工程、动力工程及工程热物理、电气工程、电子科学与技术、信息与通信工程、控制科学与工程、土木工程、水利工程、测绘科学与技术、交通运输工程、船舶与海洋工程、核科学与技术、生物医学工程、管理科学与工程</td><td rowspan="2">招生单位自命题科目（150分）</td></tr>
<tr><td>纺织科学与工程、轻工技术与工程、农业工程、林业工程、食品科学与工程</td><td>▲302-数学二（150分）</td></tr>
<tr><td>材料科学与工程、化学工程与技术、地质资源与地质工程、矿业工程、石油与天然气工程、环境科学与工程、科学技术史、软件工程、生物工程、安全科学与工程、公安技术</td><td>▲301-数学一或▲302-数学二（150分）</td><td>▲408-计算机学科专业基础综合或招生单位自命题科目（150分）</td></tr>
<tr><td>建筑学、城乡规划学、风景园林学、设计学</td><td>★355-建筑学基础或★344-风景园林基础或招生单位自命题科目（150分）</td><td>招生单位自命题科目（允许设考试时间为三小时以上六小时以下考试科目）（150分）</td></tr>
</table>

表2　　工程硕士考研考试科目

类别码	类别名称	第一单元科目	第二单元科目	第三单元科目	第四单元科目
0852	工程	▲101-思想政治理论，111-单独考试思想政治理论（100分）	▲201-英语一或▲204-英语二或▲202-俄语或▲203-日语；其他语种由招生单位设置自命题科目（100分）	▲301-数字一或▲302-数字二或▲303-数字三（仅供项目管理、物流工程领域选用）或★337-“工业设计工程”领域招生单位自命题科目或★338-生物化学（仅供“生物工程”领域选用）（150分）	▲408-计算机学科专业基础综合或单位自命题科目（允许设考试时间为三小时以上六小时以下考试科目）（150分）

2. 涉及学科领域专业众多。工科包含机械工程、船舶与海洋工程、电子科学与技术等72个一级学科，百余个二级学科，涉及我国发展科技强国的所有学科，是发展与复兴的必备条件。

3. 招生比重最大。从近几年数据可知，招生人数逐年递增，接近20万人，远大于其他考研学科领域（见图1）。

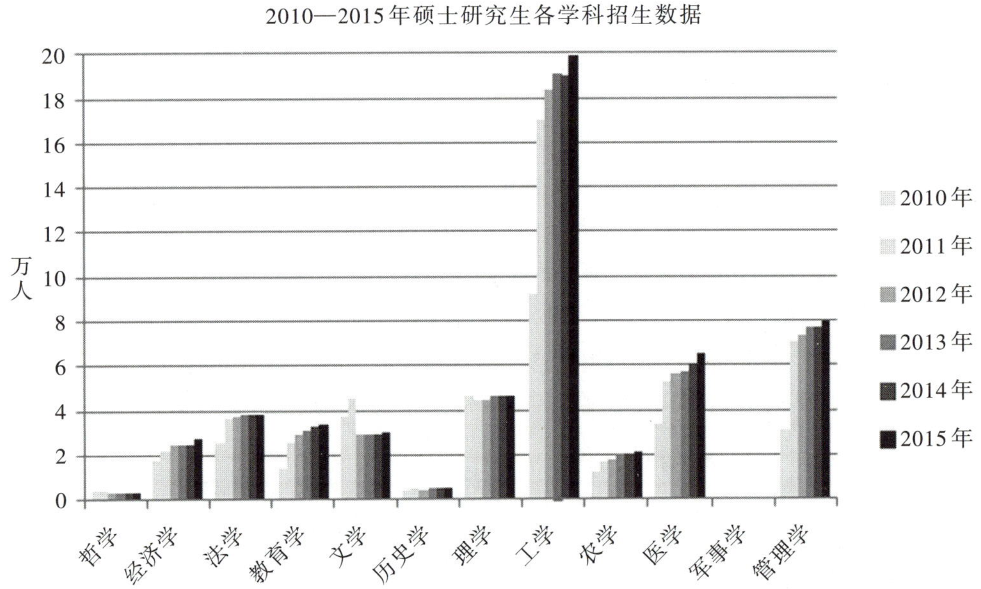

图1　硕士研究生各学科招生数据图

（二）非全日制硕士研究生背景

2016年9月，教育部办公厅印发了《关于统筹全日制和非全日制研究生管理工作的通知》（教研厅〔2016〕2号），明确界定了全日制研究生和非全日制研究生的概念。

全日制研究生是指符合国家研究生招生规定，通过研究生入学考试或者国家承认的其他入学方式，被具有实施研究生教育资格的高等学校或其他教育机构录取，在基本修业年限或者学校规定年限内，全脱产在校学习的研究生。

非全日制研究生指符合国家研究生招生规定，通过研究生入学考试或者国家承认的其他入学方式，被具有实施研究生教育资格的高等学校或其他教育机构录取，在学校规定的修业年限（一般应适当延长基本修业年限）内，在从事其他职业或者社会实践的同时，采取多种方式和灵活时间安排进行非脱产学习的研究生。

简而言之，全日制研究生指全日制在学校学习的研究生，非全日制研究生是非脱产学习的研究生。

非全日制硕士研究生特点如下：

1. 非全日制硕士研究生报考占比明显。2017年全国报考北京研究生招生单位的考生为28.9万人(不含推免生)，比2016年增加18.9%。在京参加考试的考生人数106 155人，2017年在报考北京市研究生招生单位考生中，报考非全日制硕士研究生的考生为37 949人，占13.1%。

2017年黑龙江省硕士研究生报考人数67 189人，比2016年增加了10 544人，增幅为18.6%，为黑龙江省历年来报名人数最多的一年。非全日制研究生报名6 289人，占比9.4%。

2. 年龄跨度明显。报考非全日制硕士研究生的考生年龄从应届毕业大学生到毕业十几年的在职人员。其中较集中在应届本科毕业生和毕业5年内的在职人员。

3. 基础薄弱。由于报考非全日制硕士研究生的考生多为工作多年的在职人员，忙于工作，疏于理论学习，其理论能力、数学功底较报考全日制考生的差距甚远。

二、工科非全日制招生考试形式探究

非全日制硕士研究生由2015年之前在职人员攻读硕士专业学位考试（Graduate Candidate Test，以下简称GCT联考）并轨而来，并轨并不意味着简单的一刀切的合并，而应该是两种招生考试形式的取长补短，有机结合。非全日制硕士研究生的教育目的在于拓宽高层次专门人才的培养渠道，更好地服务社会主义现代化建设。而工科正是这个培养目的最直接的着力点。探索一套适应在职人员终身理论、技能发展的招考模式，具有极其重大的社会意义，可以从以下几方面考虑：

（一）报名

目前的硕士研究生报名主要集中于每年的10月份，非全日制研究生报名要求与全日制硕士研究生报名要求一致，而2015年之前的GCT联考对大部分专业领域有毕业年限要求，要求毕业满3年以上。报名年限要求设计的合理性在于考生需要经过一段时间的工作，在工作中积累经验。之后再报考研究生，把工作中的问题带到研究生入学后的理论学习与实践当中，带着问题入学，解决问题毕业，这是GCT报考限制毕业年限设计的合理性，避免了一部分工作实践经验浅显、学习动机功利的问题。并轨后的非全日制硕士研究生报名条件可参照执行。

（二）初试

工科硕士研究生入学考试初试包括：统考由政治理论、统考外语、统考数学（学术型以数学一为主，专业型以数学二为主）、招生单位自命题四部分组成。这种考试科目的设置，主要是考察报考全日制考生的科研能力以及学科基础能力。对于非全日制考生不应简单地提高试题难度，可以从以下几方面考虑：

1. 同一试题，不同分数线。2017年硕士研究生招生考试，非全日制硕士研究生与全日制硕士研究生在初试时候采用同一试题，同一复试分数基本要求（复试线）。导致的直接结果是真正拥有职业技能，需要通过攻读非全日制硕士研究生来提升理论技能的在职考生，因没有达到复试线，不能进入复试环节，最终考研失败。而招生单位要完成既定的非全日制招生计划，不得已将部分全日制达到国家线，复试排名靠后的全日制考生调剂录取到了非全日制专业，该做法不符合非全日制硕士研究生设置的初衷。在今后的考研划线中，应考虑到非全日制考生的自身特点而适当降低初试复试分数要求，非全日制考生设定非全日制复试分数线。

2. 增加实践技能考核，折算初试成绩。我国开展非全日制研究生教育的主要目的在于拓宽高层次专门人才的培养渠道，更好地服务于社会主义现代化建设的需要。拥有多年工科从业经验的非全日制考生多为企业的生产、研发一线人员，是我国宝贵的专门人才，在坚持与全日制考生同一复试分数线的前提下，增加报考相关专业领域的基础实验技能测试，来折算成部分数学或招生单位自命题成绩，有利于选拔技能型人才进入校园继续深造。

3. 非全日制硕士研究生申请制。非全日制硕士研究生的专业多为专业学位研究领域，其目的是培养具有扎实理论基础，并适应特定行业或职业实际工作需要的应用型高层次专门人才。当前的非全日制硕士研究生招生初试为笔试考试，可以说是一考定终身。录取后毕业相对容易，就是常说的入口严，出口松。近年来，出现许多考研学校，包过考研培训班等机构。有的高校为抓学生考研率，从大一入校后就针对有考研意向的学生直接做考研培训，不重视学生的专业素养，培养了一些高分低能的考生，考研初试分数很高，而最终没有被录取，状告学校。另有报道，考研辅导机构催生腐败等事件，对考生本人、招生单位和社会均造成了不良的影响。笔试的另一个弊端是创新能力无法体现。考研政治、外语均为识记性考试，严重影响专门人才的选拔。非全日制硕士研究生申请制可借鉴美国模式。麻省理工学院、加州大学伯克利分校、威斯康星大学麦迪逊分校、芝加哥大学均采用在线申请制度，要求学士学位满足申请项目的要求，并且要求大学成绩单、GRE成绩、推荐信、研究计划、托福成绩等（见表3）。

表3 **美国部分高校硕士研究生招生方式**

学校	申请方式	申请条件	申请材料	评估过程
麻省理工学院	在线申请	1.取得学士学位； 2.满足申请项目的具体要求	1.大学成绩单； 2.GRE成绩； 3.推荐信； 4.研究计划； 5.TOEFL（非英语国家）等	院系教师联合会根据申请人提交的材料综合评估申请人的学业成绩和专业潜力
加州大学伯克利分校	在线申请	1.取得学士学位； 2.满分4.0标准下，GPA3.0（B）以下； 3.能够完成所选择领域研究工作的足够的本科培训； 4.满足申请项目的具体要求	1.大学成绩单； 2.GRE成绩； 3.推荐信； 4.研究计划； 5.TOEFL（非英语国家）等	院系教师联合会根据申请人的学业成绩、标准化考试成绩、研究计划、推荐信、个人兴趣、个人背景和生活经历、相关工作经验，综合考虑做出决定

续表

学校	申请方式	申请条件	申请材料	评估过程
威斯康星大学麦迪逊分校	在线申请	1.取得学士学位； 2.满分4.0标准下，GPA3.0以上； 3.满足申请项目的具体要求	1.大学成绩单； 2.GRE成绩； 3.推荐信； 4.研究计划； 5.TOEFL（非英语国家）等	院系教师联合会根据申请人提交的材料综合评估申请人的学业成绩和专业潜力
芝加哥大学	在线申请	1.取得学士学位； 2.满足申请项目的具体要求	1.大学成绩单； 2.GRE成绩； 3.推荐信； 4.研究计划； 5.TOEFL（非英语国家）等	院系教师联合会和招生工作人员综合考虑申请人的情况决定录取结果。特别指出，在研究生阶段，研究内容更加专业化，每个项目各自决定录取名单

（三）复试

复试工作是硕士研究生招生考试的重要组成部分，是保证生源质量的基础环节。目前，硕士研究生招生单位复试主要包括外语笔试、外语面试、专业笔试和专业面试四部分，从某种意义上说是考研初试的延伸，并且存在重初试轻复试的现象。针对考生创新性、技能性的考察主要停留在专业面试环节，占比为复试成绩的30%左右，在程序对等、公平、理性的前提下，针对非全日制硕士研究生的复试，可以从以下两方面考虑：

1. 改笔试为操作。该部分主要针对初试完全为笔试考试设定的技能操作性复试方式。初试合格的考生，结合工科自身学科的特点，将复试笔试部分改为实际技能操作，不再对专业基础理论知识进行考试。针对工科以实际操作性为主，利用生产实践指导理论的原则，可以将复试笔试部分改为专业技能操作，由导师组根据自己学科领域的项目要求或培养要求考察非全日制考生的实际操作能力。可以设计结合实际生产活动做一个实验，得出结论，考察考生的实际操作能力；也可以设置开放性试题，考察考生的创新思维和问题解决能力。根据操作或实际情况打分，折合成复试成绩。

2. 复合面试。由学校导师组与校外相关企业工程师组联合开展非全日制硕士研究生的复试工作。学校导师组负责关于理论方面的笔试和面试，校外工程师组负责结合实际生产生活，提出在生产过程中产生的问题，主要考察考生是否能够从事该学科领域的研究活动。这有利于考察考生的问题解决能力和创新能力。最终将理论知识与生产实际考察相结合，给出最终复试成绩。同时，这也是践行产学研相结合、优势互补的重要体现。

三、总结

2016年是实行新并轨政策后的第一年，虽然考生报考人数攀升明显，但录取率低，最主要的原因是考生对调整后的非全日制考试不适应。也有其他一些原因使得考生多处于观望、抵触状态，据统计（见图2），对就业歧视的担心和非全日制研究生与全日制研究生的不同等学习待遇等都是有待解决的问题，与刚刚出台的硕士研究生招生学术型与专业型一样，开始会有一定的抵触，但经过时间的检验，认可度将慢慢发生变化。给改革些时间，让时间去解决问题。

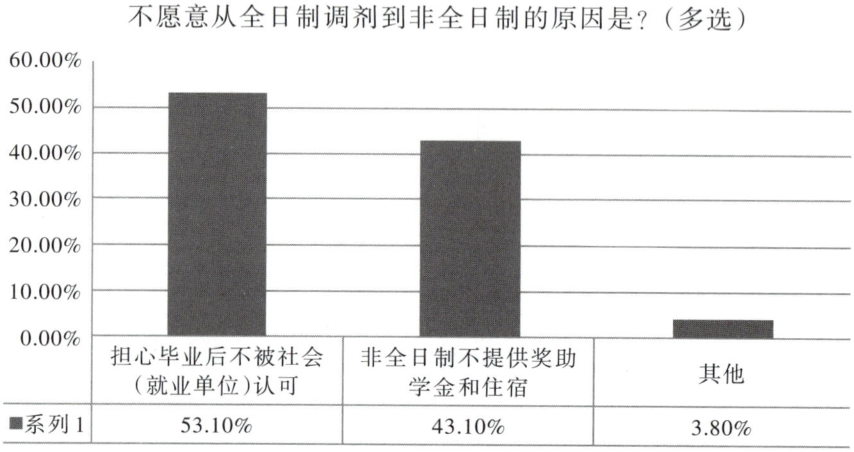

图2 不愿意从全日制调剂到非全日制原因调查分析图

参考文献

［1］中国教育在线. 全国研究生招生数据调查报告［EB/OL］.［2017-03-01］. http：//www. eol. cn/html/ky/2017report/.

［2］邢凯旋. 我国工程硕士研究生选拔方式研究——以北京交通大学为例［D］. 北京：北京交通大学，2015.

［3］赵天姿，戴立昌，禹春霞. 美国工程硕士招生模式的借鉴性研究［J］. 教育理论研究，2016（31）：110-153.

［4］马希青，王凯，薛应芳. 工科全日制专业学位研究生培养模式创新研究［J］. 教育教学论坛，2015，10（46）：109-111.

［5］江莹. 试论研究生复试发展轨迹及程序公正［J］. 中国高教研究，2005（10）：21-23.

［6］刘静，刘军伟. 校企联合培养非全日制工程硕士模式重构研究［J］. 研究生教育研究，2015（6）：77-81.

［7］中国教育在线. 非全日制研究生遇冷，问题出在哪儿？［EB/OL］.［2017-05-12］. http：//kaoyan. eol. cn/nnews/201705/t20170512_1515632. shtml.

关于改革研究生招生选拔制度的思考

葛铁军　刘满福　张玉新　杨靓

（沈阳化工大学；辽宁沈阳，110142）

摘　要　研究生招生制度改革是提高研究生教育质量的重要组成部分。文章从优化人才培养类型结构，建立与培养目标相适应的招生选拔制度，改革现有招生方式，建立新的招生机制等几方面，有针对性地对研究生招生制度改革进行了有益的尝试和探索。

关键词　研究生教育，招生，改革，制度

Reflections on the Reforming of the Graduate Admissions Selection System

Abstract　Reforming the graduate admissions system is an important part of the improving the quality of graduate education. The paper reported the new reforming methods for graduate admissions system through optimizing the talent training type structure, establishing the new admissions selection system for the training goal, reforming the existing way of enrollment, and establishing the new admissions system.

Key Words　Graduate education, enrollment, reform, system

我国研究生教育在建设高水平大学和建立开放、灵活并具有国际影响力的培养体系的过程中，形成了学科基本齐全、布局相对合理、类型比较丰富的中国特色研究生教育发展之路，基本实现了立足国内培养高层次人才的战略目标。但是，随着时代的发展，源于传统计划经济体制的招生制度也日益暴露出与市场经济和现代高等教育制度不相适应的弊端，在一定程度上阻碍了我国研究生教育事业的进一步发展。现行的研究生教育主动服务国家大局的体制和机制仍不完善，招生培养模式与经济社会发展多样性需求还不适应。如何通过招生制度改革来更好地选拔人才，成为研究生招生体制改革的关键问题之一。

目前的研究生招生选拔与培养大体上还是继承了高考选拔与本科生的教育方式，过于强调公平性与共性，忽视了个性与创新性。党的十八大报告和《国家中长期教育改革和发展规划纲要（2010—2020年）》均对提高高校研究生教育质量、深化研究生教育改革提出了总体要求和奋斗目标。而这其中，改革招生选拔制度摆在首位。如何更好地优化人才培养类型结构、深化招生计划管理改革、建立健全科学合理公正的招生选拔机制和完善招生选拔办法，是我们急需思考和解决的问题。为此，依据我校的实际情况，针对研究生招生工作阐述以下三点：

一、研究生招生考试制度存在的问题

目前的研究生招生考试在实际操作过程中，显现出不少弊端。

（一）高校自主权缺失

目前的招生制度是与计划经济相统一的管理模式，宏观控制力度强，招生单位自主性程度较低，管理较死板。首先，政府权力过于集中。现行的研究生招生考试制度是一种高度集权模式，从招生计划的审批到报考条件、考试时间、考试科目、录取分数线的划定等，都是在教育行政部门的直接管理下进行的。其次，高校缺乏招生自主权。高校的招生自主权非常有限（目前全国只有少数试点高校自主划定录取分数线），一切都是按照上级指示办事，工作比较被动，无法充分发挥其主观能动性。

（二）招生环节过多，效率低下

目前，从制订招生计划、编制招生专业目录到报名、命题、考试直至最后录取，时间长达一年，中间环节过多。同时，因为招生的种类多、涉及面广、保密性要求高、时间性强、工作量大等因素，招生单位每年必须要花费大量的人力、物力、财力，才能保证招生工作的顺利进行。招生工作人员疲于应付各种繁杂的具体事务，没有时间和精力去思考招生工作中的问题，研究如何进行改革，以能够更加公平、公正、公开地选拔人才。

（三）考试科目不尽合理

我国硕士研究生招生由初试和复试两部分组成:初试4门科目，包括公共课和专业课，进行全国统一考试，由教育部统一划定复试分数线。复试由招生单位自行组织，笔试、口试均可。这种招生制度虽然有其合理性，但随着社会的发展、教育途径的多元化，也显露出诸多弊端。招生单位为了吸引生源或为了完成国家计划，放松了对考生“智力潜能”或独立承担科学研究工作能力的考查，而把反映考生对基础知识和系统专门知识掌握程度的考试成绩作为其录取与否的唯一标准。这种录取方式会使具有发展潜力的优者被淘汰，而掌握了考试技巧者被录取。因此，这种录取方式不利于尖端人才的培养，也与社会经济和科技发展的客观要求不相适应，造成了人才浪费。

研究生入学初试统考科目为政治、外语，对有些学科又规定了必须使用统考数学试卷。统考的外语、数学难度偏大。它产生的最大弊端是，各招生单位特别是一般大学的一般专业，为保证招生指标不受损失，在进行由本校负责的专业基础课试题命题时，往往降低要求，试题难度比统考科目小得多，因而统考科目成为考生能否被录取的关键。这严重影响了招生单位全面考查考生的专业基础知识掌握情况，不利于选拔优秀的考生。

任何考试的成绩都无法与应试者的真实水平一一对应，那些靠死啃书本、死记硬背获取高分的考生，并非全是最优秀的，而具有较强分析问题和解决问题能力并具有创新能力的考生，不一定都能考得高分。研究生的培养实行导师负责制，但是导师在研究生招生选拔环节没有任何话语权，所谓的复试环节在相当多的高校里变得和初试环节一样没有个性化的考核。

二、研究生招生制度改革的探讨

目前，关于我国研究生入学考试改革，可谓仁者见仁，智者见智，大体可以归结为三大类型:高校自主型、统筹兼顾型、国家主导型。

（一）高校自主型

所谓高校自主型，就是高校自主招生、教授自行选才、简化程序、提高效率、取消目前进行的初试，由招生单位自行组织考核、选拔。持这一主张的学者认为，专业课考试招生单位自主组织，但全国统一划线，缺乏可比性，容易导致“近亲繁殖”；报名、考试、录取手续繁琐，环节多、周期长，“每年考一次，一次考一年”，工作效率低下，且影响本科教学；英语可以采用国家现行的英语等级考试制以及 WSK、TOEFL 等成绩，避免重复考试，资源浪费；政治理论考试放入复试阶段，主要考核马克思主义和社会主义建设基本理论、时事政策等，不需死记硬背。

（二）统筹兼顾型

所谓统筹兼顾型，则是两段制考试的另外一种表述，就是将研究生入学考试分为两段，第一段是国家统一举行的“资格考试”，第二段是招生单位自行组织的“专业考试”。其中研究生入学资格考试由国家教育主管部门委派专门的考试机构统一组织，重在测试考生的综合素质，体现群体的共性，其成绩具有一定的有效期；招生单位的专业考试则是测试考生在某一或某些方面的特殊能力，体现考生的个性。持这一主张的学者认为，两段制考试大胆借鉴国外先进的考试模式，不仅有利于人才的选拔，而且能充分体现高校的办学自主权，适应社会和市场的需求。

（三）国家主导型

所谓国家主导型，就是中国GRE的另外一种表述，主张借鉴美国GRE考试的做法，在选拔人才方式上与国际接轨，招考分离，合理分工。全国性的研究生入学考试管理机构负责组织普通考试和专业考试，发布成绩；招生单位不组织考试，只受理、审查申请者的材料，决定是否接收、是否授予奖学金。持这一主张的学者认为，借鉴GRE模式改革我国研究生考试制度，可以引导学生注重基础知识、基础理论的学习，扩大知识面，增强创新意识；可以培养学生主动学习各种科学文化知识的积极性和主动性，提高分析问题和解决问题的能力；可以通过考试方式的变革与国际接轨，实行统一标准，同一考题，公平竞争，从整体上保证研究生的招生质量；可以简化考试程序，规范考试环节，集中管理，合理分工，避免重复性工作，节省人力、物力、财力资源，提高工作效率和改善管理效益。

三、研究生招生制度改革设想

本科生教育更多的是教研室（学校教务处）负责制，研究生教育更多的则是导师负责制。本科生教育过程强调的是“标准化培养”，其目的是大学生的“养成”，养成很好的人格品格、养成良好的学习习惯、养成相应的专业能力。研究生教育过程强调的是“个性化培养”，其目的是研究生的“创新”，要求研究生产生创新意识、具有创新思维、形成创新能力。正是因为研究生教育的“个性化要求”不同于本科生的“千人一面”，研究生招生制度改革应该扩大招生单位的自主权和导师的话语权。

（一）扩大招生单位办学自主权

研究生招生制度的改革应当与我国的政治、经济改革形势，特别是高等教育体制改革形势相一致，教育部应扩大地方主管部门的权限和招生单位的办学自主权，调动各方积极性，共同做好研究生招生工作。国家可在简政放权、权力下移的过程中，逐步建立健全和理顺与地方研究生主管部门、各招生单位的关系，明确各自的职责和权限。各部委、地方招生主管部门除了要继续监督、协调好各招生单位的招生工作之外，还应根据本部委、本地区的实际情况，以培养更多的适合本地区需要的高级人才为目标，进行部分招生政策的调整；招生单位可以在国家政策允许的范围内，制定适合本单位的招生办法，在教育部、主管部委、省级招生管理部门批准的专业（学位点）内自主招生，并且在扩大高校招生自主权的同时，赋予学术团队和指导教师更大的管理权。

（二）建立“二元制”研究生招生体制

当前，由于种种客观原因，实行全部由高校自主招生，确实很难，而且还会引发各种负面影响。因此，“二元制”招生体制相对来说更具有现实可行性。它是指在研究生招生中采用两类考试的做法。其一，建立全国性研究生考试机构，负责组织全国研究生报名资格考试；其二，各招生单位自行组织专业课程的入学考试，对报考本招生单位的具有研究生入学考试资格的考生进行专业科研能力考核。这种考试体制类似于美国研究生招生体制，前者与ETS（美国教育测验中心）组织的GRE和GMAT类似，后者类似于GRE，但工作流程上有所变通。资格考试的目的是测试考生是否具备进入研究生教育的基本能力，类似于当前国家公务员考试，测试重点为语言能力（包括母语和外语）、逻辑分析能力。经过研究生招生资格考试的筛选，招生单位招录对象范围大大缩小，省去了考试组织过程中往复邮寄工作流程，大大降低了招生单位的工作量，同时使招生单位选择研究生的面更宽。考生取得了研究生报考资格后可以报考全国任何一个招生单位，各招生单位也可以根据考生的报名情况，机动地安排专业复试时间，分配每次招生计划名额。而对于每位获得报考资格的考生来说，一年中有多次复试的机会，提高了录取的可能性，使选择的学校和专业面更宽。

（三）明确考试导向

研究生入学考试应主要突出考查学生的创造力和科研能力，而不应是仅仅考一两门公共课和专业课。学生的创造力和科研能力不是通过对几门课程的考核就能够解决的，用考试成绩进行研究生选拔不完全合理。把应用能力考试引入研究生入学考试中，首先，有利于应届本科生安心完成学业，使他们不再从大三开始就准备公共课和部分专业课学习，而是引导学生向素质教育转变，从而为提升本科教学质量创造良好条件。其次，有利于为在职人员创造更多的深造机会。最后，有助于理顺录取进程，对考录双方更为有利。各招生单位可根据当年国家相关政策和自身实际情况，划定本单位的复试最低分数要求，招生单位的招录对象范围大为缩小，避免了初试考务组织的繁琐，并有助于招生单位拓宽对研究生选择的领域。同时考生可根据自己的考试成绩和相关招生单位的最低分数要求，选择更多的招生单位和专业，并能够方便灵活地参加专业复试，进而提高被录取的可能性。

（四）改革考试科目

考试导向发生变化了，考试科目和内容需要相应地加以调整。首先，作为高级人才选拔性测试的研究生入学考试，重点应当放在专业知识结构的考察上。可以在初试时取消专业基础课的考试，将专业基础课与复试中的专业课结合在一起进行考核，设立专业课考试，这样既可以减轻各招生单位每年命题时的重复劳动，又可削减一门考试科目，从而降低考生的考试强度。并且，要进一步加强专业课考试的科学性，采取大量淘汰的控制模式，在命题上应严格遵守筛选性原则，以考核考生的专业素质，判断考生是否具有运用所在学科的专业知识进行创造性工作的能力，尤其是应力求在有限的试题中反映考生的综合素质。考试科目由能力测试和专业测试两部分组成。通用能力测试不涉及专业方面的特定内容，旨在对考生从事学术研究的综合能力和科研潜力做出衡量。研究生入学考试重点应放在对考生专业科目的考查上，降低公共科目的试题难度，逐步扩大专业课按照一级学科分类进行全国联考的门类，以确保相同学科的专业试题难易程度相近，实现有效测试出考生通用能力和专业知识与技能的目的。

其次，完善研究生入学考试复试内容，推进复试工作科学化进程。硕士研究生的复试内容应更加全面。硕士研究生复试过程中，在考查考生本科学习综合成绩的同时，要全面考查考生的科学研究能力和综合素质。应要求考生作自我学习评价和品德评价，从事研究生专业学习意愿和研究生学习生活规划，还应包括参与集体活动、社会实践及公益活动等方面的介绍。面试导师应当注重考查考生在学习过程中的进步情况以及学习规划能力、独立学习或探索精神与能力，同时应考查其学习兴趣及专业发展潜能和团队合作精神等方面的内容，并结合考生所在单位的综合评价或推荐信，衡量考生的道德品质。应该将政治理论科目考试放在复试中，以便真实了解考生的政治理论应用能力和对时事的关心程度。另外，严格进行复试，以便选拔专业基础好、动手能力强的考生。初试结束后，各招生单位针对本单位的上线考生，应结合自身的实际情况，对其需掌握的专业知识、基本技能进行考核。在复试过程中，各研究生招生单位应加大对复试工作特别是对专业课考核的管理，以公平、公正、公开为工作原则，结合自身的培养目标，在复试的专业综合测试（一般为面试）中注重对创新人才的挑选，设计操作性强、效果好的试题，保证招生工作的顺利完成。

（五）优化人才培养类型结构

目前，我校硕士研究生包括全日制研究生和非全日制研究生，还没有取得博士学位授予权。我校研究生培养类型比较单一，且我校又以工科为主，这样就给研究生教育发展带来了瓶颈问题。为此，制定相应的解决措施十分必要。可以采取如下方法：①进一步加强博士学科授予权的申报与获批，使学科均衡发展，办学层次得以提高；博士授予权的获得有助于硕士研究生招生规模的扩大。②我校在招生规模十分有限的背景下运行了十三个一级学科，涵盖了六十四个二级学科。这种格局无论是在培养的经济性考核还是在培养的质量性考核方面，都不具有合理性，学校应该积极优化学科结构。③积极重视发展非全日制研究生招生规模，开展深层次的招生宣传，逐步建立独具特色的非全日制研究生培养模式。如可以采取与相关企事业单位签订订单式培养合同，引入社会办学机构进行辅助招生与培养，以学校教学为辅、企事业单位实践为主和以实践成果作为毕业学位授予评价体系等多项措施，扩大招生规模。

总之，研究生招生制度改革涉及方方面面，我们必须尽快完善研究生招生制度，使研究生招生工作进一步科学化、合理化，为国家选拔出更多更好的人才。

参考文献

［1］国家中长期教育改革和发展规划纲要工作小组办公室．国家中长期教育改革和发展规划纲要（2010—2020年）［EB/OL］．［2010-07-29］．http：//www.moe.edu.cn/srcsite/A01/s7048/201007/t20100729_171904.html．

［2］洪煜，钟秉林，赵应生，等．我国研究生教育制度的历史沿革、现存问题与改革方向［J］．中国高教研究，2012（7）．

［3］胡大慧．研究生招生与录取量变分析与招考选拔制度改革探索：以浙江大学研究生招生分析为例［J］．科教导刊，2014（9）．

硕士推免制度改革

地方高校实行推免生本硕贯通培养制度可行性分析

刘贵伟　黄寒冰　刘长斌

（大连工业大学；辽宁大连，116034）

摘　要　在我国现行推免制度下，地方高校推免生工作机遇与挑战并存，生源质量问题亟待解决。与“本硕连读”培养模式求同存异，改进选拔方式，提出推免生本硕贯通培养概念及内涵，并对制度的可行性进行分析。

关键词　地方高校，推免生，本硕贯通，可行性

Feasibility Analysis of Recommending Exam-free Postgradute Through-type Personnel Training System in Local Universities

Abstract　Under the current system of our country, the recommended exemption work face both opportunities and challenges. Source quality issues are to be resolved. Through seeking common ground and reserving differences with diplom mode and improving selection method, We propose the concept and connotation of recommending exam-free postgradute through-type personnel training system and analyze the feasibility of the system.

Key Words　local universities, recommending exam-free postgradute, through-type personnel training system, feasibility

我国硕士研究生推荐免试制度（以下简称推免制度）由来已久，最早可追溯至1918年国立北京大学制定的《研究所总章程》。而现行推免制度始于1984年出台的《关于做好1985年招收攻读硕士学位研究生工作的通知》，通知中进一步提出开展全国重点高等学校推荐少数优秀应届毕业生免试入学的试点工作。制度起源是人才总量不足或创新人才不足；权利配置是招生自主权的下放和选拔权的转移；制度优势在于社会认可和资源属性。近年来，国家逐步增加具有推免资格高校数量，提高推免生比例，规范工作流程，旨在改革研究生招生选拔机制，提高研究生生源质量，加快高层次创新人才培养进程。

然而，罗敏、曾鹏、魏芳等研究者发现，现行推免制度在实施过程中存在诸如推荐权和选择权、本科教育与研究生教育等矛盾，选拔机制也存在诸多不合理现象，根源在于推免制度尚不完善，生源竞争激烈且教育资源不平衡。

随着教育部推免工作的全面展开，一些办学历史悠久，学科特色明显的地方高校也逐步加入到推免生工作行列中。取得推免权在某种程度上是地方高校培养质量提升、学科在区域领域得到认可的标志，给地方高校的发展带来了新的机遇和挑战。

探讨推免生培养机制改革，既有利于吸引优质生源，提高研究生生源质量，又有利于提高研究生培养质量。

一、地方高校推免生本硕贯通培养制度的形成及内涵

1.地方高校推免生本硕贯通培养制度设计的形成

（1）借鉴“本硕连读”培养模式。长期以来，我国的高等教育划分为本科生、硕士生和博士生三个培养阶段，实施分段式人才培养。割裂式的培养现状不适于高层次人才培养的要求。近年来，一些重点院校如清华大学、哈尔滨工业大学等开始尝试将本科生培养和研究生培养合二为一的“本硕连读”培养模式，地方高校开展较少。本硕连读培养模式的培养年限大多数为六年，在培养周期上具有明显优势，但是一些院校现行的本硕连读培养模式，不能科学合理地连接本硕教育，反而造成学科课程的重复，教育资源的浪费。

（2）“本硕连读”培养模式的选拔弊端。现行的“本硕连读”培养模式中，选拔标准是高考成绩，在学生初入大学就确定进入相应的本硕连读班。这种选拔方式，无法确定学生是否能够适应高等教育阶段的学习方法和生活环境，而且学生对专业的了解和自身发展的规划也需要一定的时间。这种培养模式本身就是为了避免在重复培养环节上浪费时间，因此一般来说，中途是不授予学位的，不符合要求的很有可能被淘汰掉，还需为不合格学生考虑出路问题。

（3）推免生本硕贯通培养制度提出。延续“本硕连读”培养的理念和实施步骤，去除选拔弊端。从已经获得推免生资格的学生中，选拔专业功底好、具有创新和科研意识的学生，在第四学年，完成本科毕业环节的同时，直接与研究生教育相衔接，进行贯通培养。

研究生教育与本科教育之间的有效衔接是开展研究生教育的重要环节。这种本科与研

究生贯通培养是真正意义上的“精英型”教育模式，针对推免生大四阶段的学习和生活特点，二者有效衔接，极大提升了推免生的学习效率和时间利用率，不仅对拔尖本科生的培养质量起到巨大的推动作用，也是硕士研究生培养质量得以保证的有力措施之一。

2.地方高校推免生本硕贯通培养制度内涵

推免生本硕贯通培养制度是以提高地方高校人才培养质量为目标，在学科建设引领下，紧密结合本科专业建设和硕士点建设的实际情况，以地方高校优势特色学科为切入点，贯通本科、硕士研究生的人才培养通道，吸引地方高校推免生留校并按照本硕贯通培养模式完成本科学业并继续攻读硕士学位研究生。

根据学科特点，对现有本科生和研究生培养方案进行修订，制订专项培养方案，打造本硕培养逐级递进，形成知识传授、创新能力培养、科研实践能力培育的人才培养新格局。学制按照“3+1+2”年安排，其中“3年”为正常完成本科阶段前六学期的学业；“1年”为兼顾本科学业、研究生课程学习与硕士学位论文开题的资料积累等；“2年”为完成硕士研究生阶段必要环节的学习任务。

“贯通式”研究生培养，是一种“全程设计、分段实施、贯穿到底”的培养模式，可以概括为：适应规模发展、提高创新能力、加快人才成长。它在培养理念上，追求系统完善的培养过程，使得研究生培养稳扎稳打，力争在质量上有较大飞跃。

二、地方高校实行推免生本硕贯通培养制度的可行性分析

1.符合推免制度提高创新人才选拔的初衷

推免制度创立的根源在于改善国家人才总量及创新人才总量不足的情况。本硕贯通培养制度是推免制度与地方高校具体实际相结合的制度探索，是创新人才培养模式在地方高校落地发展的试点实证，彰显了地方高校提升人才培养能力的思考和决心，进一步体现了地方高校的办学自主权。

2.与深化研究生教育改革制度的宗旨一致

按照教育部、国家发展改革委、财政部关于深化研究生教育改革的意见〔2013〕1号文件，研究生教育要以服务需求、提高质量为主线，以分类推进培养模式改革、统筹构建质量保障体系为着力点，更加突出服务经济社会发展，更加突出创新精神和实践能力培养。地方高校肩负人才培养和服务地方的社会责任，优势特色学科的发展对于服务和引领区域经济有着举足轻重的意义。学科的建设与发展，离不开创新人才的输入和培养。本硕贯通培养制度，旨在打造学生培养、学科发展与服务区域经济发展的一体化渠道，是加快创新人才培养的一种制度尝试，更是深化研究生教育改革的试点实证。

3.缩短培养年限，有效节约成本，提高推免生学习效率

推免生本硕贯通培养制度为优秀学生搭建了更为广阔的平台，以人为本、实施因材施教，同时缩短培养年限、减少投资成本，从而体现了弹性学制的优越性。

推免工作一般在每年九月份完成，获得推免资格后，学生没有就业、考研等压力。有的学生频频往返于学校、家庭和旅游景点，有的学生想要抓紧充电，但找不到方向。与其

任其虚度光阴或者误打误撞，不如把他们组织起来，及早开始学术科研的培训，让他们尽早进入研究生学习状态，提高学习效率。

4.与“本硕连读”求同存异

本硕贯通培养制度是从本硕连读中演变过来的，在选拔学生方面更为完善，更有针对性。本硕贯通培养试点学科通过组织专家组对推免生进行全面考察，重点选拔专业基础扎实，具有创新能力并且真正有志于投身科学研究及服务区域经济发展的推免生，更有利于科学研究的连续性和完整性，改变了本硕连读仅靠高考成绩选拔的“一考定终身”，真正选拔出具有研究潜力和科研潜在素质的学生。

在培养方面，推免生本硕贯通培养与本硕连读有一定的相似性和延续性。国内一些重点院校的本硕连读培养模式可以追溯到十年前，其中有很多好的做法和经验可供推免生本硕贯通培养模式参考运用，提供可行性范本和方案。

5.执行推免生本硕贯通培养专项培养方案，将本科与研究生阶段有效衔接

推免生本硕贯通培养推行的关键在于推免生大四学年本科与研究生的有效衔接。根据学科特点和实际情况，对本科第四学年课业学习计划和研究生培养计划进行修订，经过充分研讨、论证，并与研究生院和教务部门沟通，形成专项培养方案。

6.更好地引领和服务区域经济发展

研究生教育发展是区域经济的动力源泉，为区域经济发展提供高层次人才和技术支撑。区域经济与研究生教育是一种和谐共生的发展模式。作为东北地区的地方高校，应该持续加大研究生教育投入，不断调整优化研究生教育结构，努力提升研究生教育效益，为我国“东北振兴战略”提供源源不断的智力资本支持，从而实现区域研究生教育与区域经济社会在更高层次和更宽领域上的良性互动发展。

以大连工业大学食品科学与工程专业为例，推行推免生本硕贯通培养制度有利于为学科选拔创新型人才，加快推进“双一流”学科建设。同时，学科为推免生提供更为广阔的平台和发展空间，有的放矢地提高行业高层次人才的能力培养，更好地服务大连乃至全国食品行业，加快推进区域经济发展。

7.为地方高校推免生工作开展提供典型实例

逄红梅等人的研究表明，在现行推免制度下，非“985”“211”院校（以下简称“双非”院校）生源质量提升难度加大，学科专业建设科研储备能力下降。“双非”院校经过四年的培养，向外输出了大量的优秀毕业生，而自身生源质量呈下滑趋势，这对学校的学科与专业建设极为不利。本硕贯通培养，通过制度设计为推免生节省时间成本，更好地与研究生阶段对接。最优秀的导师团队、最先进的科研平台、专项的培养方案，有效地吸引了推免生留校参与科研、创新，从根本上解决了研究生生源质量问题。

三、地方高校实行推免生本硕贯通培养制度在实施中应注意的问题

1.提供制度保障

贯通培养需要导师在本科阶段就介入学生的培养过程，需要单列的遴选、考核、淘汰

分流环节，需要一系列与该模式配套的制度设计。要实现无缝对接，必须得到研究生院、本科职能部门和各培养单位的大力配合，并制定完善的配套制度予以保障。

2.做好地方高校推免生计划分配

地方高校推免生名额与重点高校相比甚少，除去支教团等专项计划，普通推免计划超过100人的不多。在推免生计划的分配中，要充分考虑各种因素和学生利益。拿出部分计划名额在特色优势学科进行试点，其余名额按照兼顾分配。为学生提供全方位、多角度的发展方向，最终的选择权、决定权归于学生。高档只做制度设计，学生自愿参与，不能强买强卖。

3.加大选拔力度，培育潜在生源

本硕贯通培养选拔范围是已获得推免生资格的考生，在选拔过程中，要组织专家对学生进行全面考察，重点选拔专业基础好，具备科研和创新潜质的学生。不能为了完成计划而降低选拔要求，贯通培养专项名额宁缺毋滥。对于低年级的学生，学院和导师可以广泛进行宣传，加以推广，逐渐培育潜在生源。

4.优化培养机制，完善培养过程

本硕贯通应实现以生为本的动态管理和分流制度，在本科生阶段强化通识教育基础，加强实践创新能力培养，硕士生阶段强化学科基础和研究开发训练。推行过程中要避免盲目的叠加本科阶段与研究生阶段的教育模式，对重复的部分要进行切除。要精选学术精湛、责任心强，科研项目较多的导师参与其中。在宽口径和扎实基础理论的前提下构建个性化培养方案，为培养创新人才打下良好的基础。

四、结语

推免生本硕贯通培养制度由“本硕连读”培养模式衍生，在选拔方式和对象上更为完善，从制度设计到具体实施体现了地方高校扩大办学自主权及提升研究生培养质量的决心。兼顾学生、学科、高校及地方区域经济发展，有效地吸引了推免生留校参与科研、创新，从根本上解决了研究生生源质量问题。本硕贯通培养制度的实行和推广，为地方高校推免生工作开展提供实证，为国家推免生制度改革从地方高校具体实施角度提供合理化建议和诉求。

参考文献

[1] 罗敏. 我国研究生招生推荐免试制度的特征、矛盾及发展趋势 [J]. 学位与研究生教育，2011（12）.
[2] 曾鹏. 我国现行研究生推免制度存在的问题及改进建议 [J]. 贺州学院学报，2012（3）：83-86.
[3] 魏芳. 对新时期下研究生推免制度的思考 [J]. 亚太教育，2015（6）：272-273.
[4] 张宇恒，王小红，刘余. 教育不能承受之重——研究生推免政策中不合理现象解读 [J]. 课程

教育研究：学法教法研究，2016（3）：229-230.

［5］逄红梅，刘宝哲，黄宏军．现行推免制度下“双非”院校招生困境与应对策略［J］．研究生教育研究，2016（2）：29-35.

［6］张莉．本、硕、博贯通式人才培养模式的利弊分析及对策研究［J］．学位与研究生教育，2015（6）：13-16.

［7］曹宇，代学民．拔尖本科生与硕士研究生贯通培养的实践与探索研究［J］．人才资源开发，2016（1）：181-182.

［8］楼群英，吴淑媛．地方院校“本硕连读”模式的探讨［J］．化工高等教育，2007（6）：10-12.

［9］竹文坤，尤晓健，何学谦．我国本硕连读人才培养模式研究［J］．现代商贸工业，2012（1）：14-15.

［10］管永星，戴泉晨，范伟．适用于推免生的本科-研究生教育衔接模式研究［J］．神州，2014（2）：264-265.

［11］陈铁群，解丽霞，谢胜利，等．研究生“贯通式”培养模式的探索与实践［J］．学位与研究生教育，2006（5）：58.

［12］杨玉．区域经济发展视角下的研究生教育结构优化探究［J］．黑龙江高教研究，2014（10）：131-134.

［13］高耀，刘婷．中国八大区域研究生教育水平与经济发展水平均衡性定量测度研究［J］．南京财经大学学报，2013（6）：7.

［14］熊玲，李忠．本-硕-博贯通的创新人才培养模式探究［J］．学位与研究生教育，2012（1）：11-15.

现行研究生推免制度下地方高校招生困境与对策研究

王德涛　陈雪波

（辽宁科技大学；辽宁鞍山，114051）

摘　要　现行推免制度是集研究生生源质量保障、优秀拔尖人才选拔、教育公平性于一身的制度，不过这也加剧了地方高校研究生生源紧张的局面。本文通过对此种情况进行分析，努力探索改善地方高校研究生招生困境的对策。

关键词　推免制度，地方高校，困境

The Research for Difficulties in Graduate Enrollment by Local Colleges under the System of Recommendation with Exam-exemption and Their Solutions

Abstract　The system of graduate enrollment through recommendation with exam-exemption has its all-in-one advantages in ensuring student quality, talent selection, and education equality, but the system also aggravates the shortage situation of applications for graduate students in local colleges. Through the analysis of the situation, the paper is trying to explore the countermeasure for the improvement of local colleges in graduate students enrollment difficulties.

Key Words　system of recommendation with exam-exemption, local colleges, difficulties

推荐优秀应届本科毕业生免试攻读硕士学位研究生（推免生）是指普通高校应届本科毕业生不须经过全国统考的初试，直接进入高校复试。我国于1985年起开始实施研究生推免制度。30多年来，推免制度不断改进和完善，国家相继发布了《全国普通高等学校推荐优秀应届本科毕业生免试攻读硕士学位研究生工作管理办法（试行）》（教学［2006］14号）等一系列的重要文件，以此来适应社会需求和研究生教育的发展。它对于高等教育质量的提升、优秀人才的选拔、本科学生良好风气的养成等方面都产生了积极的影响。经过实践，“推免生是优质生源”已经成为各研究生招生单位的广泛共识。但是，这也进一步加剧地方高校优质研究生生源困境，给地方高校的招生工作提出了新挑战。

一、研究生推免制度发展现状及存在的问题

（一）发展现状

目前，全国有300多所高校具有研究生推荐资格，推荐名额也在逐年增加。2014年全国共有9.9万推免生指标，占硕士研究生总招生数的18%左右。经过30多年的不断发展和完善，推免生和招生单位的自主权不断扩大，促进了生源在学校、学科间的分布和流动，加强了优秀生源校际间的交流，做到了学校和学科之间的优势互补。推免生考察的条件包括在学成绩、社会实践能力、大赛创新能力等方面，但考核体系尚不完善，容易产生“高分低能”“唯分数论”等现象，造成学生们在本科学习期间为了追求高分而忽视其他能力的培养。

（二）存在的问题

1.研究生生源竞争激烈

现行推免制度进一步保护了考生权益，促使考生向以往的“985”和“211”高校流动，具有较为明显的名校倾向性。地方高校由于在地理位置、科研投入、办学经费投入、国家政策倾斜及社会形象等方面处于弱势地位，因此对于优秀人才的吸引不足，这也促使各个高校对优秀生源的争夺愈演愈烈。

2.缺乏监督和政策指标

从国家推免制度实施以来，国家出台了一系列的指导性文件，但国家对推免没有制定一个统一的标准，这就造成了各高校“各自为政”，只顾自己学校利益的局面。不同地区的不同高校间的推免制度及制定的标准具有很大差异，以及各高校由于自身推免体系的不健全，导致了国家缺少对推免工作具体环节的关注和监督。

二、现行推免制度对地方普通高等学校研究生招生的影响

1.地方高校的优秀推免生源以单向输出为主，优秀生源严重流失

以前很多普通高校为了保证自己的生源质量，都优先将本校的优秀生源留在本校，严

格限制推免生申请外校。但是教育部在2014的文件中明确规定：所有推免生均享有依据招生政策自主选择报考招生单位和专业的权利，所有推免名额（除有特殊政策要求的专项计划外），均可向其他招生单位推荐。推荐高校要充分尊重并维护考生自主选择志愿的权利，不得将报考本校作为遴选推免生的条件，也不得以任何其他形式限制推免生自主报考。因此就使得之后优秀的推免生资源向经济高度发达的省份、向知名高等学校集中的趋势愈演愈烈，严重影响了经济欠发达地区的人才培养、影响了知名度不高的普通地方高校研究生教育的良性发展。

2.专业学位及艰苦学科推免研究生接收比例下降，生源质量下滑

教育部在2014年的文件中取消了学术型和专业型名额的限制，强调考生自主的报考权，资助报考专业类别，这些措施都势必会让具有推荐资格的考生更多地去选择学术型研究生和就业前景好的学科，因此加剧了冷热门专业间生源的差距，造成了专业学位优质生源的流失，进而降低了专业学位的社会认可度。

3.增加了地方普通高校报考录取难度，各高校生源竞争加剧

受现行的研究生推免制度的影响，取得推荐资格的学生大多数会流向经济发达、知名度高的“985”“211”类高校。由于推免生生源质量相对较高，很多知名高校会加大对推免生的录取比例，因此导致了录取统考生的比例下降，加大了普通高校学生考入名校的难度，没有被一志愿高校录取考生可能会放弃去其他高校读研的机会。地方高校前期很难留住本校推免生源，后期报名人数不足，调剂任务艰巨，校际间生源的争夺更激烈。

三、地方普通高等学校改善招生困境的应对措施

1.扩大推免学校范围、提高分配指标，各高校推荐与接收推免生指标相等

目前推免生名额75%集中在“985”和“211”院校，普通地方高校数量大，但仅占到全国1/4份额，即使2016年推免指标略有增长，但相对于普通高校的数量和培养能力占比仍然较少。对于那些培养质量高和学科特点鲜明的普通高校，应加大对指标的投入，对那些没有推免权的高校，也应放开限制，允许学生通过推免的方式进入研究生阶段，同时各高校推荐与接收推免生指标应相等。这些都有助于地方高校与教育部直属高校及同级别高校推免生源间的合理流动，提高校外推荐面试人员的录取比例。

2.加大招生宣传力度，打造特色学科和专业

地方高校应增强危机意识，在学校名气不占优势的前提下，努力提升本科及研究生教育水平，在优化专业设置的同时，应举全校之力打造一些特点鲜明、与地方经济发展相吻合的学科和专业。在学科特色上下功夫，能够做到在省内普通高校中独一无二，形成自己独有的特色，发挥好学科优势，不断提升自身对社会发展的依存度，社会对高校的认同度，从而增加对优秀生源的吸引力。

3.建立行之有效的奖励机制，完善推免选拔机制，吸引校内外优质生源

针对学校内部的推免生源，要充分调动硕士生导师的宣传优势，在平时的教学和科研中挖掘高水平的生源，并提倡用让本科生提前进入实验室或者老师课题的方式吸引学生，

做好推免生源的储备。推免选拔中要减小学习成绩所占比重，增大创新能力方面的比重，这样才能够选拔出创新能力强的复合型人才。同时针对校外推免生出台优惠政策，比如优先选择导师，办暑期夏令营等，吸引更多的校外生源，建好储备基地。在奖助政策方面也优先向推免生倾斜。

4.加强与其他高校和科研院所推免生的交流与合作

积极与科研院所之间建立起良好的合作关系，通过与科研院所联合培养的方式，给愿意留校的优秀推免生配置优秀导师和优质科研条件，留住更多的本校推免生。由于科研院所没有生源，通过联合培养的方式，能够使双方达成共赢和优势互补，从而为推免生提供一个更好的平台。

参考文献

[1] 徐佳. 理工科推荐免试研究生本硕衔接协同培养研究［J］. 计算机教育，2014（21）：51.

[2] 周红燕. 现行推免制度对地方高校研究生招生的影响及对策思考［J］. 才智，2016（2）：6-7.

[3] 张健. 扩招背景下地方高校硕士生招生工作的困境与出路［J］. 中国高教研究，2009（5）：28.

[4] 逄红梅. 现行推免制度下“双非”院校招生困境与应对策略［J］. 研究生教育研究，2016（4）：28-34.

提高生源质量改革

五大发展理念对研究生招生工作的引领作用

王相海

（辽宁师范大学；辽宁大连，116029）

摘　要　研究生招生工作作为研究生教育链条的前端，对于培养高质量的高端创新人才起到极其重要的作用。当前如何实现研究生招生工作的科学性、公平性、安全性和有效性还面临着诸多挑战。本文对“五大发展理念”在研究生招生工作中的引领作用进行了研究，以问题为导向，分别对创新发展理念、协调发展理念、绿色发展理念、开放发展理念和共享发展理念在研究生招生工作中的招生制度、服务和管理、规模和结构、招生的生态环境建设和资源共享等方面的引领作用和表现形式进行了分析和讨论。

关键词　五大发展理念，研究生招生，制度，规模和结构，生态环境

The Leading Role of the Five Development Concepts in Postgraduate Recruitment

Abstract　Postgraduate recruitment is the primary link of postgraduate education , which plays an important role in training high-end innovative talents with high quality. There are still facing many challenges in achieving scientificity, fairness, security and effectiveness of the postgraduate recruitment at present. This paper is problem-oriented and studies the leading role of the five development concepts that include innovative development, coordinate development, green development, open development and shared development in postgraduate recruitment, which analyzes and discusses the primary manifestation of the five development concepts in admission institution, service and management, scale and construction, ecotope construction and resource sharing.

Key Words　five development concepts, postgraduate recruitment, institution, scale and construction, ecotope

一、引 言

研究生招生工作作为研究生教育的重要组成部分，对于培养高质量的研究生人才起到前提和基础的作用。近年来随着研究生教育改革的不断深化，研究生招生的类型结构得以优化、研究生招生计划的管理得以加强、科学公正的研究生招生选拔机制和办法得以完善，所有这些在很大程度上促进和保证了新形势下我国研究生招生工作的健康发展。随着教育领域综合改革的不断深入，如何促进“教育公平”成为其核心任务，为此国家和社会对研究生招生的公平性和安全性等提出了更高的要求。从目前的情况来看，如何实现研究生招生工作的科学性、公平性、安全性和有效性，还面临着诸多挑战。

本文对“五大发展理念”在研究生招生工作中的引领作用进行研究，以问题为导向，对各“发展理念”在研究生招生工作中所承载的内涵进行分析和阐述。

二、“五大发展理念”的提出与其深刻内涵

党的十八届五中全会在“中共中央关于制定国民经济和社会发展第十三个五年规划的建议”中，根据我国改革开放三十年来的发展、建设经验和教训以及新常态下我国经济社会面临的新矛盾和新问题，提出了“十三五”期间发展转型的基本理念——五大发展理念，即创新、协调、绿色、开放、共享的发展理念，其中创新是引领发展的第一动力，协调是持续健康发展的内在要求，绿色是永续发展的必要条件和人民对美好生活追求的重要体现，开放是国家繁荣发展的必由之路，共享是中国特色社会主义的本质要求。这五大发展理念充分体现了新时期我国经济社会科学发展的需求，是“十三五”乃至更长时期我国发展思路、发展方向、发展着力点的集中体现。五大发展理念作为引领中国发展全局的指导思想，最终还是要通过社会的各项建设予以落实。在教育领域，要“以创新发展激发教育活力，以协调发展优化教育结构，以绿色发展引领教育风尚，以开放发展拓展教育资源，以共享发展促进教育公平”。

三、用“五大发展理念”引领研究生招生工作

1. 坚持创新发展理念，增强研究生招生工作新动力

创新是引领发展的第一动力。面对研究生招生工作进入“十三五”的新阶段，同样必须坚持不断创新的发展理念来获取进一步发展的动力。在研究生招生领域，这一创新理念体现在以下几个方面：

一是研究生招生制度方面的创新。研究生招生制度是保障研究生招生质量的前提。事

实上，我国研究生招生制度经历了从无到有、日臻成熟的多个不同的发展阶段，特别是党的十八届三中全会以来，随着研究生教育从外延式发展向内涵式发展迈进，并以“提高质量”为核心深化改革，汇聚力量从顶层制度设计、协同创新平台建设等方面全面推进，研究生招生工作也以前所未有的力度在进行着深化改革：通过稳定研究生招生规模的制度建设，实现从注重招生规模到关注生源质量的转变；通过优化研究生招生结构的制度建设，实现从单纯以学术型研究生为主到学术型研究生与专业学位研究生并重的招生结构的转变；通过调整研究生的招生考试方式，将在职人员攻读专业学位研究生纳入国家招生计划和研究生入学统一考试，实现了传统的全日制和在职攻读研究生向当前的全日制和非全日制研究生招生类型的转变。所有这些研究生招生制度的创新，充分考虑了我国新时期社会发展的现状以及国家和社会对多种类型人才的需求，为实现研究生教育“提高质量”的可持续发展奠定了基础。

二是技术和管理方面的创新。近年来，随着信息技术的快速发展，研究生招生工作不再像初期那样通过“手写”和“人工统计”的方式进行信息的上报和汇总，而是通过开发相应的信息平台来实现大容量的信息统计和管理，这种招生信息管理系统不仅为烦琐的招生信息的准确性提供了保障，而且可以实现招生信息的公开和透明，为“阳光招生”奠定了基础。

三是服务创新。研究生的招生工作说到底是服务于考生的一项“窗口”工作，需要不断提高服务质量来满足考生的需求，一方面要创新服务内容，对招生的各个环节，要在政策范围内，通过网站、微信等现代化的信息展示手段为考生提供和推送充分的招考信息；另一方面要创新服务方式，以考生为中心，关注招生工作的每一个细节，通过引入现代化的通信和管理手段来提高对考生的服务效率。

2. 坚持协调发展理念，确定合理的招生规模和结构

研究生招生的规模和结构在很大程度上反映了国家和社会对高端创新人才的需求。合理的研究生招生规模和结构对于研究生教育的可持续发展至关重要。新中国成立以来我国研究生的招生规模经历了2000年之前的稳定增长时期、2000年至2010年的快速增长时期，以及2010年后的稳定增长和招生结构优化时期。

稳定的招生规模是提高研究生培养质量的必然要求。特别是随着我国《国家中长期教育改革与发展规划纲要（2010—2020年）》中把提高质量作为教育改革发展的核心任务，研究生教育迫切需要合理的招生规模和结构。近年来，国家在学术型研究生和专业学位研究生的招生规模上进行了调整，以2014年为例，本年度共招收研究生736 225人，其中学术学位研究生380 352人，占研究生招生总数的51.66%，专业学位研究生355 873人，占研究生招生总数的48.34%。这种学术型研究生招生数量与专业学位研究生招生规模大体相当的招生结构，较好地适应了当前国家和社会发展对高端学术型人才和高层次应用型人才的需求。

此外，2014年国务院学位委员会发布了《关于开展博士、硕士学位授权学科和专业学位授权类别动态调整试点工作的意见》（学位〔2014〕11号），2015年下发了《博士、硕士学位授权学科和专业学位授权类别动态调整办法》，并决定从2016年开始开展学位授权点动态调整工作。在本次学位点的动态调整工作中，全国共有25个省份的175所高校撤销了576个学位点，178所高校增列了366个学位点。该项举措稳定了学位授权点的规

模，撤销了那些水平不高、社会需求不足或不符合授权单位办学目标定位的学科授权点，增列了优势突出、特色鲜明、符合当前经济社会发展需求的学位授权点。进一步优化了研究生招生的规模和结构。当然，确定一个合理的、符合社会发展需求的研究生招生规模和结构是一个动态的复杂过程，涉及的因素较多，需要协调和正确处理发展中所出现的一些关系和矛盾，也只有这样才能保证研究生人才培养的可持续发展。

3. 坚持绿色发展理念，构建公平公正的招生生态环境

绿色发展的实质是强调生态文明建设的重要性和紧迫性。绿色发展理念将人的全面自由发展作为终极目标，体现了以人为本的本质特征。在研究生招生工作中就是要把以考生为中心的管理作为最基本的指导思想，构建公平公正的招生生态环境。

首先，在研究生招生工作中要树立考生的主体地位，一切管理工作要围绕着保证考生的利益和调动考生遵守考试纪律的自觉性来展开。通过不断加强管理人员自身建设，提高其专业素质和职业道德水平；通过建立和完善各项规章制度，保证各项工作科学规范，有章可循；通过制定各项应急预案，提高对突发事件的紧急应对和处理能力。要充分认识到，考生是招生过程中的管理对象，更是服务对象。

其次，在研究生招生工作中要牢固树立公平公正的原则，这是研究生招生工作的最基本要求，同时也是维护招生工作严肃性、保障考生利益的根本保证。研究生招生工作的各个环节，都要坚持依法行政，要严格按照法律规定的条例和上级主管部门的管理规定进行工作，只要这样才能保证招生工作的安全。

4. 坚持开放发展理念，统筹各方因素，做好招生工作

开放发展理念强调的是外部发展因素。研究生招生工作绝不仅是招生单位独立的一项工作，所涉及的外部因素非常多，比如有来自招生单位所在城市的环境和经济状况的地域因素、社会对专业人才需求的就业因素、相同专业背景的兄弟招生单位的竞争因素、应届本科毕业生的生源因素、学科和学位点评估的评价因素等等，这些因素都会从不同程度上影响到一个招生单位招生工作的质量。近年来，一些招生单位所出现的生源不足和生源质量较差，以及一些学科、专业人才的社会需求低下而导致停招等现象在一定程度上就是这些因素在招生工作中的反映。要保证招生工作的可持续发展，就要坚持开放发展的理念，做好充分的调研和论证工作，统筹好这些因素，坚持科学规划、科学发展。

此外，坚持开放的发展理念，还应该注重研究生招生的国际化进程，积极推进与国外知名大学联合招收和培养研究生工作。许多高等院校和科研院所积极探索这方面的创新模式，积累了许多成功经验，为培养具有国际视野的高端专门人才做出了贡献。

5. 坚持共享发展理念，保障考生的切身利益

共享发展理念体现了社会分配的公平性，其强调的是人人参与、人人尽力和人人享有，体现了马克思主义的公平正义思想。在研究生招生工作中，一切工作都是为了考生，同时也需要积极调动考生的积极性来参与招生的管理工作，使之自觉地遵守和维护招生过程中的公正。对于管理人员而言，对招生工作的各个环节，要坚持按照管理文件的要求，该公开的信息一定要公开，让考生了解和掌握他所应该知道的信息（即所谓的“信息公开”），使考生能够根据自身的情况做出准确的判断和决定，这样才能让考生享有他所应该享有的权利和成果，最大程度地保障考生的切身利益；而对于考生而言，应该要求其严格遵守招生环节中的各项纪律，使之在一个公平公正的环境中完成被遴选的过程，这样对

所有考生才是公正的，才能使所有考生享有这种“公平生态环境”所带来的成果。

四、小结

本文首先对创新、协调、绿色、开放、共享“五大发展理念”的提出及其深刻内涵进行了介绍，在此基础上对其在研究生招生工作中的引导作用进行了分析，分别从坚持创新发展理念，增强研招工作新动力；坚持协调发展理念，确定合理的招生规模和结构；坚持绿色发展理念，构建公平公正的招生生态环境；坚持开放发展理念，统筹各方因素，做好招生工作和坚持共享发展理念，保障考生的切身利益等方面对研究生招生工作中的一些问题进行了讨论。

实现研究生招生工作的科学性、公平性、安全性和有效性任重而道远，这就需要研究生招生工作战线上的各位同志坚持以“五大发展理念”为引领，积极探索，努力工作，为开创研究生招生工作的新局面做出贡献。

参考文献

[1] 教育部，国家发展改革委，财政部. 关于深化研究生教育改革的意见 [EB/OL]. [2015-03-29]. http：//old.moe.gov.cn//publicfiles/business/htmlfiles/moe/A22_zcwj/201307/154118.html.

[2] 中共中央. 中国共产党第十八届中央委员会第五次全体会议公报 [M]. 北京：人民出版社，2015.

[3] 中共中央. 关于制定国民经济和社会发展第十三个五年规划的建议 [EB/OL]. [2015-11-03]. http：//news.cnr.cn/native/gd/20151103/t20151103_520379989.shtml.

[4] 雷云. 五大发展理念：科学发展观的新境界 [J]. 中共杭州市委党校学报，2016 (1)：9-15.

[5] 袁贵仁. 以新的发展理念为引领，全面提高教育质量，加快推进教育现代化——在2016年全国教育工作会议上的讲话 [EB/OL]. [2016-01-55]. http：//www.moe.edu.cn/jyb_xwfb/moe_176/201602/t20160204_229466.htm.

[6] 马超培，宋东霞. 研究生招生制度改革与变迁——以北京市研究生招生工作为例 [J]. 北京教育（高教），2016 (10).

[7] 中国学位与研究生教育发展年度报告课题组，全国学位与研究生教育数据中心. 中国学位与研究生教育发展年度报告2015 [M]. 北京：高等教育出版社，2016.

[8]. 国务院学位委员会. 关于开展博士、硕士学位授权学科和专业学位授权类别动态调整工作的通知 [EB/OL]. [2015-11-10]. http：//www.moe.edu.cn/srcsite/A22/moe_818/moe_819/201511/t20151126_221274.html.

[9] 王连芳. 绿色发展理念中的以人为本思想探析 [J]. 太原理工大学学报：社会科学版，2014，32 (3)：31-35.

[10] 都本伟. “五大发展理念”的马克思主义政治经济学新境界 [J]. 财经问题研究，2016 (8)：3-10.

提升“双非”高校研究生招生生源质量的若干思考

刘宝哲　顾颖　曹云东

（沈阳工业大学；辽宁沈阳，110870）

摘　要　近年来，随着国家研究生教育综合改革的深入，研究生招生政策呈现新的变化。“双非”高校受政策变化的影响，研究生生源质量受到巨大冲击。如何在新形势下做好研究生招生工作，服务地方经济发展，成为需要迫切解决的问题。本文从近年来研究生招生政策变化入手，分析“双非”院校面临的研招工作困难，进而通过对国家政策层面、学校师资力量、奖助政策、就业质量等方面开展思考和探讨来提升生源质量。

关键词　“双非”高校，研究生招生，生源质量

Some Thoughts on Improving the Quality of the Enrollment Postgraduate Education in Double Non-universities

Abstract　In recent years, with the deepening of the comprehensive reform of the national graduate education, the policy of admissions for postgraduates represents new changes. Affected by the policy change, the quality of graduate students in non-985 and non-211 universities suffers a huge hit. How can we do a good job in the new situation of graduate student enrollment work, in order to serve local economic development? In this paper, from the recent graduate students enrollment policy changes, the author analyzes the difficulties of the graduate students enrollment work in double non-universities, and then puts forward some suggestions from four aspects: national policy level, teachers, grant policy and the quality of employment for improving the quality of postgraduate enrollment.

Key Words　double non-universities, graduate students enrollment , quality of postgraduate enrollment

一、现阶段我国研究生招生政策的变化

（一）国家首次加强研究生质量建设

2013年，教育部、发改委、财政部联合出台了《教育部国家发展改革委财政部关于深化研究生教育改革的意见》（教研〔2013〕1号）文件。文件明确指出，研究生教育要以提高质量为核心，发展方式从过去的规模扩张为主转变到发展内涵、提高质量上。2014年11月国务院学术委员会第三十一次会议提出，教育部十三五研究生教育核心任务是提高质量、发展内涵。

（二）国家提出“双一流”战略

“双一流”是建设世界一流大学和一流学科的简称，2016年2月教育部印发了《教育部2016年工作要点》，要求加快世界一流大学和一流学科建设，制定“双一流”实施办法。专家认为，启动实施的“统筹推进两个一流”战略，是中国大学冲刺国际前列、打造顶尖学府的“冲锋号”。

学生是高校的重要组成部分，这一群体是构成学校学术风气、学术氛围、科研成果、教学质量、就业质量乃至一个地区经济发展的基础性因素，提升生源质量和人才质量也就成为每所高校的首要任务，而研究生作为人才培养的高端群体，生源质量的提升又成为学校发展的重中之重。

（三）我国推免制度的改革

我国硕士研究生推荐免试制度（以下简称推免制度）由来已久，最早可追溯至1918年制定的国立北京大学《研究所总章程》，这也是我国招收的第一批研究生推荐免试生。此后经过民国时期、中华人民共和国成立初期、改革开放初期的不断摸索与调整，1984年开始制定新的硕士生推免制度，这也标志着我国现行推免制度的真正实施。

2013年、2014年教育部相继出台了《教育部办公厅关于进一步完善推荐优秀应届本科毕业生免试攻读研究生工作办法的通知》《教育部办公厅关于进一步完善推荐优秀应届本科毕业生免试攻读研究生工作办法的通知》。文件中明确了推免名额不再区分学术学位和专业学位，不再设置留校限额，高校不得自行设置留校限额或学位类型名额。推荐与接收时间优化，在时间上分为互不交叉的两个阶段。

具备推免资格的考生可以自由选择学校，对于考生来讲有了进一步到更高层次学校学习的机会。但对于学校来讲，不同层次的学校在不同程度上都或多或少地出现了本校优质生源流失的现象。

（四）申请考核制成为选拔优质博士研究生的途径

传统的博士研究生选拔方式主要依赖笔试成绩，其弊端在于：一方面，具备科研创新能力但应试能力较差的学生名落孙山；另一方面，高分低能的学生通过选拔进入博士阶段学习，导致导师带起来困难，科研也停滞不前。以分数作为选拔高端创新型人才的方式与

科技进步相背离，在一定程度上造成了实质上的招考不公。

从2007年以来部分985高校在博士研究生招考过程中开始逐步探索通过“申请考核”的方式录取优质生源，提升生源质量。2013年国家为了进一步深化研究生教育改革，提出改革招生制度，出台了教研〔2013〕1号《教育部国家发展改革委财政部关于深化研究生教育改革的意见》（以下简称《意见》）。文件中明确提出“建立博士研究生选拔‘申请-考核’机制”。

《意见》出台后，全国各高校纷纷对这项改革做出了积极响应。各高校有些在全校各院系全面实施改革，如中国农业大学等；一些高校以部分院系为试点进行改革，如复旦大学等；还有一些高校以部分导师为试点进行改革，如山东大学等。从近些年实践经验看，博士生“申请-考核”制符合高层次人才培养教育的规律，是深化研究生教育发展的大势所趋。

二、现阶段“双非”院校面临的研招工作现状

（一）“双非”院校的整体水平中等以下

《2015年中国研究生教育质量年度报告》指出：“全国研究生培养各方面条件滞后于研究生招生规模。”2014年全国研究生近153万人，其中专硕60.5万人。规模不断扩大的同时，研究生对研究生教育满意度为71.7%；培养模式缺少多样性和灵活性；部分单位不重视研究生课程建设；研究生课程体系合理性和前沿性不足；研究生参加科研项目的学术含量低及科研补贴额度偏低；专业学位校外导师及实践基地仍难以满足需求等等。

全国“985”、“211”高校合计112所，非“985”、非“211”高校（以下简称“双非”高校）在全国占据多数，根据上述全国研究生整体培养质量滞后于招生规模的情况看，多数“双非”高校的师资力量、科研实力、生源质量等综合实力应当处于中等或中等偏下水平，“双一流”建设任重而道远。

（二）推免制度对“双非”高校的冲击力度加大

2016年一篇《谁动了推免生的奶酪》的文章出现在网络，引起了“985”、“211”高校同“双非”高校，西部高校同中东部名校之间的“论战”，再次将“推免不再设置留校限额”的问题推向风口浪尖。政策的出台不可否认对“双非”高校的推免生带来了前所未有的机遇，但也对“双非”高校的生源质量带来了巨大冲击。

以“双非”工科高校A校为例，A校2016年硕士招生计划965人，本校推免生名额165人，学校实际接收推免生12人（外校推免生0人），这就意味着在统考硕士中A校要寻153个生源来填补推免生流失的空缺，其占整体招生计划的16%，而2016年招考过程中因初试统考科目数学难度较大，导致当年上线考生过少，直接导致一志愿上线不足，调剂生源短缺的情况。此种情况下以牺牲生源质量来完成生源数量的现象不可避免。

因此不难看出，具备推免权的“双非”高校处于推免高校的最底层，当“双非”高校推免生被名校接收后，推免资源接近枯竭。这种“大鱼吃小鱼”的模式导致了作为“小

鱼”的双非高校已无虾米可吃。

（三）“双非”高校的生源数量下降

中国教育在线发布的《2015年全国研究生招生数据调查报告》显示，2014年，全国多个省份硕士研究生招生未完成计划。其中地方高校这种现象最为严重，广东个别地方高校的招生计划只完成了1/3，创下最低纪录。其中“双非”高校这种现象最为严重，2015、2016年此种情况稍有好转但形势仍然严峻。

在近几年的研究生招生中，由于推免生外流，一志愿考生减少，调剂工作任务加大，完成招生计划成为“双非”高校的首要任务。在“大鱼吃小鱼、小鱼吃虾米”的生存链条上，为了完成本校招生计划，“双非”高校四处寻找生源。因此，学科结构的发展、生源质量的提升同完成招生数量成为一对矛盾体，作为问题摆在了“双非”高校的面前，且矛盾日趋突出。

研究生生源质量决定研究生教育的质量，是研究生教育质量的基础。研究生教育是本科教育的延续，是最高层次的高等教育，关系到国家教育的科学发展。“双非”高校往往以地方高校居多，是培养利于区域经济发展的高层次人才的摇篮。因此，积极探索解决“双非”高校研究生招生生源问题是高等教育科学发展的关键所在。

三、提升“双非”高校生源质量的几点建议

1.制定“人性化”的国家复试分数线

目前，国家复试分数线是招考过程中的最低分数线，是几乎不可逾越的标准，而多数985、211高校的专业同“双非”高校一样也都以国家线作为本校的复试分数线。“人往高处走”，同样能过国家线优秀的考生是否会报考“双非”高校？“一刀切”的模式必然导致近些年来“双非”高校一志愿考生不足。国家能否按照A、B区的理念，考虑不同层次高校采取不同层次的分数线，将不在一个量级的高校区别对待、扶植发展，毕竟“双非”高校中占全国高校在多数，同样承担着培养特色人才，服务地方经济发展的重任。

2.加强学校自身建设，特色办学吸引优质生源

“人往高处走”的心态决定了考生更倾向于报考名校。“打铁还需自身硬”，为吸引优质生源，“双非”高校应当抓住学校的办学特色。一方面，加大办学投入力度，加强学校软、硬件建设，改善办学环境；另一方面，学校应当优化学科结构，加强师资队伍建设，培育知名学者，提升科研能力。学校积极发展特色教育，适应社会需求，服务地方经济发展，进而提升办学知名度，吸引优质生源。

3.积极开展多方位的招生宣传，吸引优质生源

一方面，随着科技的不断进步，高校应当编制纸质材料、电子资料，通过拓宽宣传渠道实现多样化、人性化宣传，充分利用实体网站、手机网站、QQ咨询、微信平台、贴吧、电话咨询等方式，寻找适于同考生交流沟通的方式进行招生宣传。

另一方面，采取“学校-学院-导师-研究生”四位一体的方式，采取“走出去、请进来”的战术走出校园，寻找生源。对本校本科生应积极发动导师和研究生的作用，积极宣

传自身的科研内容和科研成果，让本校考生了解母校，鼓励其积极报考母校。

4.出台更多优惠政策，吸引优质生源

建立健全研究生奖助政策，在研究生国家奖学金、学业奖学金、国家助学金基础上加大资金投入力度，改善研究生的学习生活条件。设置更为完善的研究生助教、助研、助管岗位，解决学生在生活上的后顾之忧，使其全身心地投入到科学研究中去。同时，加强学校的产学研结合，联合企业办学，使学生在实践能力和就业能力上得到提升和锻炼。

5.提高就业质量，吸引优质生源

学校应当想学生之所想、急学生之所急、解学生之所难。大多数考生更看重研究生毕业后的就业之路，因此，可以通过提高毕业生就业率和就业质量提升学校声誉，进而吸引更多优质生源。

地方高校主要是为当地经济建设培养各式高层次人才，因此，学校研究生培养应该立足地方经济发展，培养地方经济发展急需的应用型人才，发展相应特色专业。学校应当积极吸引企事业单位到校宣传，进行校园招聘，增加学生签约机会。鼓励学生继续深造考取博士，增加优秀学生硕博连读的机会和申请考核制的机会。同时，加强国际交流与合作，与国内外大学进行交换学习，增加学生出国留学机会，拓宽学生的就业和深造渠道。

学校就业质量的提升会吸引优质生源，从而带动生源质量的提升。同时研究生整体生源质量的提升会促进研究生培养和科研的发展，进而培养出高层次、创新型优秀研究生，最终促进就业质量的提升，学校也将形成良性的循环发展过程。

参考文献

［1］教育部，国家发展改革委，财政部．关于深化研究生教育改革的意见［EB/OL］．［2015-03-29］．http：//old.moe.gov.cn//publicfiles/business/htmlfiles/moe/A22_zcwj/201 307/154 118.html.

［2］逄红梅，刘宝哲，黄宏军．现行推免制度下“双非”院校招生困境与应对策略［J］．研究生教育研究，2016（6）．

［3］中国教育在线．2015年全国研究生招生数据调查报告［EB/OL］．［2014-12-29］．http://www.eol.cn/html/ky/report2015/index.shtml.

［4 许忍．地方高校硕士研究生招生现状与对策［J］．内江师范学院学报，2016，31（3）．

提升硕士研究生生源质量的探究与实践

高治军　金宁　徐亭

（沈阳建筑大学；辽宁沈阳，110168）

摘　要　现阶段我国硕士研究生招生工作重点正由扩大规模逐步向提升质量转变，随着国家研究生教育综合改革的深入开展，研究生生源质量已成为影响研究生教育综合改革的主要因素之一，如何提高硕士研究生生源质量已成为各高校关注的热点问题。文章通过分析省属高校硕士研究生生源现状，总结各高校采取的宣传措施及面临的问题，从队伍建设、创新工作载体、建立健全奖励机制及监管评估制度出发，对提升硕士研究生生源质量进行探究与实践。

关键词　硕士研究生，生源质量

Research and Practice in Promoting the Matriculate Quality of Postgraduate Students

Abstract　At this stage, the focus of the postgraduate enrolling work in China is changing from the scale of the expansion to the improvement of the quality. With the development of comprehensive reform of the postgraduate education, the quality of postgraduate students has become one of the main factors in influencing the comprehensive reform. How to improve the matriculate quality of postgraduate students has become a hot issue in colleges and universities. By analyzing the present situation of postgraduate students in provincial universities, we summarized the publicity measures and problems they met. Starting with constructing the team, innovating the work carriers, and establishing the system of incentives and supervisions, we take a research and practice in promoting the matriculate quality of postgraduate students.

Key Words　postgraduate student, matriculate quality

一、硕士研究生生源现状

1.全国硕士研究生报名人数止跌回升

2014年，按照财政部、国家发展改革委、教育部印发的《关于完善研究生教育投入机制的意见》，我国研究生教育收费制度实施了全面改革，当年硕士研究生报考人数在近年来首次减少，考研热度降低。2015年硕士研究生报名人数继续减少6.5万人，报名人数首次连续两年下降，生源竞争更加激烈，各省属高校的硕士研究生招生工作面临着前所未有的困难，形势十分严峻。2016年受经济增长乏力、就业形势严峻等因素的影响，全国硕士研究生报名人数止跌回升，研究生招生形势有所好转，但如图1所示，生源数量与2013年基本持平，生源竞争情况，特别是优秀生源的竞争依旧激烈。

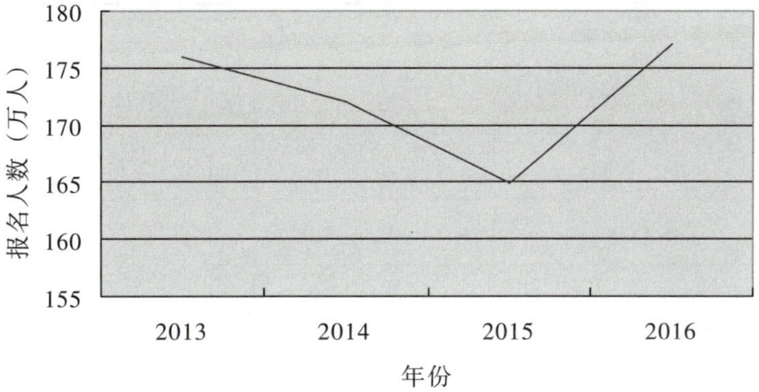

图1 2013—2016年全国硕士研究生报名人数统计

2.生源分布不均衡

从国家整体层面看，各学科门类之间生源分布不平衡。根据教育部数据统计，省属高校理工类研究生的招生计划数明显高于社科类，但近年来省属高校的理工类专业报考情况并不乐观，而社科类专业报考热度持续升温，报录比一直居高不下。

从高校内部看，各省属高校内部的生源结构也不平衡。以某省属高校为例，该校重点学科生源数量充足，报考人数逐年增加，报考人数占全校总人数的65%，生源质量也不断提高，达到国家线人数占全校总人数的73%，而该校其他专业的生源数量不足，均需依靠调剂完成招生任务，生源质量也无法保障，极大地限制了学科的发展和研究生培养质量的提高。

优秀生源进一步向名校集中。推免生作为优秀生源的代表，向名校集中的现象日趋明显。2014年教育部办公厅发布了《关于进一步完善推荐优秀应届本科毕业生免试攻读研究生工作办法的通知》，规定所有推免生均享有依据招生政策自主选择报考招生单位和专业的权利。随着推免生政策改革，各名校也不断加大推免生接收比例，使推免生进一步向名校集中。各省属高校则面临着优秀生源危机，接收的推免生人数自2014年开始大幅下降。

3.生源质量有待进一步提高

近年来，由于硕士研究生报考人数逐年减少，招生计划却不断增加，考生进入复试的初试成绩基本要求逐年降低，近70%的学科（类别）领域的录取分数线持续降低，以工科为例，考生进入复试的初试成绩基本要求近5年均呈下降趋势，2016年初试总成绩分数线仅为265分，较2015年下降5%。较低的分数线无法保障硕士研究生生源质量。

通过认真分析表2某省属高校2014—2016年报考硕士研究生考生来源可知，来自“985”“211”院校的优秀生源仅占2%左右，本校生源平均仅占22%，优秀生源数量所占比例较少，大部分考生均来自其他学校，进一步分析其他学校的学科水平可以发现，大部分考生本科就读专业的学科水平低于研究生期间就读高校的学科水平。另一方面，通过研究生导师对外校考生的评价也可以发现，很多外校考生的理论知识掌握程度及科研能力均不如本校学生，进而反映了目前省属高校的研究生生源质量不高的事实，见表1。

表1　**某省属高校2014—2016年报考硕士研究生考生来源情况统计**　单位：人

年份	考试来源			
	“985”及“211”院校	本校	其他	总计
2014	30（1.7%）	416（23.8%）	1 303（74.5%）	1 749
2015	30（1.8%）	340（20.6%）	1 280（77.6%）	1 650
2016	40（2.3%）	400（22.7%）	1 319（75.0%）	1 759

二、传统研究生招生宣传策略分析

目前，各省属高校已充分认识到提高研究生生源质量的必要性和重要性，不断加大研究生招生宣传力度，在校内外开展了一系列研究生招生宣传工作，力争提高研究生生源数量和质量。

在挖掘校内研究生优秀生源方面，各高校充分发挥导师及在读研究生作用，积极组织召开校内招生政策宣讲会及考研经验交流会，全面介绍学校招生政策，展示学科水平和科研成果，传授考研经验，为校内考生提供必要的服务和帮助。

在拓展校外优秀生源方面，各高校积极参加全国研究生招生宣传及咨询会，广泛发放招生章程和招生宣传资料，利用导师学术声望、优秀校友、兼职导师和在读研究生等资源到定点高校进行宣传，力争建立校外优秀生源吸引长效机制。

在网络宣传方面，各高校结合研究生生源特点，加强学校官方网站建设，及时发布研究生招生信息；建立移动端招生宣传平台，提高考生获取招生信息的便捷性；持续强化新媒体平台宣传，创新宣传内容及形式；同时，在各类研究生招生宣传网站发布招生信息，不断扩大招生宣传范围。

但以上研究生招生宣传策略普遍面临着宣传效率较低、宣传无特色、效果不明显等问题，对于提高研究生生源数量有一定的帮助，但无法达到提高生源质量的目标。经研究分析，宣传对象定位不准确、宣传内容及形式创新性不足、宣传缺少长期性和连续性是影响生源质量提高的主要因素。

1.宣传对象定位不准确

各学校研究生招生宣传工作长期存在盲目争抢，只追求数量等混乱现象，招生思维还停留在粗犷式发展的初期阶段。在招生宣传工作中，没有对近年来生源来源、生源组成等进行分析，造成目标定位不准确，没有确定适合本校招生的目标对象，盲目地到全国各地进行招生宣传，造成了混乱的局面，导致宣传效果不明显，并造成了资源浪费。

2.宣传内容及形式创新性不足

各高校在开展研究生招生宣传工作时，没有考虑学校的特殊性，宣传主要内容一般包括学校办学条件、研究生教育基本情况、师资队伍、科学研究、学术交流、就业情况、奖学金设置、研究生活动等。宣传形式缺少差异化和创意，一般以纸质宣传材料或静态网页中的文字宣传为主，宣传过程中缺少对考生或家长心态的分析。考生在面临选择时本来就压力很大，很难认真地阅读大量的文字，不仅影响宣传效果，还容易使学生、家长陷入选择困难之中。

3.招生宣传缺少长期性和连续性

各高校研究生招生宣传工作均集中在报名及调剂开始之前进行，在短时间内向考生传达大量的招生信息。而考生的报考选择是经过长期积累的，在全面了解学校办学条件、学科水平、就业状况后，谨慎确定的，并非短时间的仓促选择。因此，高校的招生宣传工作是一项长期的系统工程，坚持连续性，在不断提高学校办学水平，扩大社会影响力和行业认知度的同时，要把招生宣传工作融入考生的日常生活、学习当中。

三、探究提升研究生生源质量的有效措施

1.转变观念

我国研究生招生规模跨越式发展阶段已成为历史，按照国家深化研究生教育改革意见要求，研究生教育正在转向以提升质量为核心的内涵式发展。提升研究生生源质量是一项涉及面广、影响力大的基础性、全局性、战略性的系统工程，直接影响高校研究生教育质量的提升。学校、学院各级研究生招生工作领导小组要转变工作观念，统一认识，明确在新形势下，研究生招生工作不仅仅满足于保证生源数量，完成招生计划，其核心任务要向提高研究生生源质量转变。

2.全面实施研究生生源质量提升工程

（1）构建三位一体的研究生招生宣传队伍。

高素质的研究生招生宣传队伍是推进研究生生源质量提升工程的重要保障。各高校应建立由导师、管理人员和在读研究生组成的三位一体研究生招生宣传队伍。其中，导师宣传队伍应由熟悉本单位学位与研究生教育工作，学术水平较高、有热情、有责任心、有精力的导师组成。管理人员宣传队伍应由各单位负责研究生招生工作的领导和相关工作人员

组成。在读研究生宣传队伍应由本科学习经历来自不同高校的在读研究生组成。在宣传工作中，各类宣传人员应发挥自身优势，各司其职，优势互补，针对不同的对象，有侧重地开展宣传工作，确保研究生生源质量提升工程顺利实施。

（2）实施优秀大学生学术夏令营。

优秀大学生学术夏令营是根据学科发展和人才培养需要选拔优秀生源的重要途径，具有定位准确、宣传特色突出、考核全面等优势，面向对象为本科期间成绩优秀的大学生，特别是可能具有推荐免试资格的大学生，一般于每年6～8月在接收推免生及硕士究生报名前开展，通过举办招生政策宣讲、优秀导师学术报告、学术沙龙、重点实验室参观、实验技能与理论水平考核等活动，让考生身临其境感受学校校园文化和学术氛围，理解学校研究生培养理念和学科优势。同时，学校可以根据考生在夏令营各项活动中的表现，全面考核考生的理论知识、综合素质及科研潜力，有效地解决只根据分数来衡量考生水平的问题，极大程度上避免了招收“高分低能”学生现象的发生。

（3）实施优秀硕士研究生生源培育计划。

优秀硕士研究生生源培育计划是深入挖掘校内优秀研究生生源的长效化宣传途径，面向对象为本校的低年级本科生，有效解决了以往研究生招生宣传缺少长期性、连续性的问题。优秀硕士研究生生源培育计划应择优选拔低年级本科生，并根据其兴趣爱好及所学专业，与在校研究生和导师组建科研兴趣团队，帮助低年级本科生提前了解学术前沿动态，培养科研能力，提高专业认同感。导师也可以根据自身科研课题研究情况，提前了解考生情况，根据其水平将研究生期间的培养过程前移，指导他们提前进入实验室协助研究生做一些基础工作，尽快融入研究生阶段的学习中，为取得优秀的科研成果抢占先机。

（4）探索建立非全日制生源基地。

随着国家统筹管理全日制和非全日制研究生，完成非全日制研究生招生计划面临巨大挑战，提升非全日制研究生生源质量十分艰巨。各高校应根据社会需求和培养能力，合理设置开展非全日制研究生教育的学位授权点，并积极与中建集团及各研究生联合培养基地沟通，探索建立非全日制生源基地，规范合作办学管理，不断拓宽合作办学和生源来源渠道，在保证招生规模的基础上，不断提高生源质量。

（5）建立健全优秀硕士生源报考奖励制度。

各高校应根据本单位研究生招生工作实际，制定优秀硕士生源报考的相关奖励制度，采取加大奖学金奖励力度、优先与高水平导师互选、提早进入课题研究工作、优先获得硕博连读候选人资格等切实可行的制度，吸引优秀生源报考，加快硕士研究生生源结构调整，提升研究生生源质量。

3.建立健全监管评估制度

将提升硕士研究生生源质量工作作为研究生招生计划分配和研究生教育考核体系的重要内容之一。应建立健全监管评估制度，强化目标管理和绩效管理，形成正向激励机制。要进一步强化生源数据的统计分析，认真分析每年度硕士研究生报名情况，包括考生来源、学校层次、生源地分布等，并及时将统计分析结果向各学院反馈，层层传导压力。应建立追溯奖励制度，与各学院签订目标责任书，对生源质量提高的单位，在当年的招生计划分配中予以奖励，优先安排学校增量招生计划，并对在招生宣传中做出突出贡献的单位、个人予以奖励。对生源质量下降的单位，不予增加招生计划，并视情况缩减招生计划。

参考文献

[1] 2016年全国研招调查报告［EB/OL］.［2016-11-09］. http：//www.eol.cn/.

[2] 黄宝印. 适应发展新常态，全面深化研究生教育改革，全面提高研究生教育质量［J］. 学位与研究生教育，2015（12）：1-6.

[3] 刘玉芳，刘浩. 多学科视角下高校研究生招生宣传策略研究［J］. 现代大学教育，2014（1）：39-44.

当前影响教学科研型大学研究生招生生源数量因素探析

郭毅飞

（大连大学；辽宁大连，116622）

摘 要 研究生扩招政策实施以来，教学科研型大学作为研究生培养的补充力量，在研究生招生规模上也有了长足的进步。然而由于其在我国教育体系中的定位、发展重心、学科建设、科研水平及师资力量上与研究型大学存在着较大差距，因此在吸引研究生招生的生源数量以及培养过程中面临着诸多问题。本文探析了招生规模、学科建设、师资队伍、就业之间存在的问题以及其对教学科研型大学研究生生源数量的影响，从而使教学科研型大学走适合自身研究生教育与管理的发展道路，提高报名人数，进而提高研究生入学质量、发展优势学科、提高就业率。

关键词 教学科研型大学，研究生招生，生源数量

Analysis on the Teaching-Research University Enrolling Student Amount Factor

Abstract Since the implement of the expanding enrollment policy of the post-graduates, the teaching and research-oriented university as a supplementary power of the post-graduate education has got a long-term progress in the enrollment scale. However, its orientation, developing focus, construction of discipline, scientific research level and faculty have greater differences from the research-oriented university, so there are a lot of problems faced in the numbers of post-graduate resources and education progress when attracting the post-graduate enrollment. This thesis aims to analyze the problems among the enrollment scale, construction of discipline, faculty and employment and the influences over the numbers of post-graduate resources in the teaching and research-oriented university, and accordingly to make the teaching research-oriented university pursue the path of development in adapting to post-graduate education and supervising itself, enhance the enrollment number, and then enhance the quality of post-graduate entrance, develop the preponderant discipline, and enhance the employment rate.

Key Words teaching-oriented universities, postgraduate enrollment

教学科研型大学是指除研究型大学以外，主要培养应用技术的高层次开发人才的普通高校，也称应用型大学。近年来，随着我国研究生的不断扩招，研究生人数持续增多，规模急速膨胀，这给教学科研型大学的研究生教育发展带来了良好的契机，不过在招生管理方面也暴露出来很多问题。保证研究生培养质量是研究生教育的首要目的，招生生源质量是决定培养质量的第一个环节。

研究生招生考试作为一个选拔性考试，应从初试通过的合格生源中再通过复试筛选出适应本单位培养目的、具有较高素质的优秀人才。但是，从目前招生情况来看，大多数教学科研型大学的生源数量无法保证。影响招生第一志愿生源数量的因素很多，本文就以下几个方面进行分析：

一、招生规模对生源数量的影响

研究生招生工作具有政策性强、周期性长和工作量大的特点，提高研究生的生源质量对提高培养质量是相当重要的，它构筑了研究生质量的潜在智力平台，在一定程度上决定了研究生未来培养的潜力与后劲；与此同时，提高研究生培养质量则会对招生质量的提高起到积极的促进作用。目前的研究生扩招政策，是为了适应我国社会、经济快速增长对高学历高素质人才的需要。当招生人数与之相适应的时候，招生规模就不会再有较大幅度的增加。因此部分院校抓住扩招机遇，为了在停止扩招之前达到较大的招生规模，将主要精力放在争取更多的招生指标上，但实际情况是大部分的教学科研型大学由于其硬件条件、学科建设、导师队伍及就业情况并不突出，很难吸引到重点大学的生源以及本校或其他一般院校的优秀考生，其生源结构部分是一些学习成绩中等甚至较差，要以考研为跳板的考生以及部分就业、考研两手并抓，并不以考研为单一目的的考生。另外由于初试成绩达标人数较少，第一志愿合格生源往往达不到当年的招生计划数。

由于目前招生规模的扩大一般是建立在学校当年完成招生指标的前提下，因此很多学校出现了一些结构性的失调，不得不将大量的人力物力投入在调剂工作中。由于考研与高考考生存在着很大不同，即考研只是未来规划的一种方式，并不是唯一选择，部分调剂考生甚至放弃继续深造的机会而转向就业市场。因此教学科研型大学在调剂中为了完成招生任务，录取了一些甚至不符合招生专业建设及发展要求的考生，保证研究生的质量更是无从谈起。结果是完成了当年的招生计划，下一年又继续扩大招生规模，再录取到更多不合适的生源，从而形成了恶性循环。

二、学科建设对生源数量的影响

保证生源数量，才能够选拔出更多的适合学校发展与培养目标的合格考生。如何吸引更多的考生报考是目前部分教学科研型大学比较关注的问题。从近几年的招生情况看，尽管部分高校提供了种种的招生优惠政策，却并不能提高所有专业的报名人数，而这些学校的某些传统优势学科专业往往出现激烈竞争的现象。

教学科研型大学的传统优势学科通常是国家在计划经济体制时期，根据当时国内生产和社会的需要，有针对性、控制性的进行设立，并且在财政、硬件基础设施、仪器设备和研究人才梯队的建设上给予大力扶持，历经十几年甚至数十年的积累，几代人的辛勤工作发展形成。自1999年高校扩招政策实施，大部分教学科研型高校为了迎合考生和就业市场的需求，摒弃了原有的学科特色，采取大干快上，引进一两个学科带头人，再招聘几个相关专业的年轻教师，就设立了一个新专业，进而申请硕士点；其历史积累、学科优势、知名度和科研能力也就可想而知，对考生的吸引程度也远不及传统的优势学科。

优势学科的发展，不仅在于资金、仪器设备等硬件指标，更重要的是学科带头人、科研梯队的建设。加强学科建设的第一要务是必须拥有一批既掌握学科理论又能从事科学研究的高素质人才，以及几位在学术上有一定影响力的学科带头人。随着学科人才梯队的建成，学科的教学和科研也就会稳步提高，进而提升学校在该专业领域的权威性、竞争力和知名度。专业名声的提高和培养质量的保证，必定会在科研成果、好的就业率等方面，通过学生们的口口相传，吸引到更多的第一志愿报考生源。

但是学科建设不是一朝一夕所能做好的，它没有什么捷径。近几年高校学科建设发展迅速，引进人才的数量增长很快。然而由于教学科研型大学的经费有限，在学科建设上往往采用平均化政策，尤其在科研教学人才梯队上没有集中优势力量，不仅不能保证原有传统优势学科的后继人才培养，而且在新专业建设上也没有很快形成一个完整稳定的、高水平的科研梯队。如此不稳速发展的学科建设，怎能吸引众多高质量的第一志愿报考的生源？因此只有切实加强学科建设，提升学科实力，才能解决教学科研型大学研究生生源数量的瓶颈问题。

三、导师队伍建设对生源数量的影响

研究生教育质量的高低，关键在于是否拥有一支高质量、高素质的导师队伍。科研梯队是导师队伍的主要组成成员，研究生教育的重点是培养，导师队伍的稳定和水平是决定培养质量的主要因素。

现在大部分院校实行的都是“导师-学生”双向互选机制。从学生选择导师的情况来看，科研水平高、项目多和对学生负责是学生评价一个导师的重要标准。现在存在着很多考生甚至是为了某个导师而选择报考这所学校的现象。导师的名气何来？除去那些已经在国内外享有较高知名度的专家学者，更多的教学科研型大学是通过他们现在已有的研究生口口相传，才使他们的学弟、学妹们对这个导师的情况有所了解。如果整个专业没有一批突出的导师，那么对提高第一志愿报考生源数量的影响是相当大的。

目前在导师管理中也存在一些问题：一方面存在着“捆绑制”，学位点与导师“捆绑”在一起；另一方面存在着终身制，导师一旦拥有招生资格，则终身拥有，即使该导师不再处于其领域的前沿或在相当长的一段时间内未进行研究或做出任何成果，却仍然拥有招生资格。导师队伍的建设缺乏必要的淘汰机制，在学术中形成欺行霸市的“学霸”作风，阻碍了新人才的产生，也影响了研究生的生源数量。

四、就业情况对生源数量的影响

近年来，由于国家对研究生采取持续扩招政策，研究生“就业难”就成为一个比较突出的问题。目前，研究生就业成了整个社会关注的问题和热点话题。研究生对他们自己职业前途的关注更为密切。

就业形势的严峻，使很多原本就以研究生毕业后有一个好的就业去向的报考考生在选择学校上有所顾虑。不可否认的是，就相同专业毕业生就业而言，研究型高校的就业率以及就业水平要明显高于教学科研型高校。但就业需求市场也是相对庞大的，同时也存在许多条件很好，但不足以吸引研究型高校毕业生的用人单位，它们的目光就要转移到教学科研型高校上来。在用人单位的选择信息不是面面俱到的情况下，还是学校的传统、优势学科以其良好的知名度以及较高的培养质量受到了用人单位的青睐。而新专业，尤其是与其学校校名及传统服务行业不相称的专业毕业生，通常得不到用人单位主动上门需求的信息，就业情况相较优势学科而言相对困难。就业难，自然也对报考的生源数量产生了巨大的影响。

就业，不仅是学生的个人问题，同时也是一个学校必须要承担的责任。一方面，要让研究生树立正确的就业观、人生价值观；另一方面，通过对决定其职业生涯的主客观因素的分析、总结和测定，确定研究生的事业奋斗目标，帮助研究生选择实现这一事业目标的职业，从职业生涯规划、求职礼仪与技巧、工作能力与拓展、自主创业等方面协助研究生高质量的择业、就业和创业。

总之，教学科研型大学在提高报考生源数量的问题上还面临着很多的困难，而我们也可以通过以上的分析看出，四个影响因素也不是在单独地起作用，它们环环相扣，相互影响、相互制约。解决这些问题，需要学校从整体的发展目标和思路上去完善和改进，从而扩大报考生源数量，从中选择合格的生源；并且通过认真地教育和培养，为国家和社会输送更多的优秀人才。

参考文献

方丽．硕士研究生招生质量保障体系研究［J］．江苏高教，2002（5）：65-67.

医学院校研究生招生困境和对策研究

彭宇婷

（中国医科大学；辽宁沈阳，110122）

摘　要　随着研究生招生体制改革的不断推进和医学相关改革制度的不断出台，医学院校在研究生招生工作中逐渐显露出一些问题，甚至对之后的研究生教育培养工作产生了一定的影响。本文就医学院校研究生招生工作遇到的困境进行了分析，并对解决办法进行了简单阐述。

关键词　研究生招生，困境，医学院校，对策

A Study of Recruitment Dilemma and Countermeasures among Graduate Students in Medical University

Abstract　As the graduate enrollment system reform continuously advancing and medical related reform systems introducing, some problems were exposed gradually. These problems would have a certain effect on the later education and training of the graduate students. This article analyzed the dilemma in the process of enrollment work and stated the relevant solutions about these problems.

Key Words　postgraduate enrollment，dilemma，medical school，strategy

随着社会的不断发展，我国高校的研究生教育也从精英教育逐步发展成为大众化教育。随着招生规模的不断扩大，如何保证学生的生源质量成为院校和社会共同关注的重点。招生工作作为研究生教育的入口和起点，是研究生教育培养的基础，直接影响着研究生教育的起点水平和培养的质量。

医学院校由于其特殊的专业特色和相对固定的就业渠道，执业又有着严格的专业限制，其招生工作有着与其他专业院校不同的特点。做好研究生招生工作，对于提高院校研究生生源质量和之后的培养质量，都有着积极的影响。

一、医学院校招生现状与困境

1.生源结构多元化，质量参差不齐

由于医学从业的特殊性，为保证质量，部分医学院校在某些专业范围限定了要求五年一贯制本科医学背景的考生报考，但更多未增加限制条件的医学院校则生源结构较复杂，录取生源中包括应届本科生、往届毕业生、专升本学生、专科生、成人教育学生和跨专业考生。不同的教育背景、不同的培养体系、不同的教学质量要求必然导致不同来源的考生在医学基础理论以及临床技能方面掌握程度存在较大差异，这就为之后的培养造成了一定的困难。

2.报考生源分布严重失衡

目前，虽然报考生源的总体数量比之招生计划来说还算充足，但生源分布却很不平衡，主要表现为以下几个方面：

（1）专业学位报考人员远远高于学术学位。

一方面，国家根据社会需求通过政策加以引导，国家招生计划中专业学位招生计划人数逐年增多；另一方面，住院医师规范化培训与临床医学、口腔医学专业学位研究生教育实施了并轨，专业学位硕士研究生完成培养要求可实现毕业“四证合一”，即可获得医师资格证书、住院医师规范化培训合格证书、硕士毕业证书和专业学位证书。同时，在硕士调剂政策中明确指出报考临床医学、口腔医学学术学位的考生不得调剂入临床相关专业学位，而报考专业学位的考生可向学术学位调剂。综上可见，无论是报考后被录取的机会还是毕业后的就业前景，报考临床医学和口腔医学专业学位都要比报考学术学位占有更多的优势，在这样的背景下，报考专业学位的考生数远远高于报考学术学位的考生数也就成为必然。报考生源的失衡导致学术学位录取考生的生源质量无法满足学术学位教育培养的要求，而医学相关专业学术学位研究生质量的下降将直接关系到未来医学的发展问题。

（2）部分社会需求紧缺专业乏人问津。

由于医学的特殊性，部分社会需求缺口很大的专业，由于从业危险性大、医患关系紧张程度高、学科发展还比较滞后、劳动强度大等种种原因，虽然就业前景很好，但研究生招生时仍呈现乏人问津的尴尬局面。一方面是报考考生数量少，另一方面是生源质量不尽如人意。没有高水平的人才培养，就无法快速发展学科建设，学科现状无法改善，反过来又会造成招生困境，如此便形成了一个恶性循环。而依靠调剂完成招生计划，调剂考生专业思想较不稳定，很难高质量完成专业培养任务。

3.考生多数应试能力强，但实践能力弱

医学教育既是学术研究型教育，更是技术实践型教育，医学的特殊性决定了医学生既要掌握扎实的基础知识、清晰的逻辑思考能力，更要有熟练的操作技能和解决问题的能力。然而，五年医学教育的最后一年临床实习实践却难以达到提升实践技能的目的。一方面，最后一年时间正是考研复习的关键时期，考生为在研究生入学考试中取得满意的成绩，往往全身心投入考研复习中去，很少甚至完全不参加临床实习的教学任务；另一方面，随着患者维权意识越来越强、医患关系越来越紧张的医疗环境现状，带教老师对于学生参与临床实践会慎之又慎，以避免不必要的医疗纠纷。这就导致了考生应试能力强，但动手能力弱，欠缺临床操作实践经验，缺少在现实工作中解决实际问题的能力。这样只能“纸上谈兵”的学生进入研究生阶段后，在培养过程中，操作实践的提升面临着较大的困难，这样的生源很难满足医学研究生招生的要求。

二、医学院校招生工作对策

1.提高学校自身综合实力，提升学校影响力

学校的综合实力是影响招生生源质量的最重要因素，考生报考时更为关注的正是学校的综合实力和学科水平。加强学科建设，发挥政策导向作用，加大学科建设投入、扶持强势学科、发展弱势学科齐头并进的同时，突出学校特色，提升学校在考生群体中的影响力。

（1）政策导向。充分发挥政策的指挥棒作用。学科建设不能一蹴而就，要为之制定短期和长期的发展目标，同时在绩效、晋级、指标分配等各个方面制定相应的配套政策，通过奖惩措施和评价体系等，起到激励作用。

（2）加大投入。学科建设既要有政策支持，也要有资金投入，还要有人才引入，同时还需要各部门的协同合作与支持。这就需要学校在总体的发展规划之下，有目标、有重点地加大重点扶持学科的各方面投入，最大限度地为学科发展搭建平台。

（3）突出特色。学科建设不能完全齐头并进，而应根据学校自身的情况因学科而异，学校要提高影响力，就要突出自己的特色。突出特色要重在“特色”二字，使特色学科成为招生院校区别于其他院校的名片。

2.加强招生宣传工作，做到有的放矢

招生宣传是扩大研究生生源和提高生源质量的有效途径。加强招生宣传，要从多途径入手，单一的宣传模式已无法满足新形势下的招生需求。

（1）宣传方式上，既要有效利用传统的宣讲会、宣传单等方式，发挥传统方式目标精准讲解系统的优势，更要充分利用新媒体如手机端平台、网络宣传、微信公众号等途径，弥补传统途径受众面窄、时间和地点局限的缺点，最大限度拓宽招生宣传面，提高招生宣传的有效性。

（2）宣传对象上，既包括应届学生，也包括低年级的学生；既包括专业完全对口的学

生，也包括其他专业的潜在生源。提早使院校进入低年级学生视线，吸引学生去了解和认识，挖掘未来潜在生源。

（3）宣传内容上，要突出优势学科和办学特色，切忌千篇一律和模式化宣传，应深入了解考生心理状态，针对不同的宣传对象，从考生最关心的方面入手，吸引考生的主动关注与了解。

（4）宣传队伍方面，所有宣传人员要经过专门的培训，了解学校现状和特色。要将高层次人才纳入到招生宣传中去，充分发挥优秀导师专业权威性和个人影响力。调动二级院系的积极性，使各二级院系参与到招生宣传中去，以便能更精确地解读相关专业特色。

3.积极发挥暑期夏令营活动的优势

近几年，全国范围内很多高校都积极地开展暑期大学生夏令营活动，通过夏令营活动达到提前甄别、选拔创新人才和宣传本校学科特点的目的。能够报名进入夏令营的学生，都是各高校拟获得推荐面试资格的学生，可谓都是应届学生中的佼佼者，正是各高校努力争取的优质生源。积极发挥暑期大学生夏令营活动的作用，吸引专业对口的优质生源进入学校、深入院系，使学生提早体验学校学习、生活和科学研究的环境，全方位展示学校的风采。为学生与导师搭建互动平台，使学生与导师面对面交流，一方面学生可以充分了解导师的理念和研究方向，另一方面导师也可以从交流中考察学生的综合素质。暑期大学生夏令营活动，既可以在一定程度上提高研究生招生生源质量，又可以在一定范围内提升学校的影响力。

4.放宽部分学术学位专业的报考限制

基于目前学术学位生源较少的现状，可以考虑部分专业打开专业报考限制。由于医学的临床相关从业需要考取医师资格，而国家医师资格考试的报考条件设置了严格的专业限制，为保证培养的研究生毕业后可从事临床相关工作，故多数医学院校在报考相关专业时设置了报考专业限制。但在新形势下，学术学位研究生的数量在逐渐减少，培养目标也以科学研究和教学为主，在不考虑从事临床工作的前提下，完全可以放开专业限制，吸引有意于从事与医学相关研究工作的考生报考，从而拓宽考生来源和提高生源质量。

5.加大对学生奖助投入

充分发挥研究生奖助体系的保障性、激励性和导向性作用，可以在一定程度上对生源起到吸引作用。尤其对于家庭经济困难的研究生来说，奖助学金可以为其在很大程度上缓解生活压力。通过对优秀生源设立新生奖学金、学业奖学金、健全“助研、助教、助管”和勤工助学制度等措施，通过解决考生实际问题的方式吸引考生报考，同时也能引导研究生对在学期间的时间和精力进行合理规划及分配，最终促进研究生培养目标的实现。通过健全的奖助体系、较广的奖助受众覆盖面、较高额度的奖助金额，打消考生入学后的后顾之忧。

6.本科“5+3”招生确定专业方向

对于部分社会需求大但研究生招生并不乐观的专业，可以从本科的招生工作着手，如本科“5+3”招生录取即限定专业方向，使学生本科入学即明确研究生阶段的专业，从而确保了相关专业研究生的生源质量和数量，提高相关专业的培养质量基础，逐步缓解、满足社会需求缺口。学生也会从本科开始即关注本专业学习，并认可自身的专业选择和未来的职业规划。

7.复试阶段增加实践能力考核

为全面地考查学生，真正达到优中选优的目的，可以在复试阶段增大进入差额复试人数的比例，虽然可能在一定程度上增加了院系的工作量，但也能给复试考核专家组更多的选择空间。复试内容上，临床相关专业的复试，在常规笔试、面试考察专业基础知识掌握程度的基础上，增加对考生临床实践专业操作技能的考核内容，让学生解决临床实际问题并动手操作，操作考核成绩计入复试总成绩中，从而达到全面考查学生的综合能力的目的，这样可以在一定程度上提高录取生源的质量。

参考文献

[1] 镇志勇，张学文．研究生招生宣传工作的实践与思考［J］．湖北经济学院学报：人文社会科学版，2011（6）．

[2] 唐迎雪，马婷，杨广杰，等．临床医学硕士研究生招生及培养存在的问题与对策［J］．中国中医药现代远程教育，2014，12（7）：129-130．

[3] 郝英奇，李欣祺，巫翠芳．研究生奖学金制度的动力机制分析［J］．学位与研究生教育，2013（3）：61-64．

以推免为契机提升研究生生源质量

黄宁

（沈阳航空航天大学；辽宁沈阳，110136）

摘　要　推荐优秀应届本科毕业生免试攻读硕士学位研究生是硕士研究生多元招生体系的重要组成部分。推免制度实施30多年来，取得了显著成效，推免工作已经成为研究生招生工作的重要组成部分，成为选拔创新人才的有效途径，成为完善研究生招生多元录取机制、提高研究生招生质量的重要举措，成为促进和激励在校本科生勤奋学习、勇于创新、全面发展的有效机制。我们要充分利用推免制度提升研究生生源质量。

关键词　推免，改进，质量

Promoting the Quality of Graduate Students from the Opportunity of “The Exemption System”

Abstract　The exemption recommend outstanding college graduates to pursue post-graduate master’s degree is an important part of postgraduate enrollment system of multiple. The exemption system is implemented in 30 years, has made remarkable achievements, the exemption work has become an important part of graduate students enrollment, become an effective way for selection of innovative talents, improve the postgraduate enrollment become multi admission mechanism, an important measure to improve the quality of postgraduate enrollment, become an effective mechanism to promote and encourage students to study hard, innovation and all-round development.We should make full use of the exemption system to improve the quality of graduate students.

Key Words　The exemption system，improve，quality

高校推荐优秀应届本科毕业生免试攻读硕士学位研究生，简称推免。推免制度是我国硕士研究生多元招生体系的重要组成部分。从1983年开始，推免制度已经实施了30多年，取得了显著成效，基本形成了涵盖各高校本校直接推免、教育部直属各高校之间的相互推免以及优秀学生干部推免三个组成部分的运行机制。2017年6月底，教育部启动了新增推免高校遴选工作，共有54所高校获得了推免资格，至此，全国共有366所高校具有推免资格，占全国高校总数的37%。本次新增的54所高校中，辽宁省有5所高校获批，数量居全国之首。

一、单一考试选拔制度存在缺陷

考试选拔招生制度是检验、评价学校教育质量的重要手段，对于调动学校的积极性、监控教育质量发挥着举足轻重的作用；考试选拔招生制度确实为国家和社会发展选拔了一大批优秀人才，这些人都是同龄人中的佼佼者，很多则成为各行各业的中流砥柱；考试选拔招生制度在全社会树立了“尊重知识”“尊重人才”的良好风气，向社会昭示了“读书有用”；考试选拔招生制度为社会各阶层之间的流动提供了一条合理渠道，分数面前人人平等，特别是年轻人能够凭借自己的真才实学进入高一层级的社会，体现了社会的公正、公平和公开。

当然，现行的考试选拔招生制度尤其是单一考试选拔制度确实存在着严重弊端和缺陷。例如，学生几乎没有选择的自主权，不利于学生个性和特长的发展；录取只唯卷面成绩，不能对学生进行综合素质的评价，不能反映学生的整体水平；次数有限的考试，学生机会成本太大，造成“一考定终身”；特别是高考等关键性考试巨大的心理压力给学生身心健康发展造成了不良影响。

招生制度不仅仅是研究生工作中的入口，而且是整个人才培养的风向标和指挥棒。有什么样的招生制度就会形成什么样的教育培养制度，从而决定了人才成长内在机制的形成。就如同我国的高考制度一样，整个国家的教育体制机制客观上都是围绕高考制度运行的，要想转换、变革教育体制机制，不改变高考制度是不可能的。而研究生招生制度是我国高级人才培养的指挥棒，它的设计与运行直接关系我国高级核心人才培养工作的能力、效率和质量。而决定招生制度成败的标准就是它能不能很好地兼顾效率与公平。

单一的考试制度，单一以分数作为标准，相对来说易于操作，表面上显得相当公平，但其实在效率和公平上都有缺陷，一方面，存在无法避免的高分低能、全而不精等问题，从而影响了选拔效率；另一方面，唯分论，单科突出的人才得不到充分展示，不仅如此，他们往往会被淘汰，不但让研究生选拔有失公平，更让以专业和研究方向为导向的研究生培养方式名不副实。推免则以新的方式和多元化效应很大程度上弥补了传统单一模式招生制度这方面的缺点，通过效率与公平兼顾方面的改善而实现了研究生招生工作的帕累托改进。

二、推免促进了研究生招生制度效能的改进

推免制度是全国研究生招生工作的一块金牌。称为金牌，不仅是因为它的科学严谨、公正公开，更是因为其在人才遴选上的突出作用和正导向意义。“小疵不足以损大器，短疾不足以累长才”。全面发展硬尺子下，一个具有优秀创新能力的学生，如果因为某一科目的短缺就失去了进行研究生深造的机会，将是国家人才选拔的一个软肋，而推免制度正好弥补了这一短板。德国思想家歌德曾说过：“对于某些人才，必须允许他们各有千秋。”缺乏特殊专才的社会，往往缺少深度和活力。有时“偏才”与大师只有一步之遥，目前高校的自主招生，也是将有特殊才华的学生选拔出来。在研究生招生阶段，就会立足在创新思想、创新能力、科研能力的特殊才华选拔上。推免制度正是体现了国家鼓励广大青年人才树立科学精神、培养创新思维、挖掘创新潜能、提高创新能力，在继承前人的基础上不断超越。

（一）推免制度是落实创新发展理念和选拔创新人才的有效途径

一个国家、民族财富的增长和事业的兴旺，一方面要靠劳动力的投入，即要使具备劳动能力的人都参加劳动；另一方面，要靠劳动效率的提高，而这越来越成为竞争和发展的关键。提高劳动生产率的不二法门就是创新，正因为如此，我国提出的“五大发展理念”之首就是创新。要使这一科学理念落到实处，必须具备有效的途径。推免客观上能够克服传统分数主导模式对于创新人才发现和激励的弊端，是选拔创新人才的有效途径，从而成为创新理念落地的重要平台。

（二）推免有利于完善研究生招生多元录取机制

“常格不破，人才难得”。中国自古就有“千军易得，一将难求”的感慨，更有“我劝天公重抖擞，不拘一格降人才”的渴望。而推免工作，正是突破研究生统一入学考试的常规选拔，将优秀的学生，尤其是具有特殊学术专长或具备突出培养潜质的学生选拔出来，是国家人才科学选拔和杰出培养的重要措施。研究生培养的主要目标是培养掌握本学科坚实的基础理论和系统的专业知识、具有创新精神和科研能力的高级人才。而在推免工作中，将具有创新精神、优秀的专业知识储备、科研能力和特殊专长的学生遴选出来，对于提高研究生生源质量具有很大的正导向作用。

（三）推免更加能够提高研究生招生质量

研究生招生工作不但要关注招了多少学生，更应该关注所招到学生的质量，这是研究生招生工作的根本。在研究生工作开展的初期，往往招上来学生成了整个招生工作的主线，从而忽视了招生质量，如果说这是研究生事业发展过程中特定阶段的产物，那么，随着研究生事业的发展就应该及时转变这一倾向。事实上，单靠保数量和数量扩张而开展研究生工作，终究是不可持续的，只有以质量为中心来推动和促进研究生工作开展，才能最终形成一个良性循环，即高质量的招生带来高质量的培养，高质量的培养带来高质量的毕业生，高质量的毕业生带来好声誉，好声誉带来好生源。推免制度能够提高研究生招生质

量，促成不可持续的数量型模式向可持续的质量型模式转换。

（四）推免从客观上对本科生培养工作的改进也起到了积极作用

教育培养是一个系统工程，研究生教育是本科教育的一个重要接口和合作者。推免制度确立的新的培养导向，必然会发挥前向牵引效应和榜样导向作用，从而成为促进和激励在校本科生勤奋学习、勇于创新、全面发展的有效机制，这在根本上奠定了本科教育改革创新的基础。

三、珍惜新增推免机遇促进研究生工作提质增效

推免工作为各个学校的研究生事业发展提供了新的助推器，是促进研究生招生工作提质增效的有力武器。尤其是对获得新增推免资格的高校来说，要充分借助推免提供的机遇，以科学规范、公平公正、平稳有序为总原则，严格按照教育部和省有关文件的要求扎实细致地开展推免工作，推动本校研究生工作跃上新台阶。一方面，以推免工作为抓手，坚持立德树人，提升本科教学质量与学风；另一方面，以新增推免工作为契机，确保选材机制科学有效，打造高质量研究生教育平台。为此：

（一）确立科学严谨的推荐办法

在推免工作的具体落实中，科学严谨的推荐办法是实现高质量选拔的依据。制定优秀应届本科毕业生免试攻读硕士学位研究生推荐办法要考量全面，注重亮点。首先，要建立制度保障，成立学校的推免遴选工作领导小组和各学院的工作小组，负责全校推免工作的组织领导、统筹管理、政策制定、名额分配和推免生审定工作，涉及推免工作原则、方法、程序和结果等重要事项的，由学校推免生遴选工作领导小组认真研究，建立集体议事决策和推免制度，确保各项工作有章可循。领导小组下设办公室及遴选工作小组，具体开展遴选工作。其次，严格坚持工作原则。坚持公开、公平、公正的原则，科学严谨、细致全面地开展遴选工作，坚持以提高选拔质量为核心，完善全面考查、综合评价、择优选拔的推免生评价体系和工作机制。再次，科学制定推荐要求，从“德”“学”“能”“技”等几方面确定遴选的初级标准。同时根据各学科的特色制定更详细的遴选实施细则，科学规范地量化、细化各类考量标准，以符合不同学科对科学研究、创新能力的不同方面和不同层次的要求和侧重。对于有突出专长但未能达到初级标准的，也可以根据具体情况提交相关证明和推荐信，并集体讨论决议其成果所占权重。最后，推免工作全程公开透明，加强各级监督，并开通咨询和投诉渠道，以保证有亮点，无污点。

（二）创造良好的基础环境

通过推免遴选工作，一方面，学校可以把优秀的学生推向更高层次、更合适的平台；另一方面，学校可以把优秀的学生留下来，推动研究生培养质量的提高。同时，为了有效推进推免工作，学校有必要从多方面着手，搭建创新科研平台，创造良好的育人环境，特别是吸引来自其他高校的优秀学生。首先，免除推免生的学费和住宿费，是推免生在读研究生期间的重要经济保障。其次，完善的奖助体系、广泛的覆盖率解决了部分经济较困难

的推免生生活之忧，且很大程度上激励了推免生勤奋学习、潜心科研、勇于创新、积极进取。再次，充分发挥优秀导师的吸引作用。加强建设导师队伍，导师不仅要做科技创新的开拓者，更要做提携后辈的领路人。导师需肩负起培养人才的责任，甘为人梯，言传身教，慧眼识才，不断发现、培养、举荐优秀学生。此外，学校也可以设立推免生专项科研项目、课题、学科竞赛等，搭建良好的学术平台。同时，对于创新创业的好想法，除了"学生要学、教师能教"外，还要积极提供孵化平台。最后，通过开展推免生夏令营，对学生的综合素质进行考查与评定。既可以让学生了解导师，又可以让导师考查学生。"谁不道、人才难得。著眼看乾坤，搜人物"。推免夏令营的开展，正是"搜人物"的有效办法。

（三）提高系统性和整体性

研究生招生制度是一个系统，因此，研究生招生制度改革和完善是一个系统工程。它包括研究生考试制度改革和招生制度改革两部分，其中，研究生考试制度改革又包括研究生考试内容改革和研究生考试体制改革两方面。因此，借助推免完善研究生招生制度，进而提升研究生工作水平，必须改变以问题为导向的改革模式，不能头痛医头，脚痛医脚，应该制订一个一揽子的实施方案，通盘考虑研究生考试和招生制度，从而以系统视角推进推免工作。首先，推免工作方案本身必须提高系统性，加强整体性；其次，推免作为研究生工作中的一个子系统，其实施流程必须坚持系统耦合，注意其与其他系统的衔接；最后，兼顾问题导向与尊重规律原则，在解决现有招生体系问题时促进一般规则的确立。

参考文献

［1］教育部办公厅. 教育部办公厅关于2017年新增推荐优秀应届本科毕业生免试攻读研究生普通高等学校予以备案的通知（教学厅［2017］44号）［EB/OL］.［2017-08-07］. http://www.moe.edu.cn/srcsite/A15/moe_778/s3261/201708/t20170817_311303.html.

［2］王丽叶，李旭辉. 创新型人才培养视角下高校研究生推免评价体系研究［J］. 科教导刊（下旬），2015（12）.

［3］周红燕. 现行推免制度对地方高校研究生招生的影响及对策思考［J］. 才智，2016（12）.

［4］袁哲，柴博森，姚永明，等. 创新型人才需求下完善高校研究生推免评价体系的探索［J］. 吉林工程技术师范学院学报，2015（1）.

招生信息公开制度改革

高校研究生招生信息公开制度研究

陆辉

（辽宁大学；辽宁沈阳，110036）

摘　要　一个富强、民主、文明、和谐的中国，首先是法治的中国；一个自由、平等、公正的社会，首先是法治的社会。十八届四中全会，把法治中国提升到前所未有的高度，作为研究生招生工作，就要及时践行“依法治招”。研究生招生是公民享受教育权的一种体现，也是改变人生和家庭命运的重要途径。现阶段，各招生主管部门和高校也在努力地追求着教育公平的实现。研究生招生实践中“推进法治”“权利保障”“公平正义”的思想正成为理论研究和实践的主流。而研究生招生信息公开制度的完善和加强，健全分级负责、规范有效的研究生招生信息公开制度，是保证依法治招实现招生公平正义的有效手段。

关键词　研究生招生，信息公开，问题，对策

Study on the Postgraduate Enrollment Information Publicity System

Abstract　A prosperous, democratic and harmonious China must be law-abiding. A free, equal and impartial society must be law-based.Ruling the country by law has been reached its new peak in the Fourth Plenary Session of the 18th Congress of the Communist Party of China. As researching the deep enrollment, enrollment by law must be realized promptly. The enrollment of postgraduates is a reflection of citizen's education rights and it is also an important path for changing personal life and family destiny. At the present stage, universities and the departments of enrollment have pursued to realize the equality and fairness of education with their hard work. Promoting the rule of law, safeguarding the rights and realizing justice and equity become a main stream of theoretical research and practice in the process of postgraduates enrollment. The improvement and enhancement of the postgraduate's enrollment information disclosure system and perfecting a sound graded responsibility and standard validity of the system are the most effective measure to realize enrollment by law and enrollment with justice and equity.

Key Word　postgraduate enrollment, information publicity system, problem, countermeasures

"公共信息公开是现代法治国家确认并从法律上救济'知的权利'（知情权、信息权）的结果，也是判断行政体制公开、法治政府与民主政治发展水平的一个重要的法律指标。"

现代社会是一个以经济的市场化、政治的民主法治化、文化的多元化为时代标签的社会，在整个世界日益信息化与全球化的背景下，政府信息公开已成为信息化时代民主与法治建设的重要内容。世界各国都在纷纷加强研究政府信息公开制度，制定政府信息公开法律。根据统计，目前已有近 70 个国家制定了全国性的信息公开法，在世界范围内政府信息公开法律制度蔚然兴起，可以断言，公共信息公开是时代发展的必然趋势。2007 年，《中华人民共和国政府信息公开条例》（以下简称《政府信息公开条例》）颁布并于2008 年 5 月 1 日开始正式实施。《政府信息公开条例》第 37 条规定："教育、医疗卫生、计划生育、供水、供电、供气、供热、环保、公共交通等与人民群众利益密切相关的公共企事业单位在提供社会公共服务过程中制作、获取的信息的公开，参照本条例执行，具体办法由国务院有关主管部门或者机构制定"。这一规定将信息公开由政府层面延伸至提供高等教育服务的公立高等学校。教育部也在 2009 年 4 月出台了《高等学校信息公开实施办法》（征求意见稿），面向全社会征求意见。然而，我国的政府信息公开才刚刚起步，高校信息公开在理论上还属于新鲜事物，研究较少，实践中公众的信息诉求往往难以得到满足。

探索研究生招生信息公开制度建设及完善，对于当前推进研究生招生"阳光招生"有着特殊意义。无论是国外还是国内研究者，均对教育信息公开甚至招生信息公开进行了深刻探索，但专门针对研究生招生信息公开制度建设的研究并不十分充分。

2013年，教育部发布《教育部关于进一步推进高校招生信息公开工作的通知》（教学函〔2013〕9号），（以下简称《通知》）明确建立和完善分级负责、规范有效的国家、地方、高校、中学等多级高校招生信息公开制度。

《通知》要求，各省级教育行政部门、招生考试机构和高等学校要进一步扩大信息公开范围，规范公开程序和内容，提高信息公开时效，做到高校招生信息"十公开"。

（1）招生政策公开。教育部制定的全国普通高校招生相关政策和规定，各省级高校招生委员会、教育行政部门据此制定的实施细则或办法。

（2）高校招生资格公开。年度具有普通高等学历教育招生资格的高等学校名单，自主选拔录取改革试点院校、试点招收高水平运动队、艺术特长生的高校等具有特殊类型招生资格的院校名单。

（3）高校招生章程公开。高校招生章程应包括学校基本办学情况、学历学位证书发放情况、招生计划编制原则、专业录取原则及实施办法、录取期间的调整计划使用原则和办法、学费标准等。具有特殊类型招生资格的院校还应公布相应招生类型的报考条件、选拔程序、考核方式与内容及录取规则等。

（4）高校招生计划公开。经教育部统一分送的高校招生来源计划、可以不做分省安排的特殊类型招生计划、预留计划和使用原则以及调整计划的使用结果。

（5）考生资格公开。按照国家或省级政策申请加分照顾考生资格，保送生、自主选拔录取学生、高水平运动员、艺术特长生、煤炭企业对口单招等特殊类型考试招生入选考生资格。公示的考生资格信息应包括姓名、性别、所在学校（或单位）、享受照顾政策类别、资格条件、所参加的特殊类型招生测试项目等。

(6) 录取程序公开。各地确定的投档规则、填报志愿时间和办法、录取各阶段时间安排，各批次未完成计划和考生志愿征集办法等。

(7) 录取结果公开。考生个人录取信息查询渠道和办法，录取信息包括批次、科类、类型、院校、专业等；高校分批次、分科类录取人数和录取最低分等。

(8) 咨询及申诉渠道公开。各地、各高校招生咨询及接受考生申诉的办法和联系方式。

(9) 重大违规事件及处理结果公开。各地所辖范围内发生的招生重大违规事件及其处理结果。

(10) 录取新生复查结果公开。新生复查期间的有关举报情况、调查情况和处理情况。

《通知》要求完善多级信息公开制度。建立和完善分级负责、规范有效的国家、地方、高校、中学等多级高校招生信息公开制度。高校招生信息公开工作要做到信息采集准确、公开程序规范、内容发布及时。

凡属主动公开的招生信息都要及时、主动公开，并依法依规、积极稳妥开展依申请公开工作。各省级高校招生委员会、各高校要细化本地区、本校高校招生信息公开的具体办法，明确招生信息公开的目录及其属性；加强各级"阳光高考信息平台"建设，发挥其在高校招生信息公开方面的主渠道作用。

《通知》表示，要切实落实高校招生信息公开责任。加强高校招生信息公开是实施高校招生"阳光工程"、办好人民满意教育的重要举措。要按照"谁公开、谁负责信息审查"的原则，以及高校招生信息公开职责分工目录，完善各级各部门在信息采集、审核、发布等环节的工作职责。

各省级教育行政部门和有关中央部门（单位）教育司（局）要分别加强对本地有关教育行政部门、招生考试机构、中学及所属高校信息公开工作的考核、评议和责任追究，对未认真履行信息公开职责、公开工作不到位的单位，要责令其限时纠正或改进，并依据《中华人民共和国政府信息公开条例》追究有关责任人责任。

要按照"谁公开、谁负责解疑释惑"的原则，及时回应处理公众质疑和问题，建立健全舆论引导机制、虚假信息澄清机制和非法招生预警机制。

《通知》要求研究生招生单位要参照上述"十公开"要求，制定相应的招生信息公开办法，然而就在《通知》发布后的不久，招生腐败似乎仍是高校教育法治进程中的一大"顽症"，2014年哈尔滨理工研究生入学考试群体作弊事件，2015年人民大学招生处违法事件，将教育领域严峻的腐败问题推向了为公众所广泛关注的境地。一系列因高校招生不当行使权力而发生的腐败事件有待我们深刻反思其中的原因并积极探究有效的解决机制。我们认为，高校招生腐败事件的频频发生绝不能简单化地归咎于某些招生工作人员道德素质低下以致违法乱纪，更深层次上应是制度设计本身的缺陷问题，其根源在于各级招生单位尤其是高校没有真正提高对信息公开制度的重要性的认识，没有确立有效的招生信息公开制度，实现招生录取过程的公开与透明，致使高校招生的某些环节处于"信息黑箱"状态而促成了权力的寻租。

一、研究生招生信息公开工作中存在的问题

（一）研招工作人员观念落后，缺乏公开与服务意识

我国政府信息公开制度尚在实施探索阶段，高校信息公开还是个新生事物，才刚刚起步，还没有引起高校和社会公众的足够重视。虽然《通知》中对招生公开信息的内容有所具化，对于提高高校工作人员的公开意识主动性有所提及，但是仍存在着缺陷与不足。

一方面，高校自身以及工作人员仍对信息公开的意识不强，没有意识到信息公开的重要性，甚至对高校信息公开存在误解和顾虑。实践中，高校是掌握招生信息公开与否的权力者，而有的高校信息公开意识不强，直接导致的就是高校没有深刻、认真地履行好信息公开的职责。且《通知》中的第一条已经赋予了高校一定的自主的信息公开权，但主动性的不充足是高校招生信息公开存在障碍的不可忽视的原因。另一方面，对于社会公众来讲，受传统的行政管理体制的惯性影响，信息公开的观念也很淡薄，抱着“事不关己，高高挂起的态度”，并不了解要求高校公开信息是自己的一项权利。尽管2013年《通知》已实际开始执行，但是要求全社会认识高校信息公开的重要性，树立信息公开的观念，还有很长的一段路要走。

（二）研究生招生公开信息范围不明确、内容不具体

高校自主招生在一定程度上改变了我国“一考定终生”的传统模式，拓宽了人才录取渠道，是高等教育改革的一大进步，也是推进基础教育素质化的一条途径。但是自主招生因其信息公开的不透明化导致在公众中公信力的缺乏也是其不得不面临的一大困境。在高校信息公开的范围上，哪些事项可以公开，哪些事项是应该保密的，也缺乏统一的规定和要求。2013《通知》虽然对招生章程、程序等要求公开，但细节问题却没有提及，如何时公开是对考生有直接影响的。在实践中，各高校便可以凭借自己的认识划分公开与不公开的范围，信息公开主观色彩浓重，具有很强的随意性和伸缩性。学校部门领导是信息公开的直接责任人、是行为主体，掌控着主动权。“十公开”虽然将信息公开范围有所限定，但是对信息公开的具体内容、时间安排、下发程序的规定要么寥寥数语、要么从未提及，真正的贯彻落实，保护广大考生对招生信息的公开权显得力度不足。易造成知情权及参与权的架空，使得信息公开制度形式很完善，实质仍有欠缺。2013年《通知》的（2）至（10）条规定看似很具体很明确，但在理论层面和实际操作中却仍旧面临着一定的困境。

仅就公开内容而言，《通知》的规定还是比较全面的，但如果指导实践，还缺乏具体操作性。高校的招生信息历来是社会公众关注的热点问题，它涉及学生的受教育权，是高校代表国家行使的公共权力之一。但“现实中，我国高校招生录取程序中向外公布的信息相当匮乏，对于多数社会公众而言，除了被动地作为信息受体获悉招生录取的结果外，缺乏通过正当合法的渠道及时、充分、准确地获取与己相关的或不相关的招生信息的权利”，社会公众普遍对招生信息公开不力感到不满。那么，招生过程中的哪些信息应当公布呢？按照《通知》的规定，包括各类学生的招生政策、招生资格及有关考生资格、招生

计划、录取信息、考生咨询及申诉渠道、重大违规事件处理结果的八项内容要求公开。对于招生政策、招生资格及有关考生资格及招生计划，各高校每年公布的招生简章都会明示，实践中一般没有太大的争议。但在录取环节，《通知》的“（6）录取程序公开。各地确定的投档规则、填报志愿时间和办法、录取各阶段时间安排，各批次未完成计划和考生志愿征集办法等。（7）录取结果公开。考生个人录取信息查询渠道和办法，录取信息包括批次、科类、类型、院校、专业等；高校分批次、分科类录取人数和录取最低分等”显然过于宽泛，甚至可以说还是将信息公开的权力全权交给了高校自己，监督甚少。录取结果并非完全取决于传统的高考分数，还涉及考生的综合素质等个人因素，使得招生信息的公布就显得尤为重要，否则很容易引起公众对招生公平性的怀疑。可以说针对录取的过程性信息的公开规则是应当具体化的，即使出于对各个高校自身的特殊性考量，不宜统一规定，也应要求高校及早制定此类信息，使得考生能够尽早知晓准备，这还需要具体的实施细则予以规定。

（三）研招工作队伍不够稳定，监督机制不完善。

实践中，高校信息公开工作机构的编制和岗位配置难度较大，人员以兼职为主，各高校普遍人手紧缺，影响了高校信息公开工作的进行。《政府信息公开条例》第4条规定信息公开工作机构具体负责本行政机关信息公开的日常工作，并赋予其多达五项的具体工作职责。《高等学校信息公开办法（征求意见稿）》更是对高校信息公开工作机构赋予了多达七项的具体工作职责，工作任务重、所需人力多，需要有专门的人员去实施。而现在大多数高校信息公开工作却未能参照2009年的意见稿建立起一支专职的工作队伍，不能确保有足够的人力完成相应的信息公开工作，进而也就很难要求工作人员提升自己的专业化水平了。2013年的“十公开”类似原则性规定，对此就更是未有提及了。

我国目前现有的法律并没有明确规定有效的高校信息公开的监督救济机制，也没有规定信息不公开应当承担的法律责任的援引条款。因而，在信息公开不力的情况下或者申请人的公开申请遭到拒绝后，没有有效的监督制约机制和救济措施。2013年《通知》的“（8）咨询及申诉渠道公开。各地、各高校招生咨询及接受考生申诉的办法和联系方式。（9）重大违规事件及处理结果公开。各地所辖范围内发生的招生重大违规事件及其处理结果。（10）录取新生复查结果公开。新生复查期间的有关举报情况、调查情况和处理情况”看似规定得很全面，但却很宏观没有落实到具体的制度中。例如，各地是否出台了具体的咨询办法未有考量，要求处理结果公开，却没要求将如何处理的过程信息公开，举报制度的实际操作也是交给各高校处理。“十通知”推进了招生信息的公开制度发展完善，但是我国地方上的配套公开制度确实没能跟上步调。社会公众只能依据《政府信息公开条例》提出申请，但该条例仅规定高校可以参照适用，具体办法由主管部门制定，而主管部门目前又没有具体针对高校的救济途径的设计，因此，实践中，对高校信息公开的监督和救济基本处于无法实现的状态。

（四）信息公开制度发展内在动力与外在动力不足

高校研究生招生信息公开制度的普及与发展最不可或缺的就是主动性，而主动性存在与提高的根本原因是存在动力驱使相关工作人员、相关部门推动信息公开发展，积极公开招生信息，而不是被动的仅仅因为形式的要求而被迫公开。

信息公开制度内部动力发展的原因在于，工作单位与工作人员对于信息公开的意识。目前各个高校主动公开信息的意识还是较差的，这主要体现在招生信息公开的时间安排上，《通知》有提及时间安排问题却十分笼统，需要高校根据自身工作计划进度的安排来调整信息公开的时间。且按照教育部统一要求，招生计划的公开要早于国家最终当年招生计划的下达，因此所公开的招生计划只能是各单位估算的数据，而不是真实数据。信息公开制度内在的冲突给各高校在公开时间不明、公开内容真实性有待考证等问题上停滞不前的空子，以使高校在信息公开的主动性问题大多抱怨制度的不完善，却忽视自身的协调机能。

另外高校研究生招生信息公开的外在动力不足，一是监督；二是政府教育部门对此发展的关注与资助不高。研究生考试不同于高考，其对高校自主选择考生的权利相对更放宽，使高校在做招生计划与招生章程等过程中的选择权更大，这种主导权的掌握也是“信息腐败”滋生的源泉之一，监督手段却未来得及实施。监督和保障手段是政府信息公开制度的重要环节，是保证行政机关认真履行职责、及时迅速地公开政府信息的有效措施。虽然《通知》的（8）、（9）、（10）对高校信息公开的监督和保障手段作了规定，但是似乎过于宏观。虽然《通知》有规定对收到举报的高校调查机关需要给予相关举报人一个明确的答复，答复期限却未提及，2009年的《办法（意见稿）》也未有规定，易造成高校的拖延和不作为现象，尤其在当前各个研究生招生单位缺乏主动公开政府信息意识的情况下。

再者虽然2009年的《办法》与2013年的《通知》出台，说明了政府对高校信息公开的重视，特别是招生信息公开的重视。但实践中，对于研究生招生的资助却并不是很多，配套可援引的追究责任规定与惩罚性条款也相对较少甚至全无，交由地方自主规定的做法占大多数。

二、对策

细化任务，强化落实。各地区、各部门要按照前述重点工作安排，分专人负责，抓好工作部署，将重点公开工作落实到具体部门和单位，做到责任明确，便于检查。各项重点工作的牵头部门，要对牵头任务进行细化分解，明确具体要求，制定落实措施，加强工作指导；涉及的其他部门要密切配合，确保公开工作按要求落实到位。对于落实不到位的，牵头部门要进行通报批评，督促改正。针对《通知》与实践中信息公开存在的弊病，笔者提出了相应的对策。

（一）明确需要公开的内容

首先需要制定的就是各种信息公开标准。“在各种有关信息公开制度的研究中，标准化可能是最受忽略的一环，但也正是中国信息公开机制最为欠缺的。”从理论上看，信息公开标准能够明确和统一对于是否执行信息公开要求的评价，合理约束合法性判断的裁量空间，增强合法性评价的压力，进而在一定程度上改变高校对信息公开的态度。标准的公开也意味着操作细节的公开，筛选标准的公开，即相关过程信息的公开，进而使高校招生信息公开制度取得实质性的推进。也推动相关招生信息具体内容趋于完善，规则趋于科学、合理。

其次是根据信息公开标准公开招生的具体内容，《通知》在这方面的公开内容是有进步的，在其出台之前，相关建议稿只提及了招生政策等六项公开内容，而今《通知》规定了八项，常规的招生政策公开、招生章程公开、高校招生计划公开、复习参考范围的公开、复试程序及录取程序的公开等，还纳入了对招生咨询、举报、重大违规事件的公开内容，虽然单独规范研究生的高校招生信息公开未出台总的统领规则，但“十公开”对此的模范作用不可忽视。各个招生的单位应参考《通知》认真落实招生信息公开相关要求，切实做好复试录取阶段信息公开工作。要按规定对复试录取办法、招生人数、复试考生名单和拟录取考生名单等重要招生信息及时、充分、规范地进行公开公示。未经招生单位公示的考生，一律不得录取，不予学籍注册。应要求高校在招考前的一定时间，必须按照通知上规定的内容，完全地、细致地公开研究生招生的相关文件信息。

（二）公开的形式规范化

各高校信息公开的运行情况并不相同，除部分高校建立了信息公开网站，设立了专门的信息公开工作机构，公布了信息公开条例或信息公开暂行办法外。信息公开机制仍有待健全，监督机构缺失、无专门的工作机构和专职工作人员，高校的信息公开也只能由校内各个部门各自为政；没有相应的信息公开工作条例，高校的信息公开就没有约束，这样的结果就是其自主决定信息是否公开，公开到什么样的程度，最终导致高校信息公开流于形式。有必要要求在高校研究生招生信息公开实施过程中，利用相关信息技术真正使考生获取到信息，多角度多渠道的公开，信息公开形式规范化、多样化，有助于推动实质公开在监督中发展。

第一，互联网技术的普及，使得研究生的招生考试全部过程实现了网络化。因此在研究生招生信息公开环节中借助网络平台的公示成为最主要的途径。首先是教育部统一要求的指定公示平台的公示。其次是本学校官方网站及各培养单位网站的信息公示。此外传统的公示方式仍应在一段时期内予以保留，新鲜多样的公示方法也应大胆尝试，例如，建立公众微信平台等。拓宽广大考生的信息获取渠道也是促进信息公开的重要手段。

第二，通过传统媒体发布招生信息，通过地方发行量大的报纸，有影响的广播电台、电视台等及时发布大量、权威、准确的高校招生信息获取地址与核心内容。研究生招生对于全国统考类，可以广泛多面采取公开渠道进行公示，使广大考生获取招生信息，但对于院校自主出题，自主面试录取的问题，应更注重渠道的官方，各个学校的官方招生网站必须对此做出及时的更新，增加给考生考虑选择的时间，真正实现自主择校。

第三，对于比较基础的招生政策和招生计划，各高校都通过网站向社会公布，公众都能够阅读查询。但对于录取结果，一般高校研究生的招生信息结果，网站上一般只公布了查询的方式，公布途径较为单一。对于审核的过程和标准，各高校都没有进行公布。从这一方面来说必须完善录取结果的公示手段，对于录取的过程信息也应保证在不影响下一年度的出题、考试的限度内予以公开。

（三）信息发布，做好解读工作

根据2009年的《办法》、2013年的《通知》和有关文件规定精神，各高校要按照谁公开、谁负责解疑释惑的原则做好信息公开工作。研究生招生单位在公开信息前，要做好深入解读的工作预案。公开后，要密切关注社会反馈，针对考生提出的质疑，做好解答释疑工作。需要健全工作机制，提高管理服务水平，按照“谁公开、谁把关”“谁公开、谁解释”的原则，认真做好对公开信息的审定核准和咨询解释工作。认真贯彻《通知》中的咨询工作、重大违规事件及处理结果公开工作以及申诉渠道公开工作。各招生单位要公布举报电话或邮箱，完善并畅通申诉举报渠道，对考生反映的问题及时核查处理，切实保障考生合法权益。高校必须按照《通知》规定，在研究生招生信息公开工作中“凡属主动公开的招生信息都要及时、主动公开，并依法依规、积极稳妥开展依申请公开工作。各省级高校招生委员会及各高校要细化本地区及本高校招生信息公开的具体办法，明确招生信息公开的目录及其属性”。

（四）加强培训，提高能力

研究生招生单位要根据实际工作需要，有针对性地加强对不同部门工作人员的研究生招生信息公开培训、召开会议强调公开信息主动性培养。招生单位要将研究生招生信息公开工作重视起来，注重专业队伍的培训，逐步在师生之间普及信息公开制度的相关内容。加强对开展研究生招生工作的教职工作人员的培训，不断提高研究生招生工作单位的信息公开工作能力。

信息公开制度配合角度观察，研究生招生信息公开制度的建设需要更为完善的法治理念和行动决心做支撑。培训与工作能力的培养不仅直接提升的是公开工作技能，更重要的是使信息公开理念深入工作者的内心。

我国研究生招生信息公开制度是高校信息公开工作的重要一环，其发展不仅仅能为广大考生个人素质培养带来春天，更重要的是对提升高校自身重点学科水平有重要意义。有必要进行相关信息公开的法律规范，援引责任规则，引导高校构建系统、完整的信息公开体制。

参考文献

［1］国家中长期教育改革和发展规划纲要［EB/OL］.［2010-07-29］. http：//www.gov.cn/jrzg/2010-07/29/content_1667143.htm.

［2］教育部关于进一步推进高校招生信息公开工作的通知［EB/OL］.［2016-03-02］. http：//www.moe.edu.cn/publicfiles/business/htmlfiles/moe/s7063/201312/160469.html.

［3］陈红. 行政资讯公开制度研究［D］. 杭州：浙江大学，1999.

［4］祝智庭. 世界各国的教育信息化进程［J］. 外国教育资料，1999（2）.

［5］李步云. 信息公开制度研究［M］. 长沙：湖南大学出版社，2002.

研究生招生信息公开与教育公平的研究与实践

徐丽军　卢阳　张建

（沈阳大学；辽宁沈阳，110044）

摘　要　近年来，伴随着高校招生规模的扩大，“依法治招”“公平正义”的思想逐渐成为理论和实践的研究焦点。互联网的发展也极大地丰富了招生信息公开的方式和途径，但研究生招生信息的公开状况还处于起始阶段，部分高校信息的公开还不够充分。本文通过对辽宁省高校研究生招生情况的调查，尝试从教育公平的角度出发对完善信息公开制度提出建议。

关键词　信息公开，教育公平

Research and Practice on Publicity of Postgraduate Admission Information and Fairness of Education

Abstract　In recent years, along with the expansion of college enrollment, “rule by law”, “fairness and justice” thinking has gradually become the focus of theoretical and practical research. Development of the Internet has greatly enriched the ways and means of enrollment information disclosure, but post graduate enrollment information disclosure is still in the initial stage, some colleges and universities is not sufficient information disclosure.Based on the investigation of the enrollment of postgraduates in colleges and universities in Liaoning Province, this paper tries to put forward suggestions on perfecting the information disclosure system from the angle of educational equity.

Key Words　information disclosure, education equity

一、信息公开制度与教育公平

（一）信息公开制度

2010年2月28日公布的《国家中长期教育改革和发展规划纲要：2010—2020年》指出，要依法维护学校、学生、教师、校长和举办者的权益；要完善教育信息公开制度，充分保障公众对教育的知情权、参与权和监督权；政府与招生部门应更多地强调社会公共利益，满足考生与社会大众对信息的知情权。

（二）教育公平

“公平”的基本词义应该是合理、不偏私，是针对调整人与人之间的利益关系而言的一种客观反映和评价。党的十七大报告指出，教育是民族振兴的基石，教育公平是社会公平的基础，教育是人生的起点，即教育公平是公平的起点。国外教育学者罗尔斯指出，具有相同能力的人应具有公平的受教育权，不能因为出身的问题而受到歧视。

教育公平是指国家需依据合理的原则和规定来配置教育资源。在研究生招生领域，要以公平、透明为前提，尤其是针对招生领域的腐败问题，要加大信息的公开力度，将录取规则和招生信息公之于众，形成一些公认的原则和规范，这样才能杜绝腐败现象的发生。

二、研究生招生信息与教育的现状及存在的问题

（一）我国研究生招生的特点

我国研究生招生的特点包括以下几个方面：

第一，周期长。研究生招生是一个过程，从自考生选择报考单位到研究生录取结束，涉及各个招生环节，每一个环节都需要招生单位与考生之间相互分享和传递信息。在考研的整个过程中，考生要了解研究生招生简章、报名条件、报名方式和考试大纲等一系列信息，甚至还需要与导师取得初步的联系。整个过程将近一年，是时间长、环节多、任务重的一次考试。

第二，先行性。考虑到研究生招生工作涉及面广泛，且时间长、环节多、任务重，招生单位更应该及早开展工作，准备好相关资料和信息。研究生招生单位应将院校的基本情况、招生专业、招生计划、考试大纲等关键信息准确完整地传递给考生，以免影响考生备考。

第三，宣传主体和宣传形式广泛。研究生招生宣传主体不仅包括负责研究生招生工作的人员，还包括在校研究生和研究生导师等学校员工。宣传形式既可以是纸质的资料，也可以是电子版的资料，高校既可以通过学校官网也可以通过微博等社交工具传递研究生招生信息。

第四，招生对象广泛。参加研究生考试的考生来自全国各地，不仅地域分布广泛，而且考生来源范围也非常广泛。参加研究生考试的考生既有本科生又有专科生，既包括应届生也包括往届生，既有自考生也有成教生。而且2014年以来，国家取消了年龄上一般不

超过40岁的限制，大龄考生同样具有考试的权利。

（二）存在的问题

我国高校信息公开的工作刚刚起步，《高等学校信息公开办法》并未对适用信息公开的高校范围作出规定，也并未对是否适用于高校内部机构等加以规定；对高校信息不同于一般政府信息的特殊性考虑不足，对高校自治和学术信息的特殊性并未提及；信息属性上区分不够细致，不同种类的公开，如对社会公众的公开、对高校成员的校务公开和对个人的信息公开还有待进一步规定。

1.公开机制不健全

教育部要求，要进一步健全研究生招生录取信息公开机制，各招生单位要做到招生计划、复试录取办法、复试考生名单、录取信息公示、咨询及申诉渠道等全公开。各招生单位对于应公开的招生录取信息，要严格按照规定准确、规范、充分、及时地予以公开，并按照“谁公开、谁把关”“谁公开、谁解释”的原则，做好对所公开信息的审核把关和解释说明工作。

2.公开内容不具体

招生工作涉及众多考生的切身利益，在信息不对称的情况下，高校招生极易出现暗箱操作，尤其是在高校拥有自由裁量权的领域。例如，录取按照120%的比例投档，对于进入投档线但未被某专业录取的考生，未被录取的原因其并不知情，是否遭遇差别待遇不得而知。

2014年4月2日，教育部发布了《教育部关于进一步推进高校招生信息公开工作的通知》，要求高校做到招生信息“十公开”，包括高校招生政策、招生资格、招生计划、招生章程、考生资格、录取程序、录取结果、重大违规事件及处理结果、咨询及申请渠道和录取新生复查结果等十个方面都要面向考生和社会公开。但研究生招生单位对一些信息是选择性地公开，如录取最低分等关键信息很多院校并未公开。

3.监督体系不完善

随着互联网时代的到来，信息传递的成本越来越低，给我们的生活带来了极大的方便，却也让我们陷入信息的漩涡，无法分辨真假。更有甚者，一些人和机构在利益的驱动下，加入到研究生招生宣传的大军中，到处散布虚假信息，严重妨碍了研究生招生。因此，监督和规范招生信息发布主体的行为十分必要。

4.政府相关理念的缺失和失衡

“效率优先，兼顾公平”的理念长期存在，当现实中出现效率与公平的内在矛盾时，往往导致舍公平而取效率，甚至片面地认为公平的程度取决于效率。在现实环境中，“兼顾”意味着次要，运用到教育领域，导致的直接结果是“效率”原则逐渐发展成为教育的主导价值，而教育“公平”原则缺少应有的关注。

三、关于辽宁省研究生招生与教育的调研情况

（一）导师信息公开情况

为实现招生工作的公开、透明，维护招生工作的公平与公正，研究生招生政策必须通

过多种方式和媒介提前向学校、考生和社会公布，特别是普通高校导师情况，是考生报考所需的重要信息。及时公开导师信息可以有效地解决本校学生和外校学生之间的信息不对称问题，为考生进一步选择适合自己的研究方向奠定基础，让本校学生和外校学生享有等量的导师信息。本次调查选择了辽宁省具有招生资格的32所高校，对高校研究生招生过程中的导师信息进行了统计，具体数据见表1。

表1　　高校研究生招生过程中公开的导师信息

发布内容	姓名	性别	学位	研究领域	研究成果	联系方式	邮箱
数量	32	24	19	22	28	11	11
比例	100%	75%	59%	69%	88%	34%	34%

（二）招生信息公开情况

信息化和网络化的逐步实现，是高校研究生招生工作走向科学化、现代化的重要标志，对于提高工作效率，规范招生行为，保证招生工作的公开、公平、公正都具有重大的意义。高校研究生招生信息必须及时向学校和考生公布。此外，还应该设立有关部门对研究生招生的整个过程进行监督，及时发现、查处各种违规行为。通过对辽宁省32所高校研究生招生信息公开情况的统计，发现仅有53%的高校公布了研究生招生的最低录取分数，甚至还有部分高校并没有公开录取学生名单，这些情况的出现给招生腐败提供了可能，妨碍了教育公平。招生信息公开具体数据见表2。

表2　　招生信息公开数据

发布内容	招生简章	推免生录取	报考人数	录取人数	录取最低分	复试录取办法	咨询及申诉渠道	复查结果	录取名单	奖助学金申请信息
数量	32	7	5	28	17	28	30	28	28	31
比例	100%	22%	16%	88%	53%	88%	94%	88%	88%	97%

四、改进建议

（一）完善相关政策法规，综合整治违法违规行为

目前，我国对发布研究生招生虚假、违法信息的机构惩处力度还不够。为进一步规范研究生招生信息宣传主体的行为，国家应在现行教育违规处理办法的基础上尽快完善研究生招生过程中的相关法律、法规，规范研究生招生信息的发布行为。对于追逐利益而恶意散布虚假、违法信息的社会机构，教育部应联合公安部、安全保密局及工商行政管理部门等严肃处理其违法行为，尤其是对利用招生信息损害考生利益的诈骗活动要进行综合整治，为广大研究生考生备考创造公平、公开的环境。

（二）完善信息公开制度

1.以法律为准绳促进研究生招生信息对称

与传统的研究生招生信息披露相比，研究生招生信息公开制度，是研究生招生过程中的一次重大进步，对规范研究生招生单位公布招生信息的行为做出了规定，有效地遏制了高校研究生招生过程中的违法、违规操作。第一，申请权制度。考生对申请时间、地点、期限、申请书制作、申请受理机关、申请决定以及决定通知等方面，依法享有知情权，法律规定应有利于保障申请人的权利，负责受理申请的招生部门有义务在做出决定后将决定的理由以及申请人的申诉权利通知申请人。第二，申诉权制度。申请人对招生部门的结果有疑问时，有权向招生部门提出申诉，高校在接到申诉后应在规定时间内对申诉信息进行复核，复核后应将处理结果及时告知申请人。

2.研究生招生信息公开权力的恰当行使

教育不公平一方面是由于教育资源的短缺，另一方面是由于高校研究生招生录取过程缺乏必要的公开。现阶段我国教育资源有限，研究生招生依然是供不应求的市场，在缺乏有效监督的情况下，招生过程很可能影响到教育公平。高校应建立有效的信息公开和监督机制，应通过互联网等各种媒体充分公开录取考生及其具体分数、投档情况、录取比例、退档理由、录取优惠分值以及监督机制、投诉渠道等信息。

3.高校研究生招生信息公开的主要内容

高校研究生招生信息的公开必须遵循及时、有效、充分的基本要求。及时指的是缩短研究生招生信息从取得到公开的时间长度，限制内部人士利用职务之便提前获得招生信息以谋取私利。有效是指在保证招生信息准确性的前提下，保证信息来源于客观事实，且公开的信息对考生来说具有参考意义。充分是指高校在保证考生隐私的基础上应公开其所持有的全部招生信息。

（三）建立研究生招生信息管理系统

建立研究生招生信息管理系统，即在高校研招办、院系招生办、考生之间搭建统一的信息交互平台及协同办公平台，解决招生环节工作量大而任务重的问题，确保实现招生公平。研究生招生信息管理系统应充分考虑招生单位面临的实际问题，涵盖从招生计划、专业目录到初试、复试和录取结束整个研究生招生过程。

招生信息不仅仅包括招生简章、目录、考试大纲等基本信息，还应包括与其相关的导师、学科专业、学位论文等辅助信息。建立研究生招生信息管理系统，应把所有相关的研究生招生信息都纳入信息共建体系中，切实保障学研考生对招生信息的知情权，维护教育公平。

参考文献

［1］中共中央国务院．国家中长期教育改革和发展规划纲要（2010—2020年）［J］．人民教育，2010（17）：2-15.

［2］黄建国．基于信息不对称理论的研究生招生问题探析［J］．江苏高教，2013（2）：77-79.

［3］金明鱼．高校招生信息公开助推教育公平［J］．教育与职业，2014（7）：88.

［4］雷泓霈．招生信息公开助推教育公平［J］．信息化建设，2014（5）：12.

复试考试制度改革

硕士研究生招生面试成绩综合评定的人工神经网络模型

景丽

（沈阳师范大学；辽宁沈阳，110034）

摘　要　面试是硕士研究生招生考试的重要一部分。本文研究硕士招生面试的测评指标体系构建以及成绩综合评定问题。首先，利用文献法、调查法构建了研究生招生面试测评的指标体系；其次，综合使用熵和人工神经网络建立了面试成绩评定的模型。通过使用熵值法计算指标体系的各项指标的权重，获得给定样本数据期望输出，以此为基础构建BP神经网络并对它进行训练和测试，结果得到了具有良好数据拟合性的BP神经网络，该网络可以较准确地预测考生面试的成绩。

关键词　硕士，招生考试，面试，熵，人工神经网络

The Artifical Neural Network Model of Assessing the Grade of Graduate Entrance Interview Exam

Abstract　Interview exam is an important part of the graduate entrance exam. The paper focuses on how to construct an evaluation index system and develop a comprehensive evaluation model to assess the grade of interview exam. Firstly, by literature method and survey method the evaluation index system was constructed, and then by entropy and artificial neural network the comprehensive evaluation model was established. The paper calculated the weight of the index system by entropy method, and obtained the expectations output of sample data. Further the paper constructed BP neural network, trained and tested on it. The errors of output results of BP neural network is small, so the network can accurately predict the candidates interview scores.

Key Words　graduate, entrance exam, interview exam, entropy, the artifical neural network

研究生招生考试分为初试和复试，初试主要测试政治、外语及两门专业基础课，主要考查考生的基础知识水平；复试的内容有专业课（笔试）、英语听说读写和计算机操作、考生的综合素质（面试），主要考查学生的专业素质、英语和计算机能力、创新能力等综合素质水平。面试是研究生招生考试的重要环节，科学运用面试可以选拔品学兼优的人才，保证研究生的生源质量。然而，多年的研究生招生面试却暴露出许多问题，如面试的内容不科学、不规范，面试的考核评价缺乏统一的量化标准，对面试成绩的信度、面试教师的信度没有检验，面试中存在漏洞，滋生了营私舞弊现象。为解决这些问题，一些学者深入探讨了研究生复试或面试指标体系构建问题，及成绩的科学评定问题。文献指出研究生复试评价指标体系中的“专业面试”指标包含：专业实践能力、科学研究水平、仪表修养情况、即时应变能力、语言表达能力。文献指出复试应考核的内容包括：态度价值观（心理素质、进取心、责任感、纪律性、协作性）；社会形象角色（举止仪表、文化修养、人际关系、就业取向）；能力（语言表达能力、逻辑思维能力、研究能力、实践能力、创造力、应变能力）；知识（专业知识水平、外语听说能力、科研成果、社会实践）。文献[3]指出研究生招生面试还应考虑考生毕业院校、专业、学历及考生经历等情况。关于复试或面试成绩的评定，文献[4-6]使用了层次分析法、理想点法、模糊综合评价方法等。本文在上述文献研究的基础上，提出了研究生面试考核的指标体系，依据熵和人工神经网络方法建立了面试成绩评定办法。

一、研究生面试评价指标体系

1.面试考核指标确立的基本准则

2006年教育部出台了《教育部关于加强硕士研究生招生复试工作的指导意见》，文件指出：复试应坚持全面考查，突出重点；在对考生德智体等各方面全面考察的基础上，突出对专业素质、实践能力以及创新精神等方面的考核。这份文件是面试考核指标确立的基本准则。

2.面试是考查考生研究潜质的有效方式

文献介绍了国外对研究生复试的实证研究，指出考生的本科成绩、录取面试方式、推荐信（标准化的）对研究生日后的绩效具有良好的预测效度，故研究生招生中应采用面试环节，且要加强其效果。在面试中应注重本科成绩的作用，本科成绩是考生长期日常学习的结果，具有真实性，能很好地反映考生真正的基础知识水平、学习能力与态度等，这些要素关系到研究生日后学习绩效的大小。面试中也要充分利用有效的推荐信，了解考生的重要素质。

3.面试考核指标确立的重要理论依据

理工农医类的研究生招生面试应注重测评考生的研究潜质，即创新能力，故创新理论知识应作为面试考核指标确立的理论依据。

创新能力体现为创新知识、创新技能以及创新人格。创新知识包含专业知识、广泛的人文知识和创新学知识；创新技能包括语言表达能力、写作能力、信息加工能力、一般工作能力、动手能力（操作能力），如英语应用能力、计算机软件应用能力；创新人格指人的性格具备如下特质：对研究持有浓厚的兴趣、对事物怀有强烈的好奇心与求知欲、意志力坚强和具有深刻的批判精神。

创新理论决定了研究生招生面试考核指标体系的建立。

4.面试考评指标体系的建立

参考国内“985”院校面试测评方法，我们提出如下的面试考核指标体系（见表1）：

表1 **面试考核指标体系**

一级指标	二级指标	考核方式
政治素质、道德品质	政治表现，违法、违纪行为	查阅考生档案
专业基础和能力	本科的专业扎实程度，分析问题、解决问题的能力，对学科动态的了解	查看本科成绩 询问本科毕业论文（选题、承担任务）； 标准推荐信
实践能力	计算机操作能力、外语能力	上机测试、口译笔译测试
创新精神、能力考核	兴趣、意志力；创新技能	询问参加科研活动的选题、承担工作、成果； 标准推荐信；著作阅读
综合素质	心理素质、人文素养、表达能力、礼仪、社会实践活动	心理测试；面试观察、询问

二、评价指标体系的权重

本文使用“熵值法”确定指标体系中各指标的权重。

体系的信息是体系各指标间的联系程度、指标信息量的总体反映，“熵值法”以此客观地决定指标的权重，是一种客观赋权法。

信息熵反映系统无序化的程度，信息熵越大，系统的无序化程度越低，其信息的效用值越小；反之，信息熵越小，系统的无序化程度越高，其信息的效用值越大。设K表示信息熵，β表示信息的效用值系数，则：

$\beta=1-K$

针对上述指标体系，设各指标评语集为{强，较强，一般，差}，对应的数值结果为{100，90，80，60}。使用“熵值法”确定权重的步骤如下：

步骤1：选取m个评价对象即样本，依据评语集对各指标进行赋分，得到基础数据矩阵：

$X=(x_{ij})_{m\times n}$

其中m为样本数，n为指标数。本文使用的基础数据矩阵见表2。

表2 **基础数据矩阵**

指标 样本	$u_1$1	$u_1$2	$u_2$1	$u_2$2	$u_2$3	$u_3$1	$u_3$2	
1	100	100	80	75	80	80	90	
2	100	100	70	80	60	80	70	
3	90	100	90	80	80	70	80	

续表

指标 / 样本	$u_1$1	$u_1$2	$u_2$1	$u_2$2	$u_2$3	$u_3$1	$u_3$2	
4	90	100	60	60	60	70	60	
5	80	100	95	90	80	80	90	
6	80	100	80	70	70	80	75	
7	100	100	60	60	60	80	70	
8	90	100	75	60	60	90	60	
9	90	100	80	70	70	80	90	
10	100	95	90	80	80	90	80	
11	80	100	60	60	60	70	75	
12	100	95	80	75	60	70	90	
13	90	100	70	60	70	80	80	
14	80	80	70	60	70	80	75	
15	80	100	90	75	80	75	80	
16	100	100	85	80	85	80	90	
17	100	100	75	80	70	75	80	
18	90	100	90	85	80	70	80	
19	90	100	70	60	60	70	70	
20	80	100	90	90	85	80	90	

指标 / 样本	$u_4$1	$u_4$2	$u_4$3	$u_5$1	$u_5$2	$u_5$3	$u_5$4	$u_5$5
1	90	90	90	90	80	80	100	90
2	80	80	80	90	70	70	100	80
3	70	60	60	90	80	80	100	70
4	80	70	80	80	70	80	90	60
5	60	60	60	80	90	80	90	90
6	80	70	80	90	80	80	90	100
7	60	70	70	90	90	80	90	80
8	75	80	60	80	70	70	80	60
9	80	90	70	70	70	80	90	60
10	60	80	90	80	60	80	90	70
11	70	70	60	70	95	90	80	90
12	80	90	70	80	80	80	90	100
13	60	80	70	70	90	90	100	80
14	70	70	60	90	80	80	100	80
15	60	60	80	90	80	90	100	70
16	95	90	90	75	80	80	90	90
17	85	90	80	95	70	75	95	80
18	70	75	65	85	80	80	90	70
19	80	70	80	80	70	80	90	60
20	60	65	60	80	90	80	90	90

步骤 2：将基础数据矩阵标准化，得到矩阵 $Y=(y_{ij})_{m\times n}$，其中 $y_{ij}=x_{ij}/\sum_{i=1}^{m}x_{ij}$，见表 3。

表 3 **标准化矩阵**

指标 / 样本	$u_1$1	$u_1$2	$u_2$1	$u_2$2	$u_2$3	$u_3$1	$u_3$2	
1	0.0552	0.0508	0.0513	0.0517	0.0563	0.0516	0.0571	
2	0.0552	0.0508	0.0449	0.0552	0.0423	0.0516	0.0444	
3	0.0497	0.0508	0.0577	0.0552	0.0563	0.0452	0.0508	
4	0.0497	0.0508	0.0385	0.0414	0.0423	0.0452	0.0381	
5	0.0442	0.0508	0.0609	0.0621	0.0563	0.0516	0.0571	
6	0.0442	0.0508	0.0513	0.0483	0.0493	0.0516	0.0476	
7	0.0552	0.0508	0.0385	0.0414	0.0423	0.0516	0.0444	
8	0.0497	0.0508	0.0481	0.0414	0.0423	0.0581	0.0381	
9	0.0497	0.0508	0.0513	0.0483	0.0493	0.0516	0.0571	
10	0.0552	0.0482	0.0577	0.0552	0.0563	0.0581	0.0508	
11	0.0442	0.0508	0.0385	0.0414	0.0423	0.0452	0.0476	
12	0.0552	0.0482	0.0513	0.0517	0.0423	0.0452	0.0571	
13	0.0497	0.0508	0.0449	0.0414	0.0493	0.0516	0.0508	
14	0.0442	0.0406	0.0449	0.0414	0.0493	0.0516	0.0476	
15	0.0442	0.0508	0.0577	0.0517	0.0563	0.0484	0.0508	
16	0.0552	0.0508	0.0545	0.0552	0.0599	0.0516	0.0571	
17	0.0552	0.0508	0.0481	0.0552	0.0493	0.0484	0.0508	
18	0.0497	0.0508	0.0577	0.0586	0.0563	0.0452	0.0508	
19	0.0497	0.0508	0.0449	0.0414	0.0423	0.0452	0.0444	
20	0.0442	0.0508	0.0577	0.0621	0.0599	0.0516	0.0571	

续表

样本＼指标	u_41	u_42	u_43	u_51	u_52	u_53	u_54	u_55
1	0.0614	0.0596	0.0619	0.0544	0.0508	0.0498	0.0542	0.0573
2	0.0546	0.0530	0.0550	0.0544	0.0444	0.0436	0.0542	0.0510
3	0.0478	0.0397	0.0412	0.0544	0.0508	0.0498	0.0542	0.0446
4	0.0546	0.0464	0.0550	0.0483	0.0444	0.0498	0.0488	0.0382
5	0.0410	0.0397	0.0412	0.0483	0.0571	0.0498	0.0488	0.0573
6	0.0546	0.0464	0.0550	0.0544	0.0508	0.0498	0.0488	0.0637
7	0.0410	0.0464	0.0481	0.0544	0.0571	0.0498	0.0488	0.0510
8	0.0512	0.0530	0.0412	0.0483	0.0444	0.0436	0.0434	0.0382
9	0.0546	0.0596	0.0481	0.0423	0.0444	0.0498	0.0488	0.0382
10	0.0410	0.0530	0.0619	0.0483	0.0381	0.0498	0.0488	0.0446
11	0.0478	0.0464	0.0412	0.0423	0.0603	0.0561	0.0434	0.0573
12	0.0546	0.0596	0.0481	0.0483	0.0508	0.0498	0.0488	0.0637
13	0.0410	0.0530	0.0481	0.0423	0.0571	0.0561	0.0542	0.0510
14	0.0478	0.0464	0.0412	0.0544	0.0508	0.0498	0.0542	0.0510
15	0.0410	0.0397	0.0550	0.0544	0.0508	0.0561	0.0542	0.0446
16	0.0648	0.0596	0.0619	0.0453	0.0508	0.0498	0.0488	0.0573
17	0.0580	0.0596	0.0550	0.0574	0.0444	0.0467	0.0515	0.0510
18	0.0478	0.0497	0.0447	0.0514	0.0508	0.0498	0.0488	0.0446
19	0.0546	0.0464	0.0550	0.0483	0.0444	0.0498	0.0488	0.0382
20	0.0410	0.0430	0.0412	0.0483	0.0571	0.0498	0.0488	0.0573

步骤3：针对子系统，计算其各个指标的信息效用值系数。以第一个子系统U_1为例，

$K_{11}=-(\ln m)^{-1}\sum_{i=1}^{m}y_{i1}\ln y_{i1}$， $K_{12}=-(\ln m)^{-1}\sum_{i=1}^{m}y_{i2}\ln y_{i2}$

所以，

$\beta_{11}=1-K_{11}$， $\beta_{12}=1-K_{12}$

15个指标的信息效用值系数如下：

0.0013　0.0004　0.0032　0.0035　0.0029　0.0010　0.0024

0.0035　0.0031　0.0036　0.0014　0.0022　0.0007　0.0007　0.0044

步骤4：计算每个指标的权重。以第一个子系统U_1为例，

$\alpha_{11}=\beta_{11}/(\beta_{11}+\beta_{12})$，$\alpha_{12}=\beta_{12}/(\beta_{11}+\beta_{12})$

15个指标的权重如下：

0.765　0.235　0.333　0.335　0.302　0.294　0.706

0.343　0.304　0.353　0.149　0.234　0.074　0.074　0.468

步骤5：计算一级指标的权重w_i。

设$G_1=\beta_{11}+\beta_{12}$，$G_2=\beta_{21}+\beta_{22}+\beta_{23}$，L，$G_5=\sum_{k=1}^{5}\beta_{5k}$，则$w_i=G_i/\sum_{i=1}^{5}G_i$，

计算结果为：0.0496　0.28　0.099　0.297　0.274。

三、面试成绩评定的神经网络模型

本文采用BP神经网络[10-11]作为面试成绩评定的模型。此网络包含3层：输入层、输出层和隐层。输入层用于输入每个样本的各项测评分数，输出层输出面试最终成绩。它们具有的神经元个数分别是15，1，9。隐层使用传递函数 log sig 。网络的学习速率设为：

$$\eta(t+1)=\begin{cases}1.005\eta(t) & E(t+1)<E(t)\\ 0.7\eta(t) & E(t+1)>1.04E(t)\\ \eta(t) & \text{其他}\end{cases}$$

基础数据矩阵中的前15个样本用于训练BP网络，后5个数据用于测试网络。初始的人工神经网络数据如图1所示，经过训练后网络具有较好的数据拟合性，如图2所示。网络的测试结果见表4。

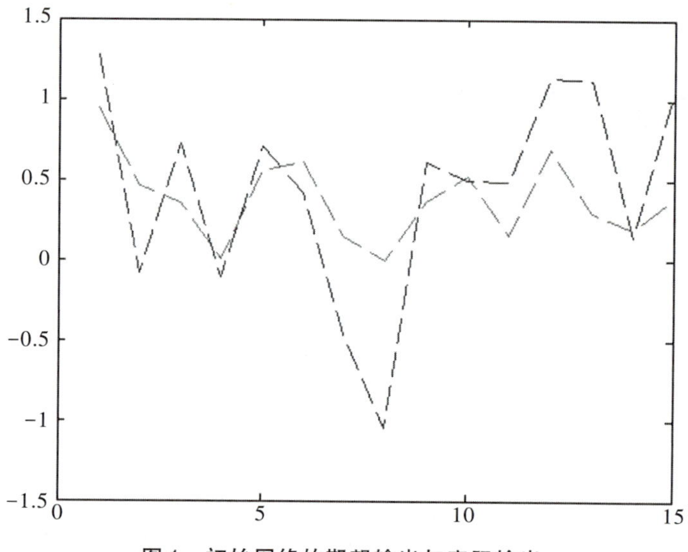

图1　初始网络的期望输出与实际输出

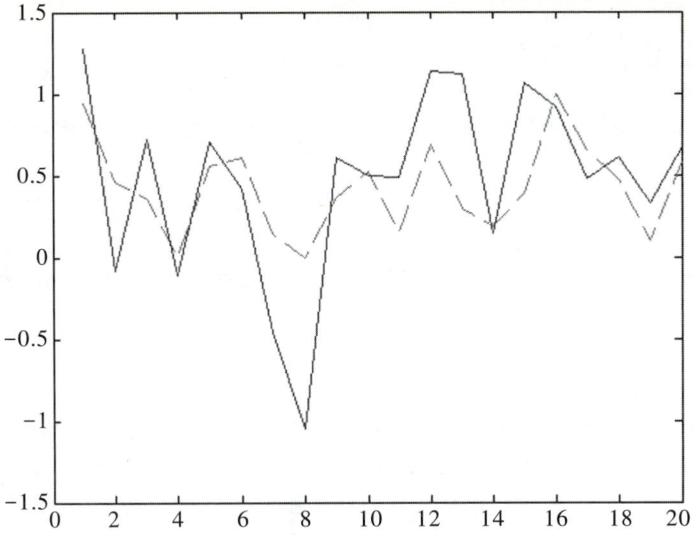

图2 训练后的网络期望输出与实际输出

表4 网络的测试结果

序号	期望输出	输出误差	误差率（%）
1	85.1068	1.5075	-1.77
2	77.3394	3.0556	3.95
3	79.6470	-2.5682	-3.22
4	74.5926	-4.1015	-5.5
5	80.7688	-1.6318	2.03

四、结论

硕士研究生招生面试是选拔优秀人才的重要环节，本文指出了目前面试工作存在的不容忽视的问题。为提高面试工作水平，本文构建了面试测评的指标体系，建立了面试综合成绩评定的人工神经网络模型，该模型具有良好的数据拟合性，能够较准确地预测考生的成绩。本文的成果有助于提高硕士研究生招生面试工作的科学化水平。

参考文献

[1] 段亚敏，郑艳．河北省硕士研究生复试评价指标体系的构建［J］．产业与科技论坛，2015，14

(7)：232-233.

［2］徐淼. 硕士研究生招生复试素质与能力测评研究［J］. 北京航空航天大学学报：社会科学版，2007，20（增刊）：4-8.

［3］任海峰，肖鹏. 硕士研究生招生综合面试指标体系研究［J］. 技术与创新管理，2010，31（4）：484-486，506.

［4］王凤兰，张守金. 硕士研究生入学面试评价方法研究［J］，燕山大学学报：哲学社会科学版，2006，7（3）：128-132.

［5］高静. 一种基于熵值法和理想点法的硕士研究生复试选拔方法［J］. 燕山大学学报：哲学社会科学版，2014，15（3）：140-144.

［6］白榕. AHP法在研究生复试质量保障体系中的应用［J］. 重庆交通学院学报，2005，24（4）：157-159.

［7］中华人民共和国教育部.关于加强硕士研究生招生复试工作的指导意见［EB/OL］.［2006-03-03］. http：//www.moe.edu.cn/publicfiles/business/htmlfiles/moe/moe_1284/200 610/17 925.html.

［8］孙晓敏，薛刚. 国外研究生选拔方式对我国研究生复试的启示［J］. 北京大学教育评论，2012，10（1）：165-186.

［9］吕巍. 高校硕士研究生创新能力评价研究［D］. 哈尔滨：哈尔滨工程大学，2010.

［10］蔡会娟. 基于AHP和BP神经网络的高校研究生综合素质评价研究［D］. 新乡：河南师范大学，2014.

［11］常引. 基于BP人工神经网络的陕西省农民收入预测研究［D］. 咸阳：西北农林科技大学，2008.

艺术类研究生入学考试制度改革初探

穆存远　杨静

（沈阳建筑大学；辽宁沈阳，110168）

摘　要　针对艺术类研究生招生规模扩大的背景，本文对研究生生源质量、招生管理、培养过程和培养质量以及未来就业状况进行了分析。从改革现有的入学考试方法、加强目标指导和监督、合理设置专业课招生考试科目、建立有效的考控模式和加强复试的组织与管理等方面提出了如何建立有效的招生质量保障体系，给出了从专业素质、综合素质、复试方法等方面严把复试关，选拔德才兼备的优秀人才的方法，供有关研究生教育工作者参考。

关键词　艺术类，研究生，招生，复试

Research on the Reform of Postgraduate Entrance Examination System of Arts

Abstract　According to the background of the enrollment scale of art graduate students, the quality of graduate students, enrollment management, training process and training quality as well as future employment situation were analyzed. The scheme to establish an effective quality assurance system for admission is to reform the existing entrance examination methods, to strengthen the guidance and supervision of the target, to set up the specific entrance examination subjects, to establish an effective examination control mode and to strengthen the reexaming organization and management. This paper gives the methods of reexamining, selecting outstanding talents from the aspects of professional quality, comprehensive quality, reexaming method and so on for the reference of relevant postgraduate educators.

Key Word　arts, graduate student, recruit students, retest

研究生教育作为整个教育链的最高端，为我国经济和社会发展各领域提供了精神支持和高层次人才保证。近年来，随着研究生教育的不断发展，研究生招生规模逐年扩大，为我国经济建设和社会发展提供了更多高层次人才，促进了我国社会进步及国家建设的发展，为我国实现教育强国这一目标提供了基本条件。但是，随着研究生数量的持续增加，很多问题相继出现，尤其是在艺术类专业人才培养过程中，越来越多的学生把报考研究生作为缓解就业压力的手段，而被录取后，在攻读研究生期间有些却逐渐暴露了诸如基础知识和技能不够扎实的弊端，给导师科研精力投入和高层次人才培养质量都带来了一些问题。招生是人才培养的基础，它影响着高等学校学科领域的建设与发展，进而决定着研究生就业质量。

许多发达国家艺术类本科生读研入学考试比较简单，如美国只要求有语言考试成绩、个人绘画作品图片、本科毕业证书和大学本科阶段成绩合格，其他国家也大多如此。研究生培养的高层次专业人才，需要有高层次的专业功底和专业学历。一些中国的艺术类学生采取进修的方式，申请在国外艺术院校本科插班跟读，学上一段时间，修完一些科目后可申请他们本校的研究生。

我国研究生入学仍沿用传统的国考制度，只是近年来研究生扩招的步伐与学校学科建设、导师队伍建设的步伐没有很好地和谐配套，使研究生培养过程和培养质量受到一些影响。本文针对这一问题进行了初步探讨，并提出如何在研究生复试过程中进一步把控生源质量。

一、扩大研究生招生规模对研究生培养质量的影响

高等学校招生规模的扩大必然对研究生的招生、培养、管理等带来一系列的影响，诸如对生源质量、研究生的学习环境、导师师资力量配备、管理模式等的影响，主要表现在以下两个方面：

1.扩大招生规模对生源质量的影响

近几年，艺术类研究生招生规模不断扩大，报考人数也越来越多。生源质量成为扩大研究生招生规模的重要制约因素。生源数量既定，也就意味着考研竞争激烈程度的降低，意味着招生标准的降低，尤其是在一些生源本来就不甚理想的学校，大规模扩招可能导致专业课标准的降低。而在研究生教育的各个环节中，生源质量如何，直接关系到培养质量的好坏，降低入学门槛势必影响培养质量。

2.扩大招生规模对研究生招生管理工作的影响

发展规模与保证质量的矛盾是客观存在而又不可回避的。扩招的深层次影响是对管理模式、管理干部的思想观念和管理水平的一次冲击和考验。急剧膨胀的入学人数导致高校传统的管理模式越来越不适应，招生工作也是如此。由于大规模的扩招，相应的报考人数剧增，这就使招生工作量加大，如果没有管理水平的提高和管理条件的改善，则有可能会造成失误。扩大招生规模对生源和招生管理过程的影响是客观存在的。需要引起负责研究生管理的工作人员足够的重视，并采取相应的措施降低因为扩大招生规模带来的对研究生

招生管理工作的影响。

3.现有招生方法对艺术类研究生培养过程和培养质量的影响

现有的高度集中的管理特点使得招生单位无法自主选才。通过统考的四五门课程的招生方法，很难使研究生教育能够面对当前复杂的艺术市场现状。艺术类研究生教育若不面对社会，其发展也就失去了真正的动力。现有招生方法会使研究生培养过程面临诸多困难，如基础参差不齐、实践能力薄弱等，并进而影响到研究生毕业后的就业。

4.扩大招生规模对研究生未来就业状况的影响

近年来，虽然地方高校研究生教育有了很大程度的发展，但毕业生就业情况不容乐观，问题主要表现在高校培养出的研究生能力与社会需求不一致。使得研究生在毕业生就业环节的优势不断削弱。更多企业宁愿招收本科生而不愿高薪选择研究生。另一方面，专业不对口、能力不匹配等问题，与本科生相比，薪酬期望值偏低，也使研究生就业受到冲击。导致研究生就业质量下降的原因还表现在高校学科建设目的存在偏差、师资力量分配不均和研究生学术质量状况堪忧等几方面。

二、建立有效的招生质量保障体系

生源质量的好坏，在某种程度上决定了培养质量。建立有效的招生质量保障体系是保证研究生培养质量的基础。在招生管理机制上，必须改革现有的硕士研究生招生体制，加强目标指导和监督、调控作用；在操作层面上，需要制定一套严格的管理规则，并规范管理程序和方法。

1.改革现有的入学考试方法

我国近几年来研究生教育飞速发展，研究生招生规模以前所未有的速度扩大。然而，研究生招生管理体制明显滞后，高度集中的管理特点使得招生单位无法自主选才。统考的四五门课程，既加重了考生负担，又使招生周期偏长，招生单位四处招揽生源，也容易造成失误，一旦失误就会给学校、考生、工作人员带来无法弥补的损失。因此，应改革现有硕士生招生体制，保留合理并行之有效的部分，去除不合理的部分。当务之急是要改革入学考试方式，寻求一种更为合理的选拔方式。合理的选拔方式之一就是采取资格考试，也就是考生先参加国家组织的攻读硕士研究生入学的公共课考试，获得这种考试的合格证书后才能参加招生单位的入学考试。这样能减少中间环节，使得考试成绩更具有可比性，既有利于公平竞争，也有利于招生单位自主选拔人才。同时，由于资格考试时间的合理性，更有利于本科教学工作的开展。

2.加强目标指导和监督、调控作用

保障研究生招生质量，最主要的就是加强目标指导和监督、调控作用，也就是要强化目标机制和调控反馈机制。而要使目标指导合理和有效、调控得力，就需要国家制定出切实可行的法规，并收集、分析反馈信息，以便对招生单位的执行情况进行调控。

3.合理设置专业课招生考试科目

专业课招生考试科目的设置是否合理，是否能反映专业的基本要求，是否能覆盖专业的知识面，对能否全面、准确地衡量考生的知识掌握程度有重大意义。考试科目的设置合理，是保证招收到符合培养目标的研究生的前提。因此在一级学科内，至少应有一门课程是相同的。在此基础上可以根据不同研究方向确定一门或与相近研究方向共同确定一门专业课，作为招生考试科目。

4.建立有效的考试控制模式

为实现考试的高效度与高信度，必须建立科学合理的考试控制模式，努力提高入学考试的科学性，最大限度地实现考试功能。近年来，由于扩大研究生招生规模，不少招生单位为完成招生计划而放宽了专业课的控制标准，采用高分控制模式，从而使业务课考试或多或少、或轻或重地存在着试题过于简单、覆盖面窄、以生源多少决定试题难易程度等问题，使考试的信度、效度、难度、区分度不同程度地降低，影响了研究生招生的生源质量。

为了使研究生专业课的考试科学合理，应该用系统科学的考试方法指导考试工作，针对不同的系统规律，确定不同的控制目标，建立合理的控制模式。就专业课而言，应采取大量淘汰的控制模式。在命题上应严格遵守筛选性原则，以考核考生的专业素质，判断考生是否具有运用所在学科的专业知识进行创造性工作的能力，尤其是应该力求在有限的试题中反映考生的综合素质。

5.加强复试工作的组织和管理

在目前通行的研究生招生工作流程中，国家教育主管部门制订了研究生招生计划后，根据全国考生的成绩来确定复试的最低分数线，然后由招生单位组织对上线考生进行复试。如果说考生达到国家所规定的复试最低分数线是录取的前提的话，那么招生单位对达到最低分数线以上考生的复试工作就成为能否录取的关键。因而招生单位对复试工作的组织至关重要。在目前这种状况下，为使复试不至于走过场，可以借鉴干部选拔的方式，即具备了复试资格的考生应一视同仁，初试成绩不管高低，只能作为其获得资格的条件，进入复试者都在同一起跑线上，复试小组统一进行考察，对其操作技能、科研潜力、学习潜质、综合能力等进行测评，尤其是对一些需要特殊素质的专业，其复试更具重要意义。当然，这里要求复试工作的公正、公平，具有统一的标准。另外，如果能够实行资格考试，那么复试可以与招生单位的入学考试同时进行，尤其是一些需要较强动手能力的专业，可以采用更为灵活、有效的方式来考察考生的各方面能力。

三、严把复试关口，选拔德才兼备的优秀人才

为提高复试的选拔性和针对性，各招生院校可以根据专业（领域）特点及办学特色确定复试内容。复试主要包括以下内容：

1. 专业素质和能力

（1）大学阶段学习情况及成绩；

（2）全面考核考生对本学科（专业）理论知识和应用技能的掌握程度，利用所学理论发现、分析和解决问题的能力，对本学科发展动态的了解以及在本专业领域发展的

潜力；

（3）外语听说写能力和阅读文献能力；

（4）创新精神和创新能力。

2. 综合素质和能力

（1）思想政治素质、道德品质等；

（2）本学科（专业）以外的学习、科研、社会实践（学生工作、社团活动、志愿服务等）或实际工作表现等方面的情况；

（3）事业心、责任感、纪律性（遵纪守法）、协作性和心理健康情况；

（4）人文素养；

（5）举止、表达和礼仪等。

3. 复试方法

在艺术类研究生招生复试中，面试不仅考查专业知识，还涉及相关的语言表达、修养和谈吐。有的考生在笔试中很占上风，但是遇到面试就显得不知所措，这一现象说明这类考生在考研复习中只重视国考科目和相关笔试能力的训练，而对面试和实际艺术表现力或设计能力的考核却有所忽视或知之甚少。为了全面考核考生的艺术表现力或设计能力，一般专业课面试过程中，考查考生的内容包括专业知识、研究方向、毕业论文、发表论文等，具体方法如下：

（1）在专业知识方面要灵活。

对专业知识的考察更灵活，包括行业内的一些热点新闻，要求考生根据自己所学的知识，谈谈对这些热点事件的理解。在专业知识方面，重点考核考生灵活运用专业知识解决实际专业问题的能力，应用理论来指导实践，或将实践总结提升为理论的能力。

（2）在研究方向方面，要考核考生是否了解最新动态情况。

重点考查考生对所报考专业国内外研究现状的了解程度，考查考生所了解的专业报刊及其热点问题，考查考生了解导师的研究方向情况。根据考生的兴趣点，面试时也可问及与考生原来的研究方向或所从事的工作有关的问题。

（3）在考生本科毕业设计或论文方面，要考核考生的综合能力。

如果是考大学本科专业的研究生，建议主考教师主要问及考生本科的毕业设计或论文方面的情况，因为它是大学四年专业学习的一个总结，在一定程度上显示了考生的研究能力。对于跨专业考生，本科毕业设计或论文方向的选择会反映考生在论文上的敏感性和专业上的偏好，也是导师关注的重点，依次可以考核考生的全面或综合能力。

（4）在发表论文或出版物方面，考核考生对热点问题的敏感度。

有的导师在面试过程中会问考生是否有论文发表，尤其是对同等学历的考生。问及论文或出版物，也是考核考生对艺术前沿问题的关注情况。

（5）在阅读文献方面，注意考核考生的阅读能力和总结能力。

可以请考生介绍一本其阅读过的专业书籍，这几乎是艺术类研究生面试时的必考题，也是导师了解考生的一个窗口。此外，还要注意考核考生的语言表达能力和回答问题的准确性。

复试中应该特别注意对专业学位研究生实践能力的考核。因为与学术型研究生相比，专业学位研究生要求实践能力和解决工程实际问题的能力更强，所以要对其专业知识的应用、专业能力倾向、实践经验和科研动手能力等方面加大考核力度，同时还应注重对考生兴趣、爱好、特长及就业意向等方面的考查。

综上所述，在硕士研究生招生规模扩大的情况下，要保证艺术类研究生招生质量，关键是建立研究生招生的目标机制和调控反馈机制，制定切实可行的规章制度和行之有效的管理系统，提高管理人员的综合素质，加强管理过程中的质量意识，严格把控复试质量关口，这样才能录取到德才兼备的优秀人才。

参考文献

[1] 肖凤翔，张宇，赵美蓉. 英国工程博士研究生招生特色及其对我国的启示 [J]. 学位与研究生教育，2014，(8)：67-69.

[2] 孙友莲. 硕士研究生招生制度的问题及改进建议 [J]. 江苏高教，2014，(1)：95-97.

地方农业院校研究生招生内部选拔制度改革研究

——以沈阳农业大学为例

迟道才　高云　马晴晴　李天来

（沈阳农业大学；辽宁沈阳，110866）

摘　要　针对地方农业院校研究生招生面临的严峻形势，本文从分析招生工作的重要性入手，提出了地方农业院校研究生招生内部选拔制度的改革措施，以沈阳农业大学为例分析了改革措施的具体实施办法和改革实施后取得的效果，并对未来进一步改革提出了具体路径。

关键词　农业院校，研究生，招生制度，改革

Research on Internal Selection System Reform of Postgraduate Enrollment in Local Agricultural Universities

—A Case Study of Shenyang Agricultural University

Abstract　In view of the serious situation of graduate enrollment in local agricultural universities, this paper analyzes the importance of enrollment work, and puts forward the reform measures of internal selection system for postgraduate enrollment in local agricultural universities, taking Shenyang agricultural university as an example, analyzes the concrete implementation methods of reform measures and the effect achieved after the implementation, and puts forward specific paths for further reform in the future.

Key Words　agricultural colleges, graduate students, enrollment system, reform

一、研究生招生内部选拔制度改革研究的意义

刘延东副总理指出：深化研究生教育改革、加快从教育大国向教育强国迈进，对于基本实现教育现代化、全面建设小康社会、实现民族复兴的中国梦，意义重大而深远。深化研究生教育改革的根本目的就是要提高研究生的培养质量。而研究生的招生工作是保证研究生培养质量的第一关，如何通过招生制度改革来更好地选拔具有创新精神和创新能力的拔尖创新人才和具有很强实践能力的高层次应用型人才，是研究生教育深化改革首先要解决的问题。《教育部、国家发展改革委、财政部关于深化研究生教育改革的意见》（教研〔2013〕1号）指出：以提高研究生招生选拔质量为核心，积极推进考试招生改革，建立与培养目标相适应、有利于选拔拔尖创新人才和高层次应用型人才脱颖而出的研究生考试制度。党的十八届三中全会对考试招生制度改革做出全面的部署。刘延东副总理要求：要认真贯彻落实中央的《深化考试招生制度改革的实施意见》，深化研究生招生制度改革。没有研究生招生，就谈不到研究生教育，没有招生规模，就不会有教育规模。研究生教育规模支撑着学科的建设和发展。研究生招生工作的成败关系到学校“高端人才供给”和“科学技术创新”双重使命的完成。近年来，教育部已经根据学术学位和专业学位研究生的不同类型，从顶层设计的角度对硕士研究生招生考试进行了改革。因此，加强学校内部研究生招生制度改革已成为业内共识，尤其是地方农业院校，面临生源危机的现实，在充分利用国家深化研究生教育改革的良机的同时，进行内部研究生招生制度改革已刻不容缓，对提高生源质量从而确保培养质量具有重要的现实意义。

二、地方农业院校研究生招生内部选拔制度改革

（一）改革措施

1.硕士研究生

2014年，教育部决定不再规定推免比例，打破生源壁垒，推免生可以自由流动，这给地方院校尤其是农业院校优质生源的保障带来了极大的冲击。对地方农业院校来说，硕士研究生招生的关键问题是生源不充足，难点是生源质量难以保证，改革的突破点就是扩大生源和吸引优质生源，保证和提高生源质量。改革的主要措施是提高推免生的待遇。

2.博士研究生

对于教育部直属高校，尤其是“985”高校，博士招生具有很大的自主权。博士招生申请考核制已在教育部直属高校普遍推开，博士招生正从突出笔试成绩向突出专业背景和科研成果以及后续培养潜力的方向转变。作为地方院校尤其是地方农业院校，不可能照搬教育部直属高校的做法，必须探索适合自身特点的博士生招生制度，采取多种措施，确保生源质量。改革的主要措施是实行多种考核录取方式，大幅度提高博士生待遇。

（二）沈阳农业大学研究生招生改革实例

1.博士研究生

首先，提高全日制非定向博士生待遇。学校从2015级博士生开始，博士生的学校助学金从每月200元提高到每月1 200元，加上每月1 000元的国家助学金和400元的助研津贴，每个全日制非定向博士生每月最低2 600元。此处，学校还设立了1 200元/月、900元/月和600元/月三个档次的学业奖学金，这样优秀博士生每月可得到3 800元。设立优秀博士新生校长奖学金，一等奖为10 000元/生，二等奖为5 000元/生，三等奖为3 000元/生。

其次，改革传统的博士生招生方式。按博士研究生招生方式的不同分为硕博连读、推荐优秀硕士研究生提前攻读博士学位、申请考核、普通招考4种类型。前3种方式招收的博士生培养方式为全日制非定向，普通招考博士生的培养方式分为全日制非定向、全日制定向。为不断提高生源质量，从2014年起，全日制定向博士生的比例每年下降5%，利用5年时间下降到15%以下，即全日制非定向生要占85%以上。为稳步实施改革，学校出台了《沈阳农业大学博士研究生招生改革实施方案（试行）》（沈农大发［2014］7号），对4种招生类型的报考条件提出了具体要求：

（1）申请硕博连读攻读博士学位。

①具有学士学位，硕士研究生入学报考专业与本科毕业专业相同或相近且具有博士学位授予权，报考导师为博士研究生导师。

②硕士入学考试成绩符合当年硕博连读成绩要求或为推荐免试硕士研究生。

③大学期间英语CET-6成绩≥426分，或通过大学日语、俄语六级考试。

④具有较强的独立从事科研工作的能力，学位论文开题报告良好以上，硕士阶段中期考核为优秀。

（2）推荐优秀硕士研究生提前攻读博士学位。

①具有学士学位，全日制非定向在读硕士研究生，硕士就读专业需具有博士学位授权点，学习成绩符合当年推荐提前攻读博士学位成绩要求。

②提出申请时，英语CET-6级成绩≥426分，或通过大学日语、俄语六级考试。

③具有较强的科研能力，硕士学位论文开题报告和中期考核均为优秀，具有培养潜力。

④报考的博士生导师应为硕士期间同一导师（具有博士生导师资格），或按原研究方向重新选择博士生导师。

（3）申请考核攻读博士学位。

①本科和硕士阶段均为全日制非定向学历教育，且为应届本科毕业获得学士学位考取硕士，应届硕士毕业获得硕士学位申请全日制非定向博士。

②具有较强的外语应用能力，最近五年内（截至报考时间）外语水平达到以下条件之一：英语CET-6成绩≥426分；IELTS成绩≥6.0；TOEFL成绩≥80分；通过大学日语、俄语六级考试。

③硕士期间学习成绩、学位论文均在良好以上或在某一领域有特殊学术专长、突出学术成果，对学术研究有浓厚兴趣，有较强的创新意识和能力。

④获得本人硕士生导师和拟报考的博士生导师推荐，报考学科考核合格。

（4）普通招考攻读博士学位。

①不同学位考生报考基本要求。

A.入学前具有学术硕士学位；

B.入学前具有专业硕士学位，外语水平要求达到以下条件之一：英语CET-6成绩≥426分；IELTS 成绩≥6.0；TOEFL成绩≥80分；通过大学日语、俄语六级考试；公共外语五级（PETS5）合格。

C.入学前为硕士同等学力人员，要求全日制大学本科毕业并获得学士学位六年以上（含六年）；在所报考学科专业或相近领域连续工作六年或六年以上；修满所报考专业硕士学位课程学分；外语水平与B中报考要求一致；近六年在核心期刊发表与所报考学科专业相关的论文三篇以上（第一作者）或获得省部级以上的科研成果奖励（前三名）或正在主持省部级以上的科研项目。

②获得本人硕士生导师或本学科专业领域博士生导师和拟报考博士生导师推荐。

《沈阳农业大学博士研究生招生改革实施方案（试行）》对博士生招生工作程序进行了严格要求，并对申请考核制录取博士生比例严格控制在总招生数的15%以内。

2.硕士研究生

为吸引优质生源报考我校，学校对推免生有特殊优惠政策，对第一志愿考生也有相应吸引政策。

（1）设立优秀硕士新生校长奖学金。

硕士研究生新生校长奖学金分为三等：一等为6 000元/生，申请范围为获得本科就读学校推荐免试攻读专业学位一年级研究生和攻读学术学位一、二、三年级研究生（二、三年级年度考核合格以上）；第一志愿报考我校，且初试成绩总分在所报考学位类型及学科门类排名前10%的一年级硕士生。二等为3 000元/生，申请范围为第一志愿报考我校并被录取的一年级硕士生。三等为2 000元/生，申请范围为调剂到我校的学术学位一年级硕士生，且初试成绩超过所报考专业一区分数线10%以上（包括单科和总分）。

（2）对优秀特困生实行学费减免。

学校实行对特困学生减免全部或部分学费制度。学校减免学费学生数不超过学生总数的5%。减免学费的特困生应是生活特殊困难且学习努力、表现突出、生活节俭、无任何违纪行为的研究生。

（3）扩大学业奖学金覆盖面。

硕士学业奖学金分为三等：一等为6 000元/年，二等为5 000元/年，三等为3 000元/年。原设计覆盖面为非在职硕士生的40%左右，实际覆盖面已经扩大到65%以上。

三、改革效果

1.博士研究生

2014年计划招生135名，实际录取135名，其中全日制非定向博士生占64%，全日制定向博士生占36%。135名学生中以硕博连读和提前攻博方式考入的占17.8%。

2015年计划招生137名，实际录取137名，其中全日制非定向博士生占69%，全日制定向博士生占31%。137名学生中以硕博连读、提前攻博、申请考核三类方式考入的占28.5%，比2014年增加10.7%。

2016年计划招生140名，实际录取140名，其中全日制非定向博士生占81%，全日制定向博士生下降到19%。140名学生中以硕博连读、提前攻博、申请考核三类方式考入的占30%，比2015年增加1.5%。

博士招生优质生源质量连续两年提高，这不仅得益于学校博士招生制度的改革和大幅度提高博士生待遇，更重要的是学校人才强校战略所展现出的良好发展前景对人才产生了集聚效应。2015年以来，学校新增院士1名、国家杰出青年2名，来校工作的海内外博士（包括毕业于美国耶鲁大学和斯坦福大学的博士和博士后）超过百名。

2.硕士研究生

2014年计划招生910名，实际只招到795名，还有115个计划没完成。在招收的795名新生中，有128人是推免生。

2015年计划招生860名，实际招收860名，其中推免生仅有53名。这是因为自2014年秋季开始，教育部下文打破推免生生源壁垒，推免生可自主选择学校。2015级推免生是2014年10月录取的，当时没有采取吸引推免生的相应措施，导致本校推免生大量外流。

2016年计划招生910名，实际招生910名，其中推免生为104名，推免生几乎是2015年的2倍，优质生源吸引政策效果显著。2017级推免生也录取完毕，录取推免生120名，比2016级又多录取16名。这进一步证实了优质生源吸引政策和人才强校战略的威力。

四、今后改革设想

1.进一步提高研究生培养质量

追求质量、实现内涵式发展是研究生教育最核心、最本质的要求，也是最终吸引优质考生的根本所在。地方农业院校要全面规范研究生培养方案，构建研究生课程标准，完善研究生培养体系；不断探索跨学科、跨单位研究生联合培养机制，建立研究生国际学术交流与合作培养鼓励政策；持续完善和规范产学研结合、校企合作的培养模式，拓展研究生培养空间。

2.加强导师队伍建设

没有优秀的导师，研究生培养只能流于一般，要用一流的名师吸引一流的学生。与教育部直属农业院校相比，地方农业院校不仅面临生源数量和质量的双重挑战，也面临着研究生导师在数量和质量上的双重挑战。因此，必须实行引进导师与培养导师两条腿走路战略，加快导师队伍建设步伐，从根本上解决生源不足和质量不高的问题。

3.实施招生激励政策

建立研究生招生绩效考核办法，坚持以绩效产出为主导的研究生招生计划分配原则；规范以学院为主的硕士研究生招生选拔体系，实施硕士研究生招生奖励制度。

4.加大招生宣传力度

要讲求宣传效果，形成良性循环。制定宣传活动提纲，积极开展校内外的招生宣传工作；以学院为单位积极组织本科生夏令营活动，开展研究生招生宣传活动周等。

5.建立健全研究生奖助体系

进一步完善国家奖学金、学业奖学金、社会奖学金等各类奖学金评定体系，制定研究生助教、助研、助管岗位的管理办法，为吸引优秀生源和人人享有教育机会提供保障。

6.加强就业工作

就业率的高低和就业质量的好坏对一个学科（专业、领域）的招生影响很大。没有良好的就业就没有良好的招生。因此，要狠抓研究生的就业工作，从学科结构、专业（领域）调整抓起，以服务国家需求为引领，以提高培养质量为标准，以实现全员就业为目标，全方位为学生就业创造良好的条件，最终实现以良好的就业带动招生工作的可持续发展。

参考文献

[1] 刘延东. 在全国研究生教育工作会议暨国务院学位委员会第三十次会议上的讲话 [J]. 江西教育，2013（10A）：38.

[2] 付晓兰，张守全. 提高动物科学类硕士研究生生源质量的探索 [J]. 黑龙江畜牧兽医，2015（02上）：215-216.

[3] 罗秋敏. 研究生招生制度改革探索 [J]. 航海教育研究，2006（1）：96-98.

[4] 刘延东. 在全国研究生教育质量工作会议暨国务院学位委员会第三十一次会议上的讲话 [J]. 学位与研究生教育，2015（1）：1-6.

[5] 刘娜，宋卓基. 从硕士研究生就业现状探析招生制度存在的若干问题 [J]. 黑龙江高教研究，2010（10）：98-101.

警务硕士专业学位复试综合评价体系实施构建

——以中国刑事警察学院为例

马文璇　李炜

（中国刑事警察学院；辽宁沈阳，110854）

摘　要　本文以中国刑事警察学院为例，通过分析近年来警务硕士招生状况和招生工作中遇到的实际问题，深度分析总结。在现有经验的基础上，提出适用于警务硕士专业学位复试综合评价体系的构建实施意见，意见中包含加强政策宣传、引入结构化面试、丰富面试教师组成和建立更符合警务专业学位的综合评价体系，这些实施构建方案将会为提高全国范围内的警务硕士研究生复试录取质量提供科学理论依据。

关键词　警务硕士，专业学位，复试选拔，综合评价体系，实施构建

The Construction of Comprehensive Evaluation System for the Master of Police degree

—A Case Study of Criminal investigation Police University of China

Abstract　As the scale of enrollment for police masters is increasing，the problems in re-examination work are becoming moreobvious.This article takes Criminal Investigation Police University of China as an example，analyzes the current enrollment situation of Police Masterand the specific problems in the enrollment work. This article analyzes and summarizes the suggestions on how to construct and evaluate the comprehensive evaluation system for Police Master which include strengthening the policy advocacy，introducing structured interviews，enriching the composition of the interviewers and using situational discussion assessment. All of these methods will make a scientific theoretical basis for improving the quality of postgraduate re-examination of police masters.

Key Words　Police master，Professional degree，Retrial selection，Comprehensive Evaluation system，Implementation of construction

为适应新时期我国公安工作对专门警务人才的急切需求，警务硕士专业学位应运而生。警务硕士专业学位是为了进一步完善警务人才的培养体系，实现警务人才的创新培养模式，从而提高警务人才的培养质量而专门设置的专业学位。警务硕士的复试综合评价体系的构建工作对于进一步完善和优化公安学科下研究生教育结构，选拔更适应公安队伍现阶段发展需要的高素质公安应用型人才具有深远的意义，警务硕士专业学位人才的选拔与公安院校研究生培养质量密切相关。

现阶段警务硕士招生复试工作侧重于考察考生应试能力，加之我国公安民警警种多，对人才的需求各不相同，单一的复试评价体系并不完全适用于选拔优秀人才，从而在一定范围和程度上制约了现有的警务硕士人才培养工作的发展。研究警务专业硕士学位招生考试复试综合评价体系，使得人才选拔更符合培养目标要求，对于全面提高公安高层次人才的培养质量以及培养水平，具有深远意义。

现阶段，我国警务硕士专业学位为国际领先的专业学位，自2010年设立，正式培养工作起步于2011年。中国刑事警察学院是警务硕士招生的首批3个试点院校之一。随后，云南警官学院、四川警察学院获批了警务硕士服务国家特殊需求项目，开始招收少量的警务硕士研究生。

现阶段，警务硕士研究生招生规模持续上升，其选拔工作是否能够高效开展在公安民警中倍受关注。警务硕士的入学考试制度在很大意义上保障了其选拔工作的规范性和有序性。目前，警务硕士专业学位招生培养时间尚短且招生院校少，对于警务硕士专业学位研究生复试选拔方式的研究在国内外寥寥无几，可借鉴经验较其他专业学位相对欠缺，警务硕士专业学位特色办学的宗旨无法得以最大限度的实现。

警务硕士的招生工作作为我国公安高等人才的重要入口，是确保提高警务硕士专业学位研究生培养质量的基础性工作，尤其是复试环节的把控对于合理考查警务硕士考生的综合素质至关重要。如何能在复试工作中科学、有效地进行考察，是公安院校警务硕士人才培养的核心所在。因此，从公安实践工作出发，以培养目标为宗旨，构建科学合理、高效、实用的复试评价体系是现如今警务硕士招生单位共同面临的一个重要问题。

此外，对于其复试综合评价体系的研究尚未引起国内学者的普遍关注，研究成果甚少。资料表明，我国的警务硕士专业学位培养与德国警察硕士的教育培养体系最为接近，德国警察硕士复试选拔方式采用多样化考核制度，其发展现状与我国相比更为先进一些，但由于德国警察硕士发展时间仅比我国早2年，因此其多样化考核方式仍不完善，且并不完全符合我国国情和实际需要。因此，根据我国现有国情进行警务硕士专业学位研究生复试综合评价体系的构建研究具有深远的意义和实际的应用价值。

一、中国刑事警察学院警务专业学位现阶段招生情况

2010年7月，国务院学位委员会批准中国人民公安大学、中国刑事警察学院和中国人民武装警察部队学院等三所部属院校作为首批试点警务专业学位研究生培养单位。自2011年起，我校开始招收第一届警务硕士研究生，在2011—2017年间，已招录7届警务

硕士研究生，为公安机关输送了5届百余名警务专业学位研究生。

目前，我校的警务硕士专业学位不区分研究方向，各研究生培养单位按照公安学和公安技术两大类进行划分，均招收警务硕士。其中报考我校公安学类的培养方向主要侧重刑事侦查、公安情报学、禁毒学、经济犯罪侦查、治安学、公安管理、警察法学、警务战术指挥，而报考我校公安技术类的培养方向主要侧重网络犯罪侦查、痕迹检验、文件资料检验、视频侦查技术、法医学、理化检验。

在充分肯定我校警务专业学位研究生教育发展成就的同时，我们也清醒认识到，由于警务专业学位研究生教育起步较晚，其招生环节中还存在着一些需要解决的问题。根据我国高等教育规律，提高教学质量的首要基本要素就是招生规模。纵观中国刑事警察学院在2011—2017年的7年间警务硕士的总体招生情况，我们可以发现其招生规模逐步扩大。

警务硕士在2011年时，公安在职民警对其的认可度普遍较高，这体现出公安在职民警对于学历方面的追求，但纵观2011年的招生情况，上线考生人数极少，导致这样结果的原因除了考生应试能力不足之外，也暴露出警务硕士招生初期，其招生考试内容的不成熟。

2012至2016年期间，警务硕士报考率较2011年降低，尤其是2013年和2016年，警务硕士招生无论是从报考人数、上线人数还是录取人数上来看都有所下降，导致这样结果的原因除了相关配套政策出台较晚的客观因素外，也体现了广大公安在职民警对于警务硕士的认可度不及初期，侧面反映了公安机关对于警务硕士专业学位的宣传度不高，后期认可度也不高，支持度下滑；部分民警认为学历的提升并不能对其个人发展起到决定性的作用，进而对于报考产生了懈怠的情况。

从2017年的情况来看，报名人数、上线人数和录取人数都出现了历史新高，通过对比警务硕士考生生源地以及后期与实际报到考生的现实交流，我们发现警务硕士的宣传度在南方省份普遍偏高，其对于招录警务硕士的上级文件宣传力度、贯彻执行力度和奖励政策方面都远远高于北方省份，部分省份不仅鼓励公安在职民警报考，而且还出台了一系列的鼓励措施。

二、中国刑事警察学院警务硕士招生复试环节存在的问题

招生七年来，中国刑事警察学院在结合我国相关政策的基础上，充分结合自身办学特色和实际情况，在警务硕士复试面试环节进行过一些制度的改革和方式方法的创新，现阶段已取得了一定成绩，然而在复试面试中仍存在着一些问题。

（一）复试面试题库有待进一步完善

现阶段部分研究生培养单位已经在面试前建立了统一完整的面试题库并且规定面试教师根据题库提问考生，但是仍旧需要警务硕士考生从题库中抽题回答，这样的形式虽然避免了提问环节的随意性，但仍旧存在着回答问题无法判定其难易程度、问题的抽取仍旧带有偶然性等缺点。此外，面试教师在面试的时候，其问题对于实际工作能力考核的针对性

和区分度尚有提升的可能，复试面试题库的建设有待进一步完善。

（二）复试评价指标客观程度有待提高

一些研究生培养单位，现阶段已经拥有一套属于自己的复试评价指标体系，但其评价指标体系尚不全面，这就导致一些必需的能力和素养无法在面试环节中得到足够的考察。与此同时，对于考生创新能力和实践科研水平等方面的评价指标的涵义仍旧界定模糊，这导致面试教师对于指标的理解不够一致，评判标准也不一致，致使无法掌握具体的评分标准，因此评判结果也有一定差别。

（三）复试面试教师组成结构单一

现阶段我校招生复试工作的面试教师组成结构主要由各个专业导师组成，虽然其中不乏教授级面试教师，但是由于其日常工作主要以理论研究为主，长期从事公安教学工作，专业知识储备量虽然充足，但缺乏实践工作能力，加之公安工作实时变化，不断发展，单一的面试教师组成结构，使得不同警种警务人才的选拔趋于统一。

三、警务硕士复试选拔综合评价体系实施构建

（一）加强政策的宣传力和执行力

以我校2017年招生情况为例，录取警务硕士工作所在地涉及24个省级行政单位，招录警务硕士5人以上（含5人）的只有7个省份，从高到低的省份：辽宁、山东、广东、河北、安徽、河南、内蒙古。从上面数据可以看出，有些省份对于招录警务硕士的上级文件宣传力度和贯彻执行力度不够。除我校作为招生单位积极开展对口宣传外，建议上级主管部门仍需加强宣传，协商各地公安机关的相关部门积极配合，鼓励更多的在职警察报考警务硕士。争取在政策层面积极支持警务硕士的招生工作。

（二）在复试中引入结构化面试

结构化面试具体是指在现阶段警务硕士复试选拔环节中，就警务硕士面试所涉及的问题、内容、评分、标准、方法等系列问题进行规范系统的结构化设计的一种面试方法。结构化面试的前提是指在之前已有的固定框架基础上，面试教师根据已有的框架控制整场面试的进行并且严格遵照框架而对警务硕士考生进行提问。

结构化面试充分融合了已有的标准化面试优点，吸收传统经验型面试的长处，面试的结果提高了测试结果的可靠性和准确性，其面试程序化很高且公正客观，在很大程度上缩减了传统面试的主观性和随意性，有利于避免认知偏差。在警务硕士结构化面试中提出的问题仅与考生综合素质相关，避免了各种认知偏差对面试教师的影响，不需耗费大量的人力、财力、物力和时间，具有成本低的优势。在面试过程中，面试教师只需要依照设计好的面试方案进行下一步操作，就可以很容易控制整场面试的进程。

结构化面试的选拔方式，其目的是为更好地考查警务硕士考生的综合素养和实际能力，进一步提高了传统面试的科学性和有效性，真正保证优秀警务硕士人才的选拔质量。

在警务硕士研究生复试过程中进行的结构化面试，其首要任务是要制定出科学有效、全面考查警务硕士素质和实际能力的面试问题。分析警务硕士的素质要求，一般应包括警务硕士考生的道德品质、基本素养和知识储备量，复试过程中，面试教师可以对考生现场表现进行综合判定，同时结合警务硕士考生已发表的论文或取得的工作成就进行提问。其中，道德品质考核主要包含：政治修养、组织纪律性、进取心与责任感、社会价值观；基本素养考核主要包括：身体素质、心理测试、人际关系、应变能力、语言表达能力、逻辑思维能力、团队协作能力、仪表举止；知识储备量考核主要包括：专业知识、实践业务水平、教育背景、相关学科教师或业务部门负责人推荐信、创新能力、国际交流能力。

（三）丰富复试面试教师组成结构

为突出警务硕士专业学位办学宗旨，培养警务专业型人才，复试选拔时，在面试教师组成上要进行更为科学的设置。各研究方向在面试教师组成中，适当增加校外兼职导师，由校内专职导师与校外兼职导师（一般为公安机关相关业务专门工作者）按照一定比例共同组成面试小组，合作完成面试工作。

在警务硕士的面试环节中，面试教师以校内导师为主，以校外兼职导师为辅。面试环节中，校内导师应与校外兼职导师就面试内容充分交流，共同合作，采用主动积极的态度进行各自的优势互补。丰富复试面试教师组成结构的开展需要通过校内外导师间的共同努力，其中既要发挥校内导师理论知识储备量丰厚、科研业务水平强的专业优势，还要发挥校外导师实践工作经验丰富的优势，不断交流合作，提高警务硕士面试成果。

（四）建立更符合警务专业学位的综合评价体系

在复试中逐步建立更符合在职民警的综合评价体系，对于提高警务硕士的选拔质量有着十分重大的意义。目前，警务硕士的复试，主要对考生掌握的基础理论、专业知识进行了考核，缺乏对警务人员实际工作能力与创新能力方面的考核内容。为了更好地完成人才选拔工作，可以通过增设工作能力水平与创新能力的测量与评价来进行评价体系的完善。例如，参考国外警察硕士的考核，在复试环节中增设情景化讨论的考核方式，对考生进行实际警务工作能力的测试和评价；在复试成绩构成中，增加对发表学术论文情况以及已经被相关部门采用的工作报告、工作方案、咨政建议等其他材料的记分，合理完善复试内容及各部分的比例，从而完善人才评价体系等。

四、结束语

警务硕士研究生入学考试是选拔公安高素质人才的重要途径，其复试综合评价体系方案的实施构建对综合评定考生素质和能力等方面具有重要影响，其中所包含的政策宣传、引入结构化面试、丰富面试教师组成及综合评价体系建立等组成部分都对我国警务生源录取数量与质量具有重要意义，对于培养高水平应用型警务人才至关重要。

参考文献

[1] 刘东海，景绒．公安现役院校警务硕士专业学位研究生培养存在问题与对策［J］．武警学院学报，2017（1）：69-74．

[2] 解冰，于群．德国警察硕士教育及其对我国警务硕士专业学位研究生教育的启示［J］．公安教育，2016（12）：72-77．

[3] 郑艳，段亚敏．全日制专业学位硕士研究生招生复试评价体系研究［J］．石家庄经济学院学报，2015（6）：136-141．

[4] 高静．基于多属性决策理论的硕士研究生复试评价方法研究［D］．燕山大学，2014．

[5] 刘洪彪，殷晓飞．结构化面试在研究生复试中的应用研究［J］．黑龙江高教研究，2006（3）：115-117．

[6] 肖教燎．普通高校自主招生综合评价体系的构想与实践［J］．山西师范大学，2014（41）：194-196．

[7] 孙晓敏，薛刚．国外研究生选拔方式对我国研究生复试的启示［J］．北京大学教育评论，2012（1）：165-186．

[8] 张朋召．关于开展警务硕士专业学位研究生教育的几点思考［J］．湖北警官学院学报，2011（5）：123-125．

[9] 袁广林．警务硕士专业学位研究生培养模式探析［J］．公安教育，2011（6）：46-49．

[10] 于艳敏，张巍，刘晓梅，等．研究生复试考核评价体系研究［J］．价值工程，2010（30）：134-135．

硕士招生宣传模式改革

研究生招生宣传的探幽与省思

——以大连理工大学为例

孟秀丽　杨中楷　刘易杭　闫佳

（大连理工大学；辽宁大连，116024）

摘要　在提升生源质量的目标指引下，大连理工大学通过多年的探索和实践，形成了独具特色的研究生招生宣传工作体系。在工作队伍组建、工作方式的组合、宣讲内容的选择等方面都有独到的工作见解和工作方法。从实践结果来看，达到了精确传播、多元传播和持续传播的宣传效果，可以凝练成具有一定普适意义的工作模式对外推广。

关键词　招生宣传，创新探索，工作模式

Exploration and Reflection on Enrollment Advertisement of Graduate Students

—Take Dalian University of Technology as an Example

Abstract　With the purpose of improving the quality of students, Dalian University of Technology has formed a unique system of graduate students enrollment advertisement after years of exploration and practice. We have unique work opinion and working method in the work team formation, the combination of the work style and the choice of the lecture content. It has the accurate transmission, multiple transmission and continuing propagating effect, which, of certain universal significance, can be promoted to other universities as a work mode.

Key Words　enrollment advertisement, innovate exploration, work mode

生源问题尤其是研究生生源问题，是影响高校长远发展的重要因素，研究生生源问题不但关系到科研工作和学科的发展，更关系到学校整体实力和社会形象。研究生招生宣传是研究生招生工作中的重要环节，是扩大生源、提高生源质量的重要途径，是联结招生单位与考生的纽带，是考生报考的指南。在我们国家大力发展研究生教育事业、扩大研究生培养规模的新阶段，如何争取到丰富的、高素质的生源，促进研究生招生单位在扩大办学规模的同时提高办学水平，是对研究生招生宣传工作提出的更高要求，也是研究生招生单位面临的新课题。面对着强劲的竞争压力，我校招生工作立足于我校实际，已经采取了大量的措施来积极应对，在2015年保送名额全面放开的情况下，依然达到了较高的生源质量水平。在多年的招生宣传工作中，大连理工大学不断积极开拓、耐心积累，对招生宣传工作进行创新探索，逐渐形成了以质量提升为核心，全方位、全过程、全员参与的研究生招生宣传工作模式。

一、研究生招生宣传的特殊性

研究生招生工作的性质和宣传对象的特殊性，决定了研究生招生宣传与其他招生宣传相比有如下不同点：

一是时间超前。研究生招生工作时间性强、环节多、任务重、涉及面广，宣传需要提前启动，精心谋划。因此，研究生招生宣传工作必须早动手，准备要充分，安排要合理。考生一般在报名前一年左右准备选定报考学校，所以在考生选择报考单位之前，研究生招生专业、招生计划、学校、专业与导师介绍等各种招生信息就应传递给考生，以方便广大考生提前得到各种招生信息。

二是周期长。研究生招生宣传工作从考生选择报考单位开始到研究生录取结束，约为一年多时间，时间长，环节多，每一环节都是研究生招生宣传工作的重要阶段。而且研究生招生宣传周期是连续的，这一年的招生宣传工作尚未结束，下一年的研究生招生宣传工作就已经开始了。

三是主体多元。招生宣传主体多，研究生招生宣传可以是研究生招生工作人员、研究生导师、在校研究生、学校的其他师生员工等。

二、大工研究生招生宣传的目标与关键

目前，绝大多数高校都面临着生源问题，大连理工大学也不例外。校领导一直关注并多次指示要全面提升研究生生源质量，研究生院招生办也多次组织面向生源质量提升的各种研讨会。从目前的校内外形势来看，单纯依靠学校的实力和口碑来静待优秀生源光顾，已经无法满足全校上下对生源的需求，这要求我们必须将生源质量问题提到研究生招生工作的首要位置。

大连理工大学一直重视研究生招生工作，早在2006年，就在《学位与研究生教育》

期刊发表了针对非热门专业研究生招生宣传方法的研究文章。近年来，我校研究生招生工作扎实推进，生源质量较为稳定，且一直处于东北地区前列。但要实现质量提升目标并非易事，其中存在着若干难题。首先，我校的地域优势正在不断削弱，学科优势也如逆水行舟，兼之我校实力和口碑的逆差仍然居高不下，如何整合全校力量吸引优秀生源报考我校是当前招生工作的重中之重。

（一）明确目标

作为东北地区的代表性高校之一，大连理工大学的招生宣传工作目标不仅仅是要解决生源数量问题，更主要的是要面向生源质量提升这一主要目标。从学校的长远发展来说，生源质量问题不但关乎导师科研工作的开展，也关乎学科和学部（学院）的发展，甚至会影响学校整体社会形象和未来。可以说，生源质量是研究生培养质量的源头和基础因素。诚然，我们不应削弱高校的人才培养功能，对于各种起点的学生都应该履行培养义务。但在高校间激烈竞争的今天，优质的生源无疑会对高校整体水平的提高起到积极的作用。要解决生源质量问题，首先要吸引高质量生源报考我校。从以往来看，我们经历了坐等、信息宣传、走出去、走出去请进来等几个阶段，这也符合当今招生宣传工作的主流。但是，要在严峻的竞争中取得成果，必须在实处下功夫。

（二）抓住核心

按照惯常的理解，招生宣传工作主要应以吸引校外生源为主。从大连理工大学的实际情况来看，还需加强对本校学生的政策宣讲与工作开展力度。从学校的学科发展水平来看，应定位于主要吸引学科相近的“211”优势学校和水平相当的“985”高校生源。从学校传统的影响地域范围来看，应着眼于校内和校外两种资源。重视校外优秀生源的吸引，也不忽视校内资源的开发。优势学科应带头面向高水平学校尤其是其他“985”高校有针对性地开展工作，以点带面提升生源质量。

（三）选择内容

我校在2015年复试之际对考生进行了问卷调查，调查发现因“大连理工大学学科实力强对自身今后工作、科研方面更加有利”而选择报考大工的考生占40%，因“大连理工大学是‘985’高校，各项政策完善”，而选择报考大工的考生占38%。通过问卷调查结果分析和工作总结，大连理工大学在宣传内容的选择上主要将专业（导师）实力、科研环境、研招政策与信息、个人发展潜力、校园软硬件这五方面内容作为工作重点。力求抓住学生的眼球，实质性地打动学生。同时注重与学生的换位思考，站在学生的角度考虑问题，设身处地地为学生制定合理的报考策略。

（四）组建队伍

作为招生宣传工作的重要主体，研究生招生部门一般承担了主要的招生宣传工作任务。其优势在于招生部门工作人员熟悉学校的工作政策，便于向学生讲解报考策略，但同时也存在着对专业不了解的问题，因此有必要发动导师和相关专业人员参与。近年来，学生志愿者也成为一支重要的招生宣传工作力量，我校适时而动地组建了一支覆盖主要影响范围的志愿者队伍，极大地拓展了招生宣传工作的范围，较好地补充了原有的工作队伍体系。

三、大工研究生招生宣传的组合套路

由于工作队伍的力量较为多元和立体化，因此可以衍生出多种招生宣传的工作方式，也可以形成更具力量的组合套路。

(一)“走出去+请进来”

双管齐下加大宣传力度。招生宣传工作可以通过“走出去”向考生宣讲本校学科优势、科研优势和社会环境优势，也可以通过“请进来”让考生亲临学校感受学习氛围、科研环境和生活条件。大连理工大学曾多次参加全国性的招生宣讲会，也与多所高校建立了良好的合作关系。同时，也在校内积极开展了夏令营、宣讲会等活动，让更多的优秀考生了解学校。

(二)“面+点”

多种手段共用、互相配合。传统的向目标考生群体召开研招宣讲会的形式进行宣传具有便于操作、性价比高的优点，但有受时间、地点等限制较大和受众面较小的缺点。通过网络、微网、微信等新平台进行的招生宣传工作具有受众面大、性价比高、方便灵活等特点，可以将受众分成不同的群体类型，推送有针对性的内容。

(三)“正式+非正式”

通过导师的个人魅力吸引优秀生源。导师对于学生的报考决策有着极为重要的影响力，大连理工大学鼓励各位导师通过学术会议、授课、讲座等一切交流形式对学校和专业进行介绍，利用导师的影响力在所谓的“非正式”场合吸引更多优秀学生的关注度，进而引导学生形成有效的报考需求。

(四)“组织+个人”

通过学生的“底层”传播扩大学校影响。相比于有组织的灌输式传播，发动学生志愿者参加招生宣传活动，可以将同学间的信任作为提升和深化传播效果的桥梁和纽带。学生志愿者具有分布广、力量大的优势，我校已经在组织志愿者方面初具工作心得，且已收到良好的工作回报。

(五)“内+外”

大连理工大学的对“外”研究生招生宣传对象重点定位在“985”及“211”院校的生源，并根据这两种层次院校的地理位置分布确定相应的宣传目标。对于39所“985”院校的生源，各学部学院根据目标院校的地理位置和专业具体情况确定宣传重点区域（如东北地区、西北地区、西南地区等），制定年度招生计划目标和5年招生计划目标。对于112所“211”院校的生源，各学部学院也根据目标院校的地理位置和专业具体情况确定宣传重点区域和高校名单，明确年度招生计划目标和5年招生计划目标。

大连理工大学对“内”研究生招生宣传的重点在本校的应届毕业生。学校出台书面文件，加大对低年级本科生的推荐免试政策宣传，即在学生入学之初即由各学部或学院组织教授宣讲会，宣传本学部学院的优势学科、专业特点和师资力量，树立优秀考生推荐免试或考取本校优势专业的信心，让学生从大一开始就确定目标，以利于其职业生涯规划。将夏令营选拔作为本科生推荐免试的主要途径之一，本校生源可以参加本校夏令营并享受考试加分政策。推荐免试政策应保证本校导师充分了解具体流程及工作细节，并给予本校导师一定的自主选择权。提供平台如科研创新计划等，让本科学生积极参与到教师的科研项目中来，增加导师和优秀学生的互动和了解。

四、大工研究生招生宣传的基本经验

在长期的招生宣传工作开展过程中，我们意识到除了进行有效的工作思路设计之外，还必须在重要的关键环节下足功夫，只有这样才能支撑整个工作体系更好地发挥作用和效能。

（一）高度重视生源质量，推进招生宣传工作的规范化和常态化

明确宣传目标、充实宣传素材、优化宣传团队，拟订宣传方案，这些是完成招生宣传工作的必要因素。但随着各高校招生宣传工作的大规模开展，如何让招生宣传工作发挥长效性作用尤为重要。要将招生宣传工作作为研究生工作的一项年度重要内容来抓，而不应只作为一项阶段性工作任务。要建立规范的研究生招生宣传工作的流程，研究工作方式和方法的改进和创新。要建立较为固定的研究生招生工作队伍，加强业务培训和交流，充分调动他们的积极性和荣誉感。

（二）加强对生源数据的研判，增强招生宣传工作的针对性和有效性

要分析研究生生源的来源数据，明确招生宣传的努力方向。通过对往年研究生招生考试报名、录取数据进行整理，研究各专业生源需求情况，从而提高招生宣传工作效率。如针对学科实力较强、生源较好的专业，招生宣传工作应以求质为主要目的。宣传队伍组成应以相关学科的资深教授、博导为主，宣传对象应为其学科实力与本校相当或略低于本校的高水平院校生源，宣讲内容则侧重于本校学科优势和发展前景，力求以自身优势吸引考生，扩大优质生源比例。对学科实力一般、生源不足的专业，招生宣传工作则应以求量为主要目的。宣传队伍组成应以相关院系老师为主，宣讲对象应为社会声誉较好的院校生源，宣讲内容则侧重于本校研究生招生政策和相关优势，力求吸引足够生源报考，缓解专业自身生源数不足的窘境。通过充分分析研究生招生的报名、录取数据，根据每个学科的不同情况制定适合其自身的当年度招生宣传目标与方案，有效加强招生宣传工作的针对性。

（三）整合全校资源协同工作，形成研究生招生宣传工作的合力

做好研究生招生宣传工作，除了领导的重视和支持之外，应与全校相关部门协同工作，形成研究生招生宣传的合力。如与宣传部合作，提升宣传品质；与招就处合作，共享宣传窗口；与学生处合作，加强校内宣传；与校团委合作，组建学生队伍等等。2015年研究生招生首次出现在以高招为主的校园开放日活动中，目的是抓早抓“小”，更好地使

研究生招生工作深入人心。招生宣传工作所涉人员有专业教师、在读研究生和招生管理工作人员，要协调本校院系管理部门和学生管理部门的力量，使招生宣传工作能够有效进行。

五、结语

从前文分析可以看出，经过多年的探索和实践，大连理工大学已经形成了目标明确、定位合理、力量多元、内容和载体丰富的研究生招生宣传工作体系。结合新媒体工具和传统宣传方式，实现了招生宣传内容的精确传送；将招生宣传工作作为一项常态工作开展，利用一切机会和场合实现了招生宣传信息的持续传送；吸纳和开发各种力量，与兄弟单位有效配合，实现了招生宣传的多元传送。尽管如此，受全国研究生报考规模持续递减和各高校间竞争程度加深的影响，大连理工大学的研究生招生宣传工作依然存在诸多的问题需要解决。这意味着研究生招生宣传工作仍然需要不断探索和实践，以更好地适应学校发展和人才培养质量提升的战略需求。

参考文献

[1] 方丽. 硕士研究生招生质量保障体系研究 [J]. 江苏高教，2002（5）：65-67.

[2] 李汉邦，赵婷婷，赵哲. 大众化进程中的研究生生源质量研究 [J]. 清华大学教育研究，2005（6）：50-53.

[3] 马玉平，卫茂荣，韩连玉. 非热门专业研究生招生宣传方法的创新 [J]. 学位与研究生教育，2006（8）：56-59.

新时期地方院校加强研究生招生宣传工作的思考

王丽

（沈阳工程学院；辽宁沈阳，110136）

摘　要　分析新时期研究生招生宣传面临的形势；研究生招生宣传中存在的问题及成因；提出改进研究生招生宣传工作的对策。

关键词　加强，研究生，招生宣传工作

Reflections on Strengthening the Propaganda Work of Postgraduate Enrollment in Local Colleges in the New Period

Abstract　The situation of postgraduate enrollment propaganda in the new period was analysed; the problems and causes of postgraduate enrollment propaganda were researched; some countermeasures to improve the propaganda work of postgraduate enrollment were put forward.

Key Words　Strengthening, Postgraduate, Postgraduate enrollment propaganda

随着我国高等教育改革的不断深入，研究生教育越来越被社会所重视，社会、家庭、高校、学生对教研的“热情”一度居高不下。近20年，我国硕士研究生报名人数始终处在爆发式增长的阶段。但自2014年以来，却出现了下滑趋势。主要原因是生源的减少和考生报考志愿发生了变化。名牌大学尤其是“985”“211”院校部分专业缺额增加，需要通过调剂考生来完成招生计划。但地方院校在生源竞争中处于更加被动的局面。全国多个省份硕士研究生招生出现未完成招生计划的情况，辽宁省2014年硕士研究生招生出现多年未见的生源严重短缺情况。所以加强地方院校招生宣传工作，帮助、引导广大考生根据自身条件选择合适的大学读研成为了各地方院校亟待加强的工作。研究生招生宣传的成败，直接影响考生个人与招生院校的办学与人才培养质量。如何加强与改进研究生招生宣传工作，提升学校的社会知名度，吸引更多的考生报考，确保在生源竞争中保证优质生源，是值得深入探讨的课题。

一、目前研究生招生宣传工作中存在的问题

（一）招生宣传时间过于集中，时长较短

每到研究生招生考试报名前，地方政府、高校管理部门及各高校都会“一窝蜂”式的开展集体的招生宣传，考生面对突如其来的地毯式信息轰炸，无所适从，无法从海量信息中进行有效的判断。

（二）招生宣传方式方法陈旧

目前各高校开展研究生招生工作主要依赖印刷媒介、人际媒介、电子媒介进行宣传。其中印刷媒介的宣传存在版本有限、介绍内容过于笼统、信息量少的缺点；人际媒介的传播面过于狭窄，信息模糊，传播者主要为高校相关教师与学生，被传播者接触这类人群的机会少；电子媒介传播过程中，各高校主要依赖本校网站作为主要传播手段，内容呆板、陈旧，特点不突出，信息不详实。

（三）宣传内容特色不突出、针对性不强

各高校在开展宣传工作过程中，没能对潜在考生的报考意愿及影响其报考行为的因素进行深入的调查分析，缺少此类大数据，只依赖以往经验，单方面地开展样板式的宣传，往往只是介绍学校历史、专业发展现状、师资力量等，宣传内容过于泛泛，缺乏针对性。

（四）宣传阵地建设滞后

在手机自媒体与大数据被广泛应用的时代背景下，人们获取信息的主要渠道已发生革命性的变化，传统的纸质传播已不再吸引人们眼球，部分高校不能紧跟时间步伐，及时加强手机微信公众号、APP等新的宣传阵地建设，或者有了阵地但缺乏有效建设与管理，导致信息量不大，关注度不高，失去了应有的宣传效果。

二、研究生招生宣传工作效率低下的原因分析

（一）部分高校对此项工作重视程度不够

1.部分高校没有把招生宣传工作作为重点，重视程度明显不足，单纯认为是研究生招生部门的事情，没有成立专门负责此项工作的组织与决策机构，对招生宣传工作缺乏有效的组织与管理。

2.没有开展对生源报考意愿的深入调查与数据研判，甚至死守“酒香不怕巷子深”的陈旧观念，没有主动出击，对潜在生源的学习与科研现状、信息需求动向、报考意愿进行及时准确的了解与把控。

3.校内分工不明晰，学校与二级学院，专业教师与招生宣传工作人员之间缺乏联动与信息互通，没有形成研招工作的合力，严重影响了工作效果。

（二）人员与经费投入不足

研究生招生只依赖研究生院（部）的个别工作人员，没有形成本科招生那种全员参与的工作局面。在工作经费投入上，各高校往往更重视教学经费的投入，在研究生招生工作上经费投入相对不足。

（三）未建立完善的运行机制，缺少科学的规章制度

一些高校未将研究生招生工作作为系统工作来开展，没有建立相应的工作机制与管理规章，没有形成工作体系，使其成为一项孤立的工作与项目，因此导致工作缺少连贯性、前瞻性与延展性。对考生意愿调查分析、考生志愿填报指导、招生复试组织等各个环节不能做到精细化管理。例如，对于历年来报考本校的考生的信息未利用大数据技术建立数据仓，对现有的数据仓的数据挖掘与分析处理不够等。

（四）对网络、微信等新媒体宣传阵地开发、应用不足

在新媒体的巨大冲击下，传统媒体体现出明显的被动与作为不够。传统的广播、电视和报纸有丰富的视听语言，以往高校通过向媒体提供有价值的新闻线索，通过在学校周年校庆活动时进行宣传等方式收到了较好的效果，但伴随传统媒体的衰退，在校学生早已不是其主要的收视人群；高校校报受其发行的局限，基本上面对校内学生展开宣传，而且出版周期长，对研究生招生工作的作用非常有限；学校官网本可以成为研究生招生宣传工作的重要阵地，但其承担了如学校内部宣传、管理等工作，内容多而繁杂，关于研究生招生宣传的内容往往很难给人留下深刻印象，同时也不能与读者形成有效互动。在新媒体时代，各类传统校园媒体在研究生招生宣传方面的传播能力非常有限。在微博、微信等新媒体形式超越电视、报纸、广播等传统媒体渠道和同学、朋友等人际传播渠道，成为青少年获取信息的主要渠道的当下，很多高校已经敏锐地意识到利用“微传播”进行高校招生宣传的重要性和必要性，但对这些“微媒体”的开发还处在初级阶段。

（五）研招工作过于功利与短浅

研招工作不能做到长期持续，宣传的对象与受众只局限于考生，没有加强对社会公众尤其是家长的宣传与影响。一般来看，考生网上报名和确认及其之前的一段时间是大多数高校研究生招生的集中宣传时间，在这一段时间内，学生会收到大量来自各个高校的招生信息，眼花缭乱名目繁多，其实考生并不能很好地消化信息和进行慎重选择；当考生报名结束后，招生宣传工作也随之戛然而止。这样的招生宣传方式，过于急功近利且针对性太强，宣传效果很难得到保证。招生信息的集中输出往往收效甚微，一时的强化宣传可能会起到暂时的作用，但却无助于扩大学校的知名度，提高地方高校的影响力、认可度和美誉度。

三、加强与改进研招工作的策略

（一）加强组织领导，进行科学组织与决策

加强纵向联动纵向宣传，高校充分发挥各层级的人力资源力量，鼓动校招生部门、二级学院、研究生导师和在校大学生等层面的主人翁责任感，形成校、院、系、师、生五级宣传联动模式。尤其是着重调动院、系、师、生的集体力量，上下联动，形成研究生招生宣传的强大力量和良好氛围。同时重视校友工作，建立畅通、高效、高质的校友链，尽量发挥校友能力，往届生、在校生人人争当宣传员，多渠道地进行招生宣传工作。

面对形形色色的考生，利用大数据理念与技术，通过一系列的调查分析，充分进行数据挖掘，分析考生择校的思维模式，得出其看重的信息方面，从而更有针对性地展开招生宣传；掌握考生报考研究生的初衷及对高校研究生教育的期望，有的放矢，据实、灵活地制定和实施招生宣传策略。

（二）加强队伍建设，加大经费投入

加强队伍建设要体现专兼结合原则，要建立一支人员相对固定、工作高效的工作队伍，一般要包括以下几个方面：专门负责高校招生宣传的组织领导机构；组建专业的新媒体运营团队；组建专门的校友团队；充分调动在校教师与学生的主动性，真正实现全员参与招生；要对队伍成员进行明确分工，加强相关培训。

要在年初制定学校财政预算时，对研究生招生工作经费进行科学预算，加大投入。在日常工作中坚决杜绝出现挪用与占用现象；实现专款专用。

（三）建立相关规章制度，确立研招工作运行机制

高校要明确人员职责，制定相关工作流程，从而建立起科学、高效、系统的研招宣传工作体系与机制。例如，可以建立三级宣传管理模式，明确学校、学院、广大师生在招生工作中的责权，充分调动各层级人员的参与热情。

（四）占领网络与“微传播”阵地，加强研招宣传工作

近年来，微博、微信、各类APP等新媒体形态及其应用已经迅速全面地进入了我们

的生活，影响了我们的工作和学习甚至是生活方式。据最新调查显示，大学生获取信息的渠道中网络与“微传播”已经占到83%以上。其互动性强、共享性高、具有及时性和个性化等特点也为高校的招生宣传带来了变革性的机遇与挑战。各高校必须高度重视利用“微传播”进行研究生招生宣传的重要性和必要性。要组建专门的新媒体技术开发团队，充分利用学校官方网站、微博、微信公众号、手机互动APP开展全方位的宣传。在传统的单向传播的基础上，要切实加强与被传播者之间的互动与交流。实现数据与需求的同向与交流。逐步建立起了解、分析、管理和回馈用户的“微传播”体系。并充分利用这套体系开展深度、立体的宣传。

（五）要对研招宣传工作的长期性与持续性有充分的理解与正确的认识，避免急功近利的短线行为与举措

学校要制定研招的长期规划与年度宣传计划，做到全年无闲月，全月无闲时。要将全部的宣传内容进行精细分解，按步骤、分阶段地开展，从而丰富宣传内容，优化宣传方案，改进宣传手段，及时调整宣传策略。实现研招宣传工作的“全过程”运行，真正做到宣传工作 “润物细无声”的功效。

四、结语

地方高校要对自己进行正确定位，要与“985”“211”院校进行错位竞争。在人才培养上要服务于地方经济，培养应用型人才，不断凸显自已的特色。探索科学的研究生招生宣传方式和方法，宣传出特色和亮点，努力提高研究生报考生源的数量和质量。

参考文献

［1］黄寒冰，新形势下地方高校研究生招生现状及对策研究［J］. 辽宁工业大学学报，2016，18（1）：98-101.

［2］魏玮，雷彩虹，许方，等. 地方高校全日制专业学位研究生招生现状及对策［J］. 中国校外教育，2011（4）：13.

［3］许忍，地方高校硕士研究生招生现状与对策［J］. 内江师范学院学报，2016，31（3）：123-128.

［4］刘玉芳，刘浩. 多学科视角下高校研究生招生宣传策略研究［J］. 现代大学教育，2014（1）：39-44.

［5］刘冬梅，新媒体时代加强和改进高校新闻宣传工作的几点思考［J］. 华北科技学院学报，2014（3）：113-115.

［6］王艳，何忠伟，李秀英，农业高校研究生招生宣传方式探析［J］. 北京教育，2015（Z1）：50-52.

［7］郝高宇，吴栋. 地方高校研究生生源质量提高的对策与方法［J］. 黑龙江科技信息，2011

(28)：193-193.

[8] 胡秋红，汤程荣. 新时期高校研究生招生宣传方式探究 [J]. 知识经济，2013 (11)：155-155.

[9] 镇志勇，张学文. 新时期研究生招生宣传实效性的探索 [J]. 华中农业大学学报：社会科学版，2011，31 (3)：128-131.

研究生招生专业目录设置改革

面向敏捷开发的高校招生专业目录的BOM建模方法

张德珍　乔秀峰　高鹏　汪正洋　曹文利

（大连海事大学；辽宁大连，116026）

摘　要　研究生招生专业目录的自适应动态配置设计，对招生管理系统的敏捷开发至关重要。当前我国高校的招生专业目录不尽相同，各有特点，难以构建统一的信息模型。本文将招生专业目录的配置结构转化为复合式BOM结构树，建立了信息模型，设计了生成及遍历算法，提出了基于产品BOM的招生专业目录配置方法，实现了面向不同年份、不同学生类别、全部院系招生专业目录的动态化配置。基于该BOM建模方法开发了招生简章体系，并应用于研究生教育综合管理信息系统中，为其提供核心数据模型。

关键词　招生专业目录，复合式BOM，动态化配置，信息系统建模

A New Approach Based on BOM for the Catalog of College Enrollment for Agile Development

Abstract　The dynamic configuration of adaptive design of the graduate admissions catalogs is essential for the agile development of the graduate admission MIS. At present, for the most universities in China, the report styles of the enrollment major catalogs are too different and personalized to build a unified information model. In this paper, the configuration structure of the enrollment directory is transformed into a compound BOM structure tree, the information model is established, the generation and traversal algorithms are designed, and the BOM-based configuration method is proposed. A dynamic admissions catalogs can be configured for the different year, different types of graduate, and all departments. Based on the BOM modeling method, the system of enrollment brochure was developed and applied to the integrated management information system of postgraduate education to provide the core data model.

Key Words　admissions major catalogs, the comprehensive BOM, personalized customization configuration, information system modeling

高校研究生招生专业目录制定是当年招生整体工作的开端，是招生一系列工作的纲领文件，是上报国家、省招生办入学考试相关的重要基础信息，也是高校自身对考生宣传政策、公布招生信息的重要工具，包含了院系、学科（专业）、研究方向、指导老师、考试科目等多方面内容的核心组成部分。各高校以学科为依托，以招生专业目录为引导及其各关键组成要素为根本，以招生过程生命周期为主线，贯穿整个招生业务流程，并涵盖研究生院管理人员、院系管理人员、考生、导师、国家和省招生办管理人员等多角色参与其中互动。因而，招生专业目录是高校招生工作的关键，也是招生管理信息系统具有敏捷开发、模块化的核心所在。

分析当前各高校的研究生招生专业目录体系结构，发现其形式不尽相同，各有特色，这是导致研究生招生系统难以构建统一信息模型、难以实现招生工作的标准化管理和组织的根本原因，进而制约招生管理系统敏捷开发，因此，有必要对其构建体系进行模型设计，以适应各高校的个性化需求，提高复用性和易维护性，进而缩短开发周期。

各高校招生专业目录尽管形式不同，但究其根本，都是基于国家招生办要求的信息进行组织，按不同的招生学生类别（如博士、硕士），包括院系信息、招生专业信息、招生方向信息、科目信息、导师信息等。因此，考虑各组成要素间的关联关系，分析招生专业目录的结构特点，构建有效的信息模型，将配置结构转化为复合式BOM结构树，设计基于复合式BOM生成及遍历算法，产生用户可定制化的招生专业目录具体结构。基于该方法进行的招生管理系统设计，既考虑总体的通用性，也尊重各高校的自身招生工作的个性化特点。招生专业目录配置由研究生院招生办主导确定合理的配置结构，由二级院系按目录体系结构填报具体的关联信息，自动生成整体招生专业目录。考生根据该目录进行招生专业及考试科目的选择，研究生院再将报考整体信息按国家、省招办形式化要求上报，最终完成对招生报名、上报工作的组织，并为后续的复试、录取工作打下基础。

一、模型构建

（一）问题描述

我国当前高校招生专业目录体系结构，主要涉及院系名称、学科（专业）、研究方向、指导老师、考试科目招生人数等。当然，不同高校，对不同学生类别和不同学院，招生要求和考试科目要求都不同。附录1为哈尔滨工程大学研究生院船舶工程学院的招生专业目录。

上述招生专业目录体系，可以转化为结构图，如图1所示。

从形状上来看，图1为一种树状结构，从中可以得到构成招生专业目录的各个子项目之间的结构关系。例如，每年的招生专业目录都是由N个院系的招生专业目录构成的，每个学院的招生专业目录由N个专业、N个方向及考试科目组成。从图1可知最右端描述了树的层次，每个层次表示制造过程中的一个阶段，每个项目的层次码反映了该子项相对

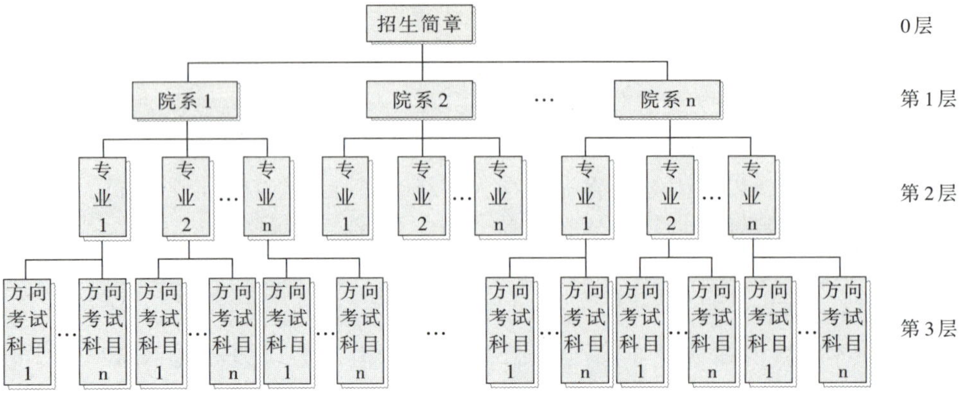

图1 招生专业目录结构图

于最终项目的位置。层次的划分方式是：0层是最高层，表示最终的产品，第1层表示组成项目的子项，第2层表示组成第1层项目的子项，依此类推。招生简章可以看成是“最终产品”，位于树的根部，也可以说位于0层。院系、招生专业、招生科目和招生方向可以看成是最终产品的子项。管理工作人员可组合式地配置各子项，并能够灵活设置、修改该体系结构及招生专业目录组件。

上述结构具有ERP中产品物料清单（BOM）结构的特点，即每个关系都可以表示为父项/子项的形式，上层是其直接下层的父项，下层是其直接上层的子项，一个关系中的某个子项也可以在其他关系中变成父项，因此形成项目之间的层次所属关系。在图1所示的招生简章BOM中，在学院/专业关系中，专业信息是院系信息的子项，而在专业/方向关系中，专业信息是方向的父项。本文的设计方法，以及它的结构生成算法，对招生专业目录配置体系结构，借鉴BOM结构及其生成和遍历算法，能够有效提高招生专业目录配置的运行效率。

（二）BOM结构设计

在ERP系统中，通常采用单层BOM的实现形式，随着结构的复杂化以及在制约因素较多的情况下，又出现了另外的实现形式，如多层BOM、复合式BOM和树形网状结构的BOM，其中单层BOM采用一个父项只对应一个子项的存储结构，仅记录父项和子项的对应关系，数据冗余度较小。多层BOM则采用“单父-多子”的存储结构，但是数据冗余度过大，关系重复存储，且不能清晰地表示出BOM的树形结构。复合式BOM则是一种将单层BOM与多层BOM相结合的新的结构，其结构与单层BOM相类似，只是在每个子项目上加上对应的最终项目的编号。树形网状结构是一种多个子项目之间有交叉网状关系的结构，减少了数据冗余现象，但是不便于修改与维护。

通过对以上各种实现形式的优缺点以及其结构特点的比较，针对本招生专业目录配置系统，招生专业目录种类繁多，不同招生专业目录之间的数据记录没有交叉等特点，以及如在图1中所示，招生简章的结构特点与复合式BOM结构特点相类似等方面，本文采用复合式BOM结构，其不仅能清晰地描述招生专业目录的树形结构，而且还能够提高招生专业目录配置系统的运行效率，同时便于查询和维护。复合式BOM所对应表结构，见表1。

表1 复合式BOM结构

记录号	ID	父件ID	子件ID	层次号
1	1	root	A	1
2	1	root	B	1
3	1	root	C	1
4	1	A	D	2
5	1	A	E	2
⋮				

在表1中，ID表示最终产品的编号，父件ID表示整个结构的根节点，父件ID和子件ID表示该最终产品下组成该项目的各“零件”之间的关系，层次号表明本节点所在BOM树中的层次。例如，某个产品的BOM由子件A、B、C组成，子件A又由子件D、E组成，依此类推。

对于复合式BOM结构，即BOM组件信息记录所有物料的基本信息，包括3种物料类型，即自制件（科目信息、导师信息）、零部件（专业信息、方向信息）和最终产品（招生专业目录）。BOM结构信息记录物料之间的结构关系，其中，层次排序是指该物料所在层次从左到右的顺序，父件ID是指父件所处节点对应的ID，根节点代码是指该物料所属的最终产品物料代码。在BOM结构信息表中，对于最终产品，父件代码与根节点代码相同，均指向本身。对于自制件来说，由于可以多次使用在同一个最终产品中，也可以用于所有学院的若干招生目录中。因此，在BOM结构信息表中，对于自制件结构，只记录一次，其下属部件的根节点代码，用“NULL”来表示。

（三）信息模型构建

基于复合式BOM结构，对招生专业目录配置建立了相应的信息模型，如图2所示。

该信息模型包括：

1.招生专业目录配置信息

定义不同年份及不同层次类别学生的专业目录配置基本信息，包括招生简章配置编号、招生年份、招生类型等。

2.学院信息

定义学院基本信息，包括学院编号、学院名称等，成为BOM结构的第1层子项目的组成部分。

3.专业信息

定义专业基本信息，包括专业编号、专业名称等，成为BOM结构的第2层子项目，即学院的子项目。

4.方向信息

定义方向基本信息，包括方向编号、方向名称等，成为BOM结构的第3层子项目，即专业的子项目。

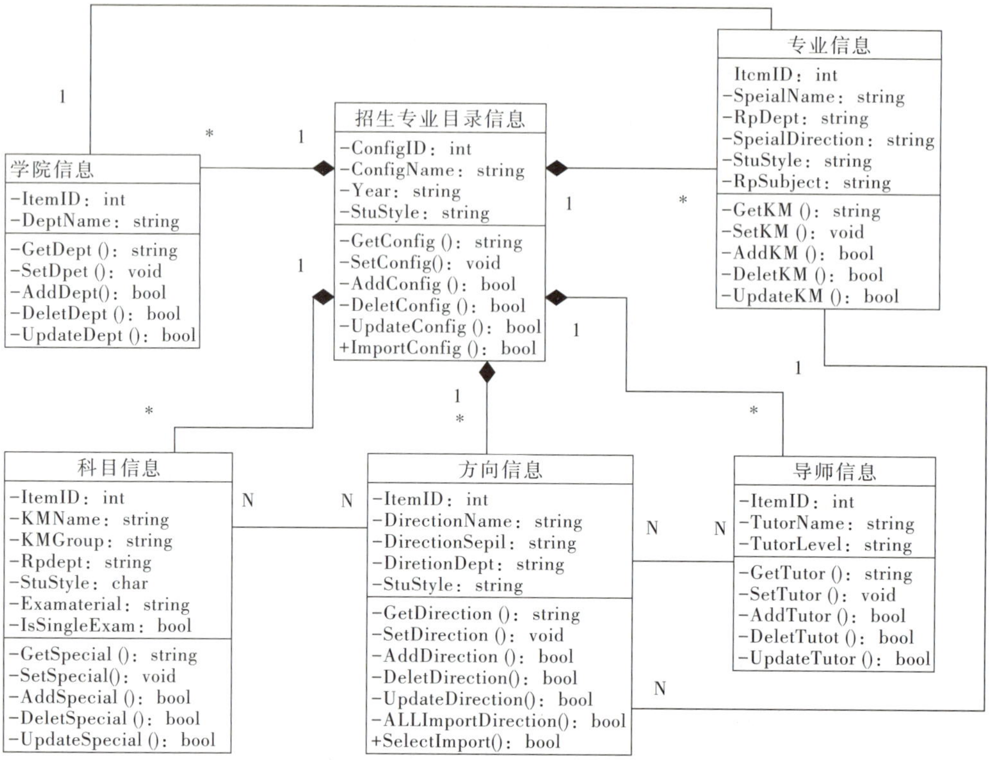

图2 复合式BOM结构信息模型图

5. 科目信息

定义科目基本信息，包括科目编号、科目名称等，成为BOM结构的第3层子项目，即专业的子项目。

6. 导师信息

定义导师基本信息，包括导师编号、导师名称等，是对某学院、某专业、某方向导师的配置。

上述信息模型中，招生专业目录配置信息表中保存的是最终产品，也就是BOM的最终根节点，学院信息、专业信息、方向信息、科目信息、导师信息是招生专业目录配置表的子项目。通过组件式地配置各子项目，达到灵活配置和修改的作用，如科目既可以多次应用到同一个招生专业目录配置中，也可以用于所有学院的若干招生目录中。

BOM为树形结构，为便于在系统中实现构建和遍历，本文设计了关系型数据库中的对应表结构，见表2。

表2 招生专业目录配置的复合式BOM结构

序号	列名	数据类型	长度	主键	允许空	说明
1	NodeID	int	4	是	否	BOM节点ID
2	ConfigID	int	4	否	否	招生专业目录档案号ID
3	ItemID	varchar	6	否	是	节点对应的项目ID，可以是学院ID、专业ID、方向与科目ID

续表

序号	列名	数据类型	长度	主键	允许空	说明
4	NodeOrder	varchar	2	否	是	节点顺序
5	Number	nvarchar	50	否	是	招生人数
7	Type	int	4	否	是	节点Item类型
8	Parent ID	int	4	否	是	父节点ID，学院为0

二、算法

针对所设计的招生专业目录复合式BOM结构，配置系统包括对其的构建及遍历算法，具体描述如下。

算法一：招生专业目录BOM树构建

设集合R为BOM树中的所有关系，$r \in R$，并且r{Father，Child}是表示节点关系的二元组。树节点编号遵照的约定为：节点的编号从根节点到叶子节点，兄弟节点从左到右逐渐增大，且$r \in R$依Father字段，按升序排列。其中，node.Father代表父节点，代表学院；Root. ID与Root.Add Child代表队列中的元素，如BOM节点ID，节点对应的项目ID（学院ID、专业ID、方向与科目ID），父节点ParentID。

则根据其物料代码，构建BOM树的过程算法如下：

```
Create Bom Tree（Node Root）
（1）将Root节点放入队列Q。
（2）while（队列Q不为空）。
{
将Q的队首元素赋值给Root
  Foreach（node in R）
    若node.Father与Root.ID相等，则Root.Add Child，并将node节点放入队列Q
  弹出Q队列的首个元素
}
```

算法二：招生专业目录BOM树遍历

遍历算法中，主要根据某个学院，查找当前学院以及该学院下所有的专业和方向科目，其中，NodeID代表当前遍历的节点，如ID（学院ID、专业ID、方向与科目ID），父节点ParentID。Root. ID代表队列中的元素，如BOM中的子项目节点以及父节点。

算法如下：

```
Traverse Bom Tree（NodeID，total，Node Root）
（1）若NodeID等于Root.ID，说明已找到当前需要查找的学院，开始累加total
Foreach（Child in Root.Child）
```

```
{
total+=Child.Limit Total
}
返回 total
```

（2）若NodeID不等于Root.ID，则对当前节点所有的子节点，递归调用TraverseBomTree.

三、系统实现

通过对以上关键技术的研究，本文开发了招生专业目录配置系统，系统将用户角色分为研究生院管理人员和院系管理人员，针对每个角色设计相应的模块，满足各个角色的需求，使业务可以灵活地分配，提高工作效率。整个系统模块在功能上主要包括以下七个子模块，分别为招生专业信息维护、导师信息维护、招生方向信息维护、科目信息维护、配置档案信息维护、配置招生专业目录、招生专业目录报盘，如图3所示。

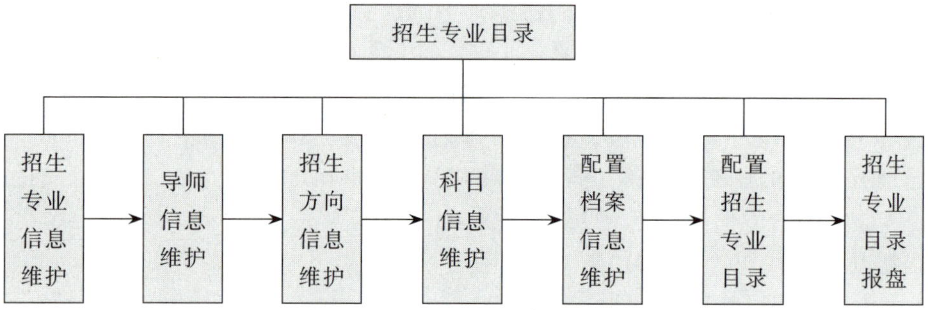

图3 招生专业目录配置模块图

（一）招生专业信息维护模块

该模块包含录入专业基本信息（专业代码、专业名称、专业方向、专业归属类别、专业所属院系、所属学科）、删除招生专业信息、修改招生专业信息、查询招生专业信息、导出招生专业信息和导入招生专业信息等六个功能子模块，方便管理工作人员对招生专业信息进行维护。

（二）导师信息维护模块

该模块包含录入导师基本信息（导师代码、导师姓名、导师职称、导师所属院系）、删除导师信息、修改导师信息和查询导师信息等四个功能子模块。

（三）招生方向信息维护模块

该模块包含录入招生方向基本信息（方向编码、学院类型、所属学院、所属专业、方向名称、所属学科）、删除招生方向信息、修改招生方向信息、查询招生方向信息、招生方向选择导出和全部导出招生方向信息等六个功能子模块。

（四）科目信息维护模块

该模块包含录入科目基本信息（科目代码、科目类别、科目组别、学生类型、所属院系、科目名称、自命题说明、是否单独考试、教材)、删除科目信息、修改科目信息、查询科目信息、上传考试大纲、下载考试大纲、科目审核等七个功能子模块。

(五) 配置档案信息维护模块

该模块包含录入配置档案信息(考试年份、学生类别、考试名称、简章名称)、删除配置档案信息、修改配置档案信息、查询配置档案信息、命名自动生成、打印等六个功能子模块。

(六) 配置招生专业目录模块

该模块包含导入专业、新增方向科目及导师、批量生成方向代码、复试科目插入、目录导出、目录拷贝和打印招生简章等七个功能子模块。

(七) 招生专业目录报盘

该模块主要是将配置完成的招生专业目录进行选择导出或者全部导出,然后上报教育机构,并为后续的复试、录取工作打下基础。

以上七个模块是基于研究生管理人员以及二级院系整个业务流程而设计的,充分体现了面向服务的特点。在本系统中,模块的界面和功能各有不同。无论其如何不同,都应贯彻每一模块始终面向服务的理念,以提供给相应角色的个体需求为系统设计的出发点,为招生各个环节的信息化打下良好的基础,从而完成整个招生管理流程。目前,该系统已经在国内多所高校研究生院招生部门中应用。

四、招生专业目录配置设计实例

本文在C/S模式和B/S模式下实现了多层级角色交互式招生专业目录配置系统。在B/S模式下,由二级院系对招生专业目录的子项目即学院信息、专业信息、方向信息、科目信息和导师信息进行维护。在C/S模式下,由研究生院管理人员对最终产品招生专业目录进行配置,批量生成招生专业目录,最后对招生专业目录报盘,上报国家及省招生部门。管理工作人员通过协同合作,灵活设置、修改该体系结构及简章组件,很大程度上提高了工作效率,减少了工作量。现以哈尔滨工程大学2016级船舶工程学院的招生专业目录设计为例。首先根据研究生院所议定好的招生专业目录进行配置结构设计(见附录1),包括学院、专业、方向、考试科目等各子项目,然后对学院引用此配置,进而将各个学院所属专业、各个专业所属方向、各个方向的考试科目插入到招生专业目录中,形成具体简章实例。系统中为了减少工作量,增加了导入专业、目录导入、目录拷贝等功能。图4和图5分别为C/S模式和B/S模式下招生专业目录配置系统实现界面。该模块已经集成于研究生招生管理系统中,并已经在国内多所高校研究生院招生部门中应用。可以针对不同招生年份、不同学生类别以及所有学院分别进行招生专业目录的配置,实现动态个性化配置管理。

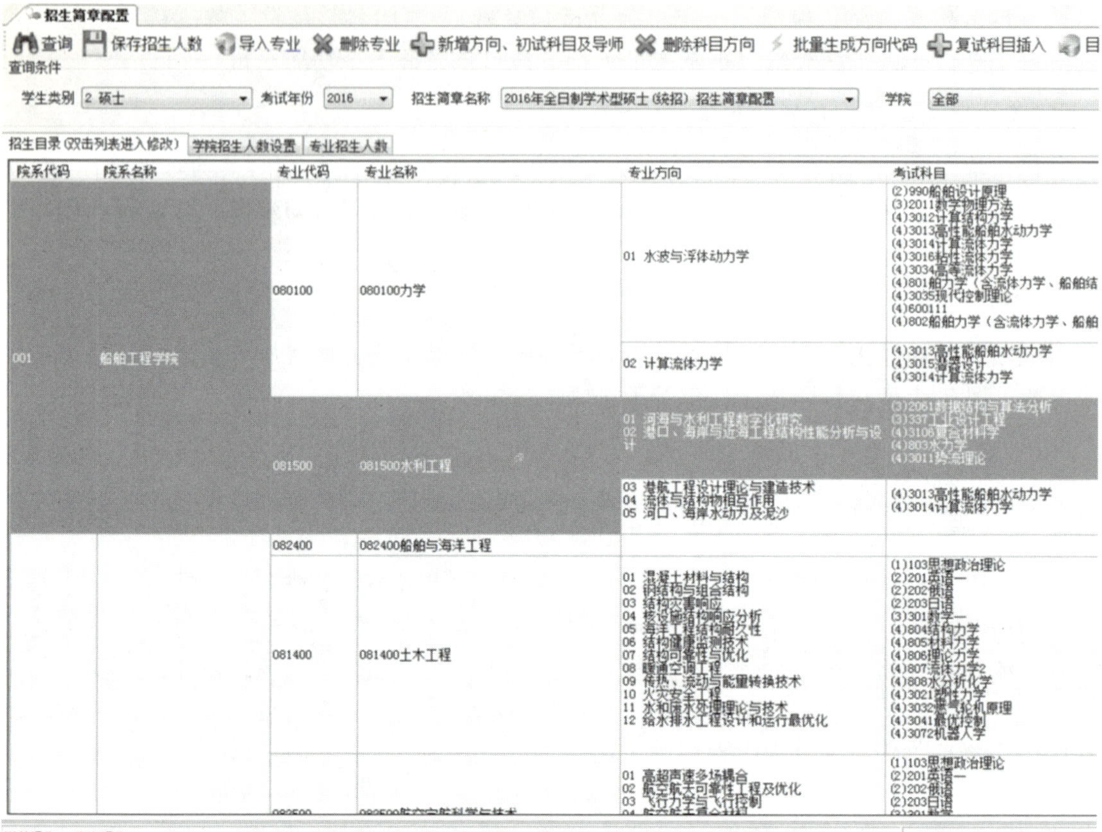

图4　C/S模式招生专业目录配置系统实现界面

图5　B/S模式招生专业目录配置系统实现界面

五、结语

本文以敏捷开发为目标，对招生管理系统中的招生专业目录核心问题，采用复合式BOM结构，构建了有效的信息模型，实现了针对不同招生年份、不同学生类别以及所有学院的动态个性化配置设计，具有招生专业目录体系灵活，各角色间协同工作，招生数据流统一、准确以及灵活可达等特点，在此基础上，开发实现了基于C/S模式和B/S模式下的高校招生专业目录配置系统，为招生管理人员提供了一个规范、便捷、高效的信息平台。

参考文献

[1] 尹二苟，郭新华．试谈硕士生招生专业目录编制中存在的问题及解决的办法［J］．学位与研究生教育，1996（1）：56-57.

[2] 王运来，全守杰，陈滔娜，等．高等教育学专业博士研究生选拔问题研究——基于中国15所院校博士研究生招生目录的分析［J］．教育与教学研究，2014，28（11）：1-5.

[3] 刘致良，陈于，程铁信，等．敏捷开发方法在企业信息系统开发中的应用［J］．科技创新与生产力，2015（11）：64-67.

[4] 张鹏，黄健，赵鑫业，等．基于BOM组件模型的可组合性研究［J］．系统仿真学报，2011（8）．

[5] 郑禄．基于BOM的智能制造工程管理系统设计与实现［D］．武汉：中南民族大学，2014.

[6] Liu，Wang. A BOM generation algorithm of ERP［C］. Yangzhou：2013 IEEE Third International Conference on Information Science and Technology （ICIST），2013：681-684.

[7] 刘艳凯，于明，张斌，等．ERP系统中BOM构造方法研究［J］．计算机集成制造系统，2003，9（4）：309-313.

[8] 郭钢，程静波，刘飞．产品生命周期中的单/多层BOM表示与应用［J］．计算机集成制造系统，2004，10（1）：59-64.

[9] 张媛，蔡宗琰．ERP的BOM结构设计及算法研究［J］．机床与液压，2008，36（1）：22-24，40.

[10] Mahmood，Imran，Ayani，et al. Behavioral verification of BOM based composed models［C］. Fes，Morocco：22nd European Modeling and Simulation Symposium，EMSS 2010，2010.

[11] 蒋鸿玲，刘一伟，范钦赞．基于树形网状结构的柔性BOM的设计和实现［J］．计算机工程与设计，2011，32（11）：3682-3686.

附录1：

院系代码~名称~专业代码、名称及研究方向	招生人数（预计接收推免生人数）	初试科目	复试笔试科目	同等学力加试科目
001 船舶工程学院（联系电话 0451-82569910） 学院网址：http://gongxue.cn/chuanboxueyuan/index.asp				
082401船舶与海洋结构设计制造 01船舶设计制造理论与方法 02船舶与海洋结构物力学性能 03深海工程科学与技术 04舰船总体与系统工程 05潜器与水下机器人技术 06高性能船技术	113（45）	①101思想政治理论 ②201英语一或202俄语或203日语任选其一 ③301数学一 ④801船舶力学（含流体力学、船舶结构力学）	①船舶结构与设计（含船舶与海洋工程结构强度、船舶设计原理）	①材料力学 ②理论力学
080103流体力学 01水波与浮体水动力学 02计算流体力学 03船舶流体力学 04海洋可再生能源系统力学 05船舶与海洋结构物水动力学	22（15）	①101思想政治理论 ②201英语一或202俄语或203日语任选其一 ③301数学一 ④802流体力学	①船舶原理（含静力学、阻力与推进、操纵与耐波）	①材料力学 ②理论力学

研究生招生就业改革

探索研究生招生-就业联动机制

——以大连工业大学为例

丁琳　刘贵伟　黄寒冰

（大连工业大学；辽宁大连，116034）

摘　要　随着研究生教育过程中招生、就业之间矛盾的日益显现，完善就业反馈制度，合理制订招生计划成为必然趋势。本文探索建立适合地方学校自身发展的招生-就业联动机制，有利于实现研究生教育的可持续、协调发展。

关键词　研究生招生，就业，联动机制

Exploration of Linkage Mechanism between Postgraduate Enrollment and Employment

—Taking Dalian Polytechnic University as an Example

Abstract　As a graduate student recruit students in the process of education，employment of the contradiction between the increasingly apparent，improve the system of employment feedback，reasonable enrollment plan become inevitable trend. This article explores to establish fitting the development of local school admissions，employment mechanism，advantageous to realize the sustainable and harmonious development of graduate education.

Key Words　postgraduate enrollment，employment，linkage mechanism

研究生教育是本科教育的延续，是最高层次的高等教育，关系到国家教育的科学发展。研究生招生和就业属于高层次人才培养系统中的重要环节。一方面，通过招生为国家培养优秀高等人才，实现研究生教育存在的价值；另一方面，将毕业生顺利推向市场，适应市场需求，让研究生能够更好地参与国家的经济建设、维护社会的稳定与发展。

一、招生面临现状及原因分析

（一）生源数量减少

继2014年研究生报考人数下降，2015年研究生报考人数较2014年减少了6.5万人。研究生考试报名人数连续两年下跌，持续的“考研热”开始降温。考研报名人数的下降使高校研究生招生遭遇前所未有的尴尬，尤其是地方高校。2015年研究生网报数据显示，大连高校除大连医科大学和大连外国语大学网报人数增加外，其他高校报名人数均减少。东北财经大学网报人数减少10%，辽宁师范大学网报人数减少16%，大连海事大学网报人数减少10%，大连交通大学网报人数减少18%，而我校网报人数减少3%。

（二）生源质量欠佳

对地方高校而言，可调剂复试的合格生源减少，生源质量下降，研究生招生录取工作面临史无前例的严峻形势。地方高校的第一志愿上线考生多来自同一层次的兄弟院校或独立学院，调剂考生中优质生源也属罕见。一方面，在高等教育大众化的背景下，生源整体质量下滑；另一方面，“人往高处走”，无论本科是“985”“211”高校的学生还是地方高校的学生考研报名首选的都会是“985”“211”等名牌大学，这无疑给地方高校招生带来很多压力。

（三）专业硕士比重逐年上升

地方高校专业硕士招生规模大幅增长。其一，国家政策的倾斜，经济发展的需要。近年来，社会经济发展对应用型、技术型、技能型人才的高需求，引起高校尤其是地方高校对专业硕士培养的重视，招生数量日益增长。其二，专业硕士相较学术硕士入学门槛低，主要体现在对英语的要求较学术硕士低，对部分英语成绩不理想的考生来说无疑是增加了读研的概率。其三，专业硕士在校时间短，能够早一年参加工作，吸引了大批想要高学历又需要早工作的学生。

二、建立招生-就业联动机制的必要性

我校的招生、就业工作机构的职责分配是，研究生学院下设招生办公室，招生就业处下设就业指导中心。因此，研究生招生、就业由两个完全不同的部门负责，分管领导也不

相同，工作是完全分开的。职责分离，导致协调沟通存在困难，工作内容几乎没有交集，招生工作人员更多关心招生计划的完成情况，很少考虑学生就业前景是否乐观，就业指导人员则只关心怎样把学生推销出去，很少关注毕业生就业专业与职业的吻合度。

招生的目的是培养符合市场需求、适应国民经济和社会发展需要的优秀人才。而就业工作则是将所录取的学生，经过系统培养后导入市场。生源优劣，直接影响人才培养质量；人才培养质量，又会直接影响就业率和就业质量；就业率和就业质量则反过来影响到高校的生源质量，因此招生和就业二者通过人才培养的纽带紧紧联系到一起。

高等教育要发展、毕业生就业问题要解决，一个重要的破解途径就是实现招生与就业相适应。招生与就业是高校人才培养的入口与出口，高校作为连接双方的重要中介，如何将国家的招生政策与就业市场需求有效地结合起来，对于这些难题的解决至关重要。目前，我校正在积极探索建立毕业研究生就业率与招生规模联动机制，使我校可以紧跟市场需求，了解社会对人才培养的需求与人才培养的规格，并进行信息的统计分析。对于毕业生的就业前景做出预测与预警，从而可以较为真实地了解人才需求与人才培养之间的差距，为市场需求与人才培养差距的缩小提供依据。

三、建立招生-就业联动的途径和方法

（一）树立招生特色品牌，以适应市场需求为导向

2014、2015两年我校毕业研究生生源地与就业地相关数据，见表1、2。2014—2015两年我校毕业研究生就业行业相关数据，见表3。

表1　　2014年毕业生生源地与就业地区分布表

地域	省（市）	生源人数	就业人数	就业比例（%）	生源地区比例（%）	就业地区比例（%）
东北地区	大连	62	163	41.90	51.67	54.50
	沈阳	21	19	4.88		
	辽宁其他城市	66	20	5.14		
	吉林	23	5	1.29		
	黑龙江	29	5	1.29		
华北地区	北京	0	21	5.40	15.17	14.65
	天津	2	5	1.29		
	河北	28	15	3.86		
	山西	17	7	1.80		
	内蒙古	12	9	2.31		

续表

地域	省（市）	生源人数	就业人数	就业比例（%）	生源地区比例（%）	就业地区比例（%）
华东地区	山东	41	32	8.23	15.68	18.25
	江苏	11	12	3.08		
	安徽	7	1	0.26		
	浙江	1	14	3.60		
	福建	0	3	0.77		
	上海	1	9	2.31		
华中地区	湖北	12	6	1.54	12.85	6.68
	湖南	4	1	0.26		
	河南	34	19	4.88		
华南地区	广东	3	11	2.83	0.77	2.83
西北地区	新疆	5	4	1.03	3.86	1.80
	陕西	6	2	0.51		
	甘肃	4	1	0.26		
西南地区	四川	0	1	0.26	0.00	1.29
	云南	0	1	0.26		
	贵州	0	1	0.26		
	重庆	0	2	0.51		
	合计	389	389	100.00	100.00	100.00

表2　　**2015年毕业生生源地与就业地区分布表**

地域	省（市）	生源人数	就业人数	就业比例（%）	生源地区比例（%）	就业地区比例（%）
东北地区	大连	93	167	37.70	57.56	52.82
	沈阳	14	34	7.67		
	辽宁其他城市	95	19	4.29		
	吉林	16	7	1.58		
	黑龙江	37	7	1.58		

续表

地域	省（市）	生源人数	就业人数	就业比例（%）	生源地区比例（%）	就业地区比例（%）
华北地区	北京	3	28	6.32	11.96	14.67
	天津	1	6	1.35		
	河北	24	18	4.06		
	山西	16	7	1.58		
	内蒙古	9	6	1.35		
华东地区	山东	55	46	10.38	16.70	23.25
	江苏	3	13	2.93		
	安徽	11	2	0.45		
	浙江	5	19	4.29		
	福建	0	5	1.13		
	上海	0	18	4.06		
华中地区	湖北	8	0	0.00	9.03	3.16
	湖南	2	1	0.23		
	江西	1	1	0.23		
	河南	29	12	2.71		
华南地区	广东	2	18	4.06	0.68	4.07
	广西	1	0	0.00		
西北地区	新疆	6	0	0.00	2.94	0.90
	陕西	3	4	0.90		
	青海	1	0	0.00		
	甘肃	3	0	0.00		
西南地区	四川	0	2	0.45	1.13	1.13
	云南	0	1	0.23		
	贵州	1	0	0.00		
	重庆	4	2	0.45		
	合计	443	443	100.00	100.00	100.00

从表1、2可以看出，2014、2015年我校录取的考生中东北地区生源占50%以上，其次主要来源省份为山东、河南、河北、山西、安徽等名牌高校少、考生人数多的省份。分析原因可得，虽然我校身处优越地理位置的二线城市，但其在经济、信息、交通就业等方面远不如“北上广”等一线大城市。而经济、交通、信息、就业等的发展水平又直接关系到学生在校时的生活、学习水平和毕业后的就业等一系列现实问题，因此地处经济发达、交通便利的一线城市的高校必定成为优秀考研学子的首选，从而导致了我校优秀生源匮乏。

表3 2014—2015年毕业研究生就业行业分布

单位行业	2014届人数	2015届人数	2014届占签约人数比例（%）	2015届占签约人数比例（%）
制造业	83	109	21.34	24.60
教育业	51	61	13.11	13.77
农、林、牧、渔业	37	53	9.51	11.96
批发和零售业	35	43	9.00	9.71
信息传输、软件和信息技术服务业	24	26	6.17	5.87
租赁和商务服务业	8	26	2.06	5.87
公共管理、社会保障和社会组织	11	22	2.83	4.97
建筑/房地产业	20	20	5.14	4.51
居民服务、修理和其他服务业	13	20	3.34	2.93
科学研究与技术服务业	18	13	4.63	2.71
金融业	11	12	2.83	2.03
文化、体育和娱乐业	16	9	4.11	1.58
电力、热力、燃气及水生产和供应业	13	7	3.34	1.58
水利、环境和公共设施管理业	11	7	2.83	1.58
住宿和餐饮业	5	5	1.29	1.13
卫生和社会工作	16	5	4.11	1.13
部队	1	2	0.26	0.45
采矿业	—	2		0.45
交通运输、仓储和邮政业	14	2	3.60	0.23
其他	2	—	0.51	
合计	389	443	100.00	100.00

从表1、2可以看出，我校毕业生选择在辽宁省就业的人数较多，说明我校为辽宁省地方经济的人才储备和发展，做出了很大的贡献。从表3可以看出，从就业单位行业分布看，我校就业人数最多的三个行业为：制造业，教育业，农、林、牧、渔业。

我校可将研究生培养目标定为“服务地方经济发展”，以适应地方区域经济发展和产业结构调整方向为指导，加强学科内涵建设，充分发掘自身的办学特色与优势，结合学校科研条件、师资队伍等实际情况，确定各类专业发展方向，合理配置教学资源，针对服务对象和服务体系，适时调整，树立自己的特色招生品牌。将具有一定特色和发展优势的学科作为学校的招生品牌，着力进行打造，突出优势、强化特色，发挥品牌效应，吸引优质生源，提升学校核心竞争力和知名度，如我校食品科学与工程、食品工程、农业推广、设计学、艺术设计等学科（领域）。要努力探索招生宣传长效机制，不断加强招生宣传力度，宣传招生特色，树立学校的良好声誉，增加学校的社会认可度，尝试建立稳定生源基地，吸引优质生源。

（二）建立就业信息反馈机制，以就业指导招生

2014、2015两年我校毕业研究生就业类型，见表4。2014—2015两年我校毕业研究生总体满意度数据，如图1、图2所示。用人单位主要考核因素，如图3所示。

表4 2014—2015届毕业研究生就业类型

毕业生就业类型	2014届人数	2015届人数	2014届人数比例（%）	2015届人数比例（%）
协议就业	266	246	48.01	41.41
升学	12	15	2.17	2.53
合同就业	27	35	4.87	5.89
灵活就业	95	141	17.15	23.74
定向委培	13	19	2.35	3.20
出国（境）	9	10	1.62	1.60
项目基层就业	2	2	0.36	0.34
暂未就业	130	126	23.47	21.21
合计	554	594	100.00	100.00

从表4可以看出，2014届共有毕业研究生554人，就业数424人，年终就业率为76.53%；2015届共有毕业研究生594人，就业数468人，年终就业率为78.79%。

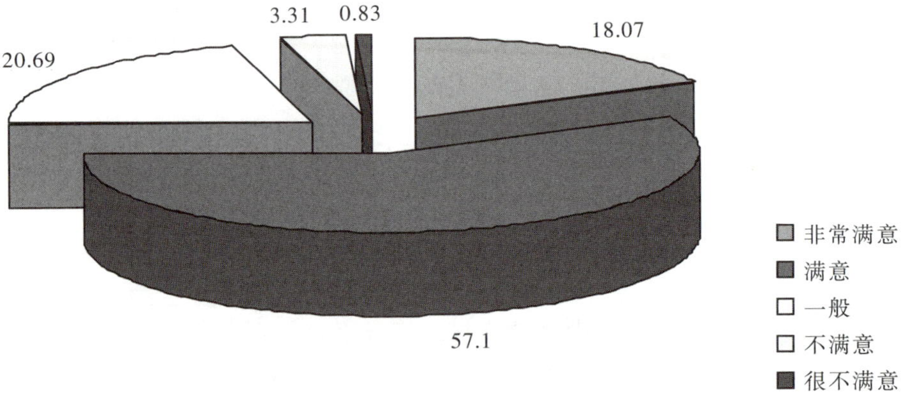

图1 2014年毕业研究生现状总体满意度（有效调查问卷183份）

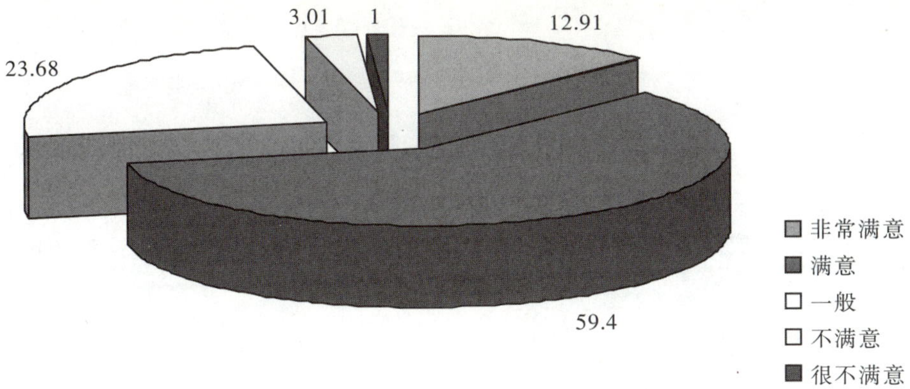

图2　2015年毕业研究生现状总体满意度（有效调查问卷294份）

毕业生不满意原因主要集中在薪资福利偏低、单位及岗位发展空间小、工作压力较大等问题上。

2014、2015年用人单位主要考核因素如图3所示。

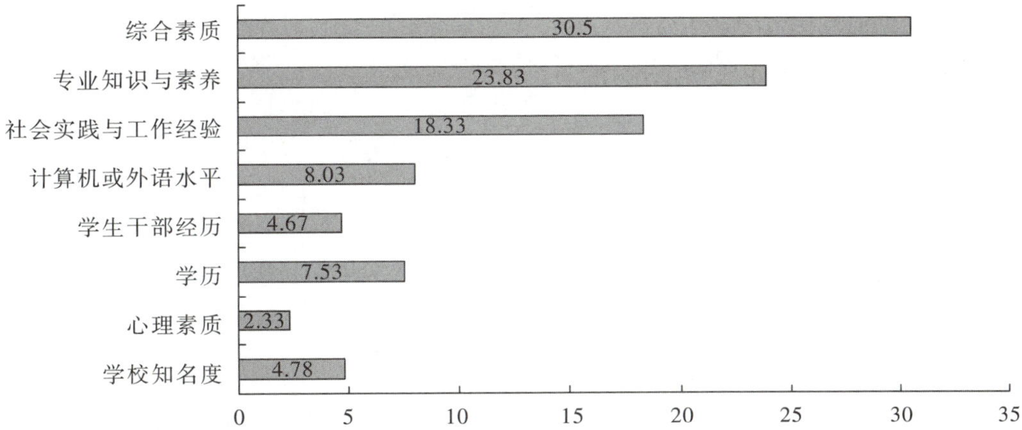

图3　2014、2015年用人单位主要考核因素（有效单位调查问卷56家）

建立完善的毕业生就业信息反馈机制，以一次性就业率为基准，对毕业生就业指导实行跟踪服务，掌握毕业生毕业2~3年内的就业情况，如就业适应性、就业满意程度、就业稳定性、专业与职业的吻合度、需求方对人才的要求等，实行专业预警机制，科学预测人才市场需求情况。

加强招生就业工作研究，制订科学合理的招生计划。加强对招生、就业工作的政策研究，科学分析招生、就业数据，深入进行招生、就业市场的调查研究，充分把握学校办学条件、师资力量、学科建设的优势劣势，发挥政策引领作用，准确把握生源、就业市场变动，科学预测人才市场需求情况，指导学校调整招生结构，科学合理制订招生计划，满足市场需求，提升就业质量。

四、结语

建立研究生招生-就业联动机制，实现学校内部进行招生，就业的各部门、各环节之间的合作与互动，形成学校招生、就业的良性循环，有利于实现研究生教育的可持续、协调发展。

参考文献

许蓉翎. 高校招生与就业的内在关系辨析［J］. 经济与社会发展，2015，13（1）：108.

研究生招生培养机制改革

行业院校全日制专业学位研究生招生与培养模式的探索

陶玉萍　孙占如

（大连交通大学；辽宁大连，116028）

摘　要　全日制硕士专业学位研究生的招生与培养已经成为我国优化研究生教育结构的关键所在。行业院校应依托行业企业，紧密结合全日制专业学位培养特点，探索和实践具有行业特色的人才培养模式，较好地实现高层次应用型专门人才的培养目标。

关键词　全日制硕士专业学位，招生，培养，行业特色

The Exploration of the Enrollment and Training Mode of Full-time Professional Degree Graduate Students in the Field of Industry

Abstract　Full-time master's degree graduate student recruit students and training has become the key to improve the structure of postgraduate education in our country. Industry colleges should rely on industry enterprise, closely combining with the characteristics of full-time professional degree and exploration and practice training mode with industry characteristics, better achieve the aim of training high-level talents.

Key Words　full-time professional master's degree, recruiting students, training mode, industry characteristic

现代意义上的专业学位是20世纪初在美国大学中发展起来的，专业学位重视专业实践，主要授予从事实际工作的人。在美国近年授予的学位中，具有职业背景的专业学校占大多数，专业学位在美国的高等教育中有越来越重要的地位。20世纪后期，英法等国借鉴美国的专业学位的发展经验，也开始发展专业学位。

中国在发展，中国高等教育和研究生教育也在不断变化和发展。为了主动适应新的需求、办出“中国特色、世界水平”的中国研究生教育，2009年教育部下发《关于做好全日制硕士专业学位研究生培养工作的若干意见》（教研〔2009〕1号）文件，决定从2009年起扩大招收全日制硕士专业学位研究生。这对于调整和优化我国研究生教育结构、更好地适应国家经济建设和社会发展对高层次应用型专门人才的迫切需要具有十分重要的意义。

一、全日制专业学位研究生招生历程

2009年是面向应届本科毕业生招收全日制攻读硕士专业学位研究生的第一年，它与以往的专业硕士不同，是我国为了更好地适应国家经济社会发展对高层次应用型人才的迫切需要，调整优化研究生教育类型结构，进一步完善研究生教育培养体系，推动硕士研究生教育从以培养学术型人才为主的模式向以培养应用型人才为主的模式转变而诞生的。伴随经济的快速发展和高等教育的转型变化，全日制专业学位研究生每年的招生数量不断增长，2009年国家下达计划数5万人，录取3.83万人；2010年其招生计划占招生总规模的23.3%，2016年已达到招生总规模的45.96%。我国硕士研究生近五年招生数量及增长率，见表1。

表1　**近五年研究生招生数量及增长率**

年份	总规模（人）	总规模比上一年增加比率	学术型（人）	学术型比上一年增加比率	专业型（人）	专业型比上一年增加比率
2016	597 000	3.95%	322 600	0.18%	274 400	8.77%
2015	574 300	2.55%	322 028	−0.23%	252 272	6.34%
2014	560 000	3.90%	322 763	0.35%	237 237	9.15%
2013	539 000	4.22%	321 650	−2.44%	217 350	15.93%
2012	517 200	4.44%	329 709	−4.85%	187 491	26.06%
2011	495 230	4.92%	346 500	−4.28%	148 730	35.20%

虽然全日制专业学位研究生规模不断增长，但因我国全日制专业学位发展历程较短，招生和培养过程中存在的一些问题需引起我们的高度重视。

1.招生模式单一

学术型硕士学位与全日制专业学位的学位类型不同，培养目标不同，考试方式也应该不同。而现行的招生体制，采用相同的统一考试模式，缺乏针对性，且全日制专业学位与学术型学位的选拔模式同质化严重。

2.培养目标定位不准确

高校在制订培养方案时，过多地强调培养方案的规范性、学术性，强调全日制专业学位与学术型学位属于同一层次这个因素，导致全日制专业学位培养方案与学术型学位同质化严重，从而使得培养方案中存在培养目标定位不准确、缺乏职业性特色、理论学习与实践活动相脱离等诸多问题，甚至部分高校全日制专业学位的课程设置与学术型硕士几乎一致。

3.社会认可度低

全日制专业学位研究生教育工作始于2009年，对于这一新生事物，社会公众充满了质疑，导致考生的报考积极性低。为吸引考生报考，不少高校出台优惠措施，如降分录取、缩短学制等，从而导致大部分高校的全日制专业学位的学制比学术型学位的学制短。而学制的缩短是一把双刃剑，不少用人单位认为全日制专业学位研究生的含金量低，同时一些高校在开展专业学位研究生教育的时候，只讲经济效益，片面追求规模，忽视社会效益，不注重质量，这些都背离了全日制专业学位研究生应用性、职业性的培养特点。

如何培养出社会需要的高层次应用型人才，如何提高全日制专业学位研究生的实践能力，如何使理论知识和实践能力协调发展等问题，是培养单位面对的困难。我校自2009年招收首批全日制专业学位研究生以来，将行业背景与全日制专业学位研究生的培养相结合，在培养模式上不断进行探索和实践，逐步形成了一套符合全日制专业学位研究生的培养模式。

二、利用行业院校的办学优势，采用“订单式”培养

1998年起，国家开始对行业院校办学政策进行调整，将行业院校的举办权归属于教育部或者地方政府。2000年，我校由铁道部主管转变为中央和地方政府两级管理，以地方政府为主的管理方式。原行业院校虽然划归为地方政府管理，但行业企业与原行业院校多年形成的关系仍然存在，并不因为办学体制的转变而割断了它们之间紧密的联系。

我校在五十多年的办学历程中，无论是隶属铁道部的岁月里“立足铁路”“服务铁路”，还是在以辽宁省管理为主后自主选择“发展铁路市场”的服务定位，都始终如一地以服务轨道交通装备制造业为宗旨，以培养应用型人才为目标，构建轨道交通学科专业体系，已经形成了鲜明的“轨道交通”行业特色，被行业内誉为“轨道交通装备制造业工程师的摇篮”，具有优势的行业特色专业；已为中国轨道交通装备制造业培养了数以万计的拔尖人才，原中国北车集团公司骨干企业近半数的工程技术人员毕业于我校。但随着铁路行业的快速发展，铁路企业对应用型、技能型的人才需求量越来越大，尤其是偏远地区、条件艰苦的铁路企业更难招到合格的毕业生，出现人才供求矛盾。

我校依托行业背景，以与唐山轨道客车有限责任公司合作为例，在机械工程、车辆工程、控制工程等领域就开展“订单式”培养全日制专业学位研究生的合作达成协议，每年从我校招收至少20名研究生到企业实习并定向就业，企业从研究生复试阶段就参与面试，

选拔优秀生源，并与学校共同研究拟订课程培养方案，研究生的学位论文结合企业实际攻关项目来做。通过两年的定制式培养，研究生跟企业建立了密切联系，一毕业进厂就能投入工作状态，同时企业为研究生提供优厚的生活津贴和实习津贴，既满足了企业对应用型高学历人才的需求，又为我校有特色的全日制专业学位研究生培养模式探索奠定了良好基础。

通过我校与该企业开展校企合作，一方面研究生通过在企业实习，能进一步了解企业，同时提高实践应用能力；另一方面满足了企业对人才在知识结构、技术技能、综合素质等方面的实际要求；同时学校又充实了全日制专业学位教育培养资源，实现了研究生、企业、学校“三赢”的良好局面。

三、加强“双导师”队伍建设，强化企业导师作用

教育部要求全日制专业学位研究生实行校内外双导师制，以校内导师指导为主，校外导师参与实践过程、项目研究、课程与论文等多个环节的指导工作。我校及时聘任了一批企业人员做校外导师。在研究生培养过程中，两位导师各司其职、各负其责，学校导师主要负责研究生的课程学习、学位论文选题的指导等；校外导师则主要负责研究生实践创新能力培养、论文实践部分指导等工作。

“双导师”制的首要问题是聘用到合格的校外导师，我校因此制定了企业人员聘用导师的条件：(1) 生产一线的技术专家；(2) 有稳定的研究方向；(3) 有切实的指导能力。

“双导师”制的设立，是研究生培养机制创新的重要举措，使研究生能够把基础理论与工程应用有机结合起来。例如，车辆工程、机械工程专业避免一味地仿真、模拟课题，代之以高速、重载车辆的实际问题，用人单位普遍认为我校毕业生基础扎实，业务能力强。但校外导师的管理也是一个难题，因校外导师的人事关系不在学校，并不接受学校的直接管理，这就需要学校和企业相互配合，共同完成对校外导师的管理。作为一项新的机制，需要在实践中不断创新和完善，我校通过积极筹措校外导师培养经费、导师考核、激励奖惩等多项措施，不断加强“双导师”队伍建设的投入和管理，充分调动了校外导师在研究生培养过程中的积极性、主动性和创造性。我校每年对校外导师进行绩效考核，对优秀的校外导师进行奖励并开展经验交流，对不能履行职责的导师取消导师资格；同时将考核结果反馈到企业，与企业福利待遇挂钩。

“双导师”制也是一个双赢举措，实行“双导师”制后，由于研究生的参与，为企业解决了很多科研攻关难题；对于学校而言，研究生课题的选题来源、研究成果的水平及生产应用价值、学位论文的质量均得到了明显的提高，并巩固了学校与企业之间的合作关系，实现了研究生教育与产业需求的有机结合，也调动了企业人员聘校外导师的积极性。

四、加强实践培训基地建设，提高研究生实践能力

实践基地建设是培养应用型教育、提高研究生实践能力的基本条件之一。我校充分依

托行业背景，把基地建设的重点放在行业大型企业上，因为大型企业具有较好的生产设施和技术专家。事实上也只有紧密依靠行业企业，才能够培养出适应行业企业生产、服务、管理一线急需的，具有创新、创业精神的应用型人才，真正实现高校教育与社会教育的直接接轨。

我校现已与行业企业建立了多个实践基地，学校与企业签订合作协议，指派专人负责实践基地的管理。全日制专业学位研究生课程阶段结束后，学校就把研究生派送到企业中去，利用企业工作现场和最新的生产技术，在具体岗位上对研究生进行实际训练，让研究生接触到先进的生产设备、生产技术，熟悉完整的生产操作、工艺流程，获得生产组织管理的知识与技能。研究生既开阔了视野，又增强了理论与实践相结合的能力。

五、结语

经过不断的探索和实践，我校的特色专业已经走出一条校企合作共同培养应用型高技能人才的新路子，形成了可持续发展的办学模式、保障体系和运行机制，取得了良好的效果。但仍存在一些问题不容忽视，如校外导师不熟悉研究生的培养规律，因知识产权等方面的原因，研究生的实践活动仅是简单的体力劳作等。任何一个新事物的出现，势必遇到各方面的问题，相信随着全日制硕士专业学位培养模式的不断完善，这些问题将会得到解决。

参考文献

［1］贝绍轶. 硕士专业学位研究生校企联合培养的探索与实践［J］. 高教学刊，2016（21）：19-21.

［2］范中启，齐乾. 关于原行业部委院校发展应用型本科教育的探索［J］. 煤炭高等教育，2004（5）：28-30.

［3］于洋，高宏伟，赵亚威. 产学研合作机制下的校企联合实践基地建设探讨［J］. 高教论坛，2010（9）：15-16.

［4］唐一科. 依托行业背景走新建院校特色发展之路［J］. 中国高等教育，2007（6）：52-54.

［5］李太卫，邱法宗. 专业硕士培养体制调整下的双导师问题及对策［J］. 长春工业大学学报：高教研究版，2010（4）：16-19.

［6］吕伟. 教育创新视角下的研究生双导师制解读［J］. 沈阳航空工业学院学报，2009（6）：128-130.

从人才培养过程谈研究生招生工作

巩恩普　马元

（东北大学；辽宁沈阳，110819）

摘　要　研究生招生工作和培养工作相互联系、相互影响，本文在概括研究生培养和招生工作关系以及研究生招生工作特点的基础上，结合目前研究生招生工作中存在的问题，提出了建立和谐的研究生教育体系，弱化研招工作计划经济的属性，相信导师，尊重导师在研究生招生中的主导地位等改进研究生招生工作的建议。

关键词　人才培养，研究生，招生

Discussion on Cultivating Process of Talents to the Enrollment of Postgraduates

Abstract　The enrollment and cultivation of postgraduates are closely related. This essay has summarized the relation between the enrollment and cultivation of postgraduates, and it was based on the features of the enrollment of postgraduates. Combined with the problems currently existed in the enrollment of postgraduates, this essay has suggested to build a harmonious education system of postgraduates, and gradually minimize the elements of planned economy. Moreover, it has provided suggestions on the enrollment of postgraduates centered in believing and respecting tutors.

Key Words　cultivation, postgraduates, enrollment

研究生教育的规模、招生、培养、管理等环节是研究生教育系统的有机组成部分，招生及培养环节对于研究生教育来讲更为重要，二者相互影响，且存在着内在的必然联系。本文从人才培养角度分析研究生招生工作，对今后做好研究生招生工作、促进研究生培养质量不断提升、实现研究生教育可持续健康发展大有裨益。

一、招生与培养的关系

研究生教育是一个大的系统，按照结构可以拆解成招生和培养两个子系统。这两个子系统之间存在着复杂的信息反馈和自我调节的内在联系，因此研究生的招生工作应该和培养目标以及培养过程相契合，招生的时候就要考虑培养目标是什么、培养过程和定位是什么，努力实现招生培养的最大吻合度。

1.招生工作对培养阶段有重要影响

如果想要培养一个科学家，招来一个逻辑思维不行但形象思维特别好的学生，能够培养成才吗？很难。招生质量低的时候，即使下大力气培养也未必能够成才，却一定会降低培养质量。反过来也是一样，如果招生质量特别高，招上来的都是特别优秀的学生，后边培养的时候即使投入少一点，精力差一点，也能成才，这样的例子非常多，这是其中的一个关系。

2.严谨的培养过程约束招生质量

今年我校有一名考生，已经具备了博士录取资格，经过慎重考虑最终放弃了录取，理由是东大的博士太难毕业。在东大，博士生要想通过各项考核达到学位量化标准，拿到博士学位真的非常不容易，所以现在考生报考东大博士都很慎重。培养环节如果非常严谨，会使得一些低水平的考生放弃报考。招生就是筛选，如果都是高水平的考生来报考，就会极大减少招考压力。在整个研究生教育系统中，哪一个环节认真、严谨都会对它的上一步、下一步起到一个很好的信息传递作用，严谨的培养过程是约束招生质量的一个有效因素。

总之，招生工作一定影响培养，培养工作也一定影响招生。此外，招生工作又有其自身的特点与规律。

二、研招工作的特点

1.计划性强

计划性是研招工作最大的特点。整个社会都在改革，只有教育系统，特别是招生工作还明显带有传统计划经济的色彩。长期计划工作带来的弊端就是现在的研招工作重计划、轻规划，每年招生工作的重中之重就是如何争取计划，如何分配计划，如何完成计划。至于研究生到底招多少、如何去招的规划问题却容易被忽略。虽然刚性的招生计划能够保证招生工作顺利进行，但是很不利于彰显办学特色。如果某一天，招生放开了，学校能够根据自己的办学定位、办学实力去规划自己的招生工作，例如，招多少、怎么招等，这才是一所学校办学成熟的标志。作为一所大学，对于高端人才的培养，其培养规模、培养类型应该由自己规划，但由于长期受计划经济影响，很多学校已经丧失了规划的能力。招生和人才培养应该具有自主性，但是我们这个功能已经退化了。所以研招部门应该站得高一点，视角更宽些，逐步增强自主意识和规划能力。

2.涉及面广

研招工作通常要面对多个群体，研招办要负责报名、考试、复试、录取等全流程的工作。在这个过程当中不但要接受成千上万名各种类型考生及家长的咨询、关注，全社会的广泛监督，各级管理部门的监督指导，还要协调校内院系关系，与纪委、宣传、保密、公安等相关部门密切合作，确保考试安全，服务于广大师生。

3.责任重大

招生政策原则性强，考试录取涉密事项多，只要有一点过失就会暴露在公众的视野下，这将直接考验其对社会公开、公平、公正的履职承诺，接受社会的监督直至法律的制裁。考试安全和保密工作要做到零差错非常困难。例如，自命题考卷，是应该加强检查每张试卷的准确性，还是为突出每张试卷的保密性而减少中间环节呢？如果要确保万无一失，就一定要严格检查，那么它的保密性就一定受到威胁。如果为了保密使任何人都不要插手，一旦试卷出了问题，后果又不堪设想。经常是研招工作中看似一点点小的问题，往往需要一大堆补救措施。最要命的是，研招工作人员不但要对自己的工作负责，还要替其他人负责！只要涉及招生问题，任何人出了问题，最后都是招生的问题，从而导致研招工作人员心理负担很重，压力特别大。

4.工作难度大

一方面，研究生招生工作是教育行政系统中行政化极为严重、政策性极强的领域，具有政策刚性的特点。比如说，考生身份这件事，在职的、非在职的、定向的、非定向的等，相关招生政策五花八门、种类很多。另一方面招生工作改革从未停止，招生工作政策不断更新，招生工作需要改进的地方还有很多，这些问题造成招生工作人员手忙脚乱。因为面对的群体太多，在处理方方面面的问题时，经常是费力不讨好，辛辛苦苦工作到最后，却不能令任何一个群体特别满意，都觉得招生工作还有待加强，其工作难度之大可想而知。

三、研招工作中存在的一些问题及分析

1.招生与培养的着力点不在一条轨道上

现在的研究生招生工作过分追求形式上的公平正义，将完成招生计划当作第一要务，分数至上成为信条，考试安全高于一切。初试选拔时，研招部门主要考虑的就是分数。分数是法宝，是能否进入复试的唯一依据，即分数至上。而负责培养的部门关注的是能否招到好学生。在培养环节中，如果学生这不行那不行，没有哪个导师会问学生当初考多少分。这说明一个什么问题？说明培养环节是否成功，真的和入学分数没有太大的关系。所

以说招生和培养不在一条轨道上。

招生工作的初衷是要选拔到好的人才，但是事实上我们并没有按照这个标准在选。以工科为例，研究生入学考试全国统考科目为政治、外语、数学，再加上一门学校自己命题的专业课。四门课加到一起有一个总的分数，划有一个分数线，过了，初试就过了，没达到就没过。可是这四门课的分数加到一起是个什么含义？它的物理意义是什么？表明什么？它是不同的量纲！就好比把一斤和八尺加到一起，还振振有词，认为这是公平、公正，理论依据明显欠推敲，而后边的培养过程还必须被动接受。这种考试模式必然会降低人才选拔水准。这就是培养和招生不在同一个轨道上的原因。

2.初试分数的作用被放大

初试工作是由国家组织的，极具权威性，因此极少发生初试第一名的学生在复试中被淘汰掉的情况。研究生入学考试的初试和社会上各种各样的人才选拔的初试的概念完全不同。社会上的选拔，在一环一环考核当中最不重要的就是初试。经常看到各种电视大奖赛，初试时人山人海，谁进来不进来不重要，走到最后才最重要。现实的研招工作，由于肩负着完成计划、公平公正的工作目标，初试分数变得至关重要，有相当多的高校复试工作沦为从属地位，其功能无从体现，择优录取举步维艰。初试成了一种过筛子的网格，能掉下来就通过了。这一关过了，后边复试那关就好过多了。初试的作用被无限放大。

3.研招工作面临双重压力

由于国家和学校发展的需要，研究生招生规模从当初的十几万人发展到现在的六七十万人。纵观整个研究生招生大局，招生数量越来越多，毕业人数也越来越多，向社会持续输送了大量研究生，看似繁荣，令人陶醉，却存在很多问题，特别是研究生质量不佳问题开始凸显。时常能听到导师指责的声音，扩招之后学生多，实验室地方紧张，学生质量差。可是迫于方方面面的压力，很少有哪个学校的硕士研究生入学后不毕业的，培养环节必然出现“放水”。

4.报考率下降问题

研究生报考率下降不完全是招生的问题，它取决于社会的大气候——招生计划是否合理。就业形势不好的时候恰恰是生源数量最充足的时候。招生计划的报考率不能简单地说是招生和培养的问题，还有考生认知的问题，不是所有人都需要读研，也不是所有人都适合读研。考研报考率下降可能是相当一部分同学找到了更适合自己的道路，他不再挤到这条道路上。其实在发达国家学生考研的积极性并没有我国这么高，全民动员，举国上下都考，我们把考研弄得太神化了。我觉得报考率下降要客观分析，不要自责。这些年，研究生报考人数稳中有升，报考率却在逐年下降，且趋势明显。但是再看招生计划，一路高升猛进，没有受到任何干扰。所以研招人员对报考率多和少一定不要太在乎，招到适合的人才最重要。也不仅仅是我们，从近几年开始，申请美国留学的报考率也在下降，这是一个总的趋势。看到师哥师姐读研之后就业并没有多大改善，还丧失了当初的就业机会，很多人意识到还不如本科一毕业就直接就业呢。

四、几点体会和建议

遴选合适的本科生（人生追求、职业导向、喜欢学习），为有志深造的学子提供公平竞争的机会，引导未来的考生树立正确的学习导向，提升学校的办学声誉，为人才成长提供公平发展的机会是研究生招生工作的使命，因此笔者从培养过程的角度提出以下几点改进研究生招生工作的建议：

1.建立和谐的研究生教育体系

现行的招考和培养制度将全部重心都压在了招生环节，能否考上研究生决定了是否是人才。学校和考生演变成了猫和老鼠的游戏，更为严重的是极少部分教师被这种制度推向了老鼠的阵营。研究生院同时防范学生和教师两个群体。每次招考环节出现责任事故都能看到教师的身影，这为考试安全带来了巨大的风险。为了防控风险只能不断地强化考试安全，从而削弱了考试的科学性。

发达国家实行宽进严出、培养过程分流淘汰的机制值得我们仔细研究。这种体制有效地避免了目前我们很多学校存在的一考定终身的尴尬局面，将人才培养作为一个系统工程，将终身学习的教育理念落到了实处。

2.弱化研招工作计划经济的属性

研招工作的计划性很强，但是完成招生计划并不是最终目的，更不必刻意去追求所谓的淘汰机制。其实招生和淘汰没有什么必然联系，我们更应关注学生为什么完不成学业。美国国家教育部调查过，没有完成学业的原因非常多，如家庭状况的变化、工作或者兵役发生冲突、对所做的项目不满意、经济原因等。真正不适合入学的很少，并且现在美国教育部开始研究为什么不能把这些学生留下来。我们却正好相反，研究怎么把一部分学生淘汰下去。

重分流、轻淘汰，为不适合继续读下去的研究生提供新的学习机会，将人才培养的理念贯穿始终，慎重使用淘汰机制应当是我们理性的选择。

3. 相信导师，尊重导师在研究生招生中的主导地位

导师做为研究生培养的重要主体，对招什么样的研究生，怎么招到合适的研究生最具有发言权，因此第一要建立导师对招生工作的反馈机制，使导师的诉求及时地传递到研究生招生系统；第二要突出导师在研究生招生选拔环节的主导地位，在这一点上，近年来的博士招生改革，比如申请考核制等对硕士招生有一定的借鉴意义。

临床医学专业学位研究生“双轨合一”培养模式的探讨

韩莹　李舒音

（沈阳医学院；辽宁沈阳，110034）

摘　要　在国家全面启动临床医学专业学位研究生教育与住院医师规范化培训“双轨合一”培养模式背景下，作为新增硕士学位授权单位，我校在临床医学专业学位研究生的招生、培养、质量保障、导师队伍建设和学位授予等方面进行了积极探索与尝试，为提高人才培养质量、服务社会需求做出了努力。

关键词　临床医学，专业学位，研究生，双轨合一

The Study on the “Double Track Oneness” Training Mode of Professional Graduate Degree of Clinical Medicine

Abstracts　As an authorized unit of new master's degree, and in the national comprehensive launch of clinical medicine professional degree graduate student education and the resident physician standardized training “double track oneness” mode background, we searched for the recruitment, training, quality assurance, tutor team construction and degree awarding, and to improve the quality of talent cultivation and the service of the social needs.

Key Words　clinical medicine, professional degree, graduate student, double track oneness

一、“双轨合一”研究生培养模式的背景

专业学位研究生教育是根据社会特定职业领域需要，培养专业能力较强、职业素养过硬、能够在实际工作发挥创造性的高层次、应用型专门人才而设置的。2009年以来，我国大力发展临床医学专业学位研究生教育，并逐年扩大招生规模。2012年，教育部、卫生部联合下发了《关于实施临床医学教育综合改革的若干意见》（教高〔2012〕6号），明确了将构建以“5+3”为主体的临床医学人才培养体系作为全国临床医学教育改革工作的重点。[1] 2014年，教育部会同国家卫计委等部门，联合下发了《关于医教协同深化临床医学人才培养改革的意见》（教研〔2014〕2号），明确加快构建以“5+3”模式为主体的标准化、规范化临床医学人才培养体系。[2] 同年6月，经国家卫计委批准，科教司将住院医师规范化培训的日常管理与业务指导等工作正式委托给中国医师协会承担，引入第三方管理部门，统筹规划与整合两方的相关指导与政策，“双轨合一”模式正式实施。[3] 2015年，教育部印发了《关于推进临床医学、口腔医学及中医专业学位研究生考试招生改革的实施意见》（教学〔2015〕5号），针对临床医学专业学位研究生培养要求和临床医生职业特点，全面改革考试内容，促进科学选才。[2] 同年，国务院学位委员会下发了《关于印发临床医学、口腔医学和中医硕士专业学位研究生指导性培养方案的通知》（学位〔2015〕9号）（以下简称指导性培养方案），明确了临床医学硕士专业学位研究生的培养目标与要求等11条指导性意见。自2015年起，所有新招收的临床医学硕士专业学位研究生，培养方式需按照国家统一制定的住院医师规范化培训要求进行，达到培养单位学位授予要求按期毕业的研究生可以同时获得医师资格证、住院医师规范化培训合格证、硕士毕业证和硕士学位证，即“四证合一”，实现了临床医学硕士专业学位人才培养机制改革的重大突破与创新，促进了研究生学历与能力协同发展。

二、“双轨合一”研究生教育的实践

1.招生和资助政策改革与实践

我校于2014年取得临床医学硕士专业学位授权，2015年首次招收临床医学硕士专业学位研究生。以往的临床医学专业学位研究生招录标准偏低，除临床医学本科毕业生可申报外，临床医学成人本科和高职高专毕业，甚至非临床医学专业本科毕业也可申报。我校于2014年9月确定的首届临床医学专业学位研究生招生对象为临床医学专业毕业生，其中包括了本科考生和同等学力考生，在录取结束后（2015年6月）国家公布了《关于推进临床医学、口腔医学及中医专业学位研究生考试招生改革的实施意见》，按照要求，纳入规培范围的应为全日制大学本科毕业生且获得学士学位的考生，因此当年已录取的1名同等学力考生根据国务院学位委员会6月发布的《关于对2015年录取的不符合报考临床类别执业医师资格本科学历要求的临床医学硕士专业学位研究生培养工作处理意见的通知》转为

按照学术学位研究生培养方式培养，毕业时仅能获得毕业证和学位证。2016年以来，学校严格审核报名条件，全部考生均为临床医学本科毕业生，且获得学士学位，能顺利通过规培注册，毕业时将有条件达到“四证合一”。为保证参加规培的硕士研究生顺利完成学业，避免发生与单纯规培的医师同工不同酬问题，研究生在享受学业奖学金和三助待遇的同时，学校将国家助学金金额由三部委联合下发的《关于完善研究生教育投入机制的意见》（财教〔2013〕19号）中规定的每生每月600元提高到每生每月1 000元，另设立研究生导师津贴资助每生每月400元，学校还鼓励研究生参与科研创新和各级各类活动、评比，设置相应奖项进行资助，保证了研究生的基本生活支出。

2.培养方式与考核标准改革

临床医学硕士专业学位研究生录取后，统一在住院医师规范化培训管理系统注册，并安排在国家级或国家级协同规培基地进行规培。按照教育部指导性培养方案的要求，并轨研究生的住院医师规范化培训需完成至少33个月的临床轮转，因此我校研究生新生于每年暑假提前报到，集中安排为期6周的理论授课和考试，课程包括指导性培养方案要求的公共必修课与专业基础课。9月，研究生转到相应二级学科所在规培基地进入临床轮转，专业课与住院医师的理论课程相统一，由规培基地统一开设，选修课与临床技能考核内容相结合同步开设与考核，研究生需填写《临床医学硕士专业学位研究生培养手册》。研究生的临床培训参照住院医师规范化培训要求，研究生与规范化培训医师同时参加科室和基地的相关考核，考核通过后获得住院医师规范化培训合格证书，培养期满方可获得学位证书。[3] 研究生需在第二学年内通过执业医师资格考试，获得《医师资格证书》，培养期满方可获得毕业证书。目前，首届专业学位研究生执业医师资格考试通过率达到100%。

3.加强管理体制，完善导师队伍建设

学校建立逐级负责、权责明晰的三级管理体系。完善“研究生院—临床学院科教科—学科培养点”三级职能管理体系，明确体系上下级之间的指导关系。[4] 学校研究生院发挥统筹领导作用，负责宏观政策的制定和指导；科教科负责在本单位轮转学生规培过程中的教育管理；学科培养点落实培养和教育管理各环节工作，理顺轮转安排、运行和考核等事项。[4] “双轨合一”模式下的专业学位研究生培养不同于单纯的住院医师规范化培训，必须坚持一定的学术标准，保留对学位论文的要求，但又有别于学术学位研究生的培养标准，学位论文可以是病例分析报告或文献综述。[5, 8] 导师作为硕士研究生的科研领路人，对培养研究生高水平的临床科研能力起着关键作用，也是提高临床医学专业学位研究生培养质量的必要保证。[6] 在“双轨合一”培养模式下，学校要求学科培养点实行导师组制度，成立以导师为中心的指导小组，采取导师指导和集体培养相结合的原则，杜绝了导师不支持研究生去轮转实习，而是在实验室里完成科研课题的现象。[7] 在临床实践和教育管理的全过程中，导师组成员发挥了个性化培养的主导作用，积极培养学生获取知识的能力、科研分析能力、实际操作能力和独立分析处理问题的能力；增强人格感召力，注重思想引导，身体力行地从医德、人文关怀、学风与知识等方面去启发和影响学生的价值取向，使学生树立职业自豪感。学校同时改革了导师遴选及考核制度，改变传统的以科研为导向的导师评价机制，把对学生的职业能力培养、技能培训、医德教育等纳入导师评价机制。建立硕士专业学位研究生培养质量评价机制，坚持理论与实践相结合的原则，确定导师组自查与督导检查相结合的评价方式，形成性评价与终结性评价并重，适时引入第三方评价机构对课程建设、实践技能考核、科学研究过程及成果等进行评估。学校还鼓励研究生参与对导师人才培养工作和学校制度建设的评价。

4.完善质量保障，建立分流机制

学校加强了研究生培养过程监管，包括研究生公共课程授课和考试环节管理、对公共课程和任课教师评价管理、专业课和专业外语管理、导师及导师组管理、临床轮转和技能考试管理、学位论文的开题、中期考核与答辩环节的管理等。学校为保证研究生培养质量和教学秩序，对不适宜继续按照临床医学硕士专业学位培养的学生，按照指导性培养方案的要求采取合理的分流机制：在规定的学习年限内未通过学位课程考核、住院医师规范化培训考核或学位论文答辩者，经学校批准，可申请延期培养一年；第二学年内未获得《医师资格证书》者，可申请转为学术学位研究生继续学习，但应按照学术学位研究生的培养要求完成学位课程学习和论文答辩；对在规定的学习年限内获得《医师资格证书》、完成学位课程考核，但未获得《住院医师规范化培训合格证书》者，可对其进行毕业考核和论文答辩，准予毕业。[8] 毕业后三年内取得《住院医师规范化培训合格证书》者可向学校申请授予硕士专业学位。[8]

三、“双轨合一”面临的问题与展望

临床医学硕士专业学位研究生“双轨合一”培养模式处在运行初期阶段，现阶段的重点工作是周密设定培养环节，充分利用现有教学、实践和科研资源，加大基础条件建设，使规培基地名额分配与研究生招生计划相统一，为实现“四证合一”的人才出口做出最大努力。我们在实际培养过程中必然会发现问题和矛盾，学位课程与临床技能实践与考核相结合的专业学位研究生课程培养体系还需要进一步充实与完善，首届并轨研究生分流为学术学位研究生培养的问题和即将面临的毕业生就业问题等，都要求我们在实际工作中认真规划，积极落实，为保证和提高人才培养质量和服务国家医疗卫生事业需求而不断探索前行。

临床医学硕士专业学位研究生“双轨合一”培养模式的全面推进是全国临床医学教育改革的重要举措。构建以“5+3”为主体的临床医学人才培养体系有利于提高学生的理论素质、人文素质、实践创新能力和科研协作能力，有利于培养单位实现培养高层次医学应用型人才的需要，有利于国家医疗卫生事业持续健康发展。

参考文献

[1] 王虹，陈琪，朱海滨，等. 构建以临床技能训练为核心的“5+3+X”临床医学人才培养体系的探索与实践［J］. 学位与研究生教育，2013（4）：11-15.

［2］杜占元. 探索创新深化改革推动专业学位研究生教育再上新水平［J］. 学位与研究生教育，2016（1）：1-6.

［3］雷笑瑜，张勇，等. 临床医学专业学位研究生教育与住院医师规范化培训“双轨合一”培养模式分析［J］. 现代医院管理，2015，13（2）：65-67.

［4］尹正，雷丽萍，等. 临床医学专业学位研究生教育管理模式初探［J］. 中华医学教育探索杂志，2016，15（1）：6-11.

［5］雷丽萍，王晓民，吕兆丰. 临床医学专业学位研究生培养模式改革与实践［J］. 学位与研究生教育，2015（3）：27-31.

［6］白志刚. 临床医学专业学位研究生培养的思索［J］. 继续医学教育，2015，29（10）：65-66.

［7］杨瑞青，付秀华，等. 提高临床医学专业学位研究生培养质量的探索［J］. 基础医学教育，2015，18（3）：246-248.

［8］国务院学位委员会. 关于印发临床医学、口腔医学和中医硕士专业学位研究生指导性培养方案的通知（学位〔2015〕9号）［EB/OL］.［2015-06-08］. http：//yz.chsi.com.cn/kyzx/zcdh/201506/20150618/1482175169.html.

考研心理研究

研究生考生报考心理调查分析与对策研究

宫巍　刘洋　金宁

（沈阳建筑大学；辽宁沈阳，110168）

摘　要　“考研热”持续了很多年，但数据显示，2008年、2014年和2015年分别出现了3次报考人数的下跌，而2016年研究生报名人数出现明显反弹，辽宁省甚至出现两位数增长。本课题组通过开展研究生考生报考心理调查，分析和归纳影响考生非理性报考的行为和心理原因，以建议和指导高校引导大学生理性考研。

关键词　考研，报考心理调查，分析与对策

Analysis and Countermeasures of Psychological Investigation of Postgraduate Candidates

Abstract　The craze for graduate school has lasted several years, but it shows that there are three times decline in the number of candidates in the year of 2008, 2014, 2015 and one obvious rebound in the number of candidates in 2016, even two digit growth in Liaoning Province. This research group suggests and directs college students to take part in entrance examination of graduates rationally by carrying out the psychological investigation of postgraduate candidates, analysing and concluding the psychological reasons and influence factors of .

Key Words　entrance examination of graduates, psychological investigation of irrational behaviors of register for examination, analysis and countermeasure

1997年以后，大学毕业生不再由国家负责分配，转变为“供需见面、双向选择”的就业模式。随着我国经济的高速发展，企业对人才的要求也越来越高，高学历的复合型人才受到青睐，因此多年来，我国硕士研究生报名人数不断增加。在当前全球经济发展放缓、就业形势不容乐观以及研究生收费制度改革等客观因素的共同作用下，全国考研报考人数出现了几次大幅波动。在庞大的考研大军中考生们报考目的各有不同，报考心理也受多种因素的影响，因此希望通过对研究生考生报考心理的调查和分析，总结和归纳出大学生考研心理的因素及对策，以便更有针对性地开展研究生招生与教育工作引导考生理性报考。引导和帮助更多的具有正确考研动机的大学生读研，对进一步提升研究生培养质量，提高研究生的科研能力和就业能力也都具有十分重要的实际意义。

一、调查主体和研究方法

本次考生报考心理调查研究采用问卷和访谈相结合的调查方法。调查采用大容量样本方式，以沈阳建筑大学在校生为主体，面向土木工程学院、市政与环境工程学院、材料科学与工程学院、机械工程学院和信息与控制工程学院准备参加2016年研究生入学考试的本科生中匿名发放了520份问卷，调查收回508份问卷、有效问卷500份，有效率96.2%。按照课题研究的计划从报考目的、报考地区、学校及专业的选择，对所报学校的奖助学金关注度、专业型硕士的认识度及考研调剂行为等问题进行了调查。阅读了大量的相关资料、期刊文献等，在理论和数据的基础上，对本次调查进行了分析和总结。

二、调研结果

1.不同问题的调查结果

在对考研最重要的原因的调查中，选择继续深造的比例为21.5%，而以提升就业层次和就业质量为目的的比例为36.5%，7.2%的考生选择想更换专业，8.3%的考生选择暂时不想步入社会，因为家长的期待选择考研的占到6%，有名校情结的考生为8.8%，有9.7%的考生表示因为看到同学在准备考研所以自己才想考，因其他原因选择考研的考生为2%。

在对何时决定考研的调查中，选择大一的占19.9%，选择大二的占27.6%，选择大三的占38.4%，选择大四的占10%，还有4.1%的考生是在考入大学前就决定要考研。

在对报考学校所在地区、学校层次、报考专业选择的调查中，31.6%的考生选择家乡附近的高校，30.4%的考生选择经济发达地区，28.4%的考生选择容易被录取的高校。33.2%的考生看重报考学校的专业实力，32.8%的考生看重学校是否为985或者211名校，23.6%的考生关注导师的情况。35.8%的考生会根据个人兴趣选择报考专业，31.7%的考生会根据社会对专业的需求来选择，25.5%的考生更看重专业的报录比。

在对专业硕士报考意愿及认识的调查中，考生中50.2%表示要报考学术性硕士，49.8%的考生会报考专业性硕士。考生对专业性硕士的直观印象中更容易就业以39.1%排第一，26.2%的表示专业性硕士不如学术性硕士，25.8%的考生表示感觉专业性硕士比学术性硕士更容易考取。

在对研究生奖、助学体系了解程度和缴纳学费压力的调查中，70%以上的考生表示对所报学校的奖、助学金给予了足够的关注，37.6%的考生选择有经济困难也要坚持读研，36.2%的考生表示目前的奖助学金制度让我没有顾虑，26.2%的考生表示没有压力，学费不是问题。

在对学位含金量和调剂意愿的调查中，60%以上的考生表示已经贬值，有23.3%的考生表示严重贬值。如果需要调剂34.3%的考生注重学校所在地，29.2%的考生会考虑学校的知名度，24.4%考生看重调剂的专业是否对口。如果考研失利了48.3%的考生会选择直接工作，30.7%的考生选择继续考，直到成功，21%的考生会选择边工作，边考研。

在对考研复习对本科课程学习的影响和备考态度的调查中，34.3%的考生表示没有影响，自己协调得很好，36.5%的考生表示有影响，因为自己挪用课程学习时间复习考研，29.2%的考生表示有很大影响，因为考研复习时间不够。45.8%的考生对于考研是很早就一心一意的准备，26.2%的考生是没准备多久就去考试了，还有28%的考生没有花太多精力去复习。

在对推免生政策的调查中，28.4%的考生表示非常关注，很想申报，35.4%的考生表示偶尔看看，36.2%的考生表示从不关注，要靠自己的实力考。

2.走访调研结果

以走访面谈的方式听取了102名考生对考研的态度和理由，深入地了解了他们考研目标、备考情况及存在的困难和困惑。尽管每名考生都有不同的考研目的，但考生们基本在学习环境、生活环境、心理压力、学习毅力、复习方法、专业课备考、报考选择等方面存在不同程度的困难和困惑，需要学校给予支持和帮助。

三、考生报考心理分析

1.选择继续学习深造的考生有求知需求

这些学生喜爱所学专业，他们希望通过继续深造完善自己的知识体系，进一步提高专业水平。强烈的求知需求是其考研的动机，这部分考生以提高学术水平为目的，学习上最具热情，也最有效率，在备考大军中是最为坚定的群体。正确的考研目的会让他们读研期间在学业上投入更多的时间和精力，学成后从事科研和继续深造的比例也最高。

2.选择提高就业层次和质量的考生有危机意识

随着中国高等教育普及化的不断提高，大学毕业生人数已经从2011年的114万增加到2016年765万。从心理学的角度来看，就业对于大部分大学生来说都是一种无形的压力。毕业生人数的逐年增加，使得本科学历已经不再处于学历金字塔的上端，社会对于本科学历的认可和重视程度也大不如前。此外，还有相当部分的大学生在毕业后因对其工作待遇和工作环境都甚不满意而加入考研大军。往届生考生在报考人数中的比例也在逐年增大。

3.选择换专业的考生有完成夙愿的需求

高考常被当作是人生中最为重要的选择，部分大学生在填写高考志愿时往往由于受到高考分数的限制无法选择理想的专业，还有一些大学生因为对报考专业理解不够深入和全面等原因，导致入学后发现所学专业和自身兴趣不能匹配。重新参加高考再次选择专业的成本过高，这时跨专业考研就成为一个可以实现夙愿的方式。

4.暂时不想步入社会的考生有逃避现实的心理

这类考生往往有着不错的家庭经济条件，喜欢简单而轻松的校园环境，毕业前还没有做好心理准备面对严峻的就业竞争。面对巨大的就业压力和纷繁复杂的社会现实，这部分考生就会选择以考研的方式暂时逃避。他们备考动力不足，即使考不上也可能会赋闲在家，考研已经成为他们逃避就业的最好借口。

5.部分学生考研有遵循家长期望的心理

父母的期望也是促使学生决定考研的重要因素。受到中国传统思想影响，许多家长都以家中子女成为硕士或者博士为荣。面对着高校的不断扩招，家长也普遍认为只有读完研究生才能更有就业竞争力。“只要是孩子愿意读书，就算砸锅卖铁我也供”已然成为众多家长对孩子求学的一种态度。在实际工作中发现，此类考生及家长对于研究生毕业后的规划都不够明晰，考研仅仅成为取得高学历的途径。

6.有名校情结的考生有自我实现的心理需求

有部分学生因为高考发挥失常没能考取理想中的院校而遗憾许久。考研可以给这些学生一次证明自己的机会。考研同高考一样，都是竞争性的考试，对人的考验也是方方面面的。这类考生就是想通过考研考回到让自己魂牵梦绕的院校，但更重要的是想借考研来证明自己、完成自我实现。

7.跟风考研的考生有明显的从众心理

在实际工作中会发现在本科三年级的班级开展的考研意向调查结果中表明一些班级有考研意愿的学生会超过50%，当然在这其中有相当一部分学生没有强烈的考研意愿。心理学研究显示，当周围大部分人普遍选择一种行为时，就会对人的行为选择产生非常强烈的影响，即驱使人们选择产生同样的行为，以便能与周围人的行为保持一致。这类考生占考研临阵弃考人员中的主要部分，也是报考人数中的动态变量。

8.研究生招生规模的持续扩大提高了考生心理预期

近几年来各高校都开始扩大研究生招生规模，某些高校的一些院系专业甚至出现了研究生规模超过本科生招生规模的情况。据数据统计分析，研究生的报录比一直在持续走低，研究生录取的国家分数线和单科合格线也有逐渐降低的趋势。以上的各种情况都在向本科生传递着考研比以前更为容易，录取比例更大的信号。研究生的持续扩招在一定程度上提高了本科生考研的自信心和参与度。

四、应对策略

1.高校应指导大学生做好职业生涯规划

高校应在新生入学后全面开展职业生涯规划。引导学生对自己的性格、兴趣、专长等方面进行客观分析，对智商、情商等方面进行测试，以帮助学生更加深入和客观地了解自己。只有清晰地认识和了解自己，才能从容面对是就业还是考研这个所有大学生都要面对的大问题。大学生在决定是否考研前要客观分析自身的学习能力、性格特点和兴趣特长，还要考虑考研的目标与个人的理想和兴趣是否统一。从研究生教育培养实际中可以得知，正确的考研动机会在研究生期间产生积极的学习动力。

2.高校要积极引导学生正确对待考研

高校对本科大学生的培养应围绕素质教育的目标，全方位培养学生综合素质，在教学上通过理论教学和实践环节的结合让学生深入地了解所学专业。学校可以通过专业竞赛来激发学生的学习兴趣，喜欢所学专业，对于热爱专业学习的大学生，学校要积极引导其继续深造。学校还可以开展讲座、论坛等各种形式的活动，从低年级起引导大学生理性对待考研，要让学生明确考研是为了继续深入学习专业知识，而不是逃避就业和社会压力的被迫选择。

3.高校要提早开展就业指导教育

近些年本科生就业难已经成为促使许多大学生考研的重要原因。高校应该提早对大学生开展就业指导教育。就业指导不能仅仅局限在指导制作求职简历和就业面试技巧层面上，应该在大学生对专业知识有一定的深入了解后及时帮助学生掌握专业发展趋势、最新就业形势及用人单位选才标准，以促进大学生更有针对性地开展专业学习，提高学习效率。要让学生不恐惧就业、才能在决定是否考研时不再盲从。对于有意愿考研的考生，学校也要引导考生做好考研和就业两手准备，以免出现考研和就业都落空的局面。

4.高校要对考生给予支持和帮助

一旦决定考研，考生将面临许多困难和挑战，其身体和心理都将面临巨大考验。高校有关部门应系统的开展考研指导和咨询服务，让考生及时了解最新的考研政策、给予考生方向性的指导、提供必要的心理减压疏导、为考生提供个性化的咨询服务。学校可以根据考研规律在重要时间节点上开展考研经验交流、考研报考指导、考前心理调节等活动为学生提供帮助，还可以以增设考研专用自习室、适当调整寝室等方式给予考生支持。

5.用人单位要摈弃“重学历，轻能力”的观念

随着我国高等教育持续扩招，毕业生数量不断大幅增加，在大学生就业市场中用人单位的选择余地也越来越多，对毕业生的就业条件也随之提高。用人单位在选拔毕业生时设定用人要求是无可厚非的，但是用人单位也应根据企业发展和岗位需要合理地吸纳毕业生。高学历不等同于高能力，用人单位在选人时不能只关注学历的高低，应该更为理性、务实，选择适合的人才，以促进社会人力资源的最优化。

参考文献

[1] 蔡熙文. 大学生考研动机调查分析 [J]. 武汉冶金管理干部学院学报，2014（3）：67-68.

[2] 温需，申志民. 大学生“被动考研”原因何在？[EB/OL]. [2013-05-30]. http：//edu.sina.com.cn/kaoyan/ 2013-05-30/ 1056381799.shtml.

[3] 朱宁波，赫丽娜，李亚文. 关于大学生考研动机问题的调查研究 [J]. 辽宁师范大学学报：社会科学版，2010，33（6）：44-47.

研究生教育改革后考生心理状态调查分析与对策研究

李忠朋

（辽宁石油化工大学；辽宁抚顺，113001）

摘　要　本文通过对目前学生考研动机、考研积极性等基本状况的调研对考研过程中影响学生考研心理状况的社会因素、学校因素、家庭因素、个人因素等进行了系统的分析，并提出了提高英语教学、营造浓厚学术氛围等引导学生形成积极考研心理从而进一步提高考研率的对策。

关键词　研究生，考研，心理

Investigation Analysis and Countermeasure Study on the Psychological State of Examinees after Graduate Education Reform

Abstract　This article focuses on the investigate of basic status of the the current exams for postgraduate students'motivation and enthusiasm, The society factors, the school factor, the family factor and the personal factor which influence the students' examination psychology in the process of postgraduate entrance examination are systematically analyzed, and put forward the countermeasure which can improve the level of English teaching and form an excellent academic atmosphere to raise the rate of postgraduate qualifying examination.

Key Words　postgraduate, postgraduate qualifying examination, psychology

根据现代教育理念，教育不仅仅是教育者的行为，也是受教育者的主动行为，尤其是2013年《教育部国家发展改革委财政部关于深化研究生教育改革的意见》（教研〔2013〕1号）的出台，就深化研究生教育改革提出了指导性意见，并强调了对招生选拔制度的改革。我国大学教育由精英教育转变为大众教育，大学生数量急剧增加，随之而来本科毕业生的数量也大幅增长，再加上社会上对高学历人才的需要日益迫切，我国的研究生数量也不断攀升。在这种大环境下，深入研究考生的心理状态、心理需求对于研究生培养的成功与否至关重要。这其中非常重要的心理是在学生们考取研究生之初就已经奠定下来了，因此，研究考生报考心理状态的调查分析与对策是一项紧迫的任务。

一、学生考研心理的基本状况

本科生毕业的选择之一是继续深造，攻读研究生学位是当前大学生们普遍思考过的问题。

1.对考研的整体认识比较理性

多年以前，大学生属于天之骄子，全社会都对大学生照顾有加。那个时候考研的热情不是很浓厚，而且全国的硕士点寥寥无几，考取研究生也确实比较困难。但随着扩招的持续升温，大学生的社会期望也越来越低，优越感不断下降，前途也暗淡了不少，考研成为一个愈发重要的出路。虽然社会对近年来不断升温的“考研热”看法不尽一致，众说纷纭，但是学生对考研的认识却基本统一，而且显得比较理性、科学，偏激的观点比较少。调查显示，有37%的学生认为考研是“社会发展的需要”，32%的学生则认为考研是“选拔培养高层次人才的重要途径”；其他的认识，如认为考研是“缓和就业压力的途径”“社会唯学历是举的产物”所占比例不大，分别是18%和9%。

2.考研动机的主流良好

在经历了短暂的盲目热潮之后，理性的回归也慢慢地占据了主流，表现为广大学生考研的动机越来越良好。基于对考研的理性认识，绝大部分学生考研动机明确。调查表明，56%的学生认为自己的考研动机是“为了进一步深造”，许多的学生认为是“个人兴趣”，12%的学生认为是“就业压力大”；其他动机如“家庭鼓励”“爱情力量”所占比例较小。分别只占8%和7%。由此可见，学生考研动机的主流是正确的、积极向上的。

3.考研积极性整体不高且受外部因素影响较大

大学生虽然在身体上已达到了成年人的阶段，但由于接触面较窄，心理上并不成熟，没有确立起内在的坚定性，由此表现出较为强烈地受外部因素的影响。对于一些普通的本科院校来说，学生考研的积极性整体不高，近年来报考率均不足10%。影响学生考研积极性的因素较多；调查显示，“学校学风偏差”“学校考研氛围不浓”“个人经济承受力有限”“英语基础差”“专业选择面窄”是主要因素。其中“学校学风偏差”占48%，“学校考研氛围不浓”占42%，其他因素所占比例不大。这就说明学生考研的积极性受外部因素影响较大，与学校的学风和考研氛围有着密切的联系。

4.考研心理准备不充分

随着大学的扩招，现在很多大学生的基本素质也是堪忧的。很多学生浑浑噩噩地过日子，对人生对自己的发展方向知之甚少也意识不到自己的危机。考研是人生的一件大事，对于很多学生来说，对此准备不足。我们认为考研心理准备主要包括下定决心、树立信心以及调整好心态等。我校考研学生整体上心理准备不足，调查表明，65%的学生在第四学期之后才下定考研的决心，第四学期之前下定决心的只占30%；在回答“你认为考研面临最大的困难是什么”的问题时，有30%的学生认为是“自信心不足”。下决心迟、自信心不足是普通高校考研学生心理准备不充分的主要表现。

5.对学校的依赖心理较强

许多学生没有意识到考研是自己人生的重要选择，还处在事事依赖别人的层次上。因此，我们会发现学生在考研过程中受到外部因素影响较大，对学校的依赖性较强。调查显示，65%的学生希望在考研过程中得到学校的“政策倾斜”，学生认为学校应引进考研名师讲座、培训班，48%的学生认为学校应设重奖奖励考研，42%的学生认为学校应加强考研必要性和重要性的宣传。学生对学校提出的诸多要求，在一定程度上表明学生存在较强的依赖心理，考研的主动性、独立性差。

二、影响学生考研心理的因素分析

影响学生考研心理的因素众多，在一篇研究报告中尽善尽美地论述并不现实，我们择其比较重要的几个方面加以阐释，即社会因素、学校因素、家庭因素、个人因素等。

1.社会因素

如果追问学生读书的动机，排在第一位的一定是将来的就业问题。近年来，随着社会主义市场经济体制的不断完善，社会层次不断提升，再加上国外的先进技术不断引进，尊重知识、尊重人才的社会氛围已经形成，用人单位对毕业生素质的要求越来越高，这在客观上激发了在校大学生进一步提高自身素质的积极性。考研无疑是接受高层次教育、提升自身素质的重要途径。学生对考研的理性认识源自于适应社会发展的需要。

2.学校因素

客观地讲，学生所受的外在影响因素中，学校因素是比较直接的，也是非常明显的。学校的学风状况、考研氛围极大地影响了学生的考研心理。现在高校的学风整体尚可，但考研氛围并不浓，考研辅导、招生宣传等方面工作做得不够，学生感受不到考研氛围的熏陶和感染，获取考研信息的渠道十分有限，考研的积极性未能得到有效调动。调查显示，认为学校考研氛围不浓影响其考研积极性的学生占42%。此外，普通高校学术氛围不浓，就业率较高也是影响学生考研心理的重要因素。目前，许多高校正处于教学型大学向教学研究型大学转变的过渡阶段，学校整体学术水平仍不高，校园学术氛围也不浓，这必然会影响学生参与学术科研活动的热情，不利于考研氛围以及学生积极考研心理的形成。近年来，由于大家就业期望的降低，就业情况好，大部分毕业生产生了“先站稳，后发展”的心理，于是不少毕业生做出了“先就业，再读书”的选择，这无疑分流了报考研究生的人数，影响了学校的考研率。

3.家庭因素

对于大学生来说，家庭是非常重要的，因此，家庭因素对学生的考研心理存在一定的影响，对学生考研积极性的影响有正负之分。调查显示，40%的学生认为“家庭经济压力大”会影响他们考研的积极性，有8%的学生认为其考研的动力来自于“家庭鼓励”。值得一提的是，近几年考研费用逐年上升，仅仅学费一项就需要24 000元，而学费仅仅是读书的一部分而已。读研究生也算得上是一种高消费行为，这样的读书消费，使不少家庭经济困难的优秀学生“望研却步”，许多学生由于家庭经济困难而被迫放弃考研的打算。

4.个人因素

首先，从生源质量来看，普通高校生源质量与国家重点院校相比存在一定差距，学生学习基础不太理想，特别是英语基础较差。许多学生英语四级通过率不到50%，学生英语基础差已成为影响我校考研率的重要原因。调查表明，越来越多的学生认为考研面临的最大困难是“英语”。绝大部分未能通过英语四级的学生存在这样的心理：研究生入学英语统考至少相当于英语六级，自己连四级都没有通过，考研很不现实，于是打消了考研的念头。其次，从当代大学生的心理素质来看，欠缺吃苦精神、存在急功近利的思想、自控能力差等特点都会影响学生健康考研心理的形成，进而影响考研率。许多大学生还天真地认为高中的苦难时期已经过去了，应该在大学期间好好享受生活，这样的心理成熟度也是考研的一大障碍。

三、引导学生形成积极的考研心理，是进一步提高考研率的对策

发现问题的目的当然是为了解决问题，在我们考察了学生们考研的各种心理因素之后，再详细地研究一下对策问题。

1.提高英语教学质量

随着全球化的迅猛发展，我们国家参与世界的活动越来越频繁，作为世界通行的语言，英语越来越重要，因此考研的重头之一是英语也就是顺理成章的事情了。从调查的情况来看，英语是学生考研过程中所面临的困难的重中之重。提高英语教学质量，扭转大部分学生英语基础差的被动局面显得十分迫切。英语教学质量对我校的考研率具有特别重要的意义；一方面，假如学生的英语水平得到提高，考研的自信心自然会树立起来，考研积极性将进一步增强，报考率随之大大提高，考取率也就水涨船高，而且对我校学生来讲，个人英语水平的高低很大程度上决定着考研的成功与否。另一方面，假如我校学生的整体英语水平持久没有质的飞跃，报考研究生的人数将难有突破，考取率不可避免地会受到遏制。可见，提高英语教学质量是帮助学生形成积极考研心理的有效途径，而且在提高考研率方面具有不可替代的作用。

2.营造浓厚的考研氛围

第一，要加强教风学风建设。教风是一种潜移默化的教育力量，不但影响着教学质量，而且影响着学校的办学方向和合格人才的培养。建立良好的教风可从改革教学内容、课程体系、教学方法、教学管理制度等方面入手，为提高学生的全面素质和综合能力创造

优越的条件和氛围，保证教学质量的提高，增强学生应对考研的信心和能力。同时，要采取有效措施调动学生学习的积极性、主动性和创造性，进一步优化育人环境，形成教书育人、管理育人、服务育人的氛围和局面。在教风带学风、学风促教风的过程中增强学生的学习能力和不断深造的意识，实现学风建设的目标。

第二，要普及学术科研活动，营造校园学术氛围。大学与学术是天生的连体，学术对大学生的意义不言而喻。学校应普及学生科研活动，把学生学术科技工作纳入全校科研工作体系之中。可通过举办学术讲座、报告会、学术节、创业大赛、学术科技作品竞赛、“学术希望之星”评比活动等形式，全方位、多角度开展校园学术科研活动，营造浓郁的校园学术氛围。营造校园学术氛围是形成考研氛围、提高考研率必不可少的环境工程，应当引起我们的充分重视。

第三，要切实服务，早教育，早引导。培养学生的考研意识，应从新生教育开始抓起，着重引导学生树立明确的考研目标，根据各年级的具体状况，必须有不同的教育内容和方法。对于一年级学生，重点是宣传考研的必要性和重要性，灌输考研光荣的思想，引导学生树立考研目标。对于二年级学生，重点是引导他们将英语学习与考研准备结合起来，并打好英语基础。对于三年级学生，重点是激发他们备考的信心和斗志，同时督促他们搞好专业课学习。对于四年级学生，重点是提供考研信息服务和后勤保障。在教育过程中应注意灵活的方法，可采取举办考研专题讲座、研究生与低年级学生交流会、考研表彰大会等形式，借助广播站、报刊等载体，利用校园网，多管齐下激发学生考研的热情与动力，实现学生考研思想教育的渗透。

第四，要加强考研宣传，强化考研心理辅导。据调查，有相当一部分学生对有关考研的信息知之甚少，特别对招生信息的了解少之又少。针对这种情况，必须建立畅通的信息渠道，在宣传考研的必要性和重要性的同时，主动出击搞好招生宣传工作；如开辟考研网页，举办招生咨询会，派发招生简章、考试大纲及相关辅导资料，公布近年报考人数、录取分数等。重点吸引本校学生报考，减少优秀生源外流。此外，要经常性、针对性、渗透性地做好考研学生的思想教育和心理辅导，集中考研学生的注意力，增强考研学生的自信心，激发考研学生的斗志。特别要做好优秀贫困学生的思想工作，帮助他们消除思想上的负担，鼓励并吸引他们加入到考研队伍中，发挥他们在提高考取率方面的主力军作用。

第五，要建立适当的激励机制，学校可考虑给予考研学生适当的政策倾斜；如开辟考研学生集中住宿区，开设考研专用自修室（据调查，考研成功的学生认为有必要开设通宵课室），推迟考研学生的部分期末考试科目，引进考研辅导班、讲座等。同时，要完善奖励制度，对考取研究生的学生给予一定的奖励，对辅导学生考研的老师在职称评定或考核评优中给予适当的照顾。目的在于形成有效的激励机制，激发学生的考研热情，进一步提高考研率。

3.加强引导，理顺关系，建立有效的运行机制

考研是一项重大的事情，是一项系统工程，需要方方面面通力合作才能够营造考研氛围、激发考研热情。当下中国的高校是党领导下的高校，也正是有了党的领导，各项事业才有了中坚力量。甚至我们可以说，只有各级党委高度重视，考研事业才能取得重大进步，因此，学校各级党政组织必须高度重视，真正做到责任明确，既要形成齐抓共管，多管齐下的局面，又要明确划分职能，有分工、有协调、有主抓、有配合，做到措施配套，

工作到位，政策兑现，人力物力条件具备。要将德育与教学和管理工作有机结合，使德育的导向、保证、激励三大功能在这一项系统工程中得到充分发挥，真正形成对不同层次、不同心理状态的学生都具有促其上进的内在机制。

研究生教育改革后考生心理状态都发生了巨大的转变。我们对此做出了全面分析，也给出了许多建设性的意见，更为重要的是要落实。相信通过各个方面的努力，考研会取得更高的成功率，为国家建设培养出更多的高质量人才。

参考文献

[1] 万明. 我国研究生教育体制改革研究 [D]. 合肥：中国科学技术大学，2013.

[2] 杨文庆. 浅析考生入学考试之心理因素 [J]. 煤炭高等教育，2014 (2).

[3] 别敦荣. 十三五时期研究生教育发展思路 [J]. 中国高教研究，2016 (1).

[4] 高媛. 我国硕士研究生入学考试制度中的结构性缺陷及对策研究 [J]. 东北大学学报，2014 (5).

医学研究生入学考试复试阶段心理状况评价

王雪峰　王璐　李红　范仲凯　马云胜　任丽　王茹　冯闯

（锦州医科大学；辽宁锦州，121002）

摘　要　目的：研究锦州医科大学2013年入学参加复试的硕士研究生的心理健康状况。方法：采用心理状况自评量表对入学复试的266名硕士研究生进行心理测评。结果：不同性别的研究生心理情况得分差异无统计学意义（$P>0.05$）；抑郁与偏执和精神病症状均呈正相关关系，r值为0.702和0.644，精神病症状与偏执呈正相关关系，r值为0.68；抑郁、偏执对精神病症状的预测作用均有统计学意义（$P<0.001$）。结论：性别对研究生心理情况无影响，抑郁和偏执对精神病症状具有一定影响。研究生复试阶段的心理健康状况调查测试分析，对研究生心理健康教育具有重要意义。

关键词　医学，研究生，复试，心理

Evaluation of Psychological Status of Masters of Medicine During Second-Round Entrance Examination

Abstract　Objective: To study the psychological status of masters of medicine who attended the second-round entrance examination for Jinzhou Medical University in 2013. Methods: The psychological status of 266 masters attending the second-round entrance examination was evaluated with Symptom Check List. Results: There was no statistical difference in the score of psychological status among masters of both genders （$P>0.05$）. Depression and paranoia presented a positive correlation with psychotic symptom, with R-value of 0.702 and 0.644. There was a positive correlation between psychotic symptoms and paranoia with R-value of 0.68. Depression and paranoia had statistical significance on the prediction of psychotic symptoms （$P<0.001$）. Conclusion: Gender has no effect on the psychological status of masters, while depression and paranoia do. The analysis on the psychological status of masters of medicine during the second-round entrance examination is of great significance to mental health education for postgraduates.

Key Words　medicine, master, second-round entrance examination, psychological status

随着高等教育由精英型教育向大众化教育的转变，社会对人才的需求也从传统的本专科的供不应求逐渐转变为对高层次人才的需求增多，由此导致研究生报考人数连年增加，竞争压力增大的同时，考研作为一种应激性生活事件，还会给考生带来一定的心理压力[1]，特别是医学考生尤为明显。硕士研究生作为一个特殊的群体，他们在面临学习、生活、就业等各方面的压力下，就容易产生强烈的心理问题，从而影响心理的健康发展。近几年来，由于心理健康方面的原因而出现的各种心理、行为偏差的研究生日益增多，研究生的心理健康问题尤其引人关注。

一、对象与方法

1.对象

研究对象为锦州医科大学2013年入学参加复试的硕士研究生。共发出调查问卷910份，收回798份，有效问卷798份，其中男196人，女602人，有效回收率为87.69%。本次研究已获得研究对象的知情同意。

2.方法

问卷调查。采用国际通用的症状自评量表-SCL90进行心理健康状况的测评。本测验共分90个自我评定项目，测验的九个因子分别为：躯体化、强迫症状、人际关系敏感、抑郁、焦虑、敌对、恐怖、偏执及精神病症状。心理健康症状自评量表是为了评定个体在感觉、情绪、思维、行为乃至生活习惯、人际关系、饮食睡眠等方面的心理健康症状而设计的。采用5级评分法：没有=1分、很轻=2分、中等=3分、偏重=4分、严重=5分，任一因子超过2分可考虑筛选阳性。本文将重点关注抑郁、偏执与精神病症状三方面内容。

3. 统计学分析

采用SPSS 17.0软件对数据进行统计分析。计量资料经正态性检验服从正态分布，用 $\bar{x} \pm s$ 描述，两组间均数比较采用完全随机设计t检验，多组间均数比较采用单因素方差分析，对抑郁、偏执和精神病症状三者关系的分析采用Pearson相关分析，对精神病症状影响因素的分析采用多元分层回归分析。

4.质量控制

调查人员经统一培训后进行现场调查，调查者由心理医生及健康教育者组成，在填写前进行指导，在规定的时间内自行填写完成调查问卷，填写完毕后统一收回。在测试前、测试中及测试后尽量采取统一方法、避免产生误差。问卷经筛选后剔除缺失项目>5%的无效问卷。

二、结果

1.一般情况

本次共调查798人，抑郁得分为5.14±4.21分，偏执得分为2.14±2.05分，精神病症状得分为2.73±2.72分。研究生不同心理状况的分布情况（见表1）。

表1 研究生不同心理状况的人数分布

心理情况	正常	异常前期	异常
抑郁	747	51	0
偏执	714	84	0
精神病症状	780	18	0

2.不同性别之间的心理情况

不同性别之间的抑郁、偏执和精神病症状的得分P值均大于0.05，差异无统计学意义，说明性别对研究生心理情况无影响（见表2）。

表2 不同性别之间的心理情况得分（x±s）

	抑郁	偏执	精神病症状
男	4.53±3.53	2.57±1.98	2.82±2.44
女	5.47±4.50	2.33±2.09	2.68±2.85
t	-1.73	0.88	0.39
P	0.09	0.38	0.69

3.研究生心理情况的相关性分析

相关性分析表明，在研究生心理情况中，抑郁与偏执和精神病症状均呈正相关关系，r值为0.702和0.644；精神病症状与偏执呈正相关关系，r值为0.688，以上结果均具有统计学意义（见表3）。

表3 研究生心理情况的相关性分析

	抑郁	偏执	精神病症状
抑郁	1		
偏执	0.702**	1	
精神病症状	0.644**	0.688**	1

注：**P<0.01

4.研究生心理情况的回归分析

采用分层回归进一步分析抑郁、偏执和精神病症状三者之间的关系。第一步以精神病症状为因变量，将抑郁作为自变量纳入回归模型中，结果显示：抑郁进入回归方程，其对精神病症状的预测作用有统计学意义（F=187.114，P=0.000），其标准化偏回归系数（β值）=0.644，t=13.679，P<0.05，对回归的贡献程度决定系数（R^2）=0.415；第二步在第一步的基础上再以偏执为自变量，精神病症状为因变量纳入回归模型中，结果显示：抑郁和偏执对精神病症状的预测作用均具有统计学意义（F=145.221，P<0.001），对总变异的解

释量 R^2=0.525，说明抑郁和偏执对精神病症状有一定影响（见表4）。

表4　研究生心理情况的回归分析

自变量	第一步			第二步		
	β值	t值	P值	β值	t值	P值
抑郁	0.644	13.679	0.000	0.317	7.803	0.000
偏执	—	—	—	0.466	5.309	0.000
R^2		0.415			0.525	
调整 R^2		0.413			0.521	
F值		187.114**			145.221**	

注：**P<0.01

三、讨论

复试选拔是研究生培养阶段前的重要步骤之一，研究生的心理情况则是影响人才培养的重要条件。随着研究生报考人数规模的不断增加，医学研究生的毕业人数也随之增加，传统的本科就业岗位越来越多地被研究生所占据，本科就业压力增大，因此，搭上研究生这趟“快车”也就顺理成章。考研难度增大，部分考生复考，甚至有三考四考的考生，个别院校在大三就以考研为目标设置课程，进入提前的强化学习，这就不同程度地造成了考生心理压力的增大，各种心理健康问题日渐凸显，而目前的情况是，研究生的心理健康教育却相对薄弱，针对性不强，特别是在复试阶段，医学研究生的复试在一定程度上仅考察学生的专业能力、外语能力，而往往忽视了学生的心理状况。因此，做好复试阶段的心理测试分析，将为选拔优秀人才提供重要的参考依据，对高校的人才培养有着重要的意义。

研究表明，大多数考生心理是健康的，但仍有一部分考生存在心理问题；性别对研究生心理情况无影响，抑郁与偏执和精神病症状均呈正相关关系，精神病症状与偏执呈正相关关系，抑郁和偏执对精神病症状会有一定的影响。这些情况说明考生的心理问题如果得不到及时调节，会造成精神疾病，影响学生的身体健康和学习生活，甚至造成更严重的影响。

研究显示复试阶段有部分研究生在一定程度上存在心理问题，造成心理问题的原因可能来自以下几个方面：

首先是学业压力。在医学生本科学习阶段，学习内容多，特别是在大五的上学期，既要临床实习，又要面临考研，学习内容与学习方式还不能得到很好的转变，又需要在较短的时间内完成几门医学专业课程的复习和政治、外语的复习，这对部分本科生来说是很大的压力，有的不得不离开临床实习，全身心地投入到考研复习之中。其次是就业压力。近几年来，随着研究生教育规模的逐渐扩大，本科生在人才市场上的优势相对减弱，尤其是一些社会需求量较少的专业，就业更加困难。另外，长期的学习和生活对家庭产生较大的经济负担，这也是形成心理压力的原因之一。再次是学习环境封闭。为了考上研究生，没有时间参加适当的体育活动，复习考研生活封闭，更缺乏与人交流的时间，也是造成他们偏执、焦虑和人际关系紧张的主要原因之一。

研究生是高层次的人才，研究生的学习过程是高层次人才培养的过程。研究生最后是否能成才，关键看他们是否具有健全的人格，健全的人格结构有助于提高他们的创造力和内在的潜力，同时，健康的心理更是研究生正常学习、生活、发展的基本保证与前提。研究生如果经常处于焦虑、郁闷、敏感等不良状态，将会严重影响他们后续的学习与工作[2]。鉴于此，学校应根据实际情况建立研究生人格和心理健康档案，针对每个学生的不同特点进行有目的、有重点的干预。同时建议开设心理健康和人格健康教育课程，教育他们掌握心理科学知识和心理调节方法，塑造良好的人格结构，建立和谐的人际关系，增强与提升自我的调节控制能力[3]，从而不断地提升研究生的潜力和创造力。

如何针对研究生的心理特点和心理健康现状开展有针对性的心理健康教育，特别是在早期复试阶段，若能够发现并第一时间进行有效的预防和心理辅导，将显著提高研究生录取质量和培养质量。通过在复试阶段对研究生心理健康状况的测试以及对研究生生活上的一些心理问题的探析，为日后的研究生心理健康教育提供重要的参考依据。针对复试阶段研究生的心理状况有必要进行测试研究，做到早发现、早介入、早疏导。

参考文献

［1］程春燕，张琴，李正赤．考研事件对医学生心理健康的影响［J］．现代预防医学，2013，40（23）：4372-4377．

［2］董亚莉，张茜，朱琳．复试研究生心理健康与个性成熟度的状况及影响因素分析［J］．中国科技信息，2014（6）：231-233．

［3］张茜，董亚莉，贾巍，等．复试研究生心理健康状况调查分析［J］．新疆医科大学学报，2014，37（9）：1232-1235．

复试工作方法实例

全日制和非全日制硕士研究生复试基本分数线划定问题研究

赵怀力　阎迪

（辽宁省招考办研究生招生处；辽宁沈阳，110031）

研究生教育是我国高等教育的重要组成部分，是培养高层次创新型专门人才的重要途径。改革开放以来，我国研究生教育从恢复到不断发展壮大，目前在读各类研究生已超过200万人，培养形式也从传统的全日制形式发展为全日制和非全日制并存，为国家现代化建设输送了大量人才。

2017年以前，我国非全日制获得硕士学位有两种方式：一种是同等学力人员通过各种研究生课程进修班或自学等其他方式学习研究生课程，并通过学位授予单位组织的课程考试和国家组织的“同等学力人员申请硕士学位外国语水平和学科综合水平全国统一考试”（以下简称“同等学力”），撰写论文并通过答辩后获得硕士学位；另一种是在职人员参加“在职人员攻读硕士专业学位全国联考”（以下简称“在职联考”），并被招生单位录取后，采取入校不离岗的形式，进行不脱产或半脱产学习，修完所要求的学分，撰写学位论文并通过论文答辩后获得相应的专业学位或其他学位。

上述两种渠道的开通，有效满足了我国在职人员对高层次学位教育的迫切需求，尤其是“在职联考”，每年录取在职考生10余万人，为我国高层次应用型专门人才的培养和终身学习型社会的建设做出了积极的贡献。

为推进全日制和非全日制研究生教育协调发展，促进全日制和非全日制研究生教育规范管理，教育部从2017年度开始，取消了“在职联考”，把相关工作纳入全国硕士研究生统一考试（以下简称“全国统考”），进而对全日制和非全日制研究生进行全面统筹管理。

2017年是统筹管理全日制和非全日制研究生的第一年，根据教育部的要求，统筹全日制和非全日制研究生管理工作的一项重要举措就是“统一组织实施全日制和非全日制研究生招生录取”。那么，如何贯彻落实教育部对于全日制和非全日制研究生考试招生“执行相同的政策和标准”的具体要求，维护招生录取的公正公平，进而有效地保证全日制和非全日制研究生同等质量，就成为考生、招生单位和教育招生考试管理机构在新形势下共同面临的新问题。

各招生单位负责组织实施本单位的招生工作，既是招生工作的责任主体，也是贯彻落实教育部有关政策的执行主体。在这种大环境下，其在具体工作中面临的最难把握、矛盾最突出、最容易产生争议的问题就是如何在教育部“执行相同的政策和标准”前提下划定同一专业中全日制和非全日制研究生的复试基本分数线（以下简称“复试分数线”）。复试工作是研究生考试招生的重要组成部分，是保证生源质量的基础环节，而复试分数线是开展复试工作的基础，只有划定了科学合理的复试分数线，才能为后续的复试录取工作创造高效有序的环境与条件。

一、新形势下全日制和非全日制生源结构的变化

由于“在职联考”的取消，绝大部分在职考生如果想继续求学深造，就只能和以往的全日制考生一同参加“全国统考”，并选择非全日制的学习方式获得硕士学位。从辽宁省2014—2017年“全国统考”考生数据统计得出，前3年报考辽宁省45个招生单位的应届本科毕业生人数占考生总人数比重呈逐年递增趋势，但在2017年应届本科毕业生报考人数比重却降至59.81%，这说明在职考生并没有因为“在职联考”的取消放弃求学之路，而是“被迫”加入了“全国统考”的队伍，见表1。

表1 2014—2017全国考生来源统计表

考生来源	年份			
	2014年	2015年	2016年	2017年
应届本科毕业生	62.45%	62.56%	63.10%	59.81%
非应届本科毕业生	37.55%	37.44%	36.90%	40.19%

注：2015—2017年数据不含推免考生。

同时，从2017年辽宁省“全国统考”考生数据中还可以得出，非全日制考生中，应届本科毕业生占比仅为2.67%，而非应届本科毕业生占比则高达97.33%。这说明了报考非全日制的考生仍以在职考生为主，应届本科毕业生还是倾向于全日制学习方式，见表2。

表2 考生学习方式统计表

学习方式 考生来源	全日制		非全日制	
	人数	比例	人数	比例
应届本科毕业生	52 333	66.68%	252	2.67%
非应届本科毕业生	26 153	33.32%	9 177	97.33%

二、新形势下全日制和非全日制考生成绩的区别与特点

如果同一专业既接收全日制考生又接收非全日制考生，那么这两类考生在初试时考试科目就完全相同。我们对2017年报考辽宁省45所招生单位的考生主要初试科目成绩和达

到国家确定的初试基本要求情况进行了如下统计，见表3：

表3　　初试科目成绩和达到国家确定的初试基本要求情况统计表

学习方式	平均分				报考人数	上线人数	上线比例
	政治理论	英语一	英语二	管理综合			
全日制	58.74	54.22	59.28	136.08	78 486	34 218	43.60%
非全日制	52.91	46.99	51.68	125.74	9 429	3 438	36.46%

报考单位	专业代码	专业名称	学习方式	上线考生最低分	上线人数
大连理工大学	055100	翻译	全日制	350	89
大连理工大学	055100	翻译	非全日制	353	5
大连理工大学	085201	机械工程	全日制	320	173
大连理工大学	085201	机械工程	非全日制	325	4
大连理工大学	085207	电气工程	全日制	323	65
大连理工大学	085207	电气工程	非全日制	328	5
大连理工大学	085216	化学工程	全日制	320	218
大连理工大学	085216	化学工程	非全日制	341	2
大连理工大学	085223	船舶与海洋工程	全日制	320	66
大连理工大学	085223	船舶与海洋工程	非全日制	371	3

注：由于非全日制考生报考管理类联考专业居多，考试科目数较少，总分满分值较低，因此总分平均分与全日制考生不具有可比性，故未做统计。

从统计中可以看出，这两类考生的专业基础和考试能力不尽相同，初试成绩有较大差异，第一志愿报考全日制专业考生的主要统考科目平均分要大大高于报考非全日制专业考生，这样导致了这两类考生初试总分达到国家基本分数要求的比例也具有一定的差距。但是，由于第一志愿报考非全日制的考生人数较少，其上线考生的最低分却并不比全日制考生低，甚至更高。

三、原有复试分数线划定办法存在的问题

在没有统筹管理全日制和非全日制研究生之前，招生单位一般是在国家确定的初试成绩基本要求的基础上，结合各专业招生计划数和生源数量来确定复试基本分数线，同时明确复试比例，进行复试和录取。在两种学习方式并存之后，一些招生单位仍然按照原来的思路，打算对同一专业的全日制和非全日制学习方式分别划定复试分数线。在新形势和新要求下，这样的思路就存在了一定的问题，主要表现为以下几个方面：

（一）同一专业不同学习方式的复试最低分差距较大

鉴于全日制和非全日制考生报考人数和初试成绩的差距，如果对同一专业的两种学习方式分别划线，就会形成两种学习方式复试分数线（复试最低分）差异较大的情况，见表4。

表4 两种学习方式复试分数线统计表

报考单位	专业代码	专业名称	学习方式	上线考生最低分	上线人数
大连理工大学	085223	船舶与海洋工程	全日制	320	66
大连理工大学	085223	船舶与海洋工程	非全日制	371	3
沈阳师范大学	045102	学科教学（思政）	全日制	333	17
沈阳师范大学	045102	学科教学（思政）	非全日制	321	2

（二）过度保护一志愿考生利益，忽视考生质量

有的招生单位认为，要绝对保护上线的非全日制第一志愿考生能够进入复试，否则今后第一志愿报考非全日制专业的考生就会减少。这种思路不符合研究生招生是为了选拔高层次创新型专门人才的基本原则，忽视了考生的质量，同时，过度保护第一志愿考生进入复试，也会助长志愿填报的投机取巧。

（三）矮化了非全日制学习方式

总体来说，现阶段非全日制考生的成绩水平与全日制考生还存在一定的差距，如果还以单证思维分别划定复试分数线，就偏离了改革目标，在一定程度上间接矮化了非全日制学习方式。

四、新形势下如何科学合理地划定复试分数线

在2017年全国硕士研究生考试招生复试工作过程中，面对全日制和非全日制这两类考生初试成绩的较大差异和生源数量的严重不平衡，如何科学合理、公正公平地划定同一专业不同学习方式的复试基本分数线，不仅关乎如何贯彻落实教育部有关要求，更是平稳顺利推进改革的关键。通过实践，我们摸索出了一些规律，提出以下建议：

（一）复试分数线划定面临的主要矛盾

地域、经济发展程度和专业层次水平等因素，导致了不同招生单位的生源结构、生源质量不平衡、不合理。而招生单位永远要在完成招生计划和选拔拔尖创新人才之间寻求最佳平衡点，既不能单纯为了完成招生计划而降低标准，来者不拒，更不能只考虑宁缺毋滥而忽视了本单位发展的现实。统筹管理全日制和非全日制研究生招生，又将这个矛盾更加突出。另外，由于招生计划分配到了具体的学习方式，给考生的感觉就是两种学习方式应

该分别排队，分别录取。

从2017年辽宁省45所招生单位一志愿考生上线情况可以看出，全日制和非全日制的上线比例差距极大。全日制考生合格生源基本充足，非全日制考生合格生源严重不足。这给招生单位合理划定复试分数线带来了严峻挑战，见表5。

表5 两种学习方式复试分数线

学习方式	上线人数	计划数	差额	上线率
全日制	34 218	32 295	1 923	105.95%
非全日制	3 438	5 524	-2 086	62.24%

注：差额=上线人数-计划数（正值代表考生超额，负数代表考生缺额）。

（二）复试分数线划定的基本原则

同一层级的招生专业（报考专业、院系所和研究方向均相同），无论何种学习方式，复试基本分数线应该是相同的。按照研究方向录取的门类或专业可以根据实际情况按照方向分别划线，例如，医学、艺术等。也就是说如果同一招生专业下，两个或多个研究方向的培养内容和目标确实差异很大，分数线可以有所区别，这与改革目的不相悖。但是如果同一招生专业不区分研究方向，仅仅是并存了两种学习方式而形成的研究方向代码和名称不同，则不应该划定不同的复试分数线。例如，一个招生专业只有两个研究方向，一个是全日制，另一个是非全日制，应该划相同的复试基本分数线。

高级管理人员工商管理硕士（EMBA）无论在什么情况下都不能单独划复试基本分数线。

（三）复试分数线划定的具体办法及实施效果

1.按照同一专业两个学习方式总体计划与合格生源情况统筹划定复试分数线

对于整体生源充足，非全日制生源不足的专业，可根据本专业两个学习方式总体计划数与两个学习方式总体上线考生情况划定复试分数线，非全日制不足的生源从全日制生源调剂。

如果首轮复试后仍没有完成非全日制招生计划，可以适当降低本专业复试分数线，即扩大复试比例，对没有进入首轮复试的一志愿上线考生进行第二轮复试。如果招生单位不愿意降低复试分数线，也可以从接收首次复试基本分数线以上的外校考生中调剂进行第二轮复试。需要注意的是，如果采取不降低复试基本分数线的方案，本专业首轮复试基本分数线下的全日制和非全日制一志愿上线考生都不能进入第二轮复试。

这种划线方案的优点是复试分数线适中，复试比例适合，一志愿考生利益得到了适度保护。缺点则是可能会造成部分上线的非全日制一志愿考生不能进入复试。

2017年东北财经大学会计硕士专业的复试，采取了这种划线方案。东北财经大学的会计硕士专业是上线计划比最高的专业，全日制和非全日制两种学习方式都有充足的生源。为了坚持相同标准，同时保证择优录取，他们在首轮复试中为两种学习方式设定了一个相同的较高复试分数线。而在首轮复试后非全日制计划仍未完成的情况下，面向全部一志愿全日制和非全日制200分以上的考生开放调剂和复试，既进行了充分选拔，又坚持了相同的标准，见表6。

表6　面向全部一志愿全日制和非全日制200分以上的考生开放调剂和复试统计表

报考单位	专业名称	学习方式	上线考生最低分	一志愿上线人数	复试轮次	是否有外校调剂	复试考生最低分	复试人数	计划数	拟录取人数
东北财经大学	会计	全日制	170	782	第一轮	无	253	92	70	70
东北财经大学	会计	非全日制	170	144	第一轮	无	253	3	99	4
东北财经大学	会计	非全日制			第二轮	无	200	112	99	95

注：第一轮复试中有一名原报考全日制的考生申请调剂到非全日制。

2.按照非全日制上线考生的最低成绩划定复试分数线

对于全日制和非全日制生源严重失衡或两个学习方式考生初试成绩差异较大的专业，可按照非全日制一志愿上线考生的最低成绩划定本专业的复试分数线，统一复试，分别录取。

如果首轮复试后仍没有完成非全日制招生计划，则可以根据本单位本专业的实际情况制定接收外校调剂考生的政策。

这种划线方案的优点是保护了非全日制一志愿考生都能够进入复试。缺点则是全日制一志愿考生复试比例可能会过大，给复试管理工作提出了新的要求。

2017年辽宁石油化工大学会计专业的复试，采取了这种划线方案。辽宁石油化工大学会计硕士专业两种学习方式的上线生源极不平衡，所以，其按照非全日制一志愿上线考生最低分划定了本专业的复试分数线。在第一轮复试后，全日制计划完成，非全日制计划仍有缺额。产生缺额的原因是过于乐观地估计了全日制考生愿意调剂到非全日制学习方式的数量，结果在复试过程中为了优中选优对复试合格条件设定了较高的标准，导致非全日制学习方式没有足够的合格调剂生源。所以学校对于未能通过第一轮复试的全日制一志愿考生进行了第二轮复试，完成了非全日制招生计划，见表7。

表7　全日制一志愿考生进行第二轮复试统计表

报考单位	专业名称	学习方式	上线考生最低分	一志愿上线人数	复试轮次	是否有外校调剂	复试考生最低分	复试人数	计划人数	拟录取人数
辽宁石油化工大学	会计	全日制	170	141	第一轮	无	177	130	60	61
辽宁石油化工大学	会计	非全日制	170	13	第一轮	无	177	13	20	12
辽宁石油化工大学	会计	非全日制			第二轮	无	215	6	20	6

注：第一轮复试中有5名原报考全日制的考生申请调剂到非全日制。全日制考生中复试后有同分并列的两名考生，最后调整一个计划，都予以录取。

通过实践我们总结出，这两种划定办法成功的关键除了结合本单位本专业实际情况因地制宜，还有就是要与全日制一志愿上线考生充分沟通，加强宣传和正确引导，要让考生理解非全日制研究生只是采取多种方式和灵活时间安排进行非脱产学习，培养标准和全日制研究生相同，其学历学位证书具有同等法律地位和相同效力。这样就使得两个学习方式都有较为充足且能够完成招生计划的复试考生数量，形成一个比较合适与平衡的复试比例。

五、结语

在推进高层次创新型专门人才培养，“双一流”建设的新形势下，加强对我国全日制和非全日制研究生统筹管理具有重要意义。这个举措能够推进依法行政和依法办学，促进学习型社会建设，推动研究生教育科学管理，更有利于考生根据个人发展需要准确选择报考单位和学科专业以及学习方式，有利于加强社会对研究生培养过程的监督。招生单位要在严格贯彻执行教育部有关研究生招生政策的基础上，适应社会发展的新形势，结合自身实际情况积极探索适合本单位的招生复试录取工作方法，提高招生效率，提高考生和社会的满意度，建立健全公平、公正、公开的招生制度。在第一年的实践中，仍存在大量全日制上线考生不愿意选择非全日制学习方式的情况，这给教育行政管理部门提出新的课题，应该从招生计划安排、学籍管理、奖助体系、就业派遣等方面完善相关政策，确保改革任务平稳有序地实施，促进研究生教育事业健康蓬勃地发展。

大连海事大学标准化多维度硕士研究生入学复试面试工作方法

徐久军　熊伟

（大连海事大学；辽宁大连，116026）

前言

在硕士研究生招生工作中，笔试为保证公平、科学地选拔高层次人才发挥了重要作用。但随着时间的推移，一些弊端逐渐显现，典型的表现形式是，部分考生在本科阶段只重视考研课程的学习，而忽视了其他课程，尤其是专业选修课的学习，形成了一支庞大的“考研专业户”群体，这样“考”进来的学生往往因其自身的知识结构和能力结构在本科阶段未能得到全面的发展，综合实践能力未能得到充分的训练，从而表现为发展后劲不足，不能胜任研究生阶段的研究工作。

为了选拔“综合素质高、专业基础好、实践能力强”的优秀考生，弥补初试笔试科目带来的问题，复试面试（或称“综合面试”）工作在研究生招生考试工作中的地位和作用越来越重要，以克服笔试方式不能全面考核学生的能力和素质的局限性。

另一方面，2017年硕士研究生招生复试工作办法要求复试差额比例不低于120%，复试成绩占录取总成绩权重增大，这进一步对复试结果的客观性提出了更高的要求。

2015年，在深圳举办的第八届全国工科研究生教育工作研讨会上，哈尔滨工业大学交流了其“标准化多维度”硕士研究生入学复试面试的工作经验，这种“工作方法”实现了复试面试形式的标准化、面试题目和评分的标准化以及流程的标准化，这种复试面试方法既能更加全面客观地评价考生的能力和水平，起到遴选优秀考生的作用，又可以抑制主观偏差，提高复试结果的客观性。

我校借鉴哈尔滨工业大学的经验，结合自身的实际情况进行调整，基于2016年试点经验，今年在全校普遍推广“标准化多维度”硕士研究生入学复试面试方法，不同学科大类可根据实际情况进行调整，并制定自己的细则。

一、综合面试考核形式的多维度化

把综合面试分解为五个环节，从五个不同的维度考核学生的综合能力。

1.分析表述能力考核：面试前，考核小组准备好1篇中文短文。面试期间，首先由考生对自己的自然情况、大学的学习情况、学习成绩、特长、兴趣和身心健康情况做1分钟自述，主考教师根据考生自述情况和短文内容对考生进行提问。这部分重点考查考生的阅读能力、记忆能力、归纳总结能力和表述能力。

2.外语交流能力考核：面试前，考核小组准备好1个话题。面试期间，主考教师根据话题内容与考生进行自然交流和提问。此部分面试的主考教师应选择有国外学习经历的教师担任。这部分重点考核考生外语应用水平和听力。

3.逻辑思维能力考核：面试前，考核小组准备好1个逻辑思维试题。面试期间，考生需对试题进行分析并得出结论，回答主考教师的提问。这部分重点考核考生解题思路是否清晰。

4.实践创新能力考核：面试前，考核小组准备好1个与实际生活相结合的专业试题。面试期间，考生对问题进行分析解答，并提出个人观点，回答主考教师的提问。这部分重点考核考生综合运用所学知识解决实际问题的能力。

5.动手能力考核：考核小组以实验操作或上机等形式考核考生的动手能力，各单位可根据实际情况选择考核形式。

二、综合面试题目和评分的标准化

为确保面试试题难度和评判标准保持一致，保证综合面试的公平性，要求同一学科（专业）/类别（领域）的考生面试的中文短文、外语交流能力话题、逻辑思维考核试题、实践创新能力考核试题和动手能力考核试题均相同。另外，要求主考教师在面试前准备面试问题，并提前配备标准化答案。面试时，每项考核的主考教师对考生的提问相同，并按照标准化答案对考生进行评分。

三、综合面试流程的标准化

5项考核共需占用至少7个考场，其中至少1个作为考前等候区，1个作为考后等候区，5个考场分别考核分析表述能力、外语交流能力、逻辑思维能力、实践创新能力和动手能力。

每个学科（专业）/类别（领域）成立5个面试小组分别负责分析表述能力、外语交流能力、逻辑思维能力、实践创新能力和动手能力考核环节。每个面试小组由不少于3位主考教师（其中1位为组长）组成，每名学生均须依次经过5个面试小组的考核。考生进行各项考核时，由引导员带入相应环节的备考区（在每个考场外为学生准备备考座位），备考时间5分钟。考生5项考核结束后可在考后等候区等待，或者参加不同单位安排的其他活动。标准化面试的工作流程如图1所示。

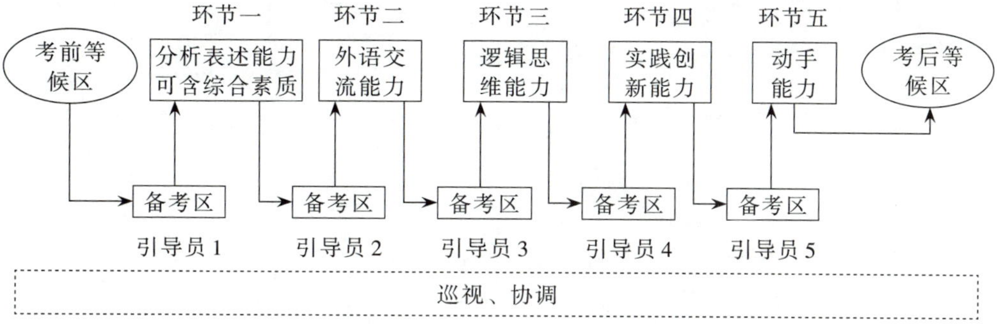

图1 标准化面试的工作流程

注：

1. 每个面试小组对考生的面试全部过程都要录音、录像。
2. 面试前，考生须将手机上交，由学院安排专人统一保管，待全部考生面试结束后交还考生。
3. 须为考前等候区和5个考核环节分别配备引导员。
4. 至少有1名教师负责整个考场秩序。所有相关人员在面试前须进行培训。
5. 各学科根据对考生动手能力考核方式的不同，在前4项面试考核结束后，自主选择动手能力考核形式。

四、计分方法

每位主考教师需为考生独立打分并记录考生的作答情况，然后由考核小组组长进行汇总，计算平均分（此分为考生该环节的最终得分），并在考生该项面试考核的《综合面试记录表》上填写成绩和答题情况，然后由每位主考教师签字确认。

综合面试考核结束后，各学科收集整理每位考生所有的《综合面试记录表》（每位考生均应有5份），填写该考生最终《综合面试记录表》，并由学院（系）复试工作小组确认、组长签字后，报研究生院。

统计数据报告

2014年辽宁省硕士研究生考试统计数据报告

喻泓飞

（辽宁省招考办研究生招生处；辽宁沈阳，110031）

我省本年度硕士研究生招生考试参加初试的考生共计70 011人，全国报考我省域内51家硕士研究生招生单位共计79 817人，全国报考省属32家硕士研究生招生单位（含沈阳大学、大连大学）共计53 113人，其中，在本省参加考试且报考本省域内硕士研究生招生单位的考生共有50 886人，报考本省硕士研究生招生单位考生初试合格24 186人，本省域内51家招生单位共有硕士研究生招生计划30 192人，其中省属32家招生单位（含沈阳大学、大连大学）共有硕士研究生招生计划21 304人，本省硕士研究生招生单位共录取考生28 335人，其中省属硕士研究生招生单位共录取考生19 263人。

一、报名统计数据

1. 按学科门类统计报考域内51家招生单位报名人数，见表1和图1到图3。

表1 按学科门类统计表

门类名称	辽宁报考人数	辽宁报考专业学位人数	报考辽宁人数	报考辽宁专业学位人数
哲学	421	0	362	0
经济学	3 431	1 224	5 308	1 564
法学	4 685	1 554	4 539	1 294
教育学	4 090	2 088	4 412	1 804
文学	3 932	1 304	4 333	1 277
历史学	470	27	433	0

续表

门类名称	辽宁报考人数	辽宁报考专业学位人数	报考辽宁人数	报考辽宁专业学位人数
理学	3 430	0	3 979	0
工学	21 486	6 010	24 022	6 975
农学	1 195	480	1 054	464
医学	9 560	5 007	11 061	5 694
军事学	67	2	20	0
管理学	14 178	10 062	17 059	11 032
艺术学	3 066	1 000	3 235	1 011

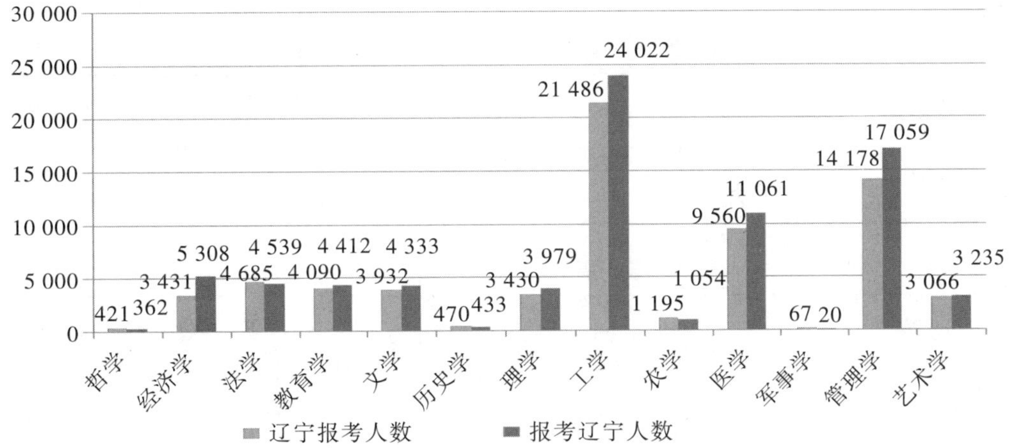

图1　按学科门类统计柱形图

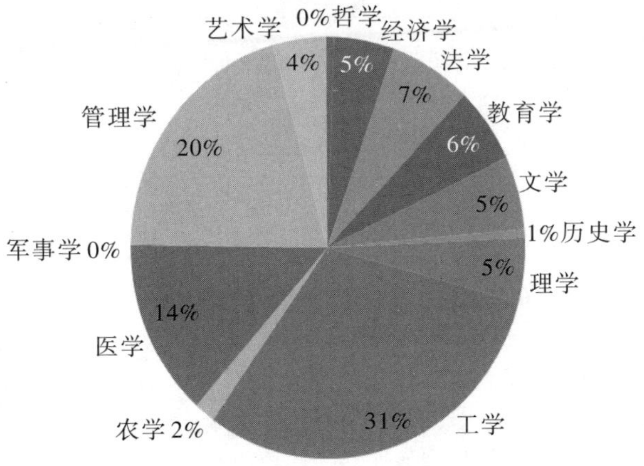

图2　按学科门类统计辽宁报考考生饼图

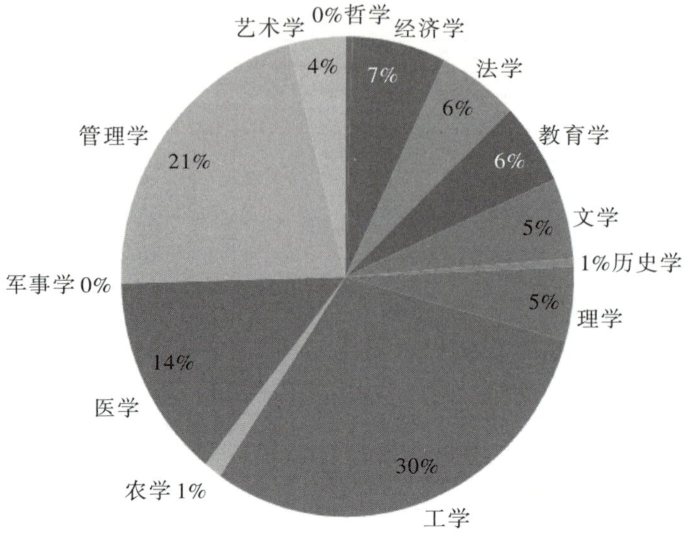

图3　按学科门类统计报考辽宁考生饼图

2. 按学科门类统计报考省属32家招生单位报名人数，见表2和图4。

表2　**按学科门类统计报考省属32家招生单位情况统计表**

门类名称	报考辽宁省属单位人数	报考辽宁省属单位专业学位人数
哲学	264	0
经济学	4 789	1 496
法学	3 063	820
教育学	4 309	1 791
文学	3 496	932
历史学	433	0
理学	2 484	0
工学	7 373	2 301
农学	1 043	464
医学	11 020	5 694
管理学	11 789	7 526
艺术学	3 050	980

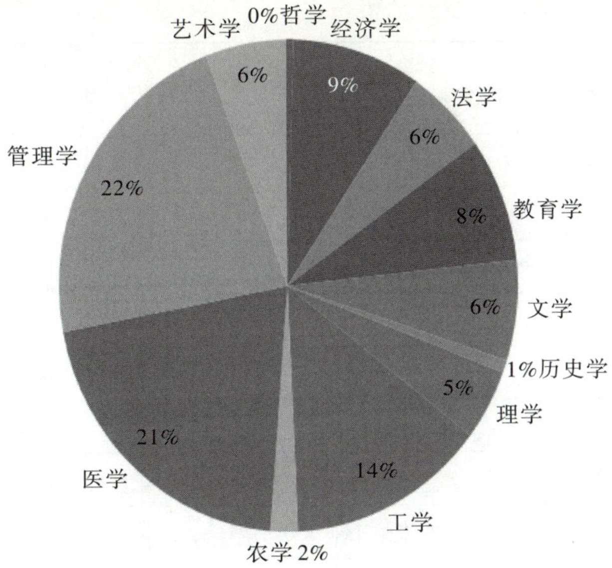

图4 按学科门类统计报考省属32家招生单位饼图

3. 按报考点统计，见表3。

表3 辽宁报考考生按报考点报考人数统计表

序号	报考点代码	报考点名称	报考人数	报考辽宁招生单位人数
1	2101	辽宁省沈阳市和平区招考办	6 926	5 264
2	2102	辽宁省大连金州新区招生办	3 807	1 873
3	2103	辽宁省沈阳市铁西区招考办	4 416	2 801
4	2104	辽宁省沈阳市沈河区招考办	4 084	2 758
5	2105	辽宁省沈阳市大东区招考办	3 997	3 126
6	2106	大连外国语大学	48	41
7	2107	辽宁省沈阳市皇姑区招考办	6 585	3 996
8	2108	辽宁省大连市高新园区招生办	2 615	1 493
9	2109	辽宁省鞍山市招考办	3 016	1 962
10	2110	辽宁省抚顺市招考办	2 770	1 954
11	2111	辽宁省本溪市招考办	680	440
12	2112	辽宁省丹东市招考办	807	503
13	2113	辽宁省锦州市招考办	5 938	4 315
14	2114	辽宁省营口市招考办	793	585
15	2115	辽宁省阜新市招考办	2 489	1 874

续表

序号	报考点代码	报考点名称	报考人数	报考辽宁招生单位人数
16	2116	辽宁省辽阳市招考办	955	704
17	2117	辽宁省盘锦市招考办	460	299
18	2118	辽宁省铁岭市招考办	559	411
19	2119	辽宁省朝阳市招考办	619	353
20	2120	辽宁省葫芦岛市招考办	1 066	570
21	2121	辽宁大学	455	126
22	2122	大连理工大学	838	598
23	2123	沈阳工业大学	164	157
24	2124	东北大学	883	663
25	2125	辽宁科技大学	97	92
26	2126	辽宁工程技术大学	217	217
27	2127	大连海事大学	440	315
28	2128	沈阳农业大学	128	128
29	2129	中国医科大学	101	92
30	2130	大连医科大学	73	63
31	2131	辽宁中医药大学	32	27
32	2132	沈阳药科大学	117	94
33	2133	辽宁师范大学	150	71
34	2134	东北财经大学	235	220
35	2135	大连交通大学	62	45
36	2136	大连工业大学	46	45
37	2137	沈阳建筑大学	43	43
38	2138	沈阳师范大学	48	25
39	2139	辽宁省大连市中山区招生办	3 264	3 264
40	2140	辽宁省大连市西岗区招生办	2 498	1 390
41	2141	辽宁省大连市沙河口招生办	2 086	1 211
42	2142	辽宁省大连市甘井子区招生办	3 201	2 246
43	2143	辽宁省大连市旅顺口区招生办	2 203	1 214

4. 按考试方式统计，见表4和图5到图6。

表4 按考试方式统计

考试方式	辽宁报考人数	辽宁报考专业学位人数	报考辽宁人数	报考辽宁专业学位人数
全国统考	54 243	15 609	63 682	17 186
推荐免试	3 935	1 514	3 296	1 288
单独考试	180	42	180	42
管理类联考	10 344	10 344	11 612	11 612
法硕联考	1 247	1 247	985	985
强军计划	62	2	62	2

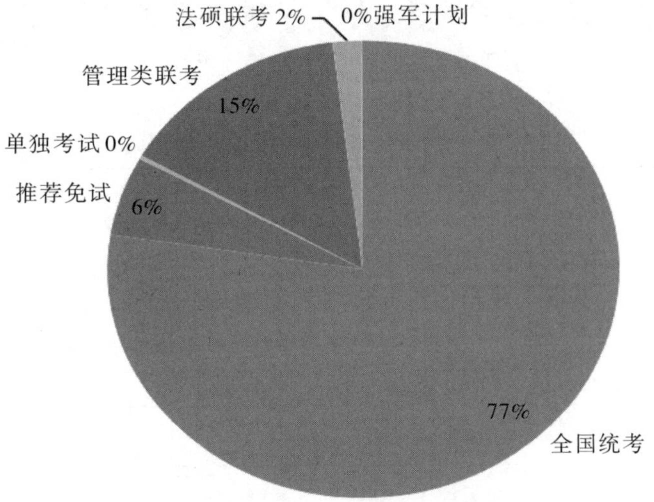

图5 按考试方式统计辽宁报考考生饼图

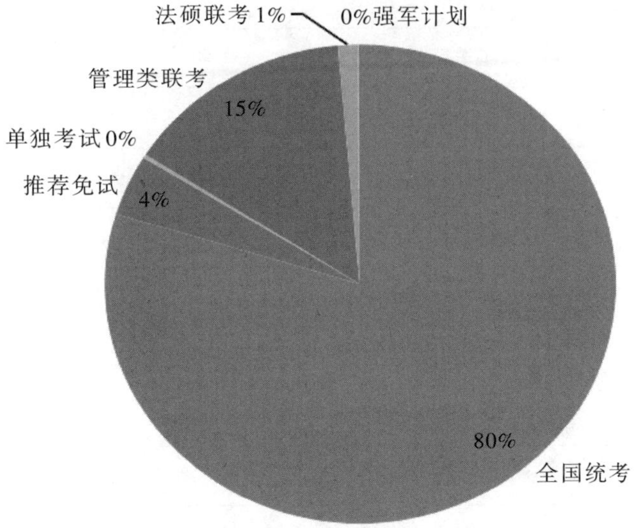

图6 按考试方式统计报考辽宁考生饼图

5. 按考生出生年份统计，见图7。

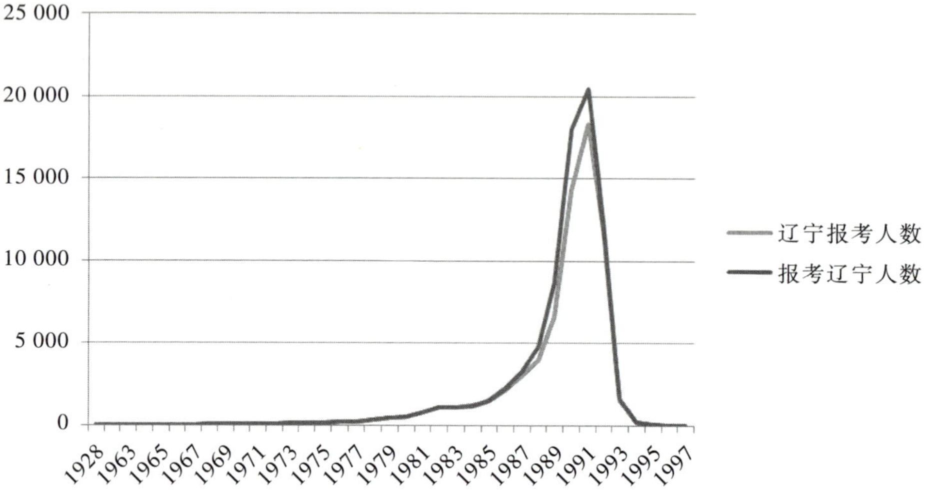

图7 按考生出生年份统计折线图

6. 按报考辽宁招生单位统计，见表5。

表5 按考生报考辽宁招生单位统计表

单位代码	单位名称	辽宁报考人数	全国报考人数
10140	辽宁大学	4 459	7 777
10141	大连理工大学	4 733	10 499
10142	沈阳工业大学	1 722	2 286
10143	沈阳航空航天大学	432	500
10144	沈阳理工大学	575	647
10145	东北大学	5 507	10 136
10146	辽宁科技大学	802	827
10147	辽宁工程技术大学	1 733	1 878
10148	辽宁石油化工大学	1 009	1 120
10149	沈阳化工大学	316	346
10150	大连交通大学	390	583
10151	大连海事大学	2 410	4 218
10152	大连工业大学	634	831
10153	沈阳建筑大学	1 118	1 749
10154	辽宁工业大学	380	427

续表

单位代码	单位名称	辽宁报考人数	全国报考人数
10157	沈阳农业大学	944	1 106
10158	大连海洋大学	388	465
10159	中国医科大学	2 505	3 867
10160	辽宁医学院	1 426	1 757
10161	大连医科大学	1 307	2 587
10162	辽宁中医药大学	1 122	1 384
10163	沈阳药科大学	828	1 695
10164	沈阳医学院	101	109
10165	辽宁师范大学	2 535	4 527
10166	沈阳师范大学	1 832	2 232
10167	渤海大学	1 445	1 546
10169	鞍山师范学院	50	56
10172	大连外国语大学	359	1 034
10173	东北财经大学	3 445	8 916
10175	中国刑事警察学院	309	752
10176	沈阳体育学院	474	599
10177	沈阳音乐学院	481	481
10178	鲁迅美术学院	764	764
11035	沈阳大学	464	487
11258	大连大学	226	367
11632	沈阳工程学院	132	163
12026	大连民族学院	70	75
80038	中科院大连化学物理研究所	31	261
80127	中科院沈阳应用生态研究所	31	114

续表

单位代码	单位名称	辽宁报考人数	全国报考人数
80133	中科院沈阳计算技术研究所	34	157
80144	中科院金属研究所	25	157
80147	中科院沈阳自动化研究所	46	188
82705	沈阳铸造研究所	1	1
82903	中国航空研究院601所	8	14
82905	中航六零六所	3	10
82929	航空工业总公司626所	5	5
83304	煤炭科学研究总院沈阳研究院	7	10
83503	沈阳化工研究院	5	11
86220	大连测控技术研究所	8	15
89621	中共辽宁省委党校	12	14
90040	海军大连舰艇学院	24	67

7. 其他重点统计

在辽宁报考的考生按照性别统计，男生32 909人，女生37 102人。

报考辽宁域内招生单位的考生按照性别统计，男生36 152人，女生43 665人。

按照考生取得最后学历的学习形式统计，普通全日制，在辽宁省报考全国硕士研究生考生66 495人，全国报考辽宁省域内招生单位考生76 012人，成人教育，在辽宁省报考全国硕士研究生考生1 809人，全国报考辽宁省域内招生单位考生1 931人，自学考试，在辽宁省报考全国硕士研究生考生1 330人，全国报考辽宁省域内招生单位考生1 508人，网络教育，在辽宁省报考全国硕士研究生考生252人，全国报考辽宁省域内招生单位考生250人，获境外学历或学位证书者，在辽宁省报考全国硕士研究生考生99人，全国报考辽宁省域内招生单位考生91人，其他，在辽宁省报考全国硕士研究生考生26人，全国报考辽宁省域内招生单位考生24人。

按照考生户口所在地统计报考辽宁域内招生单位考生，其中外省市报考前五名分别是，山东省报考7 474人，黑龙江省报考4 513人，河北省报考4 337人，河南省报考4 273人，内蒙古自治区报考3 289人。

按照所报专项计划统计（不含无专项计划考生）考生，在辽宁报考少数民族骨干计划的考生196人，报考辽宁招生单位少数民族骨干计划的考生151人，在辽宁报考强军计划的考生62人，报考辽宁招生单位强军计划的考生62人。

二、考试组织情况统计

1. 按考点、考场统计，见表6。

表6

按考点、考场统计

地区（单位）	准考人数	考点数	考场数	监考人数	巡考人数
沈阳市统考考点	25 988	44	887	1 774	300
东北大学单考考点	79	1	4	8	8
辽宁大学单考考点	7	1	1	2	3
鲁迅美术学院统考考点	764	1	5	10	6
沈阳音乐学院统考考点	481	1	11	22	5
大连市统考考点	19 673	29	675	1 350	286
大连理工大学单考考点	49	1	2	4	2
大连海事大学单考考点	14	1	1	2	2
东北财经大学单考考点	42	1	2	4	4
鞍山市统考考点	3 014	3	104	208	21
辽宁科技大学单考考点	12	1	1	2	2
抚顺市统考考点	2 769	3	96	192	60
本溪市统考考点	677	1	27	54	10
丹东市统考考点	807	1	30	60	17
锦州市统考考点	5 929	7	201	402	28
营口市统考考点	792	1	30	60	7
阜新市统考考点	2 487	2	86	172	30
辽宁工程技术大学单考考点	37	1	2	4	2
辽阳市统考考点	954	1	36	72	8
盘锦市统考考点	455	1	19	38	5
铁岭市统考考点	558	1	22	44	10
朝阳市统考考点	618	1	24	48	12
葫芦岛市统考考点	1 065	1	39	78	8
合计	67 271	105	2 305	4 610	836

2. 按考试科目统计，见表7。

表7　按报考点统计考试科目统计表

报考点代码	报考点名称	第一单元科目数	第二单元科目数	第三单元科目数	第四单元科目数
2101	辽宁省沈阳市和平区招考办	4	46	435	1 038
2102	辽宁省大连金州新区招生办	4	40	513	1 181
2103	辽宁省沈阳市铁西区招考办	4	38	275	902
2104	辽宁省沈阳市沈河区招考办	4	22	322	918
2105	辽宁省沈阳市大东区招考办	4	34	343	726
2106	大连外国语大学	1	1	1	1
2107	辽宁省沈阳市皇姑区招考办	3	48	621	1 332
2108	辽宁省大连市高新园区招生办	3	21	164	629
2109	辽宁省鞍山市招考办	3	35	386	825
2110	辽宁省抚顺市招考办	4	23	275	709
2111	辽宁省本溪市招考办	3	13	144	282
2112	辽宁省丹东市招考办	4	19	182	347
2113	辽宁省锦州市招考办	4	47	500	976
2114	辽宁省营口市招考办	2	12	139	286
2115	辽宁省阜新市招考办	3	18	217	581
2116	辽宁省辽阳市招考办	4	27	163	336
2117	辽宁省盘锦市招考办	4	16	120	212
2118	辽宁省铁岭市招考办	4	18	138	238
2119	辽宁省朝阳市招考办	4	19	139	244
2120	辽宁省葫芦岛市招考办	4	18	156	422
2121	辽宁大学	2	2	5	5

续表

报考点代码	报考点名称	第一单元科目数	第二单元科目数	第三单元科目数	第四单元科目数
2122	大连理工大学	2	3	5	16
2123	沈阳工业大学	1	1	1	1
2124	东北大学	2	2	9	22
2125	辽宁科技大学	2	2	2	6
2126	辽宁工程技术大学	2	2	2	11
2127	大连海事大学	2	2	5	6
2128	沈阳农业大学	1	1	1	1
2129	中国医科大学	1	1	1	1
2130	大连医科大学	1	1	1	1
2131	辽宁中医药大学	1	1	1	1
2132	沈阳药科大学	1	1	1	1
2133	辽宁师范大学	1	1	1	1
2134	东北财经大学	2	2	2	3
2135	大连交通大学	1	1	1	1
2136	大连工业大学	1	1	1	1
2137	沈阳建筑大学	1	1	1	1
2138	沈阳师范大学	1	1	1	1
2139	辽宁省大连市中山区招生办	1	1	0	0
2140	辽宁省大连市西岗区招生办	3	25	232	710
2141	辽宁省大连市沙河口招生办	3	32	299	639
2142	辽宁省大连市甘井子区招生办	4	49	348	628
2143	辽宁省大连市旅顺口区招生办	4	65	306	400

三、考试成绩统计数据

1. 按报考招生单位统计，见表8和图8。

表8　　按报考招生单位初试合格考生统计表

报考单位代码	报考单位名称	报考人数	初试合格人数
10140	辽宁大学	7 777	2 181
10141	大连理工大学	10 499	3 328
10142	沈阳工业大学	2 286	688
10143	沈阳航空航天大学	500	71
10144	沈阳理工大学	647	134
10145	东北大学	10 136	3 069
10146	辽宁科技大学	827	167
10147	辽宁工程技术大学	1 878	382
10148	辽宁石油化工大学	1 120	280
10149	沈阳化工大学	346	112
10150	大连交通大学	583	132
10151	大连海事大学	4 218	1 433
10152	大连工业大学	831	293
10153	沈阳建筑大学	1 749	705
10154	辽宁工业大学	427	48
10157	沈阳农业大学	1 106	450
10158	大连海洋大学	465	192
10159	中国医科大学	3 867	1 013
10160	辽宁医学院	1 757	169
10161	大连医科大学	2 587	391
10162	辽宁中医药大学	1 384	435
10163	沈阳药科大学	1 695	725
10164	沈阳医学院	109	9

续表

报考单位代码	报考单位名称	报考人数	初试合格人数
10165	辽宁师范大学	4 527	1 690
10166	沈阳师范大学	2 232	654
10167	渤海大学	1546	421
10169	鞍山师范学院	56	1
10172	大连外国语大学	1 034	426
10173	东北财经大学	8 916	2 989
10175	中国刑事警察学院	752	120
10176	沈阳体育学院	599	236
10177	沈阳音乐学院	481	159
10178	鲁迅美术学院	764	349
11035	沈阳大学	487	143
11258	大连大学	367	66
11632	沈阳工程学院	163	24
12026	大连民族学院	75	33
80038	中科院大连化学物理研究所	261	123
80127	中科院沈阳应用生态研究所	114	71
80133	中科院沈阳计算技术研究所	157	58
80144	中科院金属研究所	157	78
80147	中科院沈阳自动化研究所	188	80
82705	沈阳铸造研究所	1	1
82903	中国航空研究院601所	14	6
82905	中航六零六所	10	2
82929	航空工业总公司626所	5	2
83304	煤炭科学研究总院沈阳研究院	10	5
83503	沈阳化工研究院	11	1
86220	大连测控技术研究所	15	3
89621	中共辽宁省委党校	14	0
90040	海军大连舰艇学院	67	38

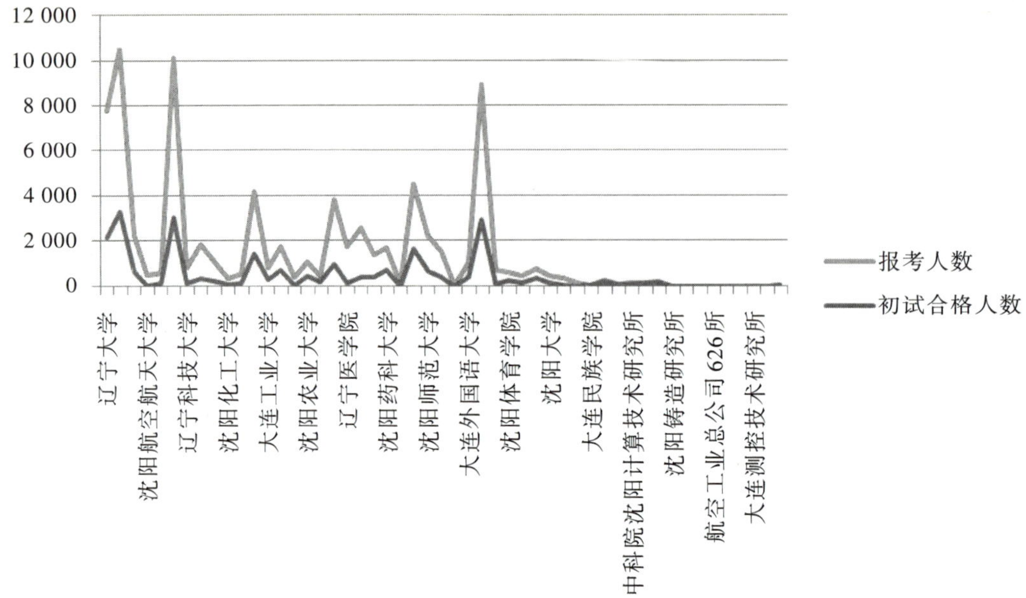

图8 按报考招生单位初试合格考生统计折线图

2. 按学科门类统计，见表9和图9。

表9 **按学科门类初试合格考生统计表**

门类代码	门类名称	报考人数	初试合格人数
01	哲学	362	132
02	经济学	5 308	1 425
03	法学	4 539	1 129
04	教育学	4 412	1 510
05	文学	4 333	1 259
06	历史学	433	112
07	理学	3 979	1 855
08	工学	24 022	7 479
09	农学	1 054	509
10	医学	11 061	2 588
11	军事学	20	17
12	管理学	17 059	5 090
13	艺术学	3 235	1 081

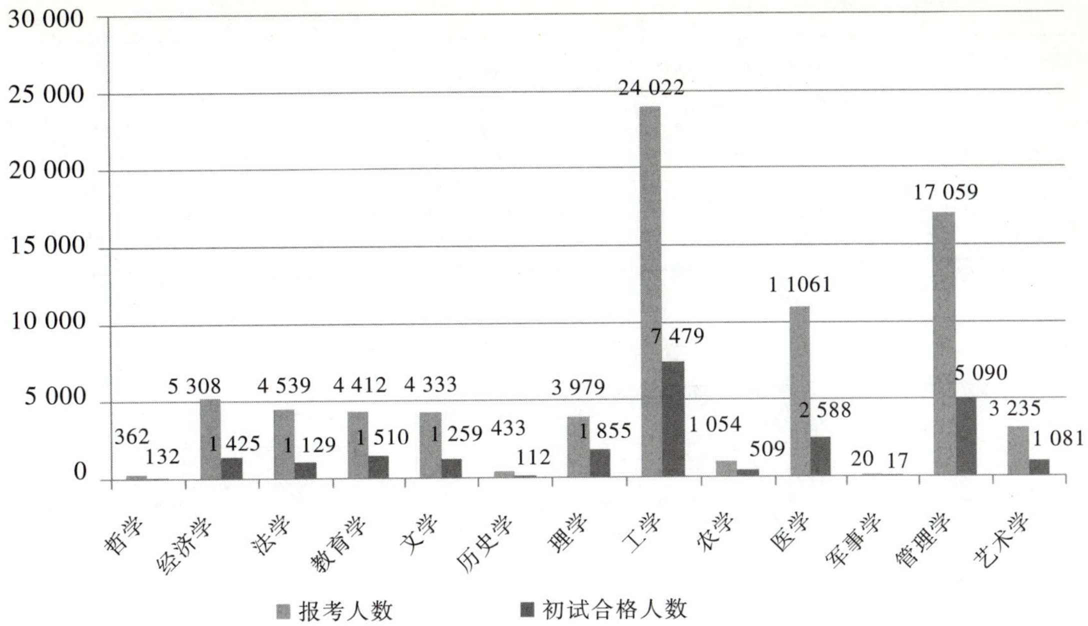

图9　按学科门类初试合格考生统计柱形图

3. 按考生报考点所在省市统计，见表10和图10。

表10　**按考生报考点所在省、市统计表**

省市代码	省市名称	报考人数	合格人数
11	北京市	531	134
12	天津市	654	187
13	河北省	3 714	1 323
14	山西省	1 969	720
15	内蒙古自治区	1 940	469
21	辽宁省	49 187	13 359
22	吉林省	2 540	612
23	黑龙江省	3 775	1 017
31	上海市	190	53
32	江苏省	835	343
33	浙江省	268	67
34	安徽省	1 022	406
35	福建省	185	51
36	江西省	503	176

续表

省市代码	省市名称	报考人数	合格人数
37	山东省	6 876	2 662
41	河南省	3 603	1 330
42	湖北省	1 007	368
43	湖南省	566	176
44	广东省	244	62
45	广西壮族自治区	125	35
46	海南省	172	27
50	重庆市	288	88
51	四川省	344	101
52	贵州省	115	13
53	云南省	169	28
54	西藏自治区	7	1
61	陕西省	604	201
62	甘肃省	386	82
63	青海省	103	11
64	宁夏回族自治区	179	44
65	新疆维吾尔自治区	166	40

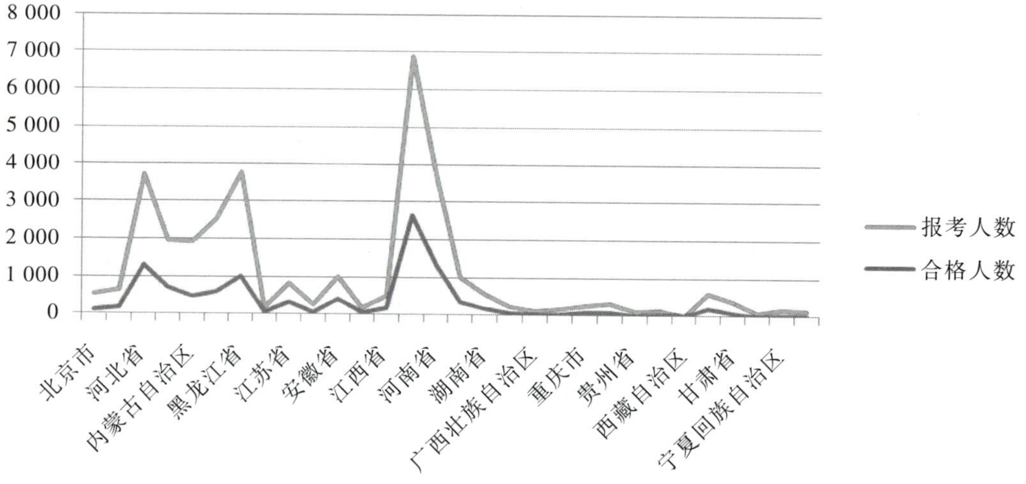

图10 按考生报考点所在省、市统计折线图（辽宁以外省市）

4. 按学科门类（专业）和专业学位统计，见表11。

表11　　按学科门类（专业）和专业学位统计表

代码	名称	报考人数	合格人数
	单独考试	26	11
	强军计划	25	10
01	哲学	360	130
02	经济学	3 734	844
03	法学	3 221	976
04	教育学（不含体育学）	1 777	552
04	教育学（不含体育学）	42	16
0403	体育学	784	303
05	文学	2 966	676
0502	外国语言文学	89	33
06	历史学	433	112
07	理学	3 970	1 853
08	工学（不含工学照顾专业）	6 557	1 975
08	工学（不含照顾专业）	3 628	1 077
08	工学（不含照顾学科、软件工程、计算机科学与技术）	4 595	1 585
0801	力学	319	128
0806	冶金工程	207	95
0807	动力工程及工程热物理	275	64
0812	计算机科学与技术	336	39
0815	水利工程	43	9
0818	地质资源与地质工程	49	13
0819	矿业工程	339	140
0824	船舶与海洋工程	197	69
0825	航空宇航科学与技术	142	29

续表

代码	名称	报考人数	合格人数
0826	兵器科学与技术	32	9
0828	农业工程	194	45
0835	软件工程	64	1
09	农学	590	314
10	医学（不含中医类照顾专业）	4 855	1 146
1005	中医学	403	82
1006	中西医结合	109	22
11	军事学	20	17
12	管理学	5 185	846
12	管理学（不含公共管理）	504	49
1204	公共管理	304	60
13	艺术学	2 221	800
9999	少数民族骨干计划	151	66
0251	金融	499	105
0252	应用统计	134	35
025200	应用统计硕士	15	3
0253	税务	129	33
0254	国际商务	76	11
025400	国际商务硕士	2	1
0255	保险	38	6
0256	资产评估	52	8
0257	审计	618	376
035101	法律（非法学）	740	71
035102	法律（法学）	263	18
0352	社会工作	110	25

续表

代码	名称	报考人数	合格人数
0353	警务	178	23
0451	教育	1 179	440
0452	体育	169	24
045201	体育教学	10	3
0453	汉语国际教育	381	165
0454	应用心理	64	4
0551	翻译	1 031	470
0551	翻译硕士	93	40
0552	新闻与传播	141	27
0851	建筑学	269	94
0852	工程	1 247	343
0852	工程（不含工程照顾专业）	3 102	805
0852	工程硕士（不含照顾专业）	1 604	692
085205	冶金工程	191	87
085206	动力工程	122	33
085212	软件工程	77	22
085214	水利工程	27	1
085217	地质工程	13	1
085218	矿业工程	82	18
085223	船舶与海洋工程	99	37
085224	安全工程	65	19
085225	兵器工程	7	1
085227	农业工程	13	5
085232	航空工程	11	1
0853	城市规划	19	6

续表

代码	名称	报考人数	合格人数
0951	农业推广	439	179
0952	兽医	25	16
1051	临床医学（不含临床医学照顾专业）	4 134	760
105118	中医内科学	300	117
105119	中医外科学	39	8
105120	中医骨伤科学	57	19
105121	中医妇科学	42	15
105122	中医儿科学	12	2
105123	中医五官科学	6	0
105124	针灸推拿学	66	15
105126	中西医结合临床	216	78
1052	口腔医学	454	177
1053	公共卫生	7	0
1054	护理	29	10
1055	药学	294	129
1056	中药学	38	8
1251	工商管理	4 512	1 323
125100	工商管理硕士	626	179
1252	公共管理	1 915	548
125200	公共管理硕士	618	166
1253	会计	2 885	1 784
125300	会计硕士	96	12
1254	旅游管理	39	5
1256	工程管理	341	108
1351	艺术	1 011	279

四、录取统计数据

1. 按招生单位统计，见表12。

表12 按招生单位统计录取人数表

录取单位代码	录取单位名称	录取人数	一志愿人数	调剂人数	专硕录取人数
10140	辽宁大学	2 125	1 520	605	1 026
10141	大连理工大学	3 529	3 003	526	1 381
10142	沈阳工业大学	927	673	254	462
10143	沈阳航空航天大学	324	85	239	93
10144	沈阳理工大学	417	145	272	174
10145	东北大学	3 297	3 007	290	1 380
10146	辽宁科技大学	347	257	90	184
10147	辽宁工程技术大学	836	579	257	350
10148	辽宁石油化工大学	409	276	133	79
10149	沈阳化工大学	204	122	82	10
10150	大连交通大学	412	173	239	150
10151	大连海事大学	1 623	1 317	306	814
10152	大连工业大学	535	320	215	225
10153	沈阳建筑大学	710	475	235	291
10154	辽宁工业大学	122	57	65	36
10157	沈阳农业大学	795	557	238	219
10158	大连海洋大学	268	193	75	105
10159	中国医科大学	1 224	778	446	787
10160	辽宁医学院	783	150	633	603
10161	大连医科大学	1 150	349	801	870
10162	辽宁中医药大学	432	259	173	282
10163	沈阳药科大学	680	576	104	215
10164	沈阳医学院	30	8	22	0

续表

录取单位代码	录取单位名称	录取人数	一志愿人数	调剂人数	专硕录取人数
10165	辽宁师范大学	1 602	1 303	299	486
10166	沈阳师范大学	1 005	657	348	350
10167	渤海大学	691	408	283	292
10169	鞍山师范学院	25	1	24	25
10172	大连外国语大学	337	302	35	156
10173	东北财经大学	1 861	1 524	337	827
10175	中国刑事警察学院	128	117	11	35
10176	沈阳体育学院	250	133	117	120
10177	沈阳音乐学院	121	121	0	46
10178	鲁迅美术学院	161	161	0	41
11035	沈阳大学	179	129	50	88
11258	大连大学	255	56	199	11
11632	沈阳工程学院	46	24	22	46
12026	大连民族学院	52	33	19	52
80038	中科院大连化学物理研究所	119	106	13	16
80127	中科院沈阳应用生态研究所	59	42	17	12
80133	中科院沈阳计算技术研究所	51	30	21	18
80144	中科院金属研究所	102	55	47	22
80147	中科院沈阳自动化研究所	63	38	25	15
82705	沈阳铸造研究所	4	0	4	0
82903	中国航空研究院601所	6	6	0	0
82905	中国航空研究院606研究所	6	5	1	0
82929	中国航空研究院626所	2	2	0	0
83304	煤炭科学研究总院沈阳研究院	6	5	1	0
83503	沈阳化工研究院	10	1	9	0
86220	大连测控技术研究所	5	3	2	0
89621	中共辽宁省委党校	10	0	10	0

2. 按学科门类统计，见表13、表14和图11、图12。

表13　按学科门类域内51家单位统计表

门类名称	报考人数	录取人数	一志愿人数	调剂人数	专硕录取人数
哲学	362	169	131	38	0
经济学	5 308	1 445	1 054	391	1 564
法学	4 539	1 511	1 000	511	1 294
教育学	4 412	1 674	1 119	555	1 804
文学	4 333	1 285	1 023	262	1 277
历史学	433	165	113	52	0
理学	3 979	2 205	1 635	570	0
工学	24 022	10 150	7 375	2 775	6 975
农学	1 054	762	553	209	464
医学	11 061	4 059	1 972	2 087	5 694
管理学	17 059	3 827	3 355	472	11 032
艺术学	3 235	1 083	811	272	1 011

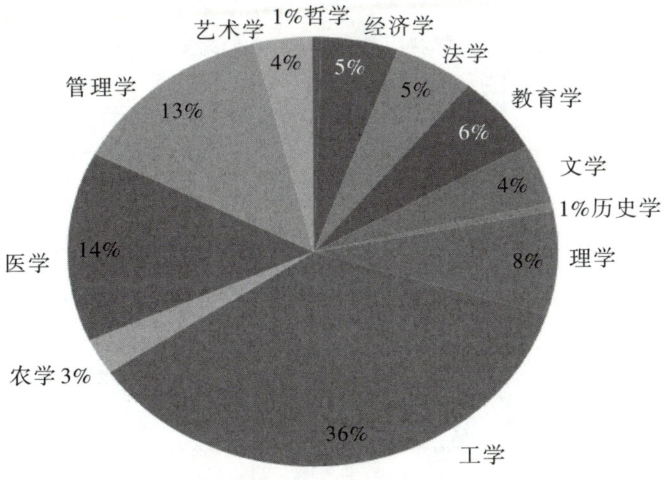

图11　按学科门类域内51家单位统计饼图

表 14　　按学科门类省属 32 家单位统计表

门类名称	报考人数	录取人数	一志愿人数	调剂人数	专硕录取人数
哲学	264	111	89	22	0
经济学	4 789	1 285	921	364	1 496
法学	3 063	1 150	731	419	820
教育学	4 309	1 628	1 081	547	1 791
文学	3 496	1 045	793	252	932
历史学	433	165	113	52	0
理学	2 484	1 588	1 104	484	0
工学	7 373	4 127	2 243	1 884	2 301
农学	1 043	754	548	206	464
医学	11 020	4 050	1 963	2 087	5 694
管理学	11 789	2 341	2 028	313	7 526
艺术学	3 050	1 019	757	262	980

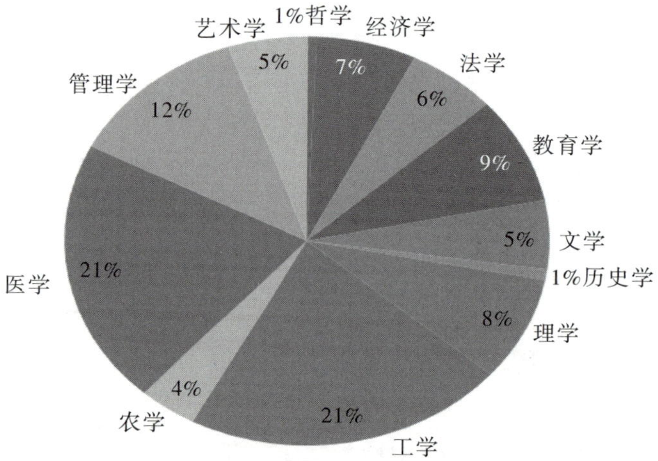

图 12　按学科门类省属 32 家单位统计饼图

3. 按考试方式统计，见表 15、表 16 和图 13、图 14。

表 15　　按考试方式域内 51 家单位统计表

考试方式	报考人数	录取人数	一志愿人数	调剂人数	专硕录取人数
全国统考	63 682	22 045	14 173	7 872	8 242
推荐免试	3 296	3 286	3 285	1	1 283
单独考试	180	112	112	0	17
管理类联考	11 612	2 653	2 440	213	2 653
法硕联考	985	198	90	108	198
强军计划	62	41	41	0	1

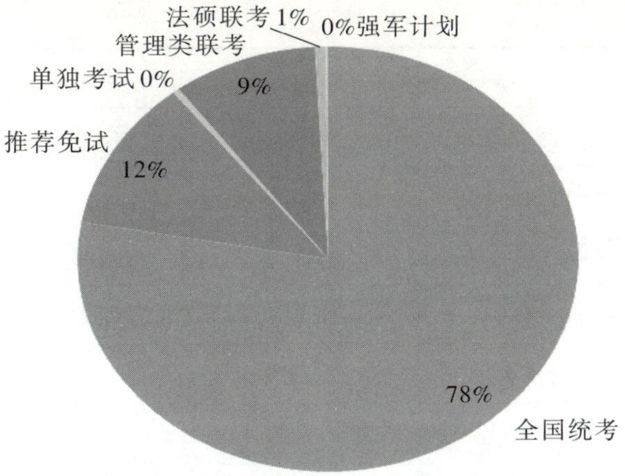

图 13　按考试方式域内 51 家单位统计饼图

表 16　按考试方式省属 32 家单位统计表

考试方式	报考人数	录取人数	一志愿人数	调剂人数	专硕录取人数
全国统考	42 893	16 228	9 526	6 702	6 424
推荐免试	1 312	1 306	1 306	0	560
单独考试	98	69	69	0	5
管理类联考	8 112	1 517	1 415	102	1 517
法硕联考	698	143	55	88	143

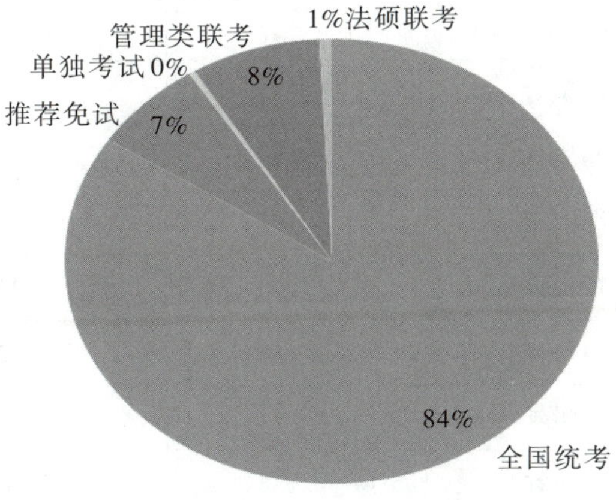

图 14　按学习方式省属 32 家单位统计饼图

4. 按考生来源统计，见表 17。

表 17　按考生户口所在省、市统计表

省市代码	省市名称	报名人数	录取人数	专硕录取人数
11	北京市	412	148	70
12	天津市	665	236	113
13	河北省	4 337	1 850	776

续表

省市代码	省市名称	报名人数	录取人数	专硕录取人数
14	山西省	2 193	937	323
15	内蒙古自治区	3 289	897	387
21	辽宁省	41 822	12 971	6 051
22	吉林省	2 697	738	282
23	黑龙江省	4 513	1 226	521
31	上海市	127	62	20
32	江苏省	916	501	215
33	浙江省	414	191	95
34	安徽省	1 441	705	233
35	福建省	302	156	94
36	江西省	468	222	94
37	山东省	7 474	3 365	1 393
41	河南省	4 273	2 131	823
42	湖北省	1 006	619	293
43	湖南省	533	300	139
44	广东省	297	122	69
45	广西壮族自治区	136	41	11
46	海南省	118	35	11
50	重庆市	220	123	41
51	四川省	347	203	99
52	贵州省	173	46	15
53	云南省	134	35	13
54	西藏自治区	4	1	0
61	陕西省	534	218	105
62	甘肃省	391	141	56
63	青海省	67	14	8
64	宁夏回族自治区	158	36	20
65	新疆维吾尔自治区	355	65	24

5. 其他重点统计

报考辽宁域内招生单位的考生按照性别统计，共录取男生12 572人，女生15 763人。

按照考生取得最后学历的学习形式统计，普通全日制共录取27 665人，成人教育共录取298人，自学考试共录取310人，网络教育共录取34人，获境外学历或学位证书者共录取27人，其他共录取1人。

按照所报专项计划统计（不含无专项计划考生）考生，无专项计划共录取28 139人，少数民族骨干计划共录取55人，强军计划共录取41人。

我省域内共录取硕士研究生28 335人，其中学术型硕士15 941人，占总数56.26%；专业硕士12 394人，占总数43.74%。省属院校共录取硕士研究生19 263人，其中学术型硕士10 614人，占总数55.1%；专业硕士8 649人，占总数44.9%。

附录：

教学〔2013〕12号

教育部关于做好2014年全国硕士学位研究招生工作的通知

各省、自治区、直辖市教育厅（教委）、高等学校招生委员会，有关省（市）科委（科技干部局），有关部门（单位）教育司（局），解放军总参谋部军训部、总政治部干部部，各研究生招生单位：

2014年硕士研究生招生工作要全面贯彻落实党的十八大精神和教育规划纲要要求，深入推进研究生招生改革，狠抓考试安全管理，加强信息公开和招生服务，切实提高招生质量，维护公平公正。现将有关事项通知如下：

一、落实工作责任，狠抓考试安全

当前国家教育统一考试安全工作仍然面临十分复杂、严峻的形势。各省、自治区、直辖市高等学校招生委员会（以下简称省招委）、教育行政部门、教育招生考试管理机构要坚决贯彻落实《教育部等10部门关于进一步加强国家教育统一考试环境综合治理和考试安全工作的通知》（教学〔2012〕4号）精神，认真总结近年来国家教育考试安全工作中的经验教训，克服麻痹思想和侥幸心理，进一步强化组织领导和责任落实，狠抓考试安全，确保研究生考试安全平稳。

省招委主要负责人对考试安全工作负领导责任，省级教育行政部门分管领导是第一责任人，省级教育考试招生管理机构主要负责人是直接责任人，省招委相关部门的分管领导对本部门硕士研究生招生考试职责范围内的工作负全责。各省级教育行政部门和教育考试招生管理机构要进一步完善招生考试工作责任体系，要对照《2014年全国硕士研究生招生考试安全工作方案》（另行下发）制订本地区安全工作方案，层层落实考试安全责任制、签订考试安全责任书，把工作落实到每一位考务工作人员，确保试题试卷安全。要加强系统内部治理和监管，全面梳理排查研究生考试的薄弱环节和漏洞，强化对关键岗位的监管和考试安全的监督检查，强化对考务工作人员、特别是涉密人员的法制警示教育和业务管理培训，进一步完善应急预案。要建立健全责任追究制，严格执行《国家教育考试违规处理办法》，对违反规定的行为，发现一起处理一起，绝不姑息。

2014年全国硕士研究生考试要全部在国家教育考试标准化考点实施，要确保考点的作弊防控系统、视频及网络监控系统等全程正常使用。各地可根据本地区实际情况撤并一些报名人数较少的报考点。所有考点均要配足配齐第二代身份证识别仪、金属探测仪等能够有效防范作弊的设备；鼓励有条件的地区统一配备考试文具、考场电子挂钟和指纹识别仪等，不统一配备考试文具的地区要按省级教育招生考试管理机构的规定检查考生携带的文具。

要充分发挥国家教育统一考试联席会议制度作用，教育行政部门、教育招生考试管理机构要主动与联席会议成员单位加强联系，切实做好2014年研招考试的安全保卫工作。要继续开展打击涉考犯罪、销售作弊器材，净化网络环境和考点周边环境等专项行动，严密监控考前及考中通过网络、通信设备等传播涉嫌泄露试题及答案等有害信息，严厉打击考试舞弊及相关犯罪活动。

二、强化综合评价，提高选拔质量

研究生招生工作要以提高人才选拔质量为核心，把促进人的全面发展和适应社会需要作为衡量人才选拔的根本标准。要树立科学的人才选拔理念，改革创新人才选拔机制，围绕选拔培养目标建立健全能力与知识并重的考核体系，强化对考生知识成就和能力潜质、考试成绩和学业表现的综合评价，增强人才选拔的科学性和有效性，使具有创新能力和专业潜质的优秀人才脱颖而出。

转变研究生招生管理模式，进一步扩大招生单位自主权，强化招生单位在研究生招生工作中的主体地位，充分发挥和规范基层学术组织和导师群体在人才选拔中的作用，提高导师群体科学选拔人才和规范执行政策的能力。

三、加强信息公开，确保公平公正

各研究生招生单位要高度重视招生信息公开工作，进一步加强信息公开制度建设。对招生简章、招生计划、复试办法、复试名单、复试成绩、录取办法、录取名单等重要信息要进行及时、充分、规范的公开。拟录取名单要按规定要求进行公示，未经公示的考生不得录取。要充分利用本单位互联网平台积极开展信息公开工作，为社会和考生提供更加便捷的服务。

各省级教育行政部门、教育招生考试管理机构负有对本地区所有招生单位监督管理的职责，要建立健全信息公开工作监督机制，强化对招生单位招生工作的监督，对招生单位信息公开不及时、不充分、不规范的行为进行纠正；公开信访举报受理渠道、程序和时间，对出现的问题要按照有关规定及时调查处理。

四、转变工作作风，提高服务水平

各省级教育行政部门、教育招生考试管理机构和各研究生招生单位，要进一步转变工作作风，强化服务理念，切实提高招生考试管理服务水平。要充分利用招生简章、网上招生咨询等渠道，帮助考生准确及时了解招生及有关方面的政策，特别要做好对研究生教育投入机制改革后国家加大研究生教育投入力度和建立多元奖助体系以及调整后学费政策等的宣传咨询工作。各省级教育招生考试管理机构和各研究生招生单位要设立招生咨询电话，主动向社会公布，并派专人负责解答考生的问题。要做好考试期间的组织工作，加强综合保障，完善应急处理预案，为广大考生营造良好的考试环境；要做好复试、调剂、录取阶段的管理工作，提高服务水平，切实维护广大考生合法权益。

附件：2014年全国硕士学位研究生招生工作管理规定

教育部

2013年8月26日

附件：

2014年全国硕士学位研究生招生工作管理规定

第一章　总　则

第一条　为加强对全国硕士学位研究生招生工作的管理，保证硕士研究生的入学质量和招生工作的顺利进行，制定本规定。

第二条　高等学校和科学研究机构（以下简称招生单位）招收硕士研究生，是为了培养热爱祖国，拥护中国共产党的领导，拥护社会主义制度，遵纪守法，品德良好，具有服务国家服务人民的社会责任感，掌握本学科坚实的基础理论和系统的专业知识，具有创新精神、创新能力和从事科学研究、教学、管理等工作能力的高层次学术型专门人才以及具有较强解决实际问题的能力、能够承担专业技术或管理工作、具有良好职业素养的高层次应用型专门人才。

第三条　硕士研究生招生应坚持按需招生、德智体全面衡量、择优录取和宁缺毋滥的原则。

第四条　招生单位及其招生学科（类别）、专业（领域）必须经教育部及其授权单位批准。

第五条　招生对象主要为国家承认学历的应届本科毕业、本科毕业以及具有与本科毕业同等学力的中国公民。

第六条　全国硕士研究生招生考试分初试和复试两个阶段进行。初试和复试都是硕士研究生招生考试的重要组成部分。初试由国家统一组织，复试由招生单位自行组织。

初试方式分为全国统一考试、联合考试、单独考试以及推荐免试。

全国统一考试是指部分考试科目由教育部统一命题，其他考试科目由招生单位自命题的考试。

联合考试是指教育部批准招生单位在特定学科（类别）、专业（领域）的部分（或全部）考试科目联合（或统一）命题的考试。

单独考试是指经教育部批准的部分招生单位，为符合特定报名条件的在职人员单独命题的考试。

推荐免试是部分高等学校按教育部规定推荐本校优秀应届本科毕业生，确认其免初试资格，由招生单位进行复试的选拔方式。

第七条 全国统一命制的试题（由教育部考试中心组织命制的试题，包括副题）在启封并使用完毕前按国家绝密级事项管理，答案及评分参考在考试结束前按国家绝密级事项管理；招生单位联合命制和自行命制的试题（包括副题、单考试题）在启封并使用完毕前按国家机密级事项管理，答案及评分参考在考试结束前按国家机密级事项管理。答案及评分参考在考试结束后至使用完毕前按国家秘密级事项管理。考生答卷（含答题纸、答题卡，下同）在成绩公布前按国家秘密级事项管理。

第八条 硕士研究生按其学习方式分为全日制硕士研究生和非全日制硕士研究生两种。

第二章 管理机构及其职责

第九条 教育部归口管理全国硕士研究生招生工作。其职责是：

（一）研究制定招生工作的方针、政策、规定和办法，部署全国的招生工作，发布年度招生简章，组织实施并监督检查执行情况。

（二）会同国家有关部门制订并下达年度招生计划。

（三）确定硕士研究生招生全国统考、联考科目并审定考试大纲。

（四）组织全国统考、联考科目的命题工作和组织实施全国硕士研究生招生考试。

（五）公布组织单独考试招收硕士研究生的招生单位名单及其年度招生限额。

（六）制定推免生工作管理办法，并对全国推免生工作进行管理。

（七）组织招生管理人员的培训工作，开展招生宣传和研究工作。

（八）推进招生信息公开，并对各省级教育考试招生管理机构、研究生招生单位招生信息公开工作进行监督。

（九）调查处理或授权有关部门和单位调查处理招生工作中发生的重大问题。

第十条 省（区、市）高等学校招生委员会负责本地区硕士研究生招生管理工作。其主要职责是：

（一）执行教育部关于招生工作的方针、政策、规定和办法，结合本地区的实际情况制订必要的补充规定，报教育部备案并组织实施。

（二）建立健全研究生招生机构，配备专职人员，加强队伍建设。根据新形势和日益增加的工作任务要求，合理设置负责研究生招生工作的专门常设机构，合理确定研究生招生工作人员的编制，配备必要的专职研究生招生工作人员；做好本地区招生工作人员培训工作。

（三）组织本省（区、市）招生单位制定发布招生简章和招生专业目录。

（四）组织并做好试卷印制及保密、保管工作，确保试卷绝对安全。

（五）做好考生的信息安全保密工作。

（六）设置报考点和评卷点，组织报名、考试、评卷等工作，根据教育部要求按时、准确、规范上报有关信息数据。

（七）全面负责本地区考试安全工作，省（区、市）高等学校招生委员会主要负责人对考试安全工作负领导责任，省（区、市）教育厅（教委）分管领导是第一责任人，省级教育招生考试管理机构主要负责人是直接责任人。省（区、市）高等学校招生委员会相关部门的分管领导对本部门硕士研究生招生考试职责范围内的工作负全责。

（八）按有关规定做好招生信息公开相关工作，并对本地所有研究生招生单位招生信息公开工作进行监督与管理。

（九）协调并监督检查招生单位和报考点的招生考试工作，根据职责分工受理考生信访，调查处理招生工作中发生的问题。发现重大问题应立即向所在地省级人民政府和教育部报告。

（十）依法维护考生和招生工作人员的合法权益。

（十一）组织开展招生宣传、咨询和研究工作。

第十一条 招生单位主管部门的主要职责：

根据国家的有关规定和国家下达的招生规模，拟定本部门所属各招生单位的招生计划，根据教育部的有关规定调查处理本部门所属招生单位招生工作中发生的问题。

第十二条 招生单位负责组织实施本单位的招生工作。其主要职责是：

（一）按照教育部关于招生工作的方针、政策、规定、办法和上级主管部门、所在省（区、市）高等学校招生委员会的补充规定以及本单位根据实际情况制订的实施细则，开展招生工作。

（二）设置研究生招生机构，合理确定必要的人员编制，配备一定数量的专职人员负责招生工作，并组织培训招生工作人员。

（三）根据国家核定的招生规模和社会需求，制订本单位的分学科（类别）、专业（领域）的招生方案。

（四）遴选指导教师，制订指导教师管理办法和定期开展新导师培训。

（五）编制公布招生简章和招生专业目录。在招生简章中按相关规定公布本单位各专业硕士研究生学费具体标准和奖助办法。

（六）参照教育部、卫生部等部门的体检工作相关规定，结合本单位情况，制订体检要求。

（七）按有关规定做好本单位招生信息公开工作。

（八）开展招生宣传、咨询和研究工作。

（九）审核考生的报考资格。

（十）组织命题、评卷、复试、体检、思想政治素质与道德品质考核和录取等工作，并做好相应的安全保密工作。

（十一）做好考生的信息安全保密工作。

（十二）对入学新生思想政治、业务水平和身体健康状况等进行全面复查。

（十三）依法维护考生和招生工作人员的合法权益。

（十四）接受考生的申诉，负责作必要的解释，处理招生中的相关问题。

第三章　招生计划

第十三条 国家根据经济、社会发展需要确定年度招生计划，招生单位根据国家下达的招生计划、社会需求和办学条件，确定各学科（类别）、各专业（领域）的招生人数。

第十四条 硕士研究生招生计划按就业方式分为定向就业和非定向就业两种类型。定向就业按定向合同就业；非定向就业按所在招生单位推荐、本人与用人单位双向选择的办法就业。

第十五条 国家对所有纳入国家计划的全日制硕士研究生均安排定额拨款，所有纳入国家计划的全日制研究生都要缴纳学费，国家和招生单位通过设立奖学金、助学金、助学贷款、三助岗位、绿色通道等制度，建立多元奖助体系，提高研究生待遇水平。

第四章 报 名

第十六条 报名参加全国硕士研究生招生考试的人员，须符合下列条件：

（一）中华人民共和国公民。

（二）拥护中国共产党的领导，愿为社会主义现代化建设服务，品德良好，遵纪守法。

（三）身体健康状况符合国家和招生单位规定的体检要求。

（四）考生必须符合下列学历等条件之一：

1.国家承认学历的应届本科毕业生；

2.具有国家承认的大学本科毕业学历的人员（自考本科生和网络教育本科生须在报名现场确认截止日期前取得国家承认的大学本科毕业证书方可报考）；

3.获得国家承认的高职高专毕业学历后满2年（从毕业后到录取当年9月1日，下同）或2年以上，达到与大学本科毕业生同等学力，且符合招生单位根据本单位的培养目标对考生提出的具体业务要求的人员；

4.国家承认学历的本科结业生和成人高校（含普通高校举办的成人高等学历教育）应届本科毕业生，按本科毕业生同等学力身份报考；

5.已获硕士、博士学位的人员；

在校研究生报考须在报名前征得所在培养单位同意。

第十七条 报名参加全国专业学位硕士研究生招生考试的，按下列规定执行。

（一）报名参加法律硕士（非法学）专业学位硕士研究生招生考试的人员，须符合下列条件：

1.符合第十六条中的各项要求。

2.之前在高校学习的专业为非法学专业的（普通高等学校本科专业目录法学门类中的法学类专业［代码为0301］毕业生不得报考）。

（二）报名参加法律硕士（法学）专业学位硕士研究生招生考试的人员，须符合下列条件：

1.符合第十六条中的各项要求。

2.之前在高校学习的专业为法学专业的（仅普通高等学校本科专业目录法学门类中的法学类专业［代码为0301］毕业生方可报考）。

（三）报名参加工商管理硕士、公共管理硕士、工程管理硕士、旅游管理硕士、工程硕士中的项目管理、教育硕士中的教育管理、体育硕士中的竞赛组织专业学位硕士研究生招生考试的人员，须符合下列条件：

1.符合第十六条中第（一）、（二）、（三）各项的要求。

2.大学本科毕业后有3年或3年以上工作经验的人员；或获得国家承认的高职高专毕业学历后，有5年或5年以上工作经验，达到与大学本科毕业生同等学力的人员；或已获硕士学位或博士学位并有2年或2年以上工作经验的人员。

（四）报名参加除法律硕士（非法学）、法律硕士（法学）、工商管理硕士、公共管理硕士、工程管理硕士、旅游管理硕士、工程硕士中的项目管理、教育硕士中的教育管理、体育硕士中的竞赛组织外的其他专业学位硕士研究生招生考试的人员，须符合第十六条中的各项要求。

第十八条 报名参加单独考试的人员，须符合下列条件：

（一）符合第十六条中第（一）、（二）、（三）各项的要求。

（二）取得国家承认的大学本科学历后连续工作4年或4年以上，业务优秀，已经发表过研究论文（技术报告）或者已经成为业务骨干，经考生所在单位同意和两名具有高级专业技术职称的专家推荐，定向就业本单位的在职人员；或获硕士学位或博士学位后工作2年或2年以上，业务优秀，经考生所在单位同意和两名具有高级专业技术职称的专家推荐，定向就业本单位的在职人员。

学术学位各学科和专业学位中的建筑学硕士、工程硕士、城市规划硕士、农业推广硕士、兽医硕士、风景园林硕士、林业硕士、临床医学硕士、口腔医学硕士、公共卫生硕士、护理硕士、药学硕士、中药学硕士等13个专业学位类别可设置单独考试。

第十九条 推免生须是经本科毕业学校（具有开展推免生工作资格的高校）选拔并确认资格，在统考报名前通过其报考单位复试并被录取的普通高校应届本科毕业生。凡按规定可接受应届本科毕业生报考的学科（类别）、专业（领域）均可接收推免生。

第二十条 报名包括网上报名和现场确认两个阶段，具体办法由教育部和各省级教育招生考试管理机构公布。

考生须按规定缴纳报考费。

第二十一条 报考点由各省级教育招生考试管理机构确定并公布。报考点接受考生咨询，办理报名手续，安排考场，组织考试。

第二十二条 招生单位根据考生报考信息和教育部的规定，确定考生的考试资格，准考证由考生自行在网上报名系统中下载打印。

第二十三条 考生报名时须签署《考生诚信考试承诺书》。

第二十四条 考生应按要求在报名网上准确填写报名信息。考生因网报信息填写错误、填报虚假信息而造成不能考试或录取的，后果由考生本人承担。

第五章 命 题

第二十五条 全国统考和全国联考科目的命题工作由教育部考试中心统一组织；统考科目考试大纲由教育部考试中心统一编制，联考科目考试大纲由教育部考试中心或教育部指定相关机构组织编制，自命题科目的命题工作由招生单位自行组织。

第二十六条 命题人员应为政治素质好、责任心强、教学经验丰富、学术水平较高并且近期承担教学工作的人员。命题人员原则上应具有副教授及以上职称或相当职称并具有硕士研究生招生考试命题经验。每位命题人员只能参加一门考试科目的命题工作。命题人员要遵守工作纪律，特别是要信守承诺，保守秘密，不得参与任何形式的考研辅导活动，不参与任何与考研内容有关的咨询活动，不参与任何与考研有关的复习资料编写、出版等活动。命题人员要签订《保密责任书》，过失泄密和故意泄密人员均将移交司法机关追究其相应刑事责任。

第二十七条 招生单位自命题试题不得委托非硕士研究生招生单位或个人命题；委托其他招生单位命题的，要签订《保密责任书》。

第二十八条 硕士研究生入学考试是选拔性考试，试题应能考查考生是否具备硕士研究生入学的基本能力和专业素质。试题要有一定的区分度，难易程度要适当。

第二十九条 试题不得有政治性的错误，并应避免出现学术界尚有争议的问题。

第三十条 单独考试初试科目设置与相应学科专业全国统考初试科目设置相同，单独考试的各考试科目可由招生单位命题，也可以选用全国统考试题。

第三十一条 各考试科目均应根据考试大纲（考试内容范围说明）和对硕士研究生入学的基本要求，参考大学本科的教学大纲进行命题。招生单位不得指定考试科目的参考书目和参考材料。

第六章 初 试

第三十二条 全国硕士研究生招生考试的初试日期和时间由教育部公布。

第三十三条 硕士研究生招生初试一般设置四个单元考试科目，即思想政治理论、外国语、业务课一和业务课二，满分分别为100分、100分、150分、150分。

第三十四条 教育学、历史学、医学门类初试设置三个单元考试科目，即思想政治理论、外国语、专业基础综合，满分分别为100分、100分、300分。

体育硕士、应用心理硕士、文物与博物馆硕士、药学硕士、中药学硕士、临床医学硕士、口腔医学硕士、公共卫生硕士、护理硕士初试设置三个单元考试科目，即思想政治理论、外国语、专业基础综合，满分分别为100分、100分、300分。

会计硕士、图书情报硕士、工商管理硕士、公共管理硕士、旅游管理硕士、工程管理硕士和审计硕士初试设置两个单元考试科目，即外国语、管理类联考综合能力，满分分别为100分、200分。

金融硕士、应用统计硕士、税务硕士、国际商务硕士、保险硕士、资产评估硕士初试设置经济类综合能力考试科目，供试点学校选考，满分为150分。

第三十五条 硕士研究生招生考试的全国统考科目为思想政治理论、英语一、英语二、俄语、日语、数学一、数学二、数学三、教育学专业基础综合、心理学专业基础综合、历史学基础、西医综合、中医综合；全国联考科目为数学（农）、化学（农）、植物生理学与生物化学、动物生理学与生物化学、计算机学科专业基础综合、管理类联考综合能力、法硕联考专业基础（非法学）、法硕联考综合（非法学）、法硕联考专业基础（法学）、法硕联考综合（法学）（其中：教育学专业基础综合、心理学专业基础综合、历史学基础、数学（农）、化学（农）、植物生理学与生物化学、动物生理学与生物化学、计算机学科专业基础综合试题由招生单位自主选择使用）。

第三十六条 招生单位必须按教育部的有关规定确定考试科目并使用相关试题。

第三十七条 初试每科考试时间一般为3小时，建筑设计等特殊科目考试时间最长不超过6小时。初试方式均为笔试。

第三十八条 初试的组织工作按照教育部的相关文件执行。

第三十九条 因试卷错寄、漏寄、邮递故障等非考生本人原因而无法正常考试的考生可参加补考。

补考程序为：招生单位将初步审查同意补考的考生姓名、报考单位、补考科目及补考原因一一写明，报所在省级教育招生考试管理机构审核批准后，自行安排或协商有关考点在规定时间内组织补考。

各补考科目均由招生单位命题。补考试题的形式和难易程度应与原试题相一致。

补考一般安排在考试结束后1个月内进行，具体时间由相关招生单位确定。

第七章 评 卷

第四十条 全国统考科目的评卷工作由省（区、市）高等学校招生委员会在教育部考试中心指导下统一组织，具体的评卷细则、工作程序、要求和纪律，由省级教育招生考试管理机构根据教育部的要求制订。全国联考科目的评卷工作由教育部委托有关单位组织进行。

第四十一条 全国统考科目评卷工作实行省（区、市）高等学校招生委员会统一领导、省级教育招生考试管理机构统一组织、评卷工作承办单位具体实施的管理体制。招生单位有承担当地统考科目评卷的责任和义务。

第四十二条 省级教育招生考试管理机构要加强评卷点建设。各评卷点要成立由各省级教育招生考试管理机构负责人和承办单位负责人共同组成的领导小组，加强对评卷工作的领导和管理；建立健全评卷工作系列规章制度，特别是评卷工作责任制度、责任追究制度和评卷工作质量监督保证制度；要逐步完善评卷教师的聘任机制，保证评卷工作的需要。

第四十三条 省级教育招生考试管理机构成立由相关招生单位各学科权威专家组成的全国统考科目评卷工作专家组，根据教育部考试中心提供的答案及评分参考，负责本地区全国统考科目评卷工作细则的拟定、试卷的试评、评卷教师的培训、评卷工作的业务指导与组织实施、试卷评阅过程中争议问题的仲裁等工作。

第四十四条 省级教育招生考试管理机构根据专家组的提名，聘请有关教师承担各学科评卷工作，招生单位有责任和义务按省级教育招生考试管理机构的要求选派所需评卷教师，无正当理由不得推辞拒绝。评卷工作由评卷教师所在学校以适当方式计入本人工作量。

第四十五条 招生单位自命题科目的评卷工作原则上由招生单位负责，组织管理工作参照全国统考科目评卷管理体制、办法和自命题评卷的有关要求实施。各招生单位在评卷结束后，应将自命题科目的成绩上报省级教育招生考试管理机构。省级教育招生考试管理机构在评卷结束后，应将统考科目成绩返回招生单位，同时将统考科目成绩和自命题科目成绩合成后，在规定时间上报教育部。

第四十六条 考生成绩由招生单位在教育部规定时间内向考生公布。考生对评卷结果有异议，可以依程序申请成绩复查，具体的复查办法按照教育部相关考务文件执行。

第四十七条 进行电子扫描的纸介答卷保留1年，其电子扫描版答卷保留3年；不进行电子扫描的纸介答卷保留3年。

第八章 复 试

第四十八条 复试是硕士研究生入学考试的重要组成部分，用于考查考生的专业能力和专业能力倾向、创新精神和创新能力以及综合素质等，是硕士研究生录取的必要环节，复试不合格者不予录取。

教育部制定并公布参加全国统考和联考考生进入复试的基本分数要求。招生单位以国家基本分数要求为基础，确定本单位考生进入复试的要求。经教育部批准的部分招生单位可自主确定考生进入复试的基本要求。

第四十九条 复试应采取差额形式，差额比例一般按照120%左右掌握，生源充足的招生单位，可以适度扩大差额复试比例。招生单位要按照教育部有关规定制订本单位的复试工作办法并严格执行，复试工作办法要在本单位互联网平台上事先向社会公布。

第五十条 招生单位在复试前应对考生的第二代居民身份证、学历证书（以报名现场确认截止日期前所获得的文凭为准）、学历学籍认证报告、学生证等报名材料原件及考生资格进行严格审查，对不符合规定者，不予复试。

对考生的学历（学籍）信息有疑问的，招生单位应要求考生在规定时间内提供权威机构出具的认证证明。

第五十一条 招生单位对拟接收的推免生必须在网上报名结束前1周完成复试及接收手续。复试工作由招生单位按照教育部有关规定实施。

第五十二条 对同等学力考生除复试外，还必须加试至少两门本科主干课程。加试科目不得与初试科目相同。加试方式为笔试。报考法律硕士（非法学）、工商管理硕士、公共管理硕士、工程管理硕士或旅游管理硕士的同等学力考生可以不加试。

第五十三条 审计硕士、会计硕士、图书情报硕士、工商管理硕士、公共管理硕士、工程管理硕士和旅游管理硕士的思想政治理论考试由招生单位在复试中进行，成绩计入复试总成绩。

第五十四条 外国语听力及口语测试均在复试中进行，由招生单位自行组织，成绩计入复试总成绩。

第五十五条 招生单位认为有必要时，可对考生再次复试。

第五十六条 考生体检工作由招生单位在复试阶段组织进行，体检须在招生单位指定的二级甲等以上医院进行。招生单位参照教育部、卫生部、中国残联印发的《普通高等学校招生体检工作指导意见》（教学〔2003〕3号）要求，按照《教育部办公厅卫生部办公厅关于普通高等学校招生学生入学身体检查取消乙肝项目检测有关问题的通知》（教学厅〔2010〕2号）规定，结合招生专业实际情况，提出本单位体检要求。

第九章 调 剂

第五十七条 招生单位要重视做好调剂工作，特别是对进行初试科目改革的学科专业跨学科的调剂复试要给予支持。对教育学、历史学、医学、农学学科门类、计算机科学与技术学科考生（仅限于参加统考或联考的考生）的调入和调出在考试科目的要求方面可从宽掌握。

第五十八条 调剂工作的具体要求和程序由招生单位按教育部录取政策确定并公布。

第十章 思想政治素质和品德考核

第五十九条 思想政治素质和品德考核是保证入学新生质量的重要工作环节，招生单位必须严格遵循实事求是的原则认真做好考核工作，对于思想品德考核不合格者不予录取。

第六十条 思想政治素质和品德考核主要是考核考生本人的现实表现，内容应包括考生的政治态度、思想表现、道德品质、遵纪守法、诚实守信等方面。

招生单位要充分利用《国家教育考试诚信档案》记录，对考生在报考时填写的考试作弊受处罚情况进行认真核查，将考生诚信状况作为思想品德考核的重要内容和录取的重要依据。

第六十一条 招生单位在复试的同时应组织思想政治工作部门、招生工作部门、导师与考生面谈，直接了解考生思想政治情况。招生单位还可采取“函调”或“派人外调”的方式对考生的思想政治素质和品德考核。

拟录取名单确定后，招生单位应向考生所在单位函调人事档案和本人现实表现等材料，全面审查其政治思想情况。函调的考生现实表现材料，需由考生本人档案所在单位的人事、政工部门加盖印章。

第十一章 录 取

第六十二条 招生单位按照教育部制定的当年录取工作规定和要求以及各省级教育招生考试管理机构的补充规定，根据当年全国硕士研究生招生计划、考生初试和复试的成绩、平时学习成绩和思想政治素质、品德考核情况以及身心健康状况，按照“按需招生、德智体全面衡量、择优录取和宁缺毋滥”的原则确定拟录取名单。录取工作要依法保护残疾考生的合法权益。

第六十三条 各省级教育招生考试管理机构、各招生单位要严格执行硕士研究生招生工作中的加分优惠政策，除教育部统一规定的范围和标准之外，不得擅自扩大范围，另设标准。

第六十四条 各省级教育招生考试管理机构应按国家规定对招生单位的录取工作进行检查，实施监督。录取名单须经全国硕士研究生招生录取检查省级招办联合办公会议审查。

第六十五条 招生单位为录取考生打印《录取登记表》，盖章后存入考生的人事档案。

第六十六条 被录取的新生，经考生本人申请和招生单位同意后可以保留入学资格，工作1至2年，再入学学习。

第六十七条 新生应按时报到。不能按时报到者，须有正当理由和有关证明，并向招生单位请假。无故逾期2周不报到者，取消入学资格。应届本科毕业生考生入学时未取得国家承认的本科毕业证书者，取消录取资格。

第六十八条 新生报到后，招生单位应对其进行思想政治素质和道德品质、专业素质、健康状况等全面复查，发现有不符合标准者按照本单位有关规定进行处理。

第十二章 信息公开公示

第六十九条 各级教育招生考试管理机构和招生单位应积极推进招生信息公开。

第七十条 省级教育招生考试管理机构应公布本省有关硕士研究生招生的相关规定、考试组织的相关情况、考生咨询及申诉渠道、违规事件处理结果等。

第七十一条 招生单位要在本单位网站上公布硕士研究生招生简章、招生政策和规定、招生专业目录。招生简章应经当地省级教育招生考试管理机构备案。

第七十二条 在复试、录取阶段，招生单位要提前在本单位的网站上开辟专栏，向社会公布本单位复试工作方案和实施细则，各院（系、所）或学科、专业招生人数，参加复试所有考生（含拟录取考生）的初试成绩、复试成绩、总成绩（初试成绩和复试成绩加权后的成绩）等信息。拟录取名单，要由招生单位的研究生招生管理部门统一公示，公示时间不少于10个工作日，公示期间名单不得修改；名单如有变动，须对变动部分做出说明，并对变动内容另行公示10个工作日。未经公示的考生不得录取。

第七十三条 各级教育行政管理部门、省级教育招生考试管理机构、招生单位在公示有关信息的同时，应提供举报电子信箱、电话号码、受理举报单位和通讯地址，并按照有关规定及时调查处理。

第十三章 违规处理

第七十四条 对在报名、初试、复试、录取中有违规或作弊行为的考生，有关部门视不同情况根据国家有关法律、法规和教育部有关规定给予处理。对弄虚作假者（含推荐免试生），不论何时，一经查实，即按有关规定取消报考资格、录取资格或学籍。

第七十五条 对在全国硕士研究生招生考试中违规或作弊的考生，按照《国家教育考试违规处理办法》严肃处理。对严重作弊的在校生，由其所在学校按有关规定给予处分，直至开除学籍；对严重作弊的在职考生，有关部门将通知考生所在单位，由考生所在单位视情节给予党纪或政纪处分。构成犯罪的，由司法机关依法追究刑事责任。

第七十六条 相关单位应将考生在硕士研究生招生考试中的违规或作弊事实记入《国家教育考试诚信档案》，并将考生的有关情况通报其所在学校或单位，记入考生人事档案，作为其今后升学和就业的重要参考依据。

第七十七条 对在招生工作中玩忽职守、滥用职权、徇私舞弊或者违反有关规定给招生工作造成损失的人员，由主管的教育行政部门或者其所在单位根据有关法律、法规和规章严肃追究责任。

第七十八条 对出现大面积舞弊现象，未能及时有效制止的考点，要追究相关考试部门的责任。

第七十九条 严格执行国家收费政策，禁止在研究生招生过程中的乱收费行为，违反规定的要追究有关部门和相关人员的责任。

第十四章 附 则

第八十条 现役军人报考硕士研究生及军队系统的招生单位招收硕士研究生的办法由解放军总政治部参照本规定另行制订；招收港澳台地区人士、外籍人士为硕士研究生的管理办法由教育部另文规定。

第八十一条 本规定自发布之日起施行。

2015年辽宁省硕士研究生考试统计数据报告

喻泓飞

（辽宁省招考办研究生招生处；辽宁沈阳，110031）

我省本年度硕士研究生招生考试参加初试的考生共计62 889人，全国报考我省域内45家硕士研究生招生单位共计72 006人，全国报考省属32家硕士研究生招生单位（含沈阳大学、大连大学）共计49 277人，其中，在本省参加考试且报考本省域内硕士研究生招生单位的考生共有41 331人，报考本省硕士研究生招生单位考生初试合格25 251人，本省域内45家招生单位共有硕士研究生招生计划30 333人，其中省属32家招生单位（含沈阳大学、大连大学）共有硕士研究生招生计划21 173人，本省硕士研究生招生单位共录取考生29 753人，其中省属硕士研究生招生单位共录取考生20 663人。

一、报名统计数据

1. 按学科门类统计报考域内45家招生单位报名人数，见表1和图1–图3。

表1　**按学科门类统计表**

门类名称	辽宁报考人数	辽宁报考专业学位人数	报考辽宁人数	报考辽宁专业学位人数
哲学	321	0	283	0
经济学	3 035	1 334	4 910	1 751
法学	3 995	1 515	4 211	1 512
教育学	4 254	2 627	4 257	2 263
文学	3 452	1 389	3 578	1 394
历史学	409	22	315	4

续表

门类名称	辽宁报考人数	辽宁报考专业学位人数	报考辽宁人数	报考辽宁专业学位人数
理学	3 193	0	3 521	0
工学	18 381	6 100	20 098	7 061
农学	1 303	540	1 150	531
医学	9 329	5 604	12 107	7 599
军事学	75	7	24	0
管理学	12 411	9 338	14 534	9 768
艺术学	2 731	1 012	3 018	1 064

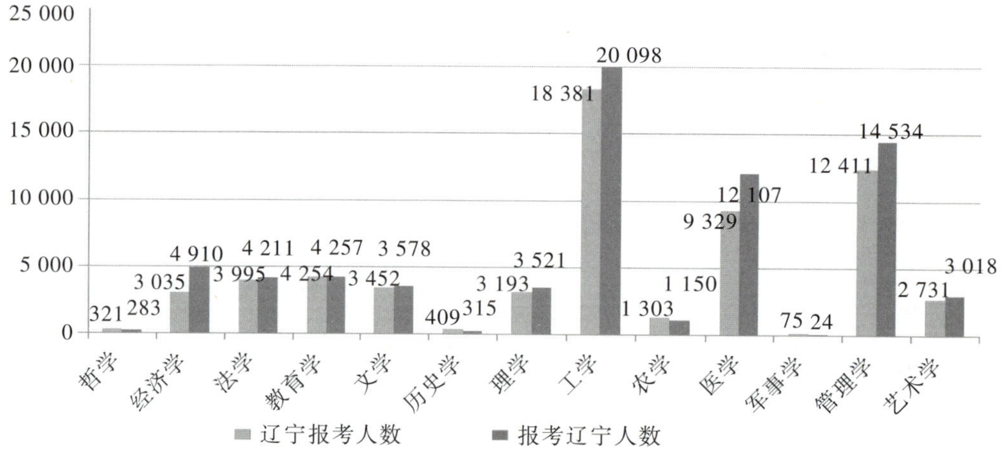

图1　按学科门类统计柱形图

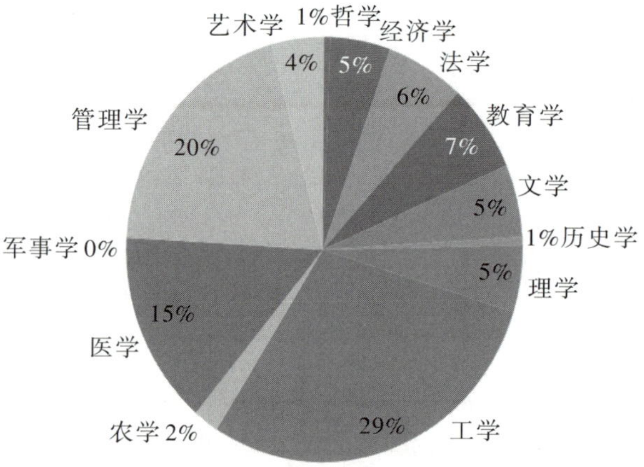

图2　按学科门类统计辽宁报考考生饼图

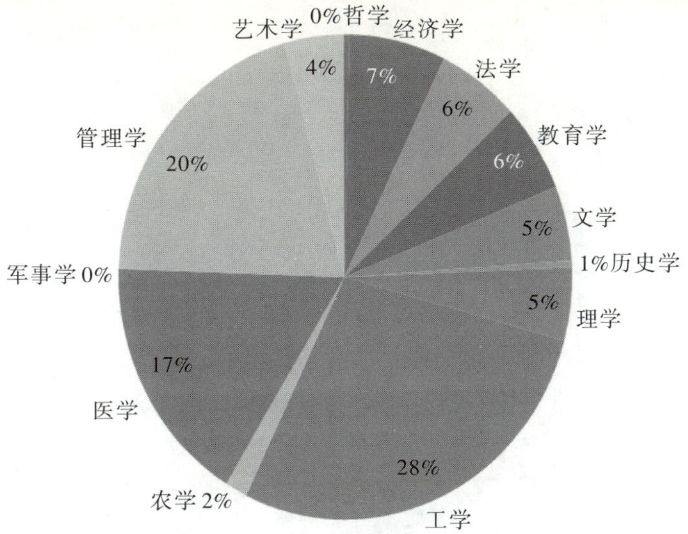

图3 按学科门类统计报考辽宁考生饼图

2. 按学科门类统计报考省属32家招生单位报名人数，见表2和图4。

表2 按学科门类统计报考省属32家招生单位情况统计表

门类名称	报考辽宁省属单位人数	报考辽宁省属单位专业学位人数
哲学	195	0
经济学	4 490	1 696
法学	2 781	977
教育学	4 124	2 228
文学	2 846	1 009
历史学	315	4
理学	2 310	0
工学	5 999	2 287
农学	1 150	531
医学	12 071	7 599
管理学	10 145	6 693
艺术学	2 851	1 003

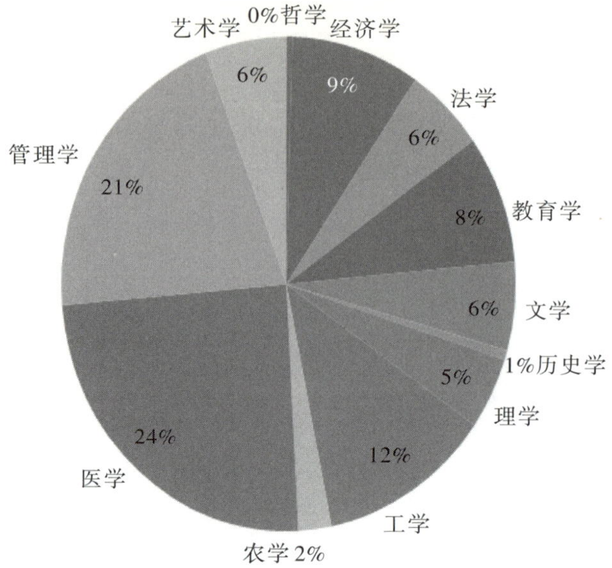

图4　按学科门类统计报考省属32家招生单位饼图

3. 按报考点统计，见表3。

表3　辽宁报考考生按报考点报考人数统计表

序号	报考点代码	报考点名称	报考人数	报考辽宁招生单位人数
1	2101	辽宁省沈阳市和平区招考办	5 729	4 395
2	2102	辽宁省大连金州新区招生办	3 732	1 748
3	2103	辽宁省沈阳市铁西区招考办	3 378	2 381
4	2104	辽宁省沈阳市沈河区招考办	3 440	2 478
5	2105	辽宁省沈阳市大东区招考办	4 088	3 096
6	2107	辽宁省沈阳市皇姑区招考办	5 489	3 483
7	2108	辽宁省大连市高新园区招生办	2 702	1 539
8	2109	辽宁省鞍山市招考办	2 938	1 838
9	2110	辽宁省抚顺市招考办	2 563	1 685
10	2111	辽宁省本溪市招考办	712	437
11	2112	辽宁省丹东市招考办	767	469
12	2113	辽宁省锦州市招考办	5 728	3 990
13	2114	辽宁省营口市招考办	771	558

续表

序号	报考点代码	报考点名称	报考人数	报考辽宁招生单位人数
14	2115	辽宁省阜新市招考办	2 050	1 379
15	2116	辽宁省辽阳市招考办	764	518
16	2117	辽宁省盘锦市招考办	443	282
17	2118	辽宁省铁岭市招考办	572	395
18	2119	辽宁省朝阳市招考办	658	371
19	2120	辽宁省葫芦岛市招考办	1 006	560
20	2121	辽宁大学	1	1
21	2122	大连理工大学	32	32
22	2123	沈阳工业大学	2	2
23	2124	东北大学	73	73
24	2125	辽宁科技大学	12	12
25	2126	辽宁工程技术大学	42	42
26	2127	大连海事大学	25	25
27	2129	中国医科大学	4	4
28	2134	东北财经大学	36	36
29	2139	辽宁省大连市中山区招生办	2 650	2 649
30	2140	辽宁省大连市西岗区招生办	2 518	1 454
31	2141	辽宁省大连市沙河口招生办	2 029	1 153
32	2142	辽宁省大连市甘井子区招生办	2 781	1 926
33	2143	辽宁省大连市旅顺口区招生办	2 287	1 232
34	2144	辽宁省沈阳市浑南区招考办	1 052	384
35	2145	辽宁省沈阳市沈北新区招考办	962	348
36	2146	辽宁省沈阳市于洪区招考办	853	356

4. 按考试方式统计，见表4、图5和图6。

表4　　按考试方式统计

考试方式	辽宁报考人数	辽宁报考专业学位人数	报考辽宁人数	报考辽宁专业学位人数
全国统考	51 658	18 419	60 313	21 416
单独考试	176	60	176	60
管理类联考	9 726	9 726	10 324	10 324
法硕联考	1 278	1 278	1 142	1 142
强军计划	51	5	51	5

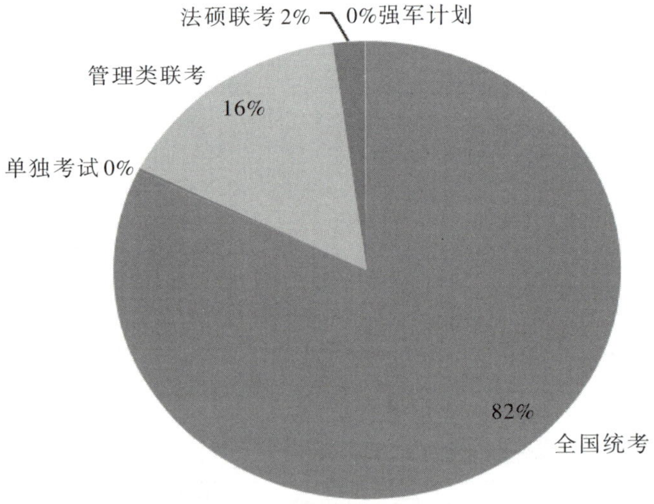

图5　按考试方式统计辽宁报考考生饼图

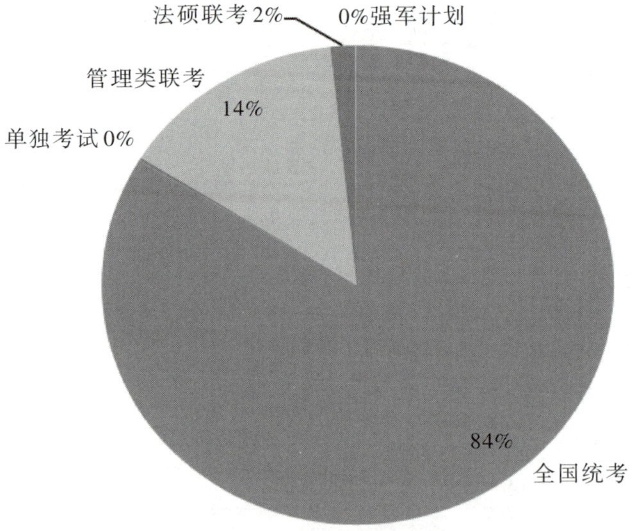

图6　按考试方式统计报考辽宁考生饼图

5. 按考生出生年份统计，见图7。

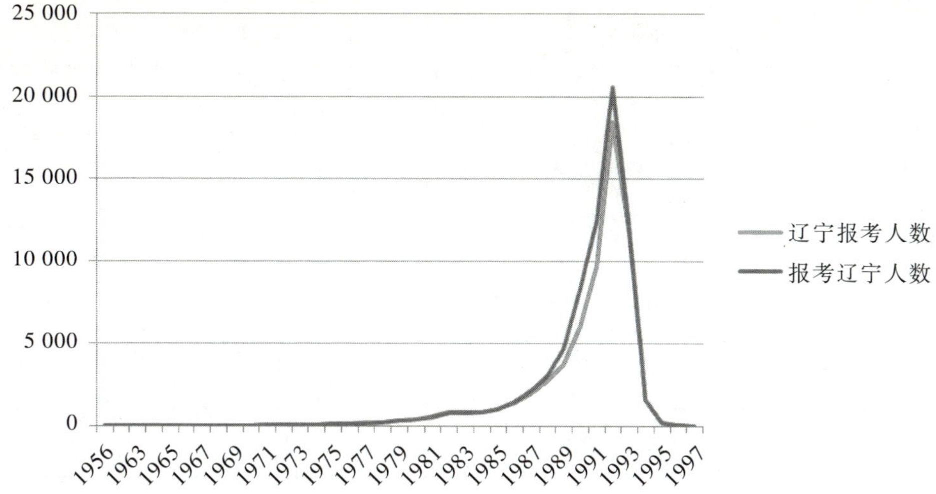

图7 按考生出生年份统计折线图

6. 按报考辽宁招生单位统计，见表5。

表5 **按考生报考辽宁招生单位统计表**

单位代码	单位名称	辽宁报考人数	全国报考人数
10140	辽宁大学	3 908	7 051
10141	大连理工大学	3 726	8 857
10142	沈阳工业大学	1 264	1 681
10143	沈阳航空航天大学	380	454
10144	沈阳理工大学	595	714
10145	东北大学	4 636	9 159
10146	辽宁科技大学	568	590
10147	辽宁工程技术大学	1 157	1 295
10148	辽宁石油化工大学	872	983
10149	沈阳化工大学	319	350
10150	大连交通大学	279	461
10151	大连海事大学	1 768	3 472

续表

单位代码	单位名称	辽宁报考人数	全国报考人数
10152	大连工业大学	599	782
10153	沈阳建筑大学	1 059	1 650
10154	辽宁工业大学	297	336
10157	沈阳农业大学	1 019	1 246
10158	大连海洋大学	432	524
10159	中国医科大学	2 607	4 729
10160	辽宁医学院	1 128	1 650
10161	大连医科大学	1 260	2 677
10162	辽宁中医药大学	1 080	1 365
10163	沈阳药科大学	806	1 767
10164	沈阳医学院	162	209
10165	辽宁师范大学	2 120	3 918
10166	沈阳师范大学	1 691	2 019
10167	渤海大学	1 420	1 541
10169	鞍山师范学院	122	133
10172	大连外国语大学	256	873
10173	东北财经大学	2 724	7 394
10175	中国刑事警察学院	289	837
10176	沈阳体育学院	375	497
10177	沈阳音乐学院	397	397
10178	鲁迅美术学院	580	579
11035	沈阳大学	799	870

续表

单位代码	单位名称	辽宁报考人数	全国报考人数
11258	大连大学	237	375
11632	沈阳工程学院	149	167
12026	大连民族学院	193	273
82705	沈阳铸造研究所	5	7
82903	中国航空研究院601所	5	10
82905	中航六零六所	2	4
82929	航空工业总公司626所	5	5
83503	沈阳化工研究院	4	6
86220	大连测控技术研究所	6	8
89621	中共辽宁省委党校	11	15
90040	海军大连舰艇学院	34	76

7. 其他重点统计

在辽宁报考的考生按照性别统计，男生29 045人，女生33 844人。

报考辽宁域内招生单位的考生按照性别统计，男生32 048人，女生39 958人。

按照考生取得最后学历的学习形式统计，普通全日制，在辽宁省报考全国硕士研究生考生59 975人，全国报考辽宁省域内招生单位考生68 738人，成人教育，在辽宁省报考全国硕士研究生考生1 373人，全国报考辽宁省域内招生单位考生1 559人，自学考试，在辽宁省报考全国硕士研究生考生1 184人，全国报考辽宁省域内招生单位考生1 357人，网络教育，在辽宁省报考全国硕士研究生考生243人，全国报考辽宁省域内招生单位考生242人，获境外学历或学位证书者，在辽宁省报考全国硕士研究生考生99人，全国报考辽宁省域内招生单位考生94人，其他，在辽宁省报考全国硕士研究生考生15人，全国报考辽宁省域内招生单位考生16人。

按照考生户口所在地统计报考辽宁域内招生单位考生，其中外省市报考前五名分别是，山东省报考6 869人，河南省报考4 236人，黑龙江省报考4 207人，河北省报考4 165人，内蒙古自治区报考3 546人。

按照所报专项计划统计（不含无专项计划考生）考生，在辽宁报考少数民族骨干计划的考生202人，报考辽宁招生单位少数民族骨干计划的考生77人，在辽宁报考强军计划的考生51人，报考辽宁招生单位强军计划的考生51人。

二、考试组织情况统计

1. 按考点、考场统计，见表6。

表6　　按考点、考场统计

地区（单位）	准考人数	考点数	考场数	监考人数	巡考人数
沈阳市统考考点	24 982	43	867	1 734	168
东北大学单考考点	73	1	4	8	8
辽宁大学单考考点	1	1	1	2	4
沈阳工业大学单考考点	2	1	1	2	2
中国医科大学单考考点	4	1	1	2	2
鲁迅美术学院统考考点	579	1	3	6	6
沈阳音乐学院统考考点	397	1	9	18	7
大连市统考考点	18 690	27	634	1 268	280
大连理工大学单考考点	32	1	2	4	2
大连海事大学单考考点	25	1	1	2	2
东北财经大学单考考点	36	1	2	4	4
鞍山市统考考点	2 938	4	102	204	21
辽宁科技大学单考考点	12	1	1	2	2
抚顺市统考考点	2 562	3	89	178	60
本溪市统考考点	712	1	27	54	20
丹东市统考考点	767	1	27	54	15
锦州市统考考点	5 722	6	195	390	24
营口市统考考点	769	1	27	54	6
阜新市统考考点	2 050	3	74	148	30
辽宁工程技术大学单考考点	42	1	2	4	2
辽阳市统考考点	763	1	27	54	18
盘锦市统考考点	443	1	16	32	4
铁岭市统考考点	571	1	23	46	6
朝阳市统考考点	656	1	25	50	12
葫芦岛市统考考点	1 004	1	34	68	8
合计	63 832	105	2 194	4 388	713

2. 按考试科目统计，见表7。

表7 按报考点统计考试科目统计表

报考点代码	报考点名称	第一单元科目数	第二单元科目数	第三单元科目数	第四单元科目数
2101	辽宁省沈阳市和平区招考办	4	42	388	820
2102	辽宁省大连金州新区招生办	4	42	527	1 103
2103	辽宁省沈阳市铁西区招考办	4	24	226	628
2104	辽宁省沈阳市沈河区招考办	4	16	283	640
2105	辽宁省沈阳市大东区招考办	4	20	362	744
2107	辽宁省沈阳市皇姑区招考办	3	50	593	1 131
2108	辽宁省大连市高新园区招生办	4	23	173	642
2109	辽宁省鞍山市招考办	4	38	350	837
2110	辽宁省抚顺市招考办	4	28	260	708
2111	辽宁省本溪市招考办	3	14	166	319
2112	辽宁省丹东市招考办	4	16	161	309
2113	辽宁省锦州市招考办	4	43	493	1 013
2114	辽宁省营口市招考办	3	14	130	270
2115	辽宁省阜新市招考办	4	20	214	558
2116	辽宁省辽阳市招考办	3	16	128	284
2117	辽宁省盘锦市招考办	3	12	115	202
2118	辽宁省铁岭市招考办	4	17	143	239

续表

报考点代码	报考点名称	第一单元科目数	第二单元科目数	第三单元科目数	第四单元科目数
2119	辽宁省朝阳市招考办	4	17	140	268
2120	辽宁省葫芦岛市招考办	4	14	146	380
2121	辽宁大学	1	1	1	1
2122	大连理工大学	1	1	4	13
2123	沈阳工业大学	1	1	1	2
2124	东北大学	1	2	5	19
2125	辽宁科技大学	1	1	1	8
2126	辽宁工程技术大学	1	1	1	10
2127	大连海事大学	1	1	1	3
2129	中国医科大学	1	1	2	1
2134	东北财经大学	1	1	1	2
2139	辽宁省大连市中山区招生办	1	1	1	1
2140	辽宁省大连市西岗区招生办	4	29	232	668
2141	辽宁省大连市沙河口招生办	4	36	284	590
2142	辽宁省大连市甘井子区招生办	4	39	315	579
2143	辽宁省大连市旅顺口区招生办	3	71	294	403
2144	辽宁省沈阳市浑南区招考办	3	17	70	479
2145	辽宁省沈阳市沈北新区招考办	3	8	71	349
2146	辽宁省沈阳市于洪区招考办	3	7	88	355

三、考试成绩统计数据

1. 按报考招生单位统计，见表8和图8。

表8　　按报考招生单位初试合格考生统计表

报考单位代码	报考单位名称	报考人数	初试合格人数
10140	辽宁大学	7 051	2 248
10141	大连理工大学	8 862	3 099
10142	沈阳工业大学	1 682	675
10143	沈阳航空航天大学	454	123
10144	沈阳理工大学	714	177
10145	东北大学	9 166	3 486
10146	辽宁科技大学	590	167
10147	辽宁工程技术大学	1 295	449
10148	辽宁石油化工大学	983	316
10149	沈阳化工大学	350	109
10150	大连交通大学	461	163
10151	大连海事大学	3 477	1 427
10152	大连工业大学	782	303
10153	沈阳建筑大学	1 650	730
10154	辽宁工业大学	337	68
10157	沈阳农业大学	1 246	706
10158	大连海洋大学	524	244
10159	中国医科大学	4 729	1 677
10160	辽宁医学院	1 653	185
10161	大连医科大学	2 679	578
10162	辽宁中医药大学	1 365	394

续表

报考单位代码	报考单位名称	报考人数	初试合格人数
10163	沈阳药科大学	1 767	920
10164	沈阳医学院	211	12
10165	辽宁师范大学	3 919	1 378
10166	沈阳师范大学	2 019	714
10167	渤海大学	1 542	390
10169	鞍山师范学院	133	12
10172	大连外国语大学	875	443
10173	东北财经大学	7 396	2 635
10175	中国刑事警察学院	842	203
10176	沈阳体育学院	497	140
10177	沈阳音乐学院	397	163
10178	鲁迅美术学院	581	275
11035	沈阳大学	870	312
11258	大连大学	381	104
11632	沈阳工程学院	167	39
12026	大连民族学院	273	131
82705	沈阳铸造研究所	7	4
82903	中国航空研究院601所	10	5
82905	中航六零六所	4	2
82929	航空工业总公司626所	5	1
83503	沈阳化工研究院	6	2
86220	大连测控技术研究所	8	4
89621	中共辽宁省委党校	15	0
90040	海军大连舰艇学院	77	38

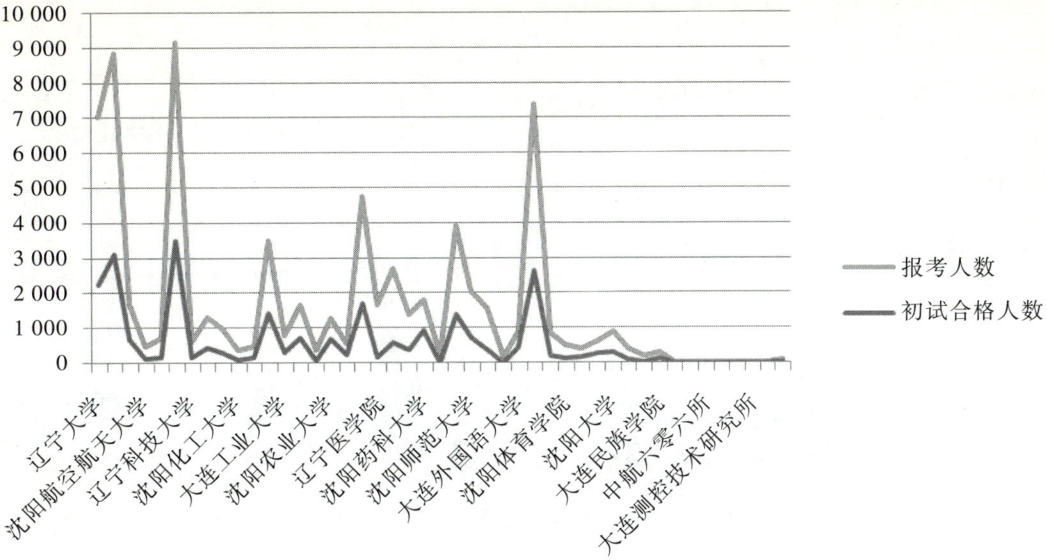

图8 按报考招生单位初试合格考生统计折线图

2. 按学科门类统计，见表9和图9。

表9 按学科门类初试合格考生统计表

门类代码	门类名称	报考人数	初试合格人数
01	哲学	283	124
02	经济学	4 912	1 588
03	法学	4 218	1 216
04	教育学	4 260	1 350
05	文学	3 581	1 345
06	历史学	315	92
07	理学	3 521	1 613
08	工学	20 111	7 839
09	农学	1 152	731
10	医学	12 117	3 627
11	军事学	25	11
12	管理学	14 537	4 704
13	艺术学	3 020	1 011

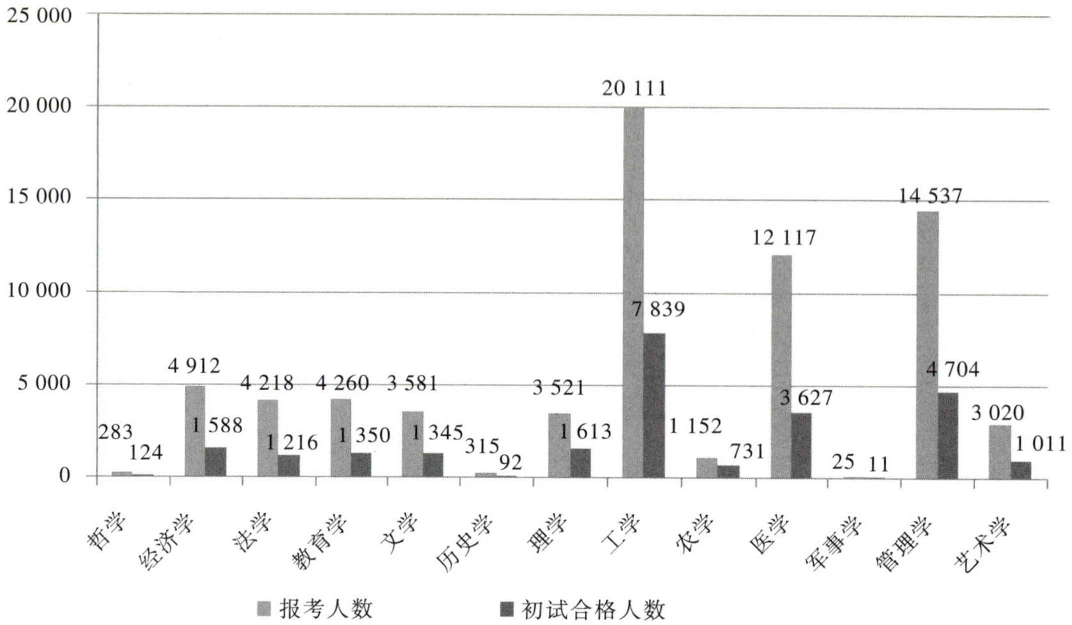

图 9 按学科门类初试合格考生统计柱形图

3. 按考生报考点所在省市统计，见表 10 和图 10。

表 10 按考生报考点所在省、市统计表

省市代码	省市名称	报考人数	合格人数
11	北京市	366	115
12	天津市	473	140
13	河北省	3 502	1 404
14	山西省	2 008	766
15	内蒙古自治区	2 069	558
21	辽宁省	41 331	14 217
22	吉林省	2 274	650
23	黑龙江省	3 484	1 008
31	上海市	150	52
32	江苏省	727	313
33	浙江省	257	114
34	安徽省	978	383
35	福建省	195	77
36	江西省	420	154

续表

省市代码	省市名称	报考人数	合格人数
37	山东省	6 235	2 572
41	河南省	3 443	1 326
42	湖北省	899	425
43	湖南省	492	164
44	广东省	227	73
45	广西壮族自治区	136	44
46	海南省	95	28
50	重庆市	267	100
51	四川省	319	104
52	贵州省	126	23
53	云南省	159	36
54	西藏自治区	20	4
61	陕西省	648	212
62	甘肃省	339	97
63	青海省	37	13
64	宁夏回族自治区	184	38
65	新疆维吾尔自治区	146	41

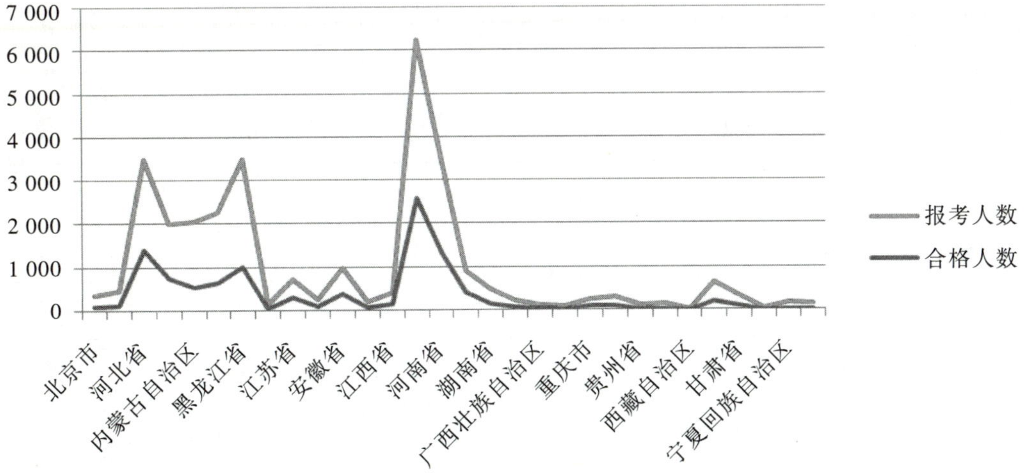

图10　按考生报考点所在省、市统计折线图（辽宁以外省市）

4. 按学科门类（专业）和专业学位统计，见表11。

表11 按学科门类（专业）和专业学位统计表

代码	名称	报考人数	合格人数
	单独考试	15	12
	强军计划	17	6
01	哲学	282	123
02	经济学	3 155	772
03	法学	2 694	951
04	教育学（不含体育学）	1 290	361
04	教育学（不含体育学）	57	10
0403	体育学	648	195
05	文学	2 119	630
0502	外国语言文学	65	23
06	历史学	311	90
07	理学	3 517	1 610
08	工学（不含工学照顾专业）	4 556	1 734
08	工学（不含照顾专业）	3 172	1 158
08	工学（不含软件工程、计算机科学与技术）	3 908	1 416
0801	力学	80	24
0806	冶金工程	167	101
0807	动力工程及工程热物理	212	75
0812	计算机科学与技术	261	33
0815	水利工程	39	11
0818	地质资源与地质工程	27	6
0819	矿业工程	253	121
0824	船舶与海洋工程	141	80
0825	航空宇航科学与技术	60	16
0826	兵器科学与技术	20	5

续表

代码	名称	报考人数	合格人数
0828	农业工程	82	25
0835	软件工程	29	2
09	农学	620	410
10	医学（不含中医类照顾专业）	4 069	1 255
1005	中医学	331	60
1006	中西医结合	117	17
11	军事学	25	11
12	管理学	4 112	846
12	管理学（不含公共管理）	369	63
1204	公共管理	273	44
13	艺术学	1 955	711
9999	少数民族骨干计划	77	40
0251	金融	679	205
0252	应用统计	148	71
025200	应用统计硕士	36	20
0253	税务	154	76
0254	国际商务	74	23
025400	国际商务硕士	1	0
0255	保险	37	13
0256	资产评估	65	17
0257	审计	556	389
0351	法律硕士	33	0
035101	法律（非法学）	754	122
035102	法律（法学）	355	16
0352	社会工作	147	64
0353	警务	223	55

续表

代码	名称	报考人数	合格人数
0451	教育	1 537	502
0452	体育	121	20
045201	体育教学	16	4
0453	汉语国际教育	501	239
0454	应用心理	88	17
0551	翻译	1 051	593
0551	翻译硕士	109	30
0552	新闻与传播	235	68
0651	文物与博物馆	4	2
0851	建筑学	370	144
0852	工程	1 065	436
0852	工程（不含工程照顾专业）	2 885	1 136
0852	工程硕士（不含照顾专业）	2 052	966
085205	冶金工程	197	145
085206	动力工程	110	40
085214	水利工程	30	10
085217	地质工程	1	1
085218	矿业工程	50	20
085223	船舶与海洋工程	84	39
085224	安全工程	78	30
085225	兵器工程	3	0
085227	农业工程	7	2
085232	航空工程	18	7
0853	城市规划	89	23
0951	农业推广	452	274
0952	兽医	44	19

续表

代码	名称	报考人数	合格人数
0953	风景园林	36	28
1051	临床医学（不含中医类照顾专业）	5 613	1 517
105118	中医内科学	228	90
105119	中医外科学	65	30
105120	中医骨伤科学	70	23
105121	中医妇科学	71	27
105122	中医儿科学	17	3
105123	中医五官科学	7	0
105124	针灸推拿学	78	25
105126	中西医结合临床	325	109
1052	口腔医学	630	266
1053	公共卫生	9	3
1054	护理	102	6
1055	药学	362	188
1056	中药学	23	8
1251	工商管理	3 737	1 213
125100	工商管理硕士	566	199
1252	公共管理	1 586	499
125200	公共管理硕士	522	125
1253	会计	2 719	1 565
125300	会计硕士	167	22
1254	旅游管理	53	14
1255	图书情报	19	5
1256	工程管理	400	102
1351	艺术	1 037	295
1351	艺术硕士	26	4

四、录取统计数据

1. 按招生单位统计，见表12。

表12 按招生单位统计录取人数统计表

录取单位代码	录取单位名称	录取人数	一志愿人数	调剂人数	专硕录取人数
10140	辽宁大学	2 160	1 461	699	1 056
10141	大连理工大学	3 674	1 978	1 696	1 480
10142	沈阳工业大学	958	604	354	486
10143	沈阳航空航天大学	465	126	339	165
10144	沈阳理工大学	430	174	256	243
10145	东北大学	3 464	2 462	1 002	1 567
10146	辽宁科技大学	404	172	232	204
10147	辽宁工程技术大学	900	426	474	402
10148	辽宁石油化工大学	434	283	151	169
10149	沈阳化工大学	235	119	116	59
10150	大连交通大学	500	169	331	200
10151	大连海事大学	1 642	1 046	596	843
10152	大连工业大学	610	310	300	249
10153	沈阳建筑大学	730	446	284	314
10154	辽宁工业大学	237	74	163	90
10157	沈阳农业大学	860	621	239	260
10158	大连海洋大学	375	227	148	175
10159	中国医科大学	1 230	848	382	743
10160	辽宁医学院	793	152	641	473
10161	大连医科大学	1 152	504	648	743
10162	辽宁中医药大学	432	296	136	242

续表

录取单位代码	录取单位名称	录取人数	一志愿人数	调剂人数	专硕录取人数
10163	沈阳药科大学	700	494	206	245
10164	沈阳医学院	50	11	39	20
10165	辽宁师范大学	1 660	1 144	516	558
10166	沈阳师范大学	1 025	709	316	400
10167	渤海大学	720	385	335	303
10169	鞍山师范学院	45	12	33	45
10172	大连外国语大学	357	284	73	157
10173	东北财经大学	1 920	1 232	688	895
10175	中国刑事警察学院	162	156	6	64
10176	沈阳体育学院	253	115	138	123
10177	沈阳音乐学院	146	145	1	78
10178	鲁迅美术学院	186	159	27	71
11035	沈阳大学	255	201	54	166
11258	大连大学	385	95	290	85
11632	沈阳工程学院	56	38	18	56
12026	大连民族学院	109	109	0	109
82705	沈阳铸造研究所	3	3	0	0
82903	中国航空研究院601所	6	5	1	0
82905	中国航空研究院606研究所	6	2	4	0
82929	中国航空研究院626所	1	1	0	0
83503	沈阳化工研究院	8	2	6	0
86220	大连测控技术研究所	5	4	1	0
89621	中共辽宁省委党校	10	0	10	0

2. 按学科门类统计，见表13到表14和图11到图12。

表13　　按学科门类域内45家单位统计表

门类名称	报考人数	录取人数	一志愿人数	调剂人数	专硕录取人数
哲学	283	154	114	40	0
经济学	4 910	1 521	875	646	1 751
法学	4 211	1 657	967	690	1 512
教育学	4 257	1 789	1 112	677	2 263
文学	3 578	1 530	1 012	518	1 394
历史学	315	166	76	90	4
理学	3 521	2 134	1 417	717	0
工学	20 098	10 768	5 541	5 227	7 061
农学	1 150	845	656	189	531
医学	12 107	4 142	2 183	1 959	7 599
管理学	14 534	3 938	3 021	917	9 768
艺术学	3 018	1 109	830	279	1 064

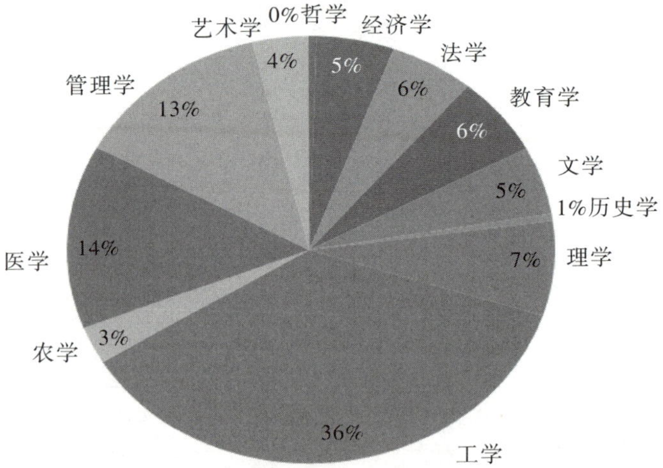

图11　按学科门类域内45家单位统计饼图

表 14　　按学科门类省属 32 家单位统计表

门类名称	报考人数	录取人数	一志愿人数	调剂人数	专硕录取人数
哲学	195	101	76	25	0
经济学	4 490	1 342	808	534	1 696
法学	2 781	1 240	703	537	977
教育学	4 124	1 728	1 075	653	2 228
文学	2 846	1 241	815	426	1 009
历史学	315	166	76	90	4
理学	2 310	1 586	1 043	543	0
工学	5 999	4 686	1 919	2 767	2 287
农学	1 150	845	656	189	531
医学	12 071	4 132	2 173	1 959	7 599
管理学	10 145	2 550	1 896	654	6 693
艺术学	2 851	1 046	796	250	1 003

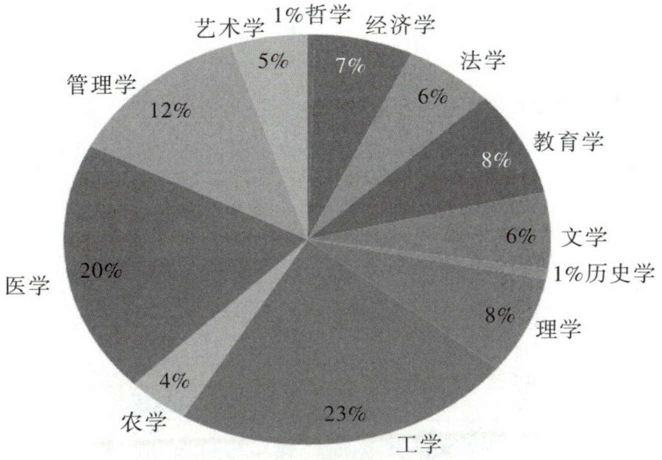

图 12　按学科门类省属 32 家单位统计饼图

3. 按考试方式统计，见表 15 到表 16 和图 13 到图 14。

表 15　　按考试方式域内 45 家单位统计表

考试方式	报考人数	录取人数	一志愿人数	调剂人数	专硕录取人数
全国统考	60 313	23 601	15 055	8 546	9 944
推荐免试	0	3 021	0	3 021	576
单独考试	176	126	126	0	47
管理类联考	10 324	2 724	2 450	274	2 724
法硕联考	1 142	246	138	108	246
强军计划	51	35	35	0	1

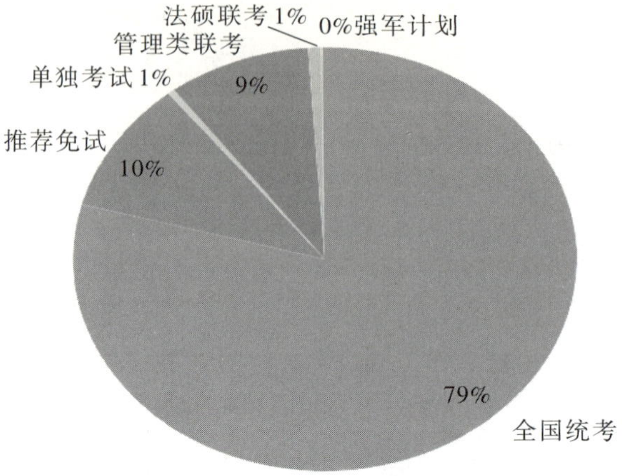

图 13 按考试方式域内 45 家单位统计饼图

表 16 按考试方式省属 32 家单位统计表

考试方式	报考人数	录取人数	一志愿人数	调剂人数	专硕录取人数
全国统考	41 092	17 724	10 375	7 349	7 393
推荐免试	0	1 019	0	1 019	223
单独考试	97	67	67	0	6
管理类联考	7 249	1 671	1 493	178	1 671
法硕联考	839	182	101	81	182

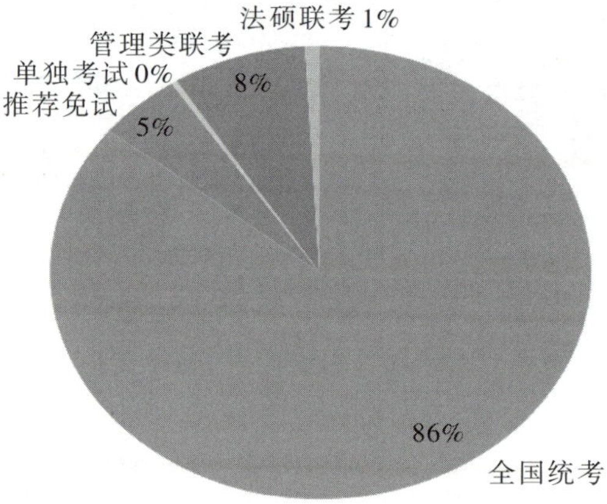

图 14 按考试方式省属 32 家单位统计饼图

4. 按考生来源统计，表 17 和图 15。

表 17 按考生户口所在省、市统计表

省市代码	省市名称	报名人数	录取人数	专硕录取人数
11	北京市	314	152	92
12	天津市	596	237	121
13	河北省	4 165	2 154	930

续表

省市代码	省市名称	报名人数	录取人数	专硕录取人数
14	山西省	2 307	1 152	395
15	内蒙古自治区	3 546	1 064	500
21	辽宁省	36 038	12 963	6 360
22	吉林省	2 492	804	346
23	黑龙江省	4 207	1 161	509
31	上海市	89	54	31
32	江苏省	734	594	289
33	浙江省	306	183	69
34	安徽省	1 387	833	301
35	福建省	210	107	39
36	江西省	392	262	114
37	山东省	6 869	3 344	1 481
41	河南省	4 236	2 375	959
42	湖北省	952	761	360
43	湖南省	397	231	101
44	广东省	230	125	56
45	广西壮族自治区	129	58	31
46	海南省	87	37	17
50	重庆市	185	109	50
51	四川省	315	218	87
52	贵州省	176	59	28
53	云南省	132	49	18
54	西藏自治区	5	4	0
61	陕西省	595	326	139
62	甘肃省	450	204	72
63	青海省	56	18	9
64	宁夏回族自治区	163	45	13
65	新疆维吾尔自治区	239	69	21

5. 其他重点统计

报考辽宁域内招生单位的考生按照性别统计，共录取男生13 109人，女生16 644人。

按照考生取得最后学历的学习形式统计，普通全日制共录取29 161人，成人教育共录取250人，自学考试共录取292人，网络教育共录取27人，获境外学历或学位证书者共录取22人，其他共录取1人。

按照所报专项计划统计（不含无专项计划考生）考生，无专项计划共录取29 540人，少数民族骨干计划共录取56人，强军计划共录取35人。

我省域内共录取硕士研究生29 753人，其中学术型硕士16 215人，占总数54.5%；专业硕士13 538人，占总数45.5%。省属院校共录取硕士研究生20 663人，其中学术型硕士11 188人，占总数54.15%；专业硕士9 475人，占总数45.85%。

附录：

教学〔2014〕13号

教育部关于印发《2015年全国硕士研究生招生工作管理规定》的通知

各省、自治区、直辖市高等学校招生委员会、教育厅（教委），新疆生产建设兵团教育局，有关部门（单位）教育司（局），解放军总参谋部军训部、总政治部干部部、总后勤部政治部，各硕士研究生招生单位：

为做好2015年全国硕士研究生招生工作，现将《2015年全国硕士研究生招生工作管理规定》印发给你们，请遵照执行。

教育部

2014年9月12日

附件：

2015年全国硕士研究生招生工作管理规定

第一章 总 则

第一条 为加强对全国硕士学位研究生招生工作的管理，保证硕士研究生的入学质量和招生工作的顺利进行，制定本规定。

第二条 高等学校和科学研究机构（以下简称招生单位）招收硕士研究生，是为了培养热爱祖国，拥护中国共产党的领导，拥护社会主义制度，遵纪守法，品德良好，具有服务国家服务人民的社会责任感，掌握本学科坚实的基础理论和系统的专业知识，具有创新精神、创新能力和从事科学研究、教学、管理等工作能力的高层次学术型专门人才以及具有较强解决实际问题的能力、能够承担专业技术或管理工作、具有良好职业素养的高层次应用型专门人才。

第三条 硕士研究生招生应坚持按需招生、德智体全面衡量、择优录取和宁缺毋滥的原则。

第四条 招生单位及其招生学科（类别）、专业（领域）必须经教育部及其授权单位批准。

第五条 招生对象主要为国家承认学历的应届本科毕业、本科毕业以及具有与本科毕业同等学力的中国公民。

第六条 全国硕士研究生招生考试分初试和复试两个阶段进行。初试和复试都是硕士研究生招生考试的重要组成部分。初试由国家统一组织，复试由招生单位自行组织。

初试方式分为全国统一考试、联合考试、单独考试以及推荐免试。

全国统一考试是指部分考试科目由教育部统一命题，其他考试科目由招生单位自命题的考试。

联合考试是指教育部批准招生单位在特定学科（类别）、专业（领域）的部分（或全部）考试科目联合（或统一）命题的考试。

单独考试是指经教育部批准的部分招生单位，为符合特定报名条件的在职人员单独命题的考试。

推荐免试是指依据国家有关政策，对部分高等学校按规定推荐的本校优秀应届本科毕业生，及其他符合相关规定的考生，经确认其免初试资格，由招生单位直接进行复试考核的选拔方式。

第七条 全国统一命制的试题（由教育部考试中心组织命制的试题，包括副题）在启封并使用完毕前按国家绝密级事项管理，答案及评分参考在考试结束前按国家绝密级事项管理；招生单位联合命制和自行命制的试题（包括副题、单考试题）在启封并使用完毕前按国家机密级事项管理，答案及评分参考在考试结束前按国家机密级事项管理。答案及评分参考在考试结束后至使用完毕前按国家秘密级事项管理。考生答卷（含答题纸、答题卡，下同）在成绩公布前按国家秘密级事项管理。

第八条 硕士研究生按其学习方式分为全日制硕士研究生和非全日制硕士研究生两种。

第二章 管理机构及其职责

第九条 教育部归口管理全国硕士研究生招生工作。其职责是：

（一）研究制定招生工作的方针、政策、规定和办法，部署全国的招生工作，发布年度招生考试公告，组织实施并监督检查执行情况。

（二）会同国家有关部门制订并下达年度招生计划。

（三）确定硕士研究生招生全国统考、联考科目并审定考试大纲。

（四）组织全国统考、联考科目的命题工作和组织实施全国硕士研究生招生考试。

（五）公布组织单独考试招收硕士研究生的招生单位名单及其年度招生限额。

（六）制定推免工作政策，公布开展推荐优秀应届本科毕业生免试攻读研究生工作的高校及其年度推免名额，并对全国推免工作进行管理。

（七）组织招生管理人员的培训工作，开展招生宣传和研究工作。

（八）推进招生信息公开，并对各省级教育招生考试管理机构、研究生招生单位招生信息公开工作进行监督。

（九）调查处理或授权有关部门和单位调查处理招生工作中发生的重大问题。

第十条 省（区、市）高等学校招生委员会负责本地区硕士研究生招生管理工作。其主要职责是：

（一）执行教育部关于招生工作的方针、政策、规定和办法，结合本地区的实际情况制订必要的补充规定，报教育部备案并组织实施。

（二）建立健全研究生招生机构，配备专职人员，加强队伍建设。根据新形势和日益增加的工作任务要求，合理设置负责研究生招生工作的专门常设机构，合理确定研究生招生工作人员的编制，配备必要的专职研究生招生工作人员；做好本地区招生工作人员培训工作。

（三）组织本省（区、市）招生单位制定发布招生简章和招生专业目录。

（四）组织并做好试卷印制及保密、保管工作，确保试卷绝对安全。

（五）做好考生的信息安全保密工作。

（六）设置报考点和评卷点，组织报名、考试、评卷等工作，根据教育部要求按时、准确、规范上报有关信息数据。

（七）全面负责本地区考试安全工作，及时处置与本地区有关的考试安全突发事件。省（区、市）高等学校招生委员会主要负责人对考试安全工作负领导责任，省（区、市）教育厅（教委）分管领导是第一责任人，省级教育招生考试管理机构主要负责人是直接责任人。省（区、市）高等学校招生委员会相关部门的分管领导对本部门硕士研究生招生考试职责范围内的工作负全责。

（八）按有关规定做好招生信息公开相关工作，并对本地所有研究生招生单位招生信息公开工作进行监督与管理。

（九）协调并监督检查招生单位和报考点的招生考试工作，根据职责分工受理考生信访和投诉，调查处理招生工作中发生的问题。发现重大问题应立即向所在地省级人民政府和教育部报告。

（十）依法维护考生和招生工作人员的合法权益。

（十一）组织开展招生宣传、咨询和研究工作。

第十一条 招生单位主管部门的主要职责：

根据国家的有关规定和国家下达的招生规模，拟定本部门所属各招生单位的招生计划，根据有关规定调查处理本部门所属招生单位招生工作中发生的问题，并依法依规追究相关部门和人员的责任。

第十二条 招生单位负责组织实施本单位的招生工作。其主要职责是：

（一）成立校领导牵头的研究生招生工作领导小组，负责按照教育部有关招生方针、政策、规定、办法，上级主管部门、所在省（区、市）高等学校招生委员会的补充规定，以及本单位的实际情况，制订实施细则，并开展招生工作。

（二）设置研究生招生机构，合理确定必要的人员编制，配备一定数量的专职人员负责招生工作，并组织培训招生工作人员。

（三）根据国家核定的招生规模和社会需求，制订本单位的分学科（类别）、专业（领域）的招生方案。

（四）遴选指导教师，制订指导教师管理办法和定期开展新导师培训。

（五）编制公布招生简章和招生专业目录。在招生简章中按相关规定公布本单位各专业硕士研究生学费具体标准和奖助办法。

（六）参照教育部、卫生部等部门的体检工作相关规定，结合本单位情况，制订体检要求。

（七）按规定做好本单位招生信息公开工作，并对公开的信息进行解释。

（八）开展招生宣传、咨询和研究工作。

（九）审核考生的报考资格。

（十）组织命题、评卷、复试、体检、思想政治素质与道德品质考核和录取等工作，并做好相应的安全保密工作。

（十一）做好考生的信息安全保密工作。

（十二）对入学新生思想政治、业务水平和身体健康状况等进行全面复查。

（十三）依法维护考生和招生工作人员的合法权益。

（十四）受理考生申诉，负责作必要的解释，依法依规查处考试招生中的有关问题。

第三章　招生计划

第十三条　国家根据经济、社会发展需要确定年度招生计划，招生单位根据国家下达的招生计划、社会需求和办学条件，确定各学科（类别）、各专业（领域）的招生人数。

第十四条　硕士研究生招生计划按就业方式分为定向就业和非定向就业两种类型。定向就业的硕士研究生按定向合同就业；非定向就业的硕士研究生按所在招生单位推荐、本人与用人单位双向选择的办法就业。

第十五条　国家对所有纳入招生计划的全日制硕士研究生均安排生均拨款，所有纳入招生计划的全日制硕士研究生都要缴纳学费，国家和招生单位通过设立奖学金、助学金、助学贷款、三助岗位、绿色通道等制度，建立多元奖助体系，支持硕士研究生完成学业，提高硕士研究生待遇水平。

第四章　报　名

第十六条　报名参加全国硕士研究生招生考试的人员，须符合下列条件：

（一）中华人民共和国公民。

（二）拥护中国共产党的领导，品德良好，遵纪守法。

（三）身体健康状况符合国家和招生单位规定的体检要求。

（四）考生必须符合下列学历等条件之一：

1.国家承认学历的应届本科毕业生（录取当年9月1日前须取得国家承认的本科毕业证书。含普通高校、成人高校、普通高校举办的成人高等学历教育应届本科毕业生，及自学考试和网络教育届时可毕业本科生）。

2.具有国家承认的大学本科毕业学历的人员。

3.获得国家承认的高职高专毕业学历后满2年（从毕业后到录取当年9月1日，下同）或2年以上，达到与大学本科毕业生同等学力，且符合招生单位根据本单位的培养目标对考生提出的具体业务要求的人员。

4.国家承认学历的本科结业生，按本科毕业生同等学力身份报考。

5.已获硕士、博士学位的人员。

在校研究生报考须在报名前征得所在培养单位同意。

第十七条 报名参加全国专业学位硕士研究生招生考试的，按下列规定执行。

（一）报名参加法律硕士（非法学）专业学位硕士研究生招生考试的人员，须符合下列条件：

1.符合第十六条中的各项要求。

2.之前所学专业为非法学专业（普通高等学校本科专业目录法学门类中的法学类专业［代码为0301］毕业生、专科层次法学类毕业生和自学考试形式的法学类毕业生等不得报考）。

（二）报名参加法律硕士（法学）专业学位硕士研究生招生考试的人员，须符合下列条件：

1.符合第十六条中的各项要求。

2.之前所学专业为法学专业（仅普通高等学校本科专业目录法学门类中的法学类专业［代码为0301］毕业生、专科层次法学类毕业生和自学考试形式的法学类毕业生等可以报考）。

（三）报名参加工商管理硕士、公共管理硕士、工程管理硕士、旅游管理硕士、工程硕士中的项目管理、教育硕士中的教育管理、体育硕士中的竞赛组织专业学位硕士研究生招生考试的人员，须符合下列条件：

1.符合第十六条中第（一）、（二）、（三）各项的要求。

2.大学本科毕业后有3年以上工作经验的人员；或获得国家承认的高职高专毕业学历后，有5年以上工作经验，达到与大学本科毕业生同等学力的人员；或已获硕士学位或博士学位并有2年以上工作经验的人员。

（四）报名参加除法律硕士（非法学）、法律硕士（法学）、工商管理硕士、公共管理硕士、工程管理硕士、旅游管理硕士、工程硕士中的项目管理、教育硕士中的教育管理、体育硕士中的竞赛组织外的其他专业学位硕士研究生招生考试的人员，须符合第十六条中的各项要求。

第十八条 报名参加单独考试的人员，须符合下列条件：

（一）符合第十六条中第（一）、（二）、（三）各项的要求。

（二）取得国家承认的大学本科学历后连续工作4年以上，业务优秀，已经发表过研究论文（技术报告）或者已经成为业务骨干，经考生所在单位同意和两名具有高级专业技术职称的专家推荐，定向就业本单位的在职人员；或获硕士学位或博士学位后工作2年以上，业务优秀，经考生所在单位同意和两名具有高级专业技术职称的专家推荐，定向就业本单位的在职人员。

学术学位各学科和专业学位中的建筑学硕士、工程硕士、城市规划硕士、农业推广硕士、兽医硕士、风景园林硕士、林业硕士、临床医学硕士、口腔医学硕士、公共卫生硕士、护理硕士、药学硕士、中药学硕士等13个专业学位类别可设置单独考试。

第十九条 经本科毕业学校（具有开展推免工作资格的高校）选拔并确认资格的推免生（包括“研究生支教团”和“农村学校教育硕士师资培养计划”的推免生），须在国家规定时间内登录“全国推荐优秀应届本科毕业生免试攻读研究生信息公开暨管理服务系统”（网址：http：//yz.chsi.com.cn/tm）填报志愿并参加复试。规定截止日期前仍未落实接收单位的推免生不再保留推免资格。已被招生单位接收的推免生，不得再报名参加全国统考。

推免生推荐和接收办法由推荐学校和接收单位根据教育部有关规定制定并公布。所有推免生均享有依据招生政策自主选择报考招生单位和专业的权利，所有推免名额（除有特殊政策要求的专项计划外），均可向其他招生单位推荐。凡按规定可接受应届本科毕业生报考的学科（类别）、专业（领域）均可接收推免生。

第二十条 报名包括网上报名和现场确认两个阶段。所有参加硕士研究生招生考试的考生均须进行网上报名，并到报考点现场确认网报信息、缴费和采集本人图像等相关电子信息。

应届本科毕业生原则上应选择就读学校所在省（区、市）的报考点办理网上报名和现场确认手续；单独考试及工商管理、公共管理、旅游管理和工程管理等专业学位的考生应选择招生单位所在地省级教育招生考试管理机构指定的报考点办理网上报名和现场确认手续；其他考生应选择工作或户口所在地省级教育招生考试管理机构指定的报考点办理网上报名和现场确认手续。

网上报名技术服务工作由全国高等学校学生信息咨询与就业指导中心负责。现场确认由省级教育招生考试管理机构负责组织相关报考点进行。

报考点工作人员发现有考生伪造证件时，应通知公安机关并配合公安机关暂扣相关证件。

（一）网上报名要求：

1.考生应在规定时间登录“中国研究生招生信息网”（公网网址：http：//yz.chsi.com.cn，教育网址：http：//yz.chsi.cn，以下简称“研招网”）浏览报考须知，并按教育部、省级教育招生考试管理机构、报考点以及报考招生单位的网上公告要求报名。报名期间，考生可自行修改网报信息。逾期不再补报，也不得修改报名信息。

2.考生报名时只填报一个招生单位的一个专业。待考试结束，教育部公布考生进入复试的初试成绩基本要求后，考生可通过“研招网”调剂服务系统了解招生单位的生源缺额信息，并按相关规定自主多次平行填报多个调剂志愿。

3.以同等学力身份报考的人员，应按招生单位要求如实填写学习情况和提供真实材料。

4.考生要准确填写本人所受奖惩情况，特别是要如实填写在参加普通和成人高等学校招生考试、全国硕士研究生招生考试、高等教育自学考试等国家教育考试过程中因违纪、作弊所受处罚情况。对弄虚作假者，招生单位将按照《国家教育考试违规处理办法》严肃处理。

5.报名期间将对考生学历（学籍）信息进行网上校验，并在考生提交报名信息三天内反馈校验结果。考生可随时上网查看学历（学籍）校验结果。考生也可在报名前或报名期间自行登录“中国高等教育学生信息网”（网址：http：//www.chsi.com.cn）查询本人学历（学籍）信息。

未通过学历（学籍）校验的考生应及时到学籍学历权威认证机构进行认证，在现场确认时将认证报告交报考点核验。

6.按规定享受少数民族照顾政策的考生，在网上报名时须如实填写少数民族身份，且申请定向就业少数民族地区。

7.“少数民族高层次骨干人才计划”招生以考生报名时填报确认的信息为准。

8.现役军人报考地方或军队招生单位，以及地方考生报考军队招生单位，应事先认真阅读了解解放军及招生单位有关报考要求，遵守保密规定，按照规定填报报考信息。不明之处应事先与招生单位联系。

9.考生应按要求准确填写个人网上报名信息并提供真实材料。考生因网报信息填写错误、填报虚假信息而造成不能考试或录取的，后果由考生本人承担。

（二）现场确认要求：

1.所有考生（不含推免生）均应在规定时间内到报考点指定地方现场核对并确认其网上报名信息，逾期不再补办。

2.考生现场确认应提交本人居民身份证、学历证书（普通高校、成人高校、普通高校举办的成人高校学历教育应届本科毕业生持学生证）和网上报名编号，由报考点工作人员进行核对。

3.在录取当年9月1日前可取得国家承认本科毕业证书的自学考试和网络教育本科生，须凭颁发毕业证书的省级高等教育自学考试办公室或网络教育高校出具的相关证明方可办理网上报名现场确认手续。

4.未通过网上学历（学籍）校验的考生，在现场确认时应提供学历（学籍）认证报告。

5.所有考生均应对本人网上报名信息进行认真核对并确认。报名信息经考生确认后一律不做修改，因考生填写错误引起的一切后果由其自行承担。

6.考生应按规定缴纳报考费。

7.考生应按报考点规定配合采集本人图像等相关电子信息。

第二十一条 招生单位应根据教育部规定，对考生报考信息和现场确认材料进行全面审查，确定考生的考试资格。

考生填报的报名信息与报考条件不符的，不得准予考试。网上学历（学籍）校验未通过的考生，招生单位应要求其在规定时间内提供权威机构出具的认证报告，否则不得准予考试。

第二十二条 报考点由各省级教育招生考试管理机构确定并公布。报考点接受考生咨询，办理报名手续，安排考场，组织考试。

第二十三条 考生应在规定时间内登录“研招网”自行下载打印《准考证》。《准考证》正反两面在使用期间不得涂改。考生凭下载打印的《准考证》及居民身份证参加考试。

第二十四条 考生报名时须签署《考生诚信考试承诺书》。

第五章 命 题

第二十五条 全国统考和全国联考科目的命题工作由教育部考试中心统一组织；统考

科目考试大纲由教育部考试中心统一编制，联考科目考试大纲由教育部考试中心或教育部指定相关机构组织编制，自命题科目的命题工作由招生单位自行组织。

第二十六条 命题人员应为政治素质好、责任心强、教学经验丰富、学术水平较高并且近期承担教学工作的人员。命题人员原则上应具有副教授及以上职称或相当职称并具有硕士研究生招生考试命题经验。每位命题人员只能参加一门考试科目的命题工作。命题人员要遵守工作纪律，特别是要信守承诺，保守秘密，不得参与任何形式的考研辅导活动，不参与任何与考研内容有关的咨询活动，不参与任何与考研有关的复习资料编写、出版等活动。命题人员要签订《保密责任书》，过失泄密和故意泄密人员均将移交司法机关追究其相应刑事责任。

第二十七条 招生单位自命题试题不得委托非硕士研究生招生单位或个人命题；委托其他招生单位命题的，要签订《保密责任书》。

第二十八条 硕士研究生入学考试是选拔性考试，试题应能考查考生是否具备硕士研究生入学的基本能力和专业素质。试题要有一定的区分度，难易程度要适当。

第二十九条 试题不得有政治性的错误，并应避免出现学术界尚有争议的问题。

第三十条 单独考试初试科目设置与相应学科专业全国统考初试科目设置相同，单独考试的各考试科目可由招生单位命题，也可以选用全国统考试题。

第三十一条 各考试科目均应根据考试大纲（考试内容范围说明）和对硕士研究生入学的基本要求，参考大学本科的教学大纲进行命题。招生单位不得指定考试科目的参考书目和参考材料。

第六章 初 试

第三十二条 全国硕士研究生招生考试的初试日期和时间由教育部公布。

第三十三条 硕士研究生招生初试一般设置四个单元考试科目，即思想政治理论、外国语、业务课一和业务课二，满分分别为100分、100分、150分、150分。

第三十四条 教育学、历史学、医学门类初试设置三个单元考试科目，即思想政治理论、外国语、专业基础综合，满分分别为100分、100分、300分。

体育硕士、应用心理硕士、文物与博物馆硕士、药学硕士、中药学硕士、临床医学硕士、口腔医学硕士、公共卫生硕士、护理硕士初试设置三个单元考试科目，即思想政治理论、外国语、专业基础综合，满分分别为100分、100分、300分。

会计硕士、图书情报硕士、工商管理硕士、公共管理硕士、旅游管理硕士、工程管理硕士和审计硕士初试设置两个单元考试科目，即外国语、管理类联考综合能力，满分分别为100分、200分。

金融硕士、应用统计硕士、税务硕士、国际商务硕士、保险硕士、资产评估硕士初试设置经济类综合能力考试科目，供试点学校选考，满分为150分。

第三十五条 硕士研究生招生考试的全国统考科目为思想政治理论、英语一、英语二、俄语、日语、数学一、数学二、数学三、教育学专业基础综合、心理学专业基础综合、历史学基础、西医综合、中医综合；全国联考科目为数学（农）、化学（农）、植物生理学与生物化学、动物生理学与生物化学、计算机学科专业基础综合、管理类联考综合能力、法硕联考专业基础（非法学）、法硕联考综合（非法学）、法硕联考专业基础（法学)、法硕联考综合(法学)(其中:教育学专业基础综合、心理学专业基础综合、历史学基础、数学(农)、化学(农)、植物生理学与生物化学、动物生理学与生物化学、计算机学科专业基础综合试题由招生单位自主选择使用)。

第三十六条 招生单位必须按教育部的有关规定确定考试科目并使用相关试题。

第三十七条 初试每科考试时间一般为3小时,建筑设计等特殊科目考试时间最长不超过6小时。初试方式均为笔试。

第三十八条 初试的组织工作按照教育部的相关文件执行。

第三十九条 单独考试须由招生单位在省级教育招生考试管理机构指定的考点组织进行。

第四十条 因试卷错寄、漏寄、邮递故障等非考生本人原因而无法正常考试的考生可参加补考。

补考程序为:招生单位将初步审查同意补考的考生姓名、报考单位、补考科目及补考原因一一写明,报所在省级教育招生考试管理机构审核批准后,自行安排或协商有关考点在规定时间内组织补考。

各补考科目均由招生单位命题。补考试题的形式和难易程度应与原试题相一致。

补考一般安排在考试结束后1个月内进行,具体时间由相关招生单位确定。

第七章 评 卷

第四十一条 全国统考科目的评卷工作由省(区、市)高等学校招生委员会在教育部考试中心指导下统一组织,具体的评卷细则、工作程序、要求和纪律,由省级教育招生考试管理机构根据教育部的要求制订。全国联考科目的评卷工作由教育部委托有关单位组织进行。

第四十二条 全国统考科目评卷工作实行省(区、市)高等学校招生委员会统一领导、省级教育招生考试管理机构统一组织、评卷工作承办单位具体实施的管理体制。招生单位有承担当地统考科目评卷的责任和义务。

第四十三条 省级教育招生考试管理机构要加强评卷点建设。各评卷点要成立由各省级教育招生考试管理机构负责人和承办单位负责人共同组成的领导小组,加强对评卷工作的领导和管理;建立健全评卷工作系列规章制度,特别是评卷工作责任制度、责任追究制度和评卷工作质量监督保证制度;要逐步完善评卷教师的聘任机制,保证评卷工作的需要。

第四十四条 省级教育招生考试管理机构成立由相关招生单位各学科权威专家组成的全国统考科目评卷工作专家组,根据教育部考试中心提供的答案及评分参考,负责本地区全国统考科目评卷工作细则的拟定、试卷的试评、评卷教师的培训、评卷工作的业务指导与组织实施、试卷评阅过程中争议问题的仲裁等工作。

第四十五条 省级教育招生考试管理机构根据专家组的提名,聘请有关教师承担各学科评卷工作,招生单位有责任和义务按省级教育招生考试管理机构的要求选派所需评卷教师,无正当理由不得推辞拒绝。评卷工作由评卷教师所在学校以适当方式计入本人工作量。

第四十六条 招生单位自命题科目的评卷工作原则上由招生单位负责,组织管理工作参照全国统考科目评卷管理体制、办法和自命题评卷的有关要求实施。各招生单位在评卷结束后，应将自命题科目的成绩上报省级教育招生考试管理机构。省级教育招生考试管理机构在评卷结束后，应将统考科目成绩返回招生单位，同时将统考科目成绩和自命题科目成绩合成后，在规定时间上报教育部。

第四十七条 考生成绩由招生单位在教育部规定时间内向考生公布。考生对评卷结果有异议，可以依程序申请成绩复查，具体的复查办法按照教育部相关考务文件执行。

第四十八条 进行电子扫描的纸介答卷保留1年，其电子扫描版答卷保留3年；不进行电子扫描的纸介答卷保留3年。

第八章 复 试

第四十九条 复试是硕士研究生招生考试的重要组成部分，用于考查考生的创新能力、专业素养和综合素质等，是硕士研究生录取的必要环节，复试不合格者不予录取。

第五十条 复试时间、地点、内容范围、方式由招生单位自定。复试办法和程序由招生单位公布。全部复试工作一般应在录取当年4月底前完成。

第五十一条 教育部按照一区、二区制定并公布参加全国统考和联考考生进入复试的初试成绩基本要求。一区包括北京、天津、河北、山西、辽宁、吉林、黑龙江、上海、江苏、浙江、安徽、福建、江西、山东、河南、湖北、湖南、广东、重庆、四川、陕西等21省（市）；二区包括内蒙古、广西、海南、贵州、云南、西藏、甘肃、青海、宁夏、新疆等10省（区）。

报考地处二区招生单位且毕业后在国务院公布的民族区域自治地方就业的少数民族普通高校应届本科毕业生；或者工作单位在国务院公布的民族区域自治地方，定向就业原单位的少数民族在职人员考生，可按规定享受少数民族照顾政策。

第五十二条 招生单位在国家确定的初试成绩基本要求基础上，结合生源和招生计划等情况，自主确定本单位进入复试的初试成绩基本要求及其他学术要求，但不得出台歧视性规定。

经教育部批准的部分招生单位可自主确定考生进入复试的初试成绩基本要求及其他学术要求。参加单独考试的考生进入复试的初试成绩基本要求由招生单位依据教育部有关政策自行确定。

第五十三条 对初试公共科目成绩略低于全国初试成绩基本要求，但专业科目成绩特别优异或在科研创新方面具有突出表现的考生，可允许其破格参加第一志愿报考单位第一志愿专业复试（简称破格复试）。

破格复试应优先考虑基础学科、艰苦专业以及国家急需但生源相对不足的学科、专业。对一志愿合格生源不足的专业，招生单位要积极做好调剂工作，不得单纯为完成招生计划或保护一志愿生源而降低标准进行破格复试。合格生源（含调剂生源）充足的招生专业一般不再进行破格复试。破格复试考生不得调剂。

第五十四条 复试应采取差额形式，差额比例一般按照120%左右掌握，生源充足的招生单位，可以适度扩大差额复试比例。

招生单位要按照教育部有关规定制定本单位的复试录取办法和各院系实施细则，提前在本单位网站向社会公布并严格执行。复试录取办法中应明确考生进入复试的初试成绩和其他业务要求，以及复试、调剂、录取等各环节具体规定，特别要明确破格复试条件和程序。未按要求提前公布的复试录取规定一律无效。

第五十五条 招生单位在复试前应对考生的居民身份证、学历证书（以报名现场确认截止日期前所获得的文凭为准）、学历学籍认证报告、学生证等报名材料原件及考生资格进行严格审查，对不符合规定者，不予复试。

对考生的学历（学籍）信息有疑问的，招生单位应要求考生在规定时间内提供权威机构出具的认证证明。

少数民族考生身份以报考时查验的身份证为准，复试时不得更改。少数民族地区以国务院有关部门公布的《全国民族区域自治地方简表》为准。

第五十六条 以同等学力参加复试的考生，在复试中须加试至少两门与报考专业相关的本科主干课程。加试科目不得与初试科目相同。加试方式为笔试。报考法律硕士（非法学）、工商管理硕士、公共管理硕士、工程管理硕士或旅游管理硕士的同等学力考生可以不加试。对成人教育应届本科毕业生及复试时尚未取得本科毕业证书的自考和网络教育考生，招生单位可自主确定是否加试，相关办法应在《招生简章》中提前公布。

第五十七条 审计硕士、会计硕士、图书情报硕士、工商管理硕士、公共管理硕士、工程管理硕士和旅游管理硕士的思想政治理论考试由招生单位在复试中进行，成绩计入复试总成绩。

第五十八条 外国语听力及口语测试均在复试中进行，由招生单位自行组织，成绩计入复试总成绩。

第五十九条 招生单位认为有必要时，可对考生再次复试。

第六十条 参加“大学生志愿服务西部计划”“三支一扶计划”“农村义务教育阶段学校教师特设岗位计划”“赴外汉语教师志愿者”等项目服务期满、考核合格的考生和普通高等学校应届毕业生应征入伍服义务兵役退役后的考生，3年内参加全国硕士研究生招生考试的，初试总分加10分，同等条件下优先录取。

参加“选聘高校毕业生到村任职”项目服务期满、考核称职以上的考生，3年内参加全国硕士研究生招生考试的，初试总分加10分，同等条件下优先录取，其中报考人文社科类专业研究生的，初试总分加15分。

各省级教育招生考试管理机构、各招生单位应严格规范执行硕士研究生招生考试的初试总分加分政策，除教育部统一规定的范围和标准外，不得擅自扩大范围、另设标准。招生单位应对加分项目考生提供的相关证明材料进行认真核实。

第六十一条 考生体检工作由招生单位在复试阶段组织进行，体检须在招生单位指定的二级甲等以上医院进行。招生单位参照教育部、卫生部、中国残联印发的《普通高等学校招生体检工作指导意见》（教学〔2003〕3号）要求，按照《教育部办公厅卫生部办公厅关于普通高等学校招生学生入学身体检查取消乙肝项目检测有关问题的通知》（教学厅〔2010〕2号）规定，结合招生专业实际情况，提出本单位体检要求。

第九章 调 剂

第六十二条 招生单位应按教育部有关政策确定并公布本单位调剂工作的具体要求和程序，对进行初试科目改革的学科专业跨学科的调剂复试要给予支持，对教育学、历史学、医学、农学学科门类、计算机科学与技术学科考生（仅限于参加统考或联考的考生）的调入和调出在考试科目的要求方面可从宽掌握。

第六十三条 考生调剂基本条件：

（一）符合调入专业的报考条件。

（二）初试成绩符合第一志愿报考专业在调入地区的全国初试成绩基本要求。

（三）调入专业与第一志愿报考专业相同或相近。

（四）初试科目与调入专业初试科目相同或相近，其中统考科目原则上应相同。

（五）第一志愿报考照顾专业（指体育学及体育硕士，中医学、中西医结合及医学临床硕士中的中医类专业，工学照顾专业及工程硕士照顾专业，下同）的考生若调剂出本类照顾专业，其初试成绩必须达到调入地区该照顾专业所在学科门类（类别）的全国初试成绩基本要求。第一志愿报考非照顾专业的考生若调入照顾专业，其初试成绩必须符合调入地区对应的非照顾专业学科门类（类别）的全国初试成绩基本要求。体育学与体育硕士，中医学、中西医结合与医学临床硕士中的中医类专业，工学照顾专业与工程硕士照顾专业之间互调按照顾专业内部调剂政策执行。

（六）第一志愿报考工商管理、公共管理、工程管理、旅游管理、会计、图书情报、审计专业学位的考生可相互调剂，但不得调入其他专业；其他专业考生也不得调入以上7个专业。

第一志愿报考法律硕士（非法学）专业的考生不得调入其他专业，其他专业的考生也不得调入该专业。

（七）报考少数民族高层次骨干人才计划的考生不得调剂到该计划以外录取；未报考的不得调剂入该计划录取。

（八）参加单独考试（含强军计划、援藏计划）的考生不得调剂。

（九）自划线改革试点高校校内调剂政策按上述要求自行确定。

第六十四条 招生单位接收所有调剂考生（既包括接收外单位调剂考生，也包括接收本单位内部调剂考生）必须通过教育部指定的“全国硕士生招生调剂服务系统”进行。未通过该系统调剂录取的考生一律无效（各加分项目考生、享受少数民族政策考生可除外）。

招生单位应通过“全国硕士生招生调剂服务系统”及时公布生源缺额信息及调剂要求，积极利用该系统为考生调剂提供服务。

第六十五条 调剂工作由各招生单位研究生招生管理部门归口管理并统一办理相关手续。

第十章 思想政治素质和品德考核

第六十六条 思想政治素质和品德考核是保证入学新生质量的重要工作环节，招生单位必须严格遵循实事求是的原则认真做好考核工作，对于思想品德考核不合格者不予录取。

第六十七条 思想政治素质和品德考核主要是考核考生本人的现实表现，内容应包括考生的政治态度、思想表现、道德品质、遵纪守法、诚实守信等方面。

招生单位要强化对考生诚信的要求，充分利用《国家教育考试考生诚信档案》记录，对考生在报考时填写的考试作弊受处罚情况进行认真核查，将考生诚信状况作为思想品德考核的重要内容和录取的重要依据。凡有违反国家教育考试规定、情节严重受到停考处罚，在处罚结束后继续报名参加研究生招生考试的，由学校决定是否予以录取。

第六十八条 招生单位在复试的同时应组织思想政治工作部门、招生工作部门、导师与考生面谈，直接了解考生思想政治情况。招生单位还可采取“函调”或“派人外调”的方式对考生的思想政治素质和品德考核。

拟录取名单确定后，招生单位应向考生所在单位函调人事档案和本人现实表现等材料，全面审查其政治思想情况。函调的考生现实表现材料，需由考生本人档案所在单位的人事、政工部门加盖印章。

第十一章 录 取

第六十九条 招生单位要在研究生招生工作领导小组的统一领导下，按照教育部有关招生录取政策规定及各省级教育招生考试管理机构的补充规定，根据本单位招生计划、复试录取办法以及考生初试和复试成绩、思想政治表现、身体健康状况等择优确定拟录取名单。录取工作要依法保护残疾考生的合法权益。

第七十条 招生单位要严格按照教育部下达的招生计划（含各专项计划）及相关要求开展招生录取工作。录取人数不得超过本单位招生计划，各专项计划录取人数不得超过教育部下达的名额。

各招生单位破格复试录取人数原则上不超过本单位硕士生招生计划的3%。单独考试录取人数不得超过教育部下达的单独考试招生限额，且录取的学科门类比例要符合有关要求。

在本招生单位内，学术型招生计划可调整到专业学位使用，但专业学位招生计划不得调整到学术型专业使用。

第七十一条 定向就业的硕士研究生均须在被录取前与招生单位、用人单位分别签订定向就业合同。参加单独考试的考生，只能被录取为回原单位定向就业的硕士研究生。

考生因报考硕士研究生与所在单位产生的问题由考生自行处理。若因此造成考生不能复试或无法录取，招生单位不承担责任。

第七十二条 经考生确认的报考信息在录取阶段一律不做修改，对报考资格不符合规定者不予录取。各招生单位不得将未通过或未完成学历（学籍）审核的考生列入拟录取名单公示或上报。

第七十三条 各省级教育招生考试管理机构应按国家规定对招生单位的录取工作进行检查，实施监督。各招生单位为录取考生打印《录取登记表》，盖章后存入考生的人事档案。

第七十四条 被录取的新生，经考生本人申请和招生单位同意后可以保留入学资格，工作1至2年，再入学学习。录取为保留入学资格的考生纳入招生单位当年的招生计划。

第七十五条 新生应按时报到。不能按时报到者，须有正当理由和有关证明，并向招生单位请假。无故逾期2周不报到者，取消入学资格。应届本科毕业生考生入学时未取得国家承认的本科毕业证书者，取消录取资格。

第七十六条 新生报到后，招生单位应对其进行思想政治素质和道德品质、专业素质、健康状况等全面复查，发现有不符合标准者按照有关规定进行处理。

第十二章　信息公开公示

第七十七条　各级教育招生考试管理机构和招生单位应按教育部有关政策要求和“谁公开、谁把关”“谁公开、谁解释”的原则，积极推进本地区、本单位研究生招生信息公开。

第七十八条　教育部建立“全国硕士研究生招生信息公开平台”作为研究生招生信息公开暨备案平台。

招生单位是研究生招生信息公开工作的责任主体，招生单位在“全国硕士研究生招生信息公开平台”备案公开的所有招生信息，均须符合招生政策并按教育部有关规定事先在本单位网站进行公开公示。省级教育招生考试管理机构对本地区所有研究生招生单位的招生信息公开工作负有监管责任，对招生单位上报公开的信息要认真审核。

第七十九条　省级教育招生考试管理机构应公布本省有关硕士研究生招生的相关规定、考试组织的相关情况及违规事件处理结果等。

第八十条　招生单位要在本单位网站上公布硕士研究生招生简章、招生政策和规定、招生专业目录和分专业招生计划。招生简章应经当地省级教育招生考试管理机构备案。

第八十一条　在复试、录取阶段，招生单位要提前在本单位网站向社会公布本单位复试录取办法和各院系实施细则，各院（系、所）或学科、专业招生人数，参加复试考生名单（包括考生姓名、考生编号、初试各科成绩等信息）和拟录取考生名单（包括考生姓名、考生编号、初试成绩、复试成绩、总成绩等信息）。对破格复试、参加专项计划、享受初试加分或照顾政策的考生相关情况，在公布考生名单时应进行说明。

拟录取名单，要由招生单位的研究生招生管理部门统一公示，公示时间不少于10个工作日，公示期间名单不得修改；名单如有变动，须对变动部分做出说明，并对变动内容另行公示10个工作日。

公示结束后，招生单位应按要求通过“全国硕士研究生招生信息公开平台”将拟录取名单报省级教育招生考试管理机构进行政策审核，并向教育部备案。最终录取名单及新生学籍注册均以平台备案信息为准。未经招生单位公示及平台备案的考生，一律不得录取，不予学籍注册。

第八十二条　各级教育行政管理部门、省级教育招生考试管理机构、招生单位在公示有关信息的同时，应提供考生咨询及申诉渠道，包括联系部门、电子信箱、电话号码和通讯地址等，保证相关渠道畅通，并按照有关规定对相关申诉和举报及时调查处理。

第十三章　违规处理

第八十三条　对在研究生招生考试中有违反考试管理规定和考场纪律，影响考试公平、公正行为的考生、考试工作人员及其他相关人员，一律按《国家教育考试违规处理办法》（教育部令第33号）严肃处理。对在校生，由其所在学校按有关规定给予处分，直至开除学籍；对在职考生，应通知考生所在单位，由考生所在单位视情节给予党纪或政纪处分；对考试工作人员，由教育考试机构或其所在单位视情节给予相应的行政处分；构成犯罪的，由司法机关依法追究刑事责任。

第八十四条　相关单位应将考生在硕士研究生招生考试中的违规或作弊事实记入《国家教育考试考生诚信档案》，并将考生的有关情况通报其所在学校或单位，记入考生人事档案，作为其今后升学和就业的重要参考依据。

第八十五条 对在招生工作中有违反国家有关法律法规和招生管理规定行为的招生单位、招生考试机构、主管教育行政部门及其招生工作人员，一律按《普通高等学校招生违规行为处理暂行办法》（教育部令第36号）严肃处理，并追究直接责任人员的责任，造成严重后果和恶劣影响的，还将按规定对有关责任人实行问责。

第八十六条 招生工作中，严禁招生单位内部任何部门和工作人员举办或参与举办考试招生辅导活动，严禁招生单位向社会培训机构提供考试招生辅导活动场所和设施，严禁招生单位委托社会培训机构进行考试招生辅导培训、招生宣传和组织活动，违反规定的要追究有关部门和相关人员责任。

第八十七条 招生单位要严格执行国家收费政策，禁止在研究生招生过程中的乱收费行为，违反规定的要追究有关部门和相关人员责任。

第十四章 附 则

第八十八条 现役军人报考硕士研究生及军队系统的招生单位招收硕士研究生的办法由解放军总政治部参照本规定另行制订；推荐免试工作及招收港澳台地区人士、外籍人士为硕士研究生的管理办法由教育部另文规定。

第八十九条 本规定自发布之日起施行。

2016年辽宁省硕士研究生考试统计数据报告

喻泓飞

（辽宁省招考办研究生招生处；辽宁沈阳，110031）

我省本年度硕士研究生招生考试参加初试的考生共计70 260人，全国报考我省域内45家硕士研究生招生单位共计77 265人，全国报考省属32家硕士研究生招生单位（含沈阳大学、大连大学）共计52 815人，其中，在本省参加考试且报考本省域内硕士研究生招生单位的考生共有46 618人，报考本省硕士研究生招生单位考生初试合格27 598人，本省域内45家招生单位共有硕士研究生招生计划31 576人，其中省属32家招生单位（含沈阳大学、大连大学）共有硕士研究生招生计划22 084人，本省硕士研究生招生单位共录取考生31 227人，其中省属硕士研究生招生单位共录取考生21 834人。

一、报名统计数据

1. 按学科门类统计报考域内45家招生单位报名人数，见表1、图1到图3。

表1 按学科门类统计表

门类名称	辽宁报考人数	辽宁报考专业学位人数	报考辽宁人数	报考辽宁专业学位人数
哲学	301	0	240	0
经济学	3 442	1 572	4 958	1 981
法学	4 282	1 782	4 216	1 510
教育学	4 735	3 041	4 725	2 706
文学	3 809	1 693	3 818	1 727
历史学	437	40	330	7

续表

门类名称	辽宁报考人数	辽宁报考专业学位人数	报考辽宁人数	报考辽宁专业学位人数
理学	3 556	0	3 777	0
工学	21 227	8 443	22 017	9 820
农学	1 606	747	1 387	725
医学	10 380	6 363	12 721	7 878
军事学	76	21	38	11
管理学	13 442	10 284	15 812	11 408
艺术学	2 967	1 330	3 226	1 393

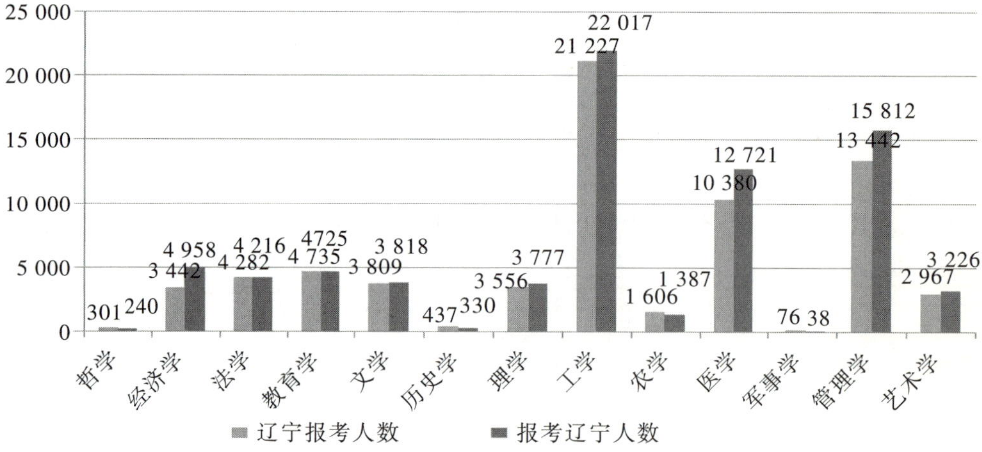

图1 按学科门类统计柱形图

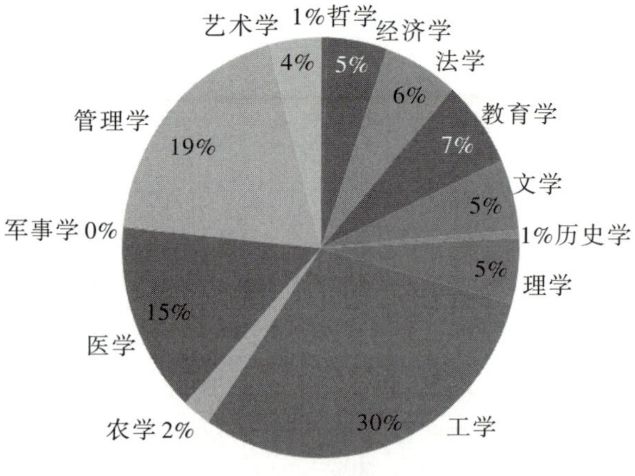

图2 按学科门类统计辽宁报考考生饼图

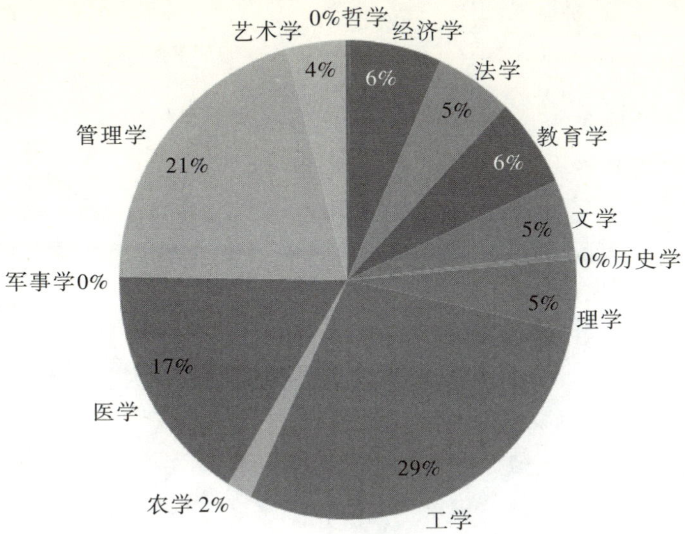

图3 按学科门类统计报考辽宁考生饼图

2. 按学科门类统计报考省属32家招生单位报名人数，见表2、图4。

表2 按学科门类统计报考省属32家招生单位情况统计表

门类名称	报考辽宁省属单位人数	报考辽宁省属单位专业学位人数
哲学	163	0
经济学	4 520	1 897
法学	2 765	994
教育学	4 571	2 670
文学	3 021	1 244
历史学	330	7
理学	2 432	0
工学	6 716	3 070
农学	1 387	725
医学	12 675	7 878
管理学	11 230	7 984
艺术学	3 005	1 261

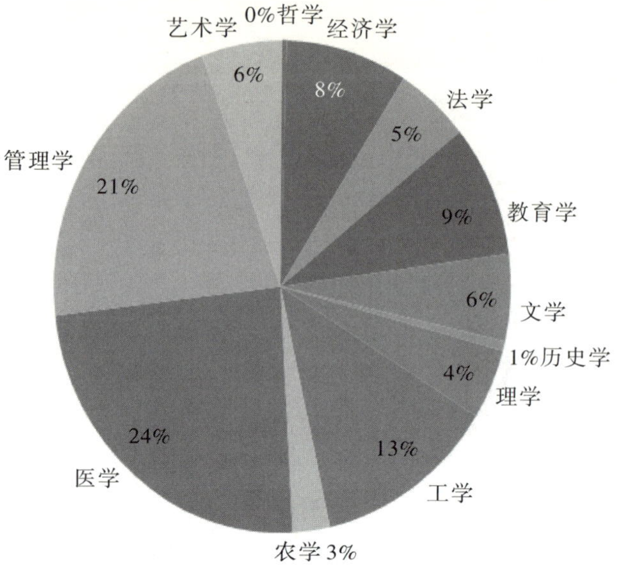

图4　按学科门类统计报考省属32家招生单位饼图

3. 按报考点统计，见表3。

表3　**辽宁报考考生按报考点报考人数统计表**

序号	报考点代码	报考点名称	报考人数	报考辽宁招生单位人数
1	2101	辽宁省沈阳市和平区招考办	6 046	4 203
2	2102	辽宁省大连金州新区招生办	4 209	2 094
3	2103	辽宁省沈阳市铁西区招考办	4 479	3 106
4	2104	辽宁省沈阳市沈河区招考办	4 252	3 031
5	2105	辽宁省沈阳市大东区招考办	3 701	2 469
6	2107	辽宁省沈阳市皇姑区招考办	6 360	3 874
7	2108	辽宁省大连市高新园区招生办	2 905	1 578
8	2109	辽宁省鞍山市招考办	3 197	1 941
9	2110	辽宁省抚顺市招考办	3 075	1 940
10	2111	辽宁省本溪市招考办	941	627
11	2112	辽宁省丹东市招考办	1 071	666
12	2113	辽宁省锦州市招考办	6 647	4 440
13	2114	辽宁省营口市招考办	905	719

续表

序号	报考点代码	报考点名称	报考人数	报考辽宁招生单位人数
14	2115	辽宁省阜新市招考办	2 406	1 538
15	2116	辽宁省辽阳市招考办	1 040	695
16	2117	辽宁省盘锦市招考办	592	396
17	2118	辽宁省铁岭市招考办	697	480
18	2119	辽宁省朝阳市招考办	774	454
19	2120	辽宁省葫芦岛市招考办	1 506	917
20	2139	辽宁省大连市中山区招生办	1 885	1 756
21	2140	辽宁省大连市西岗区招生办	2 708	1 527
22	2141	辽宁省大连市沙河口招生办	2 371	1 245
23	2142	辽宁省大连市甘井子区招生办	2 629	1 692
24	2143	辽宁省大连市旅顺口区招生办	2 466	1 276
25	2144	辽宁省沈阳市浑南区招考办	1 300	599
26	2145	辽宁省沈阳市沈北新区招考办	1 175	470
27	2146	辽宁省沈阳市于洪区招考办	923	380

4. 按考试方式统计，见表4、图5、图6。

表4 **按考试方式统计**

考试方式	辽宁报考人数	辽宁报考专业学位人数	报考辽宁人数	报考辽宁专业学位人数
全国统考	57 941	23 110	64 102	26 116
单独考试	150	79	150	79
管理类联考	10 573	10 573	11 762	11 762
法硕联考	1 549	1 549	1 204	1 204
强军计划	47	5	47	5

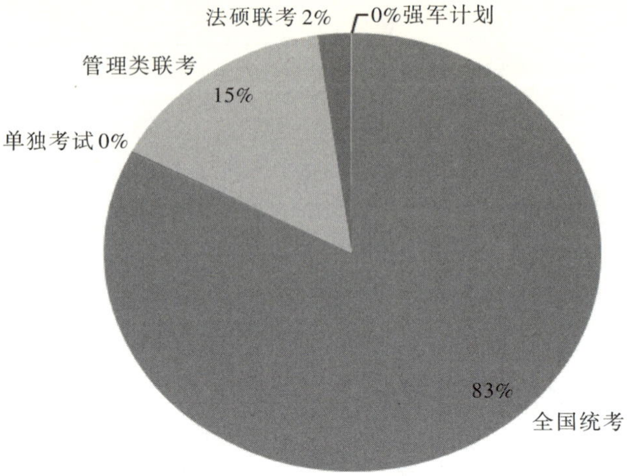

图5　按考试方式统计辽宁报考考生饼图

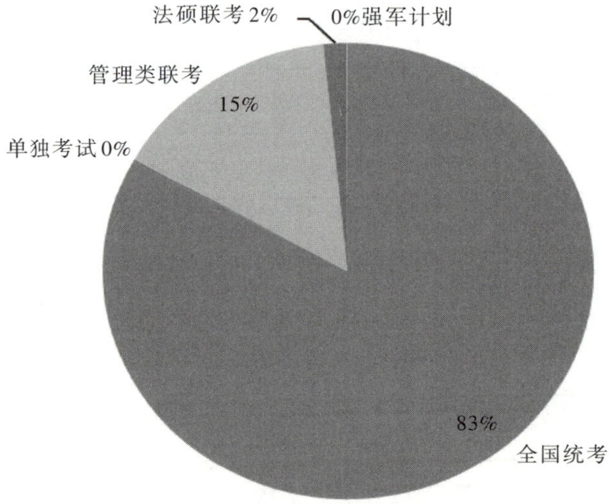

图6　按考试方式统计报考辽宁考生饼图

5. 按考生出生年份统计，见图7。

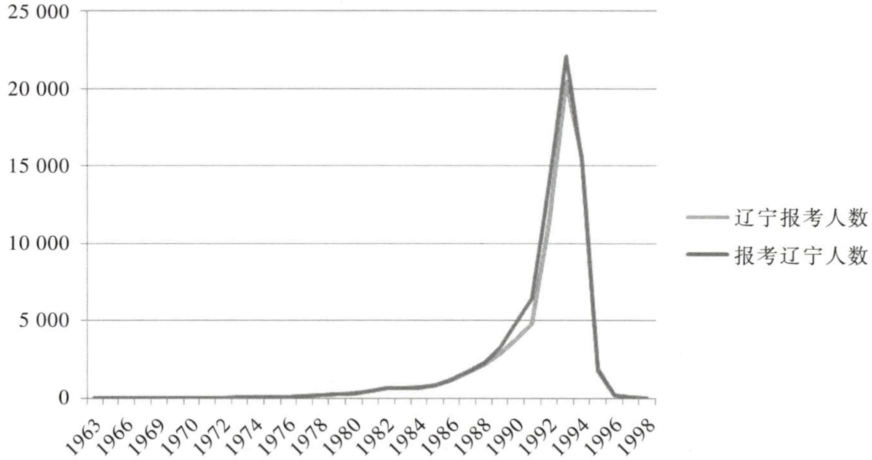

图7　按考生出生年份统计折线图

6. 按报考辽宁招生单位统计，见表5。

表5　　按考生报考辽宁招生单位统计表

单位代码	单位名称	辽宁报考人数	全国报考人数
10140	辽宁大学	4 177	7 567
10141	大连理工大学	3 913	9 399
10142	沈阳工业大学	1 484	2 041
10143	沈阳航空航天大学	420	503
10144	沈阳理工大学	697	1 072
10145	东北大学	5 319	10 092
10146	辽宁科技大学	520	588
10147	辽宁工程技术大学	1 485	1 649
10148	辽宁石油化工大学	1 000	1 218
10149	沈阳化工大学	335	371
10150	大连交通大学	352	585
10151	大连海事大学	1 529	3 528
10152	大连工业大学	661	892
10153	沈阳建筑大学	1 144	1 759
10154	辽宁工业大学	443	475
10157	沈阳农业大学	1 158	1 415
10158	大连海洋大学	435	517
10159	中国医科大学	2 352	4 155
10160	辽宁医学院	1 369	1 983
10161	大连医科大学	1 386	3 184
10162	辽宁中医药大学	1 193	1 558
10163	沈阳药科大学	948	1 943
10164	沈阳医学院	194	240
10165	辽宁师范大学	2 185	4 120
10166	沈阳师范大学	1 897	2 304
10167	渤海大学	1 440	1 563
10169	鞍山师范学院	73	78
10172	大连外国语大学	299	1 029
10173	东北财经大学	2 591	7 063
10175	中国刑事警察学院	313	977

续表

单位代码	单位名称	辽宁报考人数	全国报考人数
10176	沈阳体育学院	406	526
10177	沈阳音乐学院	404	404
10178	鲁迅美术学院	586	587
11035	沈阳大学	643	824
11258	大连大学	287	416
11632	沈阳工程学院	174	186
12026	大连民族学院	210	298
82705	沈阳铸造研究所	0	1
82903	中国航空研究院601所	5	7
82905	中航六零六所	1	2
82929	航空工业总公司626所	2	2
83503	沈阳化工研究院	1	2
86220	大连测控技术研究所	6	8
89621	中共辽宁省委党校	15	19
90040	海军大连舰艇学院	61	115

7. 其他重点统计

在辽宁报考的考生按照性别统计，男生31 896人，女生38 364人。

报考辽宁域内招生单位的考生按照性别统计，男生33 664人，女生43 601人。

按照考生取得最后学历的学习形式统计，普通全日制，在辽宁省报考全国硕士研究生考生67 257人，全国报考辽宁省域内招生单位考生73 910人，成人教育，在辽宁省报考全国硕士研究生考生1 334人，全国报考辽宁省域内招生单位考生1 507人，自学考试，在辽宁省报考全国硕士研究生考生1 318人，全国报考辽宁省域内招生单位考生1 496人，网络教育，在辽宁省报考全国硕士研究生考生250人，全国报考辽宁省域内招生单位考生250人，获境外学历或学位证书者，在辽宁省报考全国硕士研究生考生87人，全国报考辽宁省域内招生单位考生90人，其他，在辽宁省报考全国硕士研究生考生14人，全国报考辽宁省域内招生单位考生12人。

按照考生户口所在地统计报考辽宁域内招生单位考生，其中外省市报考前五名分别是，山东省报考7 020人，黑龙江省报考4 536人，河北省报考4 445人，河南省报考4 365人，内蒙古自治区报考3 749人。

按照所报专项计划统计（不含无专项计划考生）考生，在辽宁报考少数民族骨干计划的考生233人，报考辽宁招生单位少数民族骨干计划的考生126人，在辽宁报考退役大学生计划的考生83人，报考辽宁招生单位退役大学生计划的考生66人，在辽宁报考强军计划的考生47人，报考辽宁招生单位强军计划的考生47人。

二、考试组织情况统计

1. 按考点、考场统计，见表6。

表6 按考点、考场统计

地区（单位）	准考人数	考点数	考场数	监考人数	巡考人数
沈阳市	28 214	49	988	1 976	264
沈阳音乐学院业务课考点	404	1	17	34	5
鲁迅美术学院业务课考点	585	1	15	30	8
大连市	19 160	30	659	1 318	320
鞍山市	3 194	4	111	222	26
抚顺市	3 074	4	107	214	80
本溪市	941	1	33	66	21
丹东市	1 070	2	136	272	17
锦州市	6 642	7	225	450	28
营口市	905	1	32	64	7
阜新市	2 406	3	89	178	30
辽阳市	1 039	1	35	70	25
盘锦市	592	1	20	40	4
铁岭市	697	1	24	48	6
朝阳市	774	1	32	64	12
葫芦岛市	1 506	1	51	102	12
合计	71 203	108	2 574	5 148	865

2. 按考试科目统计，见表7。

表7 按报考点统计考试科目统计表

报考点代码	报考点名称	第一单元科目数	第二单元科目数	第三单元科目数	第四单元科目数
2101	辽宁省沈阳市和平区招考办	3	39	436	968
2102	辽宁省大连金州新区招生办	3	31	533	1 190
2103	辽宁省沈阳市铁西区招考办	3	30	261	700
2104	辽宁省沈阳市沈河区招考办	6	21	326	762
2105	辽宁省沈阳市大东区招考办	2	24	402	817
2107	辽宁省沈阳市皇姑区招考办	2	54	665	1 260
2108	辽宁省大连市高新园区招生办	2	27	187	707
2109	辽宁省鞍山市招考办	3	34	379	886
2110	辽宁省抚顺市招考办	3	25	269	776
2111	辽宁省本溪市招考办	2	16	169	328
2112	辽宁省丹东市招考办	3	14	186	381
2113	辽宁省锦州市招考办	3	38	539	1 113
2114	辽宁省营口市招考办	3	9	116	243
2115	辽宁省阜新市招考办	2	16	203	596
2116	辽宁省辽阳市招考办	3	20	157	359
2117	辽宁省盘锦市招考办	2	11	98	201
2118	辽宁省铁岭市招考办	2	13	139	259
2119	辽宁省朝阳市招考办	3	21	127	267
2120	辽宁省葫芦岛市招考办	3	12	140	451
2139	辽宁省大连市中山区招生办	3	4	7	16
2140	辽宁省大连市西岗区招生办	2	21	230	708
2141	辽宁省大连市沙河口招生办	2	39	339	713
2142	辽宁省大连市甘井子区招生办	3	42	325	599
2143	辽宁省大连市旅顺口区招生办	3	57	302	417
2144	辽宁省沈阳市浑南区招考办	1	10	85	496
2145	辽宁省沈阳市沈北新区招考办	2	6	67	415
2146	辽宁省沈阳市于洪区招考办	1	6	83	377

三、考试成绩统计数据

1. 按报考招生单位统计，见表8和图8。

表8　按报考招生单位初试合格考生统计表

报考单位代码	报考单位名称	报考人数	初试合格人数
10140	辽宁大学	7 568	2 566
10141	大连理工大学	9 399	3 324
10142	沈阳工业大学	2 041	842
10143	沈阳航空航天大学	503	156
10144	沈阳理工大学	1 072	356
10145	东北大学	10 093	3 613
10146	辽宁科技大学	588	175
10147	辽宁工程技术大学	1 649	362
10148	辽宁石油化工大学	1 218	373
10149	沈阳化工大学	371	103
10150	大连交通大学	585	164
10151	大连海事大学	3 528	1 412
10152	大连工业大学	892	326
10153	沈阳建筑大学	1 759	846
10154	辽宁工业大学	475	104
10157	沈阳农业大学	1 415	868
10158	大连海洋大学	517	273
10159	中国医科大学	4 155	1 399
10160	辽宁医学院	1 983	313
10161	大连医科大学	3 184	714

续表

报考单位代码	报考单位名称	报考人数	初试合格人数
10162	辽宁中医药大学	1 558	514
10163	沈阳药科大学	1 943	1 114
10164	沈阳医学院	240	28
10165	辽宁师范大学	4 120	1 559
10166	沈阳师范大学	2 304	845
10167	渤海大学	1 563	518
10169	鞍山师范学院	78	13
10172	大连外国语大学	1 029	449
10173	东北财经大学	7 064	2 653
10175	中国刑事警察学院	977	223
10176	沈阳体育学院	526	189
10177	沈阳音乐学院	404	134
10178	鲁迅美术学院	587	339
11035	沈阳大学	824	325
11258	大连大学	416	123
11632	沈阳工程学院	186	40
12026	大连民族学院	298	172
82705	沈阳铸造研究所	1	0
82903	中国航空研究院601所	7	1
82905	中航六零六所	2	2
82929	航空工业总公司626所	2	2
83503	沈阳化工研究院	2	2
86220	大连测控技术研究所	8	2
89621	中共辽宁省委党校	19	3
90040	海军大连舰艇学院	115	59

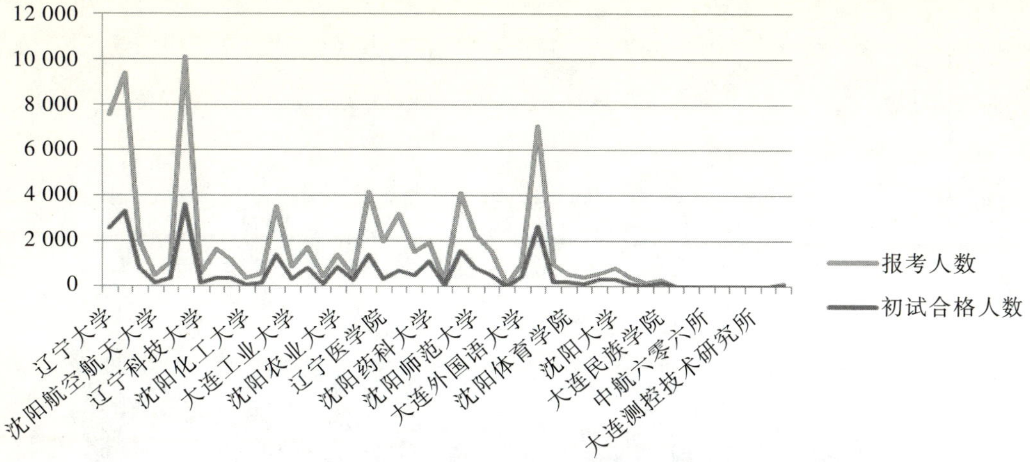

图8　按报考招生单位初试合格考生统计折现图

2. 按学科门类统计，见表9和图9。

表9　按学科门类初试合格考生统计表

门类代码	门类名称	报考人数	初试合格人数
01	哲学	240	115
02	经济学	4 959	1 469
03	法学	4 217	1 215
04	教育学	4 725	1 613
05	文学	3 818	1 499
06	历史学	330	109
07	理学	3 777	1 885
08	工学	22 018	8 063
09	农学	1 387	962
10	医学	12 721	3 892
11	军事学	38	21
12	管理学	15 812	5 503
13	艺术学	3 226	1 252

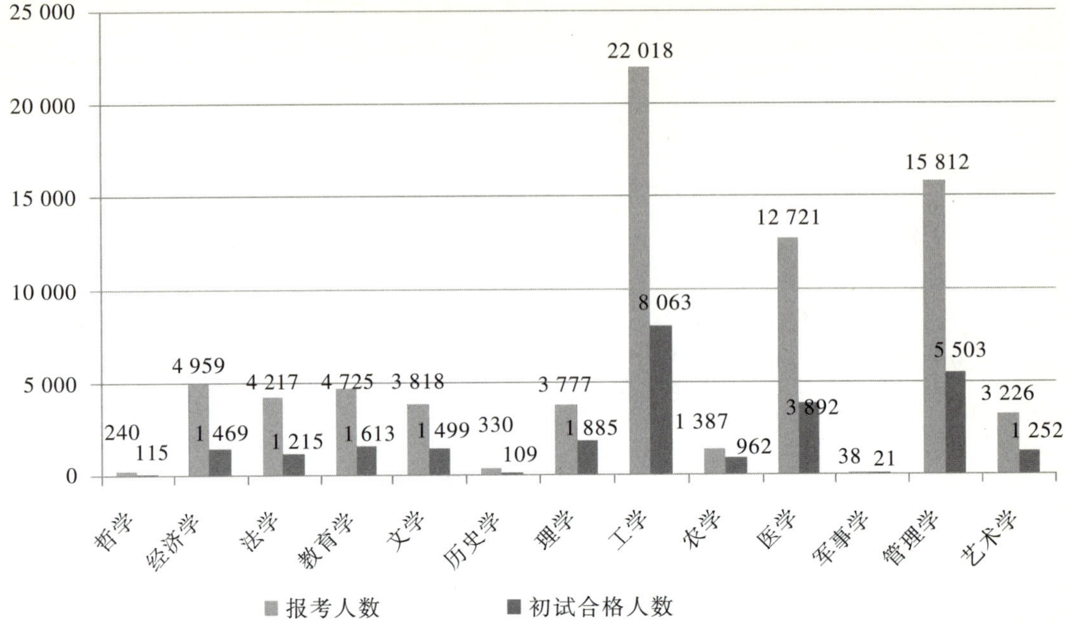

图9　按学科门类初试合格考生统计柱形图

3. 按考生报考点所在省市统计，见表10和图10。

表10　**按考生报考点所在省、市统计表**

省市代码	省市名称	报考人数	合格人数
11	北京市	466	123
12	天津市	571	185
13	河北省	3 796	1 463
14	山西省	2 302	1 021
15	内蒙古自治区	2 441	630
21	辽宁省	45 463	15 525
22	吉林省	2 827	743
23	黑龙江省	3 821	1 143
31	上海市	186	68
32	江苏省	860	374
33	浙江省	267	104
34	安徽省	1 042	443
35	福建省	216	76
36	江西省	432	175

续表

省市代码	省市名称	报考人数	合格人数
37	山东省	7 031	2 595
41	河南省	3 631	1 402
42	湖北省	1 106	435
43	湖南省	532	169
44	广东省	364	91
45	广西壮族自治区	132	42
46	海南省	125	41
50	重庆市	316	90
51	四川省	354	137
52	贵州省	135	37
53	云南省	161	38
54	西藏自治区	15	5
61	陕西省	652	209
62	甘肃省	400	120
63	青海省	47	9
64	宁夏回族自治区	194	40
65	新疆维吾尔自治区	350	64

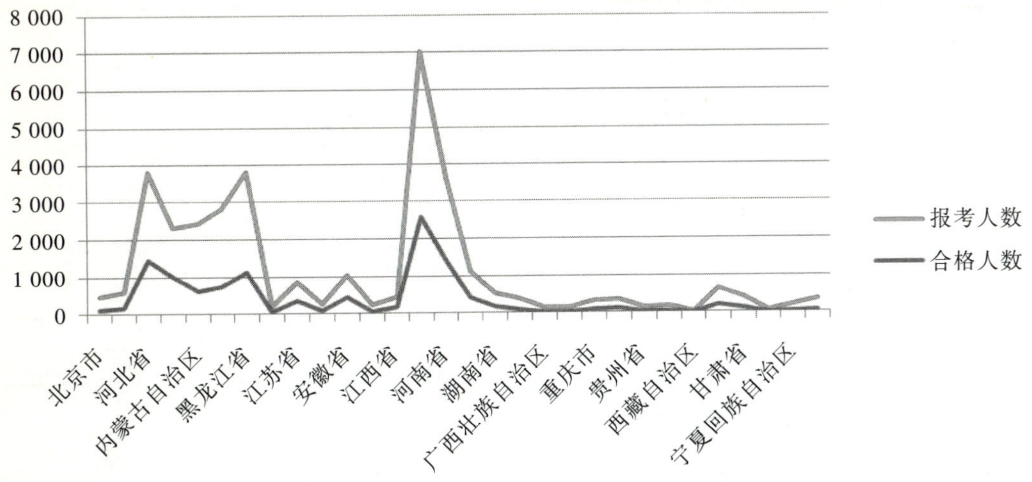

图10　按考生报考点所在省、市统计折线图（辽宁以外省市）

4. 按学科门类（专业）和专业学位统计，见表11。

表11 按学科门类（专业）和专业学位统计表

代码	名称	报考人数	合格人数
	单独考试	15	6
	强军计划	47	25
01	哲学	240	115
02	经济学	2 997	794
03	法学	2 697	978
04	教育学	1 257	351
0401	教育学	76	22
0403	体育学	685	265
05	文学	1 916	640
0501	中国语言文学	23	2
0502	外国语言文学	106	40
0503	传播学	43	13
06	历史学	323	108
07	理学	3 767	1 882
08	工学	11 131	3 911
0801	力学	87	25
0806	冶金工程	132	64
0807	动力工程及工程热物理	205	64
0815	水利工程	24	5
0818	地质资源与地质工程	25	12
0819	矿业工程	222	80
0824	船舶与海洋工程	134	55

续表

代码	名称	报考人数	合格人数
0825	航空宇航科学与技术	55	14
0826	兵器科学与技术	39	11
0828	农业工程	58	20
09	农学	662	506
10	医学	4 433	1 383
1005	中医学	268	36
1006	中西医结合	142	18
11	军事学	38	21
12	管理学	4 142	907
1204	公共管理	244	49
13	艺术学	1 832	824
9999	少数民族骨干计划	126	67
0251	金融	943	204
0252	应用统计	285	115
0253	税务	155	49
0254	国际商务	81	19
025400	国际商务硕士	4	0
0255	保险	64	18
0256	资产评估	66	7
0257	审计	354	256
0351	法律硕士	30	1
035101	法律（非法学）	843	135
035102	法律（法学）	327	23

续表

代码	名称	报考人数	合格人数
0352	社会工作	157	43
0353	警务	149	27
0451	教育	1 910	672
0452	体育	141	16
045201	体育教学	15	6
0453	汉语国际教育	502	253
0454	应用心理	138	27
0551	翻译	1 220	613
0551	翻译硕士	138	85
0552	新闻与传播	365	100
0651	文物与博物馆	7	1
0851	建筑学	409	171
0852	工程	5 470	2 033
0852	工程硕士	3 127	1 234
085205	冶金工程	165	78
085206	动力工程	145	58
085214	水利工程	51	12
085217	地质工程	5	3
085218	矿业工程	85	32
085223	船舶与海洋工程	78	21
085224	安全工程	110	37
085225	兵器工程	6	2
085227	农业工程	8	3

续表

代码	名称	报考人数	合格人数
085232	航空工程	24	7
0853	城市规划	99	48
0951	农业	594	379
0952	兽医	52	27
0953	风景园林	79	50
1051	临床医学	5 461	1 496
1052	口腔医学	648	184
1053	公共卫生	22	8
1054	护理	179	22
1055	药学	522	331
1056	中药学	27	15
1057	中医	1 019	399
1251	工商管理	3 522	1 161
125100	工商管理硕士	595	198
1252	公共管理	1 980	529
125200	公共管理硕士	530	151
1253	会计	3 839	2 294
125300	会计硕士	246	16
1254	旅游管理	46	7
1255	图书情报	31	10
1256	工程管理	616	172
1351	艺术	1 346	420
135100	艺术硕士	47	7

四、录取统计数据

1. 按招生单位统计，见表12。

表12 按招生单位统计录取人数表

录取单位代码	录取单位名称	录取人数	一志愿人数	调剂人数	专硕录取人数
10140	辽宁大学	2 160	1 407	753	1 036
10141	大连理工大学	3 800	2 112	1 688	1 600
10142	沈阳工业大学	965	613	352	497
10143	沈阳航空航天大学	485	167	318	206
10144	沈阳理工大学	416	193	223	244
10145	东北大学	3 564	2 498	1 066	1 660
10146	辽宁科技大学	389	175	214	194
10147	辽宁工程技术大学	900	351	549	408
10148	辽宁石油化工大学	500	320	180	203
10149	沈阳化工大学	300	112	188	103
10150	大连交通大学	550	163	387	266
10151	大连海事大学	1 653	1 002	651	848
10152	大连工业大学	610	326	284	246
10153	沈阳建筑大学	730	471	259	390
10154	辽宁工业大学	186	108	78	89
10157	沈阳农业大学	910	652	258	310
10158	大连海洋大学	375	256	119	182
10159	中国医科大学	1 634	705	929	1 200
10160	辽宁医学院	793	238	555	513
10161	大连医科大学	1 529	532	997	1 152

续表

录取单位代码	录取单位名称	录取人数	一志愿人数	调剂人数	专硕录取人数
10162	辽宁中医药大学	592	299	293	429
10163	沈阳药科大学	700	544	156	245
10164	沈阳医学院	80	19	61	50
10165	辽宁师范大学	1 660	1 118	542	563
10166	沈阳师范大学	1 025	778	247	400
10167	渤海大学	720	471	249	303
10169	鞍山师范学院	75	13	62	75
10172	大连外国语大学	357	261	96	157
10173	东北财经大学	1 920	1 194	726	1 149
10175	中国刑事警察学院	192	172	20	77
10176	沈阳体育学院	260	120	140	130
10177	沈阳音乐学院	130	129	1	109
10178	鲁迅美术学院	186	186	0	71
11035	沈阳大学	255	218	37	158
11258	大连大学	385	111	274	85
11632	沈阳工程学院	57	40	17	57
12026	大连民族大学	146	146	0	146
82903	中国航空研究院601所	6	1	5	0
82905	中国航空研究院606研究所	5	2	3	0
82929	中国航空研究院626所	1	1	0	0
83503	沈阳化工研究院	10	2	8	0
86220	大连测控技术研究所	6	2	4	0
89621	中共辽宁省委党校	10	3	7	0

2. 按学科门类统计，见表13、表14和图11、图12。

表13　按学科门类域内45家单位统计表

门类名称	报考人数	录取人数	一志愿人数	调剂人数	专硕录取人数
哲学	240	142	104	38	0
经济学	4 958	1 548	846	702	1 981
法学	4 216	1 684	942	742	1 510
教育学	4 725	1 823	1 192	631	2 706
文学	3 818	1 561	1 040	521	1 727
历史学	330	155	94	61	7
理学	3 777	2 282	1 502	780	0
工学	22 017	10 872	5 686	5 186	9 820
农学	1 387	1 005	776	229	725
医学	12 721	5 125	2 210	2 915	7 878
管理学	15 812	3 913	2 934	979	11 408
艺术学	3 226	1 117	905	212	1 393

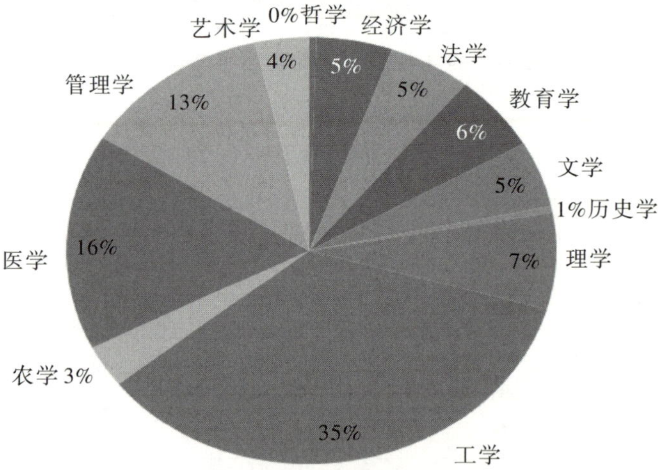

图11　按学科门类域内45家单位统计饼图

表 14　　按学科门类省属 32 家单位统计表

门类名称	报考人数	录取人数	一志愿人数	调剂人数	专硕录取人数
哲学	163	91	62	29	0
经济学	4 520	1 345	761	584	1 897
法学	2 765	1 273	676	597	994
教育学	4 571	1 752	1 153	599	2 670
文学	3 021	1 270	832	438	1 244
历史学	330	155	94	61	7
理学	2 432	1 711	1 093	618	0
工学	6 716	4 667	1 973	2 694	3 070
农学	1 387	1 005	776	229	725
医学	12 675	5 117	2 202	2 915	7 878
管理学	11 230	2 401	1 801	600	7 984
艺术学	3 005	1 047	867	180	1 261

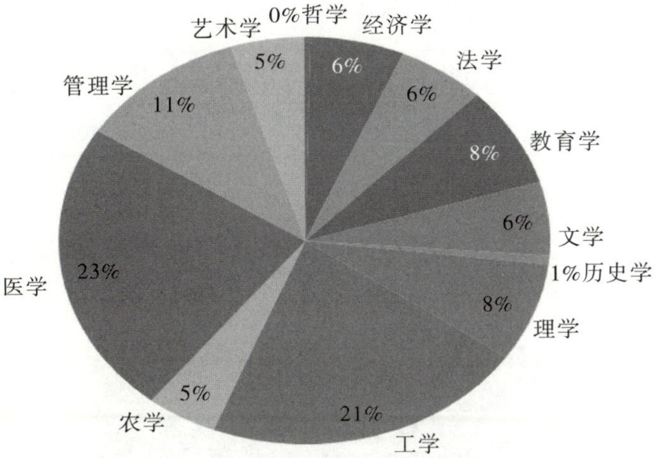

图 12　按学科门类省属 32 家单位统计饼图

3. 按考试方式统计，见表 15、表 16 和图 13、图 14。

表 15　　按考试方式域内 45 家单位统计表

考试方式	报考人数	录取人数	一志愿人数	调剂人数	专硕录取人数
全国统考	64 102	23 983	15 553	8 430	10 792
推荐免试	0	4 035	0	4 035	1 609
单独考试	150	83	83	0	47
管理类联考	11 762	2 818	2 412	406	2 818
法硕联考	1 204	283	158	125	283
强军计划	47	25	25	0	2

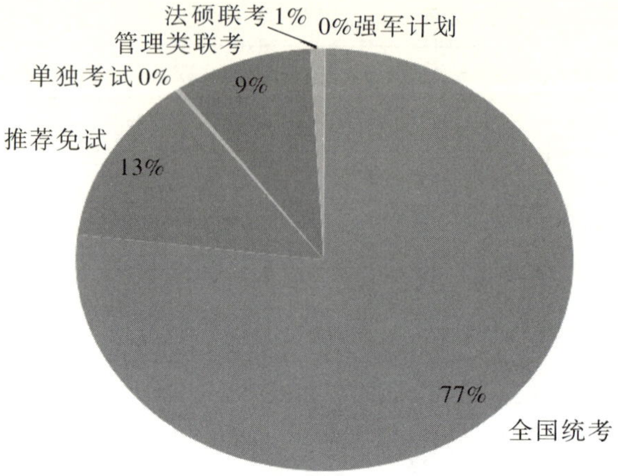

图 13　按考试方式域内 45 家单位统计饼图

表 16　按考试方式省属 32 家单位统计表

考试方式	报考人数	录取人数	一志愿人数	调剂人数	专硕录取人数
全国统考	43 548	17 957	10 695	7 262	8 101
推荐免试	0	1 973	0	1 973	1 232
单独考试	73	43	43	0	26
管理类联考	8 338	1 654	1 448	206	1 654
法硕联考	856	207	104	103	207

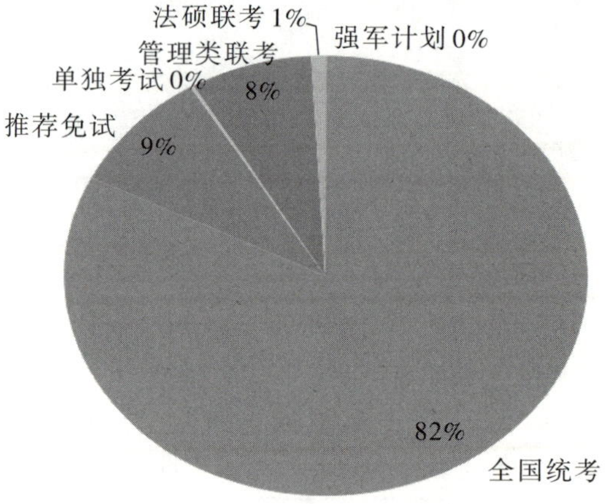

图 14　按考试方式省属 32 家单位统计饼图

4. 按考生来源统计，见表 17。

表 17　按考生户口所在省、市统计表

省市代码	省市名称	报名人数	录取人数	专硕录取人数
11	北京市	350	164	104
12	天津市	558	210	129
13	河北省	4 445	2 083	1 005

续表

省市代码	省市名称	报名人数	录取人数	专硕录取人数
14	山西省	2 698	1 407	519
15	内蒙古自治区	3 749	1 077	502
21	辽宁省	38 448	13 871	7 276
22	吉林省	2 735	857	409
23	黑龙江省	4 536	1 344	634
31	上海市	98	58	36
32	江苏省	889	678	413
33	浙江省	350	250	130
34	安徽省	1 608	1 039	465
35	福建省	225	137	72
36	江西省	391	257	122
37	山东省	7 020	3 142	1 516
41	河南省	4 365	2 211	1 003
42	湖北省	1 065	688	374
43	湖南省	418	235	110
44	广东省	283	111	66
45	广西壮族自治区	164	90	54
46	海南省	82	25	9
50	重庆市	192	137	76
51	四川省	375	296	156
52	贵州省	249	102	44
53	云南省	142	56	28
54	西藏自治区	4	2	1
61	陕西省	650	267	122
62	甘肃省	641	294	113
63	青海省	89	17	7
64	宁夏回族自治区	167	43	18
65	新疆维吾尔自治区	275	78	37

5. 其他重点统计

报考辽宁域内招生单位的考生按照性别统计，共录取男生13 400人，女生17 827人。

按照考生取得最后学历的学习形式统计，普通全日制共录取30 678人，成人教育共录取222人，自学考试共录取260人，网络教育共录取44人，获境外学历或学位证书者共录取20人，其他共录取3人。

按照所报专项计划统计（不含无专项计划考生）考生，无专项计划共录取30 991人，少数民族骨干计划共录取77人，强军计划共录取25人，退役大学生计划共录取13人。

我省域内共录取硕士研究生31 227人，其中学术型硕士15 676人，占总数50.2%；专业硕士15 551人，占总数49.8%。省属院校共录取硕士研究生21 834人，其中学术型硕士10 614人，占总数48.61%；专业硕士11 220人，占总数51.39%。

附录：

教学〔2015〕9号

教育部关于印发《2016年全国硕士研究生招生工作管理规定》的通知

各省、自治区、直辖市高等学校招生委员会、教育厅（教委），新疆生产建设兵团教育局，有关部门（单位）教育司（局），解放军总参谋部军训部、总政治部干部部、总后勤部政治部，各硕士研究生招生单位：

为做好2016年全国硕士研究生招生工作，现将《2016年全国硕士研究生招生工作管理规定》印发给你们，请遵照执行。

教育部

2016年9月7日

附件：

2016年全国硕士学位研究生招生工作管理规定

第一章 总 则

第一条 为加强对全国硕士研究生招生工作的管理，保证硕士研究生的入学质量和招生工作的顺利进行，制定本规定。

第二条 高等学校和科学研究机构（以下简称招生单位）招收硕士研究生，是为了培养热爱祖国，拥护中国共产党的领导，拥护社会主义制度，遵纪守法，品德良好，具有服务国家服务人民的社会责任感，掌握本学科坚实的基础理论和系统的专业知识，具有创新精神、创新能力和从事科学研究、教学、管理等工作能力的高层次学术型专门人才以及具有较强解决实际问题的能力、能够承担专业技术或管理工作、具有良好职业素养的高层次应用型专门人才。

第三条 硕士研究生招生应坚持按需招生、德智体全面衡量、择优录取和宁缺毋滥的原则。

第四条 招生单位及其招生学科（类别）、专业（领域）必须经教育部及其授权单位批准。

第五条 招生对象主要为国家承认学历的应届本科毕业、本科毕业以及具有与本科毕业同等学力的中国公民。

第六条 全国硕士研究生招生考试分初试和复试两个阶段进行。初试和复试都是硕士研究生招生考试的重要组成部分。初试由国家统一组织，复试由招生单位自行组织。

初试方式分为全国统一考试、联合考试、单独考试以及推荐免试。全国统一考试是指部分考试科目由教育部统一命题，其他考试科目由招生单位自命题的考试。联合考试是指教育部批准招生单位在特定学科（类别）、专业（领域）的部分（或全部）考试科目联合（或统一）命题的考试。单独考试是指经教育部批准的部分招生单位，为符合特定报名条件的在职人员单独命题的考试。推荐免试是指依据国家有关政策，对部分高等学校按规定推荐的本校优秀应届本科毕业生，及其他符合相关规定的考生，经确认其免初试资格，由招生单位直接进行复试考核的选拔方式。

第七条 全国统一命制的试题（由教育部考试中心组织命制的试题，包括副题）在启封并使用完毕前按国家绝密级事项管理，答案及评分参考在考试结束前按国家绝密级事项管理；招生单位联合命制和自行命制的试题（包括副题、单考试题）在启封并使用完毕前按国家机密级事项管理，答案及评分参考在考试结束前按国家机密级事项管理。答案及评分参考在考试结束后至使用完毕前按国家秘密级事项管理。考生答卷（含答题纸、答题卡，下同）在成绩公布前按国家秘密级事项管理。

第八条 硕士研究生按其学习方式分为全日制硕士研究生和非全日制硕士研究生两种。

第二章 管理机构及其职责

第九条 教育部归口管理全国硕士研究生招生工作。其职责是：

（一）研究制定招生工作的方针、政策、规定和办法，部署全国的招生工作，发布年度招生考试公告，组织实施并监督检查执行情况。

（二）会同国家有关部门制订并下达年度招生计划。

（三）确定硕士研究生招生全国统考、联考科目并审定考试大纲。

（四）组织全国统考、联考科目的命题工作和组织实施全国硕士研究生招生考试。

（五）公布组织单独考试招收硕士研究生的招生单位名单及其年度招生限额。

（六）制定推免工作政策，公布开展推荐优秀应届本科毕业生免试攻读研究生工作的高校及其年度推免名额，并对全国推免工作进行管理。

（七）组织招生管理人员的培训工作，开展招生宣传和研究工作。

（八）推进招生信息公开，并对各省级教育招生考试管理机构、研究生招生单位招生信息公开工作进行监督。

（九）组织或督促有关部门和单位调查处理招生工作中发生的重大问题。

第十条 省（区、市）高等学校招生委员会负责本地区硕士研究生招生管理工作。其主要职责是：

（一）执行教育部关于招生工作的方针、政策、规定和办法，结合本地区的实际情况制订必要的补充规定，报教育部备案并组织实施。

（二）建立健全研究生招生机构，配备专职人员，加强队伍建设。根据新形势和日益增加的工作任务要求，合理设置负责研究生招生工作的专门常设机构，合理确定研究生招生工作人员的编制，配备必要的专职研究生招生工作人员，做好本地区招生工作人员培训工作。

（三）组织本省（区、市）招生单位制定发布招生简章和招生专业目录。

（四）组织并做好试卷印制及保密、保管工作，确保试卷绝对安全。

（五）做好考生的信息安全保密工作。

（六）设置报考点和评卷点，组织报名、考试、评卷等工作，根据教育部要求按时、准确、规范上报有关信息数据。

（七）全面负责本地区考试安全工作，及时处置与本地区有关的考试安全突发事件。省（区、市）高等学校招生委员会主要负责人对考试安全工作负领导责任，省级教育行政部门分管领导是第一责任人，省级教育招生考试管理机构主要负责人是直接责任人。省（区、市）高等学校招生委员会相关部门的分管领导对本部门硕士研究生招生考试职责范围内的工作负全责。

（八）按有关规定做好招生信息公开相关工作，并对本地所有研究生招生单位招生信息公开工作进行监督与管理。

（九）协调并监督检查招生单位和报考点的招生考试工作，调查处理本地区考试招生工作中发生的问题。发现重大问题应立即向所在地省级人民政府和教育部报告。

（十）根据考生申请，对招生单位信访答复情况进行复查。

（十一）依法维护考生和招生工作人员的合法权益。

（十二）组织开展招生宣传、咨询和研究工作。

第十一条 招生单位主管部门的主要职责：

根据国家的有关规定和国家下达的招生规模，拟定本部门所属各招生单位的招生计划，根据有关规定调查处理本部门所属招生单位招生工作中发生的问题，并依法依规追究相关部门和人员的责任。

第十二条 招生单位负责组织实施本单位的招生工作。其主要职责是：

（一）成立由校领导牵头、校内纪检监察等有关部门负责人参加的研究生招生工作领导小组，负责按照教育部有关招生方针、政策、规定、办法，上级主管部门、所在省（区、市）高等学校招生委员会的补充规定，以及本单位的实际情况，制订实施细则，并开展招生工作。

（二）设置研究生招生机构，合理确定必要的人员编制，配备一定数量的专职人员负责招生工作，并组织培训招生工作人员。

（三）根据国家核定的招生规模和社会需求，制订本单位的分学科（类别）、专业（领域）的招生方案。

（四）遴选指导教师，制订指导教师管理办法和定期开展新导师培训。

（五）编制公布招生简章和招生专业目录。在招生简章中按相关规定公布本单位各专业硕士研究生学费具体标准和奖助办法。

（六）参照教育部、卫生部等部门的体检工作相关规定，结合本单位情况，制订体检要求。

（七）按规定做好本单位招生信息公开工作，并对公开的信息进行解释。

（八）开展招生宣传、咨询和研究工作。

（九）审核考生的报考资格。

（十）组织命题、评卷、复试、体检、思想政治素质与道德品质考核和录取等工作，并做好相应的安全保密工作。

（十一）做好考生的信息安全保密工作。

（十二）对入学新生思想政治、业务水平和身体健康状况等进行全面复查。

（十三）依法维护考生和招生工作人员的合法权益。

（十四）根据考生申请，对本单位有关招生录取行为进行调查、处理并给予答复。

第三章　招生计划

第十三条　国家根据经济、社会发展需要确定年度招生计划，招生单位根据国家下达的招生计划、社会需求和办学条件，确定各学科（类别）、各专业（领域）的招生人数。

2016年起，国家设立“退役大学生士兵专项硕士研究生招生计划”，专门面向退役大学生士兵招生。该计划在全国研究生招生总规模内单列下达，专项专用，不得挪用。

第十四条　硕士研究生招生计划按就业方式分为定向就业和非定向就业两种类型。定向就业的硕士研究生按定向合同就业；非定向就业的硕士研究生按所在招生单位推荐、本人与用人单位双向选择的办法就业。

第十五条　国家对所有纳入招生计划的全日制硕士研究生均安排生均拨款，所有纳入招生计划的全日制硕士研究生都要缴纳学费，国家和招生单位通过设立奖学金、助学金、助学贷款、三助岗位、绿色通道等制度，建立多元奖助体系，支持硕士研究生完成学业，提高硕士研究生待遇水平。

第四章　报　名

第十六条　报名参加全国硕士研究生招生考试的人员，须符合下列条件：

（一）中华人民共和国公民。

（二）拥护中国共产党的领导，品德良好，遵纪守法。

（三）身体健康状况符合国家和招生单位规定的体检要求。

（四）考生必须符合下列学历等条件之一：

1.国家承认学历的应届本科毕业生（录取当年9月1日前须取得国家承认的本科毕业证书。含普通高校、成人高校、普通高校举办的成人高等学历教育应届本科毕业生，及自学考试和网络教育届时可毕业本科生）。

2.具有国家承认的大学本科毕业学历的人员。

3.获得国家承认的高职高专毕业学历后满2年（从毕业后到录取当年9月1日，下同）或2年以上，达到与大学本科毕业生同等学力，且符合招生单位根据本单位的培养目标对考生提出的具体业务要求的人员。

4.国家承认学历的本科结业生，按本科毕业生同等学力身份报考。

5.已获硕士、博士学位的人员。在校研究生报考须在报名前征得所在培养单位同意。

第十七条 报名参加全国专业学位硕士研究生招生考试的，按下列规定执行。

（一）报名参加法律（非法学）专业学位硕士研究生招生考试的人员，须符合下列条件：

1.符合第十六条中的各项要求。

2.之前所学专业为非法学专业（普通高等学校本科专业目录法学门类中的法学类专业［代码为0301］毕业生、专科层次法学类毕业生和自学考试形式的法学类毕业生等不得报考）。

（二）报名参加法律（法学）专业学位硕士研究生招生考试的人员，须符合下列条件：

1.符合第十六条中的各项要求。

2.之前所学专业为法学专业（仅普通高等学校本科专业目录法学门类中的法学类专业［代码为0301］毕业生、专科层次法学类毕业生和自学考试形式的法学类毕业生等可以报考）。

（三）报名参加工商管理、公共管理、工程管理、旅游管理、工程硕士中的项目管理、教育硕士中的教育管理、体育硕士中的竞赛组织专业学位硕士研究生招生考试的人员，须符合下列条件：

1.符合第十六条中第（一）、（二）、（三）各项的要求。

2.大学本科毕业后有3年以上工作经验的人员；或获得国家承认的高职高专毕业学历后，有5年以上工作经验，达到与大学本科毕业生同等学力的人员；或已获硕士学位或博士学位并有2年以上工作经验的人员。

（四）报名参加除法律（非法学）、法律（法学）、工商管理、公共管理、工程管理、旅游管理、工程硕士中的项目管理、教育硕士中的教育管理、体育硕士中的竞赛组织外的其他专业学位硕士研究生招生考试的人员，须符合第十六条中的各项要求。

第十八条 报名参加单独考试的人员，须符合下列条件：

（一）符合第十六条中第（一）、（二）、（三）各项的要求。

（二）取得国家承认的大学本科学历后连续工作4年以上，业务优秀，已经发表过研究论文（技术报告）或者已经成为业务骨干，经考生所在单位同意和两名具有高级专业技术职称的专家推荐，定向就业本单位的在职人员；或获硕士学位或博士学位后工作2年以上，业务优秀，经考生所在单位同意和两名具有高级专业技术职称的专家推荐，定向就业本单位的在职人员。

学术学位各学科和专业学位中的建筑学硕士、工程硕士、城市规划硕士、农业硕士、兽医硕士、风景园林硕士、林业硕士、临床医学硕士、口腔医学硕士、公共卫生硕士、护理硕士、药学硕士、中药学硕士等13个专业学位类别可设置单独考试。

第十九条 经本科毕业学校（具有开展推免工作资格的高校）选拔并确认资格的推免生（包括“研究生支教团”和“农村学校教育硕士师资培养计划”的推免生），须在国家规定时间内登录“全国推荐优秀应届本科毕业生免试攻读研究生信息公开暨管理服务系统”（网址：http：//yz.chsi.com.cn/tm）填报志愿并参加复试。规定截止日期前仍未落实接收单位的推免生不再保留推免资格。已被招生单位接收的推免生，不得再报名参加当年全国统考和联考。

推免生推荐和接收办法由推荐学校和接收单位根据教育部有关规定制定并公布。所有推免生均享有依据招生政策自主选择报考招生单位和专业的权利，所有推免名额（除有特殊政策要求的专项计划外），均可向其他招生单位推荐。凡按规定可接受应届本科毕业生报考的学科（类别）、专业（领域）均可接收推免生。

第二十条 报名包括网上报名和现场确认两个阶段。所有参加硕士研究生招生考试的考生均须进行网上报名，并到报考点现场确认网报信息、缴费和采集本人图像等相关电子信息。应届本科毕业生原则上应选择就读学校所在省（区、市）的报考点办理

网上报名和现场确认手续；单独考试考生应选择招生单位所在地省级教育招生考试管理机构指定的报考点办理网上报名和现场确认手续；工商管理、公共管理、旅游管理、工程管理等专业学位考生和其他考生应选择工作或户口所在地省级教育招生考试管理机构指定的报考点办理网上报名和现场确认手续。

网上报名技术服务工作由全国高等学校学生信息咨询与就业指导中心负责。现场确认由省级教育招生考试管理机构负责组织相关报考点进行。

报考点工作人员发现有考生伪造证件时，应通知公安机关并配合公安机关暂扣相关证件。

（一）网上报名要求：

1.考生应在规定时间登录“中国研究生招生信息网”（公网网址：http：//yz.chsi.com.cn，教育网址：http：//yz.chsi.cn，以下简称“研招网”）浏览报考须知，并按教育部、省级教育招生考试管理机构、报考点以及报考招生单位的网上公告要求报名。报名期间，考生可自行修改网报信息。逾期不再补报，也不得修改报名信息。

2.考生报名时只填报一个招生单位的一个专业。待考试结束，教育部公布考生进入复试的初试成绩基本要求后，考生可通过“研招网”调剂服务系统了解招生单位的生源缺额信息，并按相关规定自主多次平行填报多个调剂志愿。

3.以同等学力身份报考的人员，应按招生单位要求如实填写学习情况和提供真实材料。

4.考生要准确填写本人所受奖惩情况，特别是要如实填写在参加普通和成人高等学校招生考试、全国硕士研究生招生考试、高等教育自学考试等国家教育考试过程中因违纪、作弊所受处罚情况。对弄虚作假者，将按照《国家教育考试违规处理办法》《普通高等学校招生违规行为处理暂行办法》严肃处理。

5.报名期间将对考生学历（学籍）信息进行网上校验，并在考生提交报名信息三天内反馈校验结果。考生可随时上网查看学历（学籍）校验结果。考生也可在报名前或报名期间自行登录“中国高等教育学生信息网”（网址：http：//www.chsi.com.cn）查询本人学历（学籍）信息。

未通过学历（学籍）校验的考生应及时到学籍学历权威认证机构进行认证，在现场确认时将认证报告交报考点核验。

6.按规定享受少数民族照顾政策的考生，在网上报名时须如实填写少数民族身份，且申请定向就业少数民族地区。

7.“少数民族高层次骨干人才计划”招生以考生报名时填报确认的信息为准。

报考“退役大学生士兵专项硕士研究生招生计划”的考生在报名时应选择填报退役大学生士兵专项计划，并填报本人入伍批准书编号和退出现役证编号。

8.国防生和现役军人报考地方或军队招生单位，以及地方考生报考军队招生单位，应事先认真阅读了解解放军及招生单位有关报考要求，遵守保密规定，按照规定填报报考信息。不明之处应事先与招生单位联系。

9.考生应按要求准确填写个人网上报名信息并提供真实材料。考生因网报信息填写错误、填报虚假信息而造成不能考试或录取的，后果由考生本人承担。

（二）现场确认要求：

1.所有考生（不含推免生）均应在规定时间内到报考点指定地方现场核对并确认其网上报名信息，逾期不再补办。现场确认时间由各省级教育招生考试管理机构根据国家招生工作安排和本地区报考组织情况自行确定和公布。

2.考生现场确认应提交本人居民身份证、学历证书（普通高校、成人高校、普通高校举办的成人高校学历教育应届本科毕业生持学生证）和网上报名编号，由报考点工作人员进行核对。报考“退役大学生士兵专项硕士研究生招生计划”的考生还应提交本人《退出现役证》。

3.在录取当年 9 月 1 日前可取得国家承认本科毕业证书的自学考试和网络教育本科生，须凭颁发毕业证书的省级高等教育自学考试办公室或网络教育高校出具的相关证明方可办理网上报名现场确认手续。

4.未通过网上学历（学籍）校验的考生，在现场确认时应提供学历（学籍）认证报告。

5.所有考生均应对本人网上报名信息进行认真核对并确认。报名信息经考生确认后一律不做修改，因考生填写错误引起的一切后果由其自行承担。

6.考生应按规定缴纳报考费。

7.考生应按报考点规定配合采集本人图像等相关电子信息。

第二十一条 招生单位应根据教育部规定，对考生报考信息和现场确认材料进行全面审查，确定考生的考试资格。考生填报的报名信息与报考条件不符的，不得准予考试。网上学历（学籍）校验未通过的考生，招生单位应要求其在规定时间内提供权威机构出具的认证报告，否则不得准予考试。

第二十二条 报考点由各省级教育招生考试管理机构确定并公布。报考点接受考生咨询，办理报名手续，安排考场，组织考试。

第二十三条 考生应在规定时间内登录“研招网”自行下载打印《准考证》。

《准考证》正反两面在使用期间不得涂改。考生凭下载打印的《准考证》及居民身份证参加考试。

第二十四条 考生报名时须签署《考生诚信考试承诺书》。

第五章 命 题

第二十五条 全国统考和全国联考科目的命题工作由教育部考试中心统一组织；统考科目考试大纲由教育部考试中心统一编制，联考科目考试大纲由教育部考试中心或教育部指定相关机构组织编制，自命题科目的命题工作由招生单位自行组织。

第二十六条 命题人员应为政治素质好、责任心强、教学经验丰富、学术水平较高并且近期承担教学工作的人员。命题人员原则上应具有副教授及以上职称或相当职称并具有硕士研究生招生考试命题经验。每位命题人员只能参加一门考试科目的命题工作。命题人员要遵守工作纪律，特别是要信守承诺，保守秘密，不得参与任何形式的考研辅导活动，不参与任何与考研内容有关的咨询活动，不参与任何与考研有关的复习资料编写、出版等活动。命题人员要签订《保密责任书》，过失泄密和故意泄密人员均将移交司法机关追究其相应刑事责任。

第二十七条 招生单位应按相关规定制定本单位自命题工作规范，加强对命题相关人员及各工作环节的规范管理和监督。自命题试题不得委托非硕士研究生招生单位或个人命题；委托其他招生单位命题的，要签订《保密责任书》。

第二十八条 硕士研究生入学考试是选拔性考试，试题应能考查考生是否具备硕士研究生入学的基本能力和专业素质。试题要有一定的区分度，难易程度要适当。

第二十九条 试题不得有政治性的错误，并应避免出现学术界尚有争议的问题。

第三十条 单独考试初试科目设置与相应学科专业全国统考初试科目设置相同，单独考试的各考试科目可由招生单位命题，也可以选用全国统考试题。

第三十一条 各考试科目均应根据考试大纲（考试内容范围说明）和对硕士研究生入学的基本要求，参考大学本科的教学大纲进行命题。招生单位不得指定考试科目的参考书目和参考材料。

第六章 初 试

第三十二条 全国硕士研究生招生考试的初试日期和时间由教育部公布。

第三十三条 硕士研究生招生初试一般设置四个单元考试科目，即思想政治理论、外国语、业务课一和业务课二，满分分别为 100 分、100 分、150 分、150 分。

第三十四条 教育学、历史学、医学门类初试设置三个单元考试科目，即思想政治理论、外国语、专业基础综合，满分分别为 100 分、100 分、300 分。

体育、应用心理、文物与博物馆、药学、中药学、临床医学、口腔医学、中医、公共卫生、护理等专业学位硕士初试设置三个单元考试科目，即思想政治理论、外国语、专业基础综合，满分分别为 100 分、100 分、300 分。

会计、图书情报、工商管理、公共管理、旅游管理、工程管理和审计等专业学位硕士初试设置两个单元考试科目，即外国语、管理类联考综合能力，满分分别为 100分、200 分。

金融、应用统计、税务、国际商务、保险、资产评估等专业学位硕士初试设置经济类综合能力考试科目，供试点学校选考，满分为 150 分。

第三十五条 硕士研究生招生考试的全国统考科目为思想政治理论、英语一、英语二、俄语、日语、数学一、数学二、数学三、教育学专业基础综合、心理学专业基础综合、历史学基础、西医综合、中医综合；全国联考科目为数学（农）、化学（农）、植物生理学与生物化学、动物生理学与生物化学、计算机学科专业基础综合、管理类联考综合能力、法硕联考专业基础（非法学）、法硕联考综合（非法学）、法硕联考专业基础（法学）、法硕联考综合（法学）（其中：教育学专业基础综合、心理学专业基础综合、历史学基础、数学（农）、化学（农）、植物生理学与生物化学、动物生理学与生物化学、计算机学科专业基础综合试题由招生单位自主选择使用）。

第三十六条 招生单位必须按教育部的有关规定确定考试科目并使用相关试题。

第三十七条 初试每科考试时间一般为 3 小时，建筑设计等特殊科目考试时间最长不超过 6 小时。初试方式均为笔试。

第三十八条 初试的组织工作按照教育部的相关文件执行。

第三十九条 单独考试须由招生单位在省级教育招生考试管理机构指定的考点组织进行。

第四十条 因试卷错寄、漏寄、邮递故障等非考生本人原因而无法正常考试的考生可参加补考。

补考程序为：招生单位将初步审查同意补考的考生姓名、报考单位、补考科目及补考原因一一写明，报所在省级教育招生考试管理机构审核批准后，自行安排或协商有关考点在规定时间内组织补考。

各补考科目均由招生单位命题。补考试题的形式和难易程度应与原试题相一致。

补考一般安排在考试结束后 1 个月内进行，具体时间由相关招生单位确定。

第七章 评 卷

第四十一条 全国统考科目的评卷工作由省（区、市）高等学校招生委员会在教育部考试中心指导下统一组织，具体的评卷细则、工作程序、要求和纪律，由省级教育招生考试管理机构根据教育部的要求制订。全国联考科目的评卷工作由教育部委托有关单位组织进行。

第四十二条 全国统考科目评卷工作实行省（区、市）高等学校招生委员会统一领导、省级教育招生考试管理机构统一组织、评卷工作承办单位具体实施的管理体制。招生单位有承担当地统考科目评卷的责任和义务。

第四十三条 省级教育招生考试管理机构要加强评卷点建设。各评卷点要成立由各省级教育招生考试管理机构负责人和承办单位负责人共同组成的领导小组，加强对评卷工作的领导和管理；建立健全评卷工作系列规章制度，特别是评卷工作责任制度、责任追究制度和评卷工作质量监督保证制度；要逐步完善评卷教师的聘任机制，保证评卷工作的需要。

第四十四条 省级教育招生考试管理机构成立由相关招生单位各学科权威专家组成的全国统考科目评卷工作专家组，根据教育部考试中心提供的答案及评分参考，负责本地区全国统考科目评卷工作细则的拟定、试卷的试评、评卷教师的培训、评卷工作的业务指导与组织实施、试卷评阅过程中争议问题的仲裁等工作。

第四十五条 省级教育招生考试管理机构根据专家组的提名，聘请有关教师承担各学科评卷工作，招生单位有责任和义务按省级教育招生考试管理机构的要求选派所需评卷教师，无正当理由不得推辞拒绝。评卷工作由评卷教师所在学校以适当方式计入本人工作量。

第四十六条 招生单位自命题科目的评卷工作原则上由招生单位负责，组织管理工作参照全国统考科目评卷管理体制、办法和自命题评卷的有关要求实施。各招生单位在评卷结束后，应将自命题科目的成绩上报省级教育招生考试管理机构。省级教育招生考试管理机构在评卷结束后，应将统考科目成绩返回招生单位，同时将统考科目成绩和自命题科目成绩合成后，在规定时间上报教育部。

第四十七条 考生成绩由招生单位在教育部规定时间内向考生公布。考生对评卷结果有异议，可以依程序申请成绩复查，具体的复查办法按照教育部相关考务文件执行。

第四十八条 进行电子扫描的纸介答卷保留 1 年，其电子扫描版答卷保留 3 年；不进行电子扫描的纸介答卷保留 3 年。

第八章 复 试

第四十九条 复试是硕士研究生招生考试的重要组成部分，用于考查考生的创新能力、专业素养和综合素质等，是硕士研究生录取的必要环节，复试不合格者不予录取。

第五十条 复试时间、地点、内容范围、方式由招生单位自定。复试办法和程序由招生单位公布。全部复试工作一般应在录取当年 4 月底前完成。

第五十一条 教育部按照一区、二区制定并公布参加全国统考和联考考生进入复试的初试成绩基本要求。一区包括北京、天津、河北、山西、辽宁、吉林、黑龙江、上海、江苏、浙江、安徽、福建、江西、山东、河南、湖北、湖南、广东、重庆、四川、陕西等 21 省（市）；二区包括内蒙古、广西、海南、贵州、云南、西藏、甘肃、青海、宁夏、新疆等 10 省（区）。报考地处二区招生单位且毕业后在国务院公布的民族区域自治地方定向就业的少数民族普通高校应届本科毕业生；或者工作单位在国务院公布的民族区域自治地方且定向就业单位为原单位的少数民族在职人员考生，可按规定享受少数民族照顾政策。

第五十二条 招生单位在国家确定的初试成绩基本要求基础上，结合生源和招生计划等情况，自主确定本单位进入复试的初试成绩基本要求及其他学术要求，但不得出台歧视性或其他有违公平的规定。

经教育部批准的部分招生单位可自主确定考生进入复试的初试成绩基本要求及其他学术要求。参加单独考试的考生进入复试的初试成绩基本要求由招生单位依据教育部有关政策自行确定。

相关招生单位依据教育部有关政策自主确定并公布“退役大学生士兵专项硕士研究生招生计划”考生进入复试的初试成绩要求和接受其他招生单位“退役大学生士兵专项硕士研究生招生计划”考生调剂的初试成绩要求。

相关招生单位自主确定并公布报考本单位临床医学、口腔医学和中医（以下简称临床医学类）专业学位硕士研究生进入复试的初试成绩要求。教育部划定临床医学类专业学位硕士研究生初试成绩基本要求供招生单位参考。招生单位自主划定的总分要求低于教育部划定的初试成绩基本要求的，下一年度不得扩大临床医学类专业学位招生规模。

第五十三条 对初试公共科目成绩略低于全国初试成绩基本要求，但专业科目成绩特别优异或在科研创新方面具有突出表现的考生，可允许其破格参加第一志愿报考单位第一志愿专业复试（简称破格复试）。

破格复试应优先考虑基础学科、艰苦专业以及国家急需但生源相对不足的学科、专业。对一志愿合格生源不足的专业，招生单位要积极做好调剂工作，不得单纯为完成招生计划或保护一志愿生源而降低标准进行破格复试。合格生源（含调剂生源）充足的招生专业一般不再进行破格复试。破格复试考生不得调剂。

第五十四条 复试应采取差额形式，差额比例一般按照120%左右掌握，生源充足的招生单位，可以适度扩大差额复试比例。

招生单位要按照教育部有关规定制定本单位的复试录取办法和各院系实施细则，提前在本单位网站向社会公布并严格执行。复试录取办法中应明确考生进入复试的初试成绩和其他业务要求，以及复试、调剂、录取等各环节具体规定，特别要明确破格复试条件和程序。未按要求提前公布的复试录取规定一律无效。

第五十五条 招生单位在复试前应对考生的居民身份证、学历证书（以报名现场确认截止日期前所获得的文凭为准）、学历学籍认证报告、学生证等报名材料原件及考生资格进行严格审查，对不符合规定者，不予复试。

对考生的学历（学籍）信息有疑问的，招生单位应要求考生在规定时间内提供权威机构出具的认证证明。

少数民族考生身份以报考时查验的身份证为准，复试时不得更改。少数民族地区以国务院有关部门公布的《全国民族区域自治地方简表》为准。

第五十六条 以同等学力参加复试的考生，在复试中须加试至少两门与报考专业相关的本科主干课程。加试科目不得与初试科目相同。加试方式为笔试。报考法律硕士（非法学）、工商管理硕士、公共管理硕士、工程管理硕士或旅游管理硕士的同等学力考生可以不加试。对成人教育应届本科毕业生及复试时尚未取得本科毕业证书的自考和网络教育考生，招生单位可自主确定是否加试，相关办法应在《招生简章》中提前公布。

第五十七条 会计硕士、图书情报硕士、工商管理硕士、公共管理硕士、旅游管理硕士、工程管理硕士和审计硕士的思想政治理论考试由招生单位在复试中进行，成绩计入复试总成绩。

第五十八条 外国语听力及口语测试均在复试中进行，由招生单位自行组织，成绩计入复试总成绩。

第五十九条 招生单位认为有必要时，可对考生再次复试。

第六十条 参加“大学生志愿服务西部计划”“三支一扶计划”“农村义务教育阶段学校教师特设岗位计划”“赴外汉语教师志愿者”等项目服务期满、考核合格的考生和普通高等学校应届毕业生应征入伍服义务兵役退役后的考生，3年内参加全国硕士研究生招生考试的，初试总分加10分，同等条件下优先录取。普通高校在校生（含高校新生）应征入伍服义务兵役退役，在完成本科学业后3年内参加全国硕士研究生招生考试的，初试总分加10分，同等条件下优先录取。

参加“选聘高校毕业生到村任职”项目服务期满、考核称职以上的考生，3年内参加全国硕士研究生招生考试的，初试总分加10分，同等条件下优先录取，其中报考人文社科类专业研究生的，初试总分加15分。各省级教育招生考试管理机构、各招生单位应严格规范执行硕士研究生招生考试的初试总分加分政策，除教育部统一规定的范围和标准外，不得擅自扩大范围、另设标准。招生单位应对加分项目考生提供的相关证明材料进行认真核实。

第六十一条 考生体检工作由招生单位在复试阶段组织进行。招生单位参照教育部、卫生部、中国残联印发的《普通高等学校招生体检工作指导意见》（教学〔2003〕3号）要求，按照《教育部办公厅卫生部办公厅关于普通高等学校招生学生入学身体检查取消乙肝项目检测有关问题的通知》（教学厅〔2010〕2号）规定，结合招生专业实际情况，提出本单位体检要求。

第九章 调 剂

第六十二条 招生单位应按教育部有关政策确定并公布本单位调剂工作的具体要求和程序，对进行初试科目改革的学科专业跨学科的调剂复试要给予支持，对教育学、历史学、医学、农学学科门类、计算机科学与技术学科考生（仅限于参加统考或联考的考生）的调入和调出在考试科目的要求方面可从宽掌握。

第六十三条 考生调剂基本条件：

（一）符合调入专业的报考条件。

（二）初试成绩符合第一志愿报考专业在调入地区的全国初试成绩基本要求。

（三）调入专业与第一志愿报考专业相同或相近。

（四）初试科目与调入专业初试科目相同或相近，其中统考科目原则上应相同。

（五）第一志愿报考照顾专业（指体育学及体育硕士，中医学、中西医结合及医学临床硕士中的中医类专业，工学照顾专业及工程硕士照顾专业，下同）的考生若调剂出本类照顾专业，其初试成绩必须达到调入地区该照顾专业所在学科门类（类别）的全国初试成绩基本要求。第一志愿报考非照顾专业的考生若调入照顾专业，其初试成绩必须符合调入地区对应的非照顾专业学科门类（类别）的全国初试成绩基本要求。体育学与体育硕士，中医学、中西医结合与医学临床硕士中的中医类专业，工学照顾专业与工程硕士照顾专业之间互调按照顾专业内部调剂政策执行。

（六）第一志愿报考工商管理、公共管理、旅游管理、工程管理、会计、图书情报、审计专业学位硕士的考生可相互调剂，但不得调入其他专业；其他专业考生也不得调入以上7个专业。

第一志愿报考法律（非法学）专业学位硕士的考生不得调入其他专业，其他专业的考生也不得调入该专业。

（七）报考“少数民族高层次骨干人才计划”的考生不得调剂到该计划以外录取；未报考的不得调剂入该计划录取。

（八）相关招生单位自主确定并公布本单位接受报考其他单位临床医学类专业学位硕士研究生调剂的成绩要求。教育部划定临床医学类专业学位硕士研究生初试成绩基本要求作为报考临床医学类专业学位硕士研究生的考生调剂到其他专业的基本成绩要求。

报考临床医学类专业学位硕士研究生的考生可按相关政策调剂到其他专业，报考其他专业的考生不可调剂到临床医学类专业学位。

（九）参加单独考试（含强军计划、援藏计划）的考生不得调剂。

（十）符合调剂条件的国防生考生，可在允许招收国防生硕士研究生的招生单位间相互调剂。

（十一）自划线改革试点高校校内调剂政策按上述要求自行确定。

第六十四条 招生单位接收所有调剂考生（既包括接收外单位调剂考生，也包括接收本单位内部调剂考生）必须通过教育部指定的“全国硕士生招生调剂服务系统”进行。未通过该系统调剂录取的考生一律无效（各加分项目考生、享受少数民族政策考生可除外）。

招生单位应通过“全国硕士生招生调剂服务系统”及时公布生源缺额信息及调剂要求，积极利用该系统为考生调剂提供服务。

第六十五条 调剂工作由各招生单位研究生招生管理部门归口管理并统一办理相关手续。

第十章 思想政治素质和品德考核

第六十六条 思想政治素质和品德考核是保证入学新生质量的重要工作环节，招生单位必须严格遵循实事求是的原则认真做好考核工作，对于思想品德考核不合格者不予录取。

第六十七条 思想政治素质和品德考核主要是考核考生本人的现实表现，内容应包括考生的政治态度、思想表现、道德品质、遵纪守法、诚实守信等方面。

招生单位要强化对考生诚信的要求，充分利用《国家教育考试考生诚信档案》记录，对考生在报考时填写的考试作弊受处罚情况进行认真核查，将考生诚信状况作为思想品德考核的重要内容和录取的重要依据。凡有违反国家教育考试规定、情节严重受到停考处罚，在处罚结束后继续报名参加研究生招生考试的，由学校决定是否予以录取。

第六十八条 招生单位在复试的同时应组织思想政治工作部门、招生工作部门、导师与考生面谈，直接了解考生思想政治情况。招生单位还可采取“函调”或“派人外调”的方式对考生的思想政治素质和品德进行考核。

拟录取名单确定后，招生单位应向考生所在单位函调人事档案和本人现实表现等材料，全面审查其政治思想情况。函调的考生现实表现材料，需由考生本人档案所在单位的人事、政工部门加盖印章。

第十一章 录 取

第六十九条 招生单位要在研究生招生工作领导小组的统一领导下，按照教育部有关招生录取政策规定及各省级教育招生考试管理机构的补充规定，根据本单位招生计划、复试录取办法以及考生初试和复试成绩、思想政治表现、身体健康状况等择优确定拟录取名单。录取工作要依法保护残疾考生的合法权益。

第七十条 招生单位要严格按照教育部下达的招生计划（含各专项计划）及相关要求开展招生录取工作。录取人数不得超过本单位招生计划，各专项计划录取人数不得超过教育部下达的名额。

各招生单位破格复试录取人数原则上不超过本单位硕士生招生计划的3%。单独考试录取人数不得超过教育部下达的单独考试招生限额，且录取的学科门类比例要符合有关要求。

在本招生单位内，学术型招生计划可调整到专业学位使用，但专业学位招生计划不得调整到学术型专业使用。

第七十一条 定向就业的硕士研究生均须在被录取前与招生单位、用人单位分别签订定向就业合同。参加单独考试的考生，只能被录取为回原单位定向就业的硕士研究生。

考生因报考硕士研究生与所在单位产生的问题由考生自行处理。若因此造成考生不能复试或无法录取，招生单位不承担责任。

第七十二条 经考生确认的报考信息在录取阶段一律不做修改，对报考资格不符合规定者不予录取。各招生单位不得将未通过或未完成学历（学籍）审核的考生列入拟录取名单公示或上报。

第七十三条 各省级教育招生考试管理机构应按国家规定对招生单位的录取工作进行检查，实施监督。各招生单位为录取考生打印《录取登记表》，盖章后存入考生的人事档案。

第七十四条 被录取的新生，经考生本人申请和招生单位同意后可以保留入学资格，工作1至2年，再入学学习。录取为保留入学资格的考生纳入招生单位当年的招生计划。

第七十五条 新生应按时报到。不能按时报到者，须有正当理由和有关证明，并向招生单位请假。无故逾期2周不报到者，取消入学资格。应届本科毕业生及自学考试和网络教育届时可毕业本科生考生，入学时未取得国家承认的本科毕业证书者，取消录取资格。

第七十六条 新生报到后，招生单位应对其进行思想政治素质和道德品质、专业素质、健康状况等全面复查，发现有不符合标准者按照有关规定进行处理。

第十二章 信息公开公示

第七十七条 各级教育招生考试管理机构和招生单位应按教育部有关政策要求和“谁公开、谁把关”“谁公开、谁解释”的原则，积极推进本地区、本单位研究生招生信息公开。

第七十八条 教育部建立“全国硕士研究生招生信息公开平台”作为研究生招生信息公开暨备案平台。

招生单位是研究生招生信息公开工作的责任主体，招生单位在“全国硕士研究生招生信息公开平台”备案公开的所有招生信息，均须符合招生政策并按教育部有关规定事先在本单位网站进行公开公示。省级教育招生考试管理机构对本地区所有研究生招生单位的招生信息公开工作负有监管责任，对招生单位上报公开的信息要认真审核。

第七十九条 省级教育招生考试管理机构应公布本省有关硕士研究生招生的相关规定、考试组织的相关情况及违规事件处理结果等。

第八十条 招生单位要提前在本单位网站上公布硕士研究生招生简章、招生政策和规定、招生专业目录和分专业招生计划。招生简章应经当地省级教育招生考试管理机构备案。

第八十一条 在复试、录取阶段，招生单位要提前在本单位网站向社会公布本单位复试录取办法和各院系实施细则，各院（系、所）或学科、专业招生人数，参加复试考生名单（包括考生姓名、考生编号、初试各科成绩等信息）和拟录取考生名单（包括考生姓名、考生编号、初试成绩、复试成绩、总成绩等信息）。对破格复试、参加专项计划、享受初试加分或照顾政策的考生相关情况，在公布考生名单时应进行说明。

拟录取名单要由招生单位的研究生招生管理部门统一公示，公示时间不少于 10 个工作日，公示期间名单不得修改；名单如有变动，须对变动部分做出说明，并对变动内容另行公示 10 个工作日。未经招生单位公示的考生，一律不得录取，不予学籍注册。

公示期间，招生单位应将拟录取名单报省级教育招生考试管理机构进行政策审核，省级教育招生考试管理机构应将审核意见及时反馈招生单位。

公示结束后，招生单位应按要求将拟录取名单报“全国硕士研究生招生信息公开平台”备案。最终录取名单及新生学籍注册均以招生单位上报平台的备案信息为准。

第八十二条 各级教育行政主管部门、省级教育招生考试管理机构、招生单位在公示有关信息的同时，应提供考生咨询及申诉渠道，包括联系部门、电子信箱、电话号码和通讯地址等，保证相关渠道畅通，并按照有关规定对相关申诉和举报及时调查处理。

第十三章 违规处理

第八十三条 对在研究生招生考试中有违反考试管理规定和考场纪律，影响考试公平、公正行为的考生、考试工作人员及其他相关人员，一律按《国家教育考试违规处理办法》（教育部令第 33 号）严肃处理。对在校生，由其所在学校按有关规定给予处分，直至开除学籍；对在职考生，应通知考生所在单位，由考生所在单位视情节给予党纪或政纪处分；对考试工作人员，由教育考试机构或其所在单位视情节给予相应的行政处分；构成犯罪的，由司法机关依法追究刑事责任。

第八十四条 相关单位应将考生在硕士研究生招生考试中的违规或作弊事实记入《国家教育考试考生诚信档案》，并将考生的有关情况通报其所在学校或单位，记入考生人事档案，作为其今后升学和就业的重要参考依据。

第八十五条 对在招生工作中有违反国家有关法律法规和招生管理规定行为的招生单位、招生考试机构、主管教育行政部门及其招生工作人员，一律按《普通高等学校招生违规行为处理暂行办法》（教育部令第 36 号）严肃处理，并追究直接责任人员的责任，造成严重后果和恶劣影响的，还将按规定对有关责任人实行问责。

第八十六条 招生工作中，严禁招生单位内部任何部门和工作人员举办或参与举办考试招生辅导活动，严禁招生单位向社会培训机构提供考试招生辅导活动场所和设施，严禁招生单位委托社会培训机构进行考试招生辅导培训、招生宣传和组织活动，违反规定的要追究有关部门和相关人员责任。

第八十七条 招生单位要严格执行国家收费政策，禁止在研究生招生过程中的乱收费行为，违反规定的要追究有关部门和相关人员责任。

第八十八条 考生认为所报考招生单位的招生录取行为有违反本规定或其他相关规定的，可向报考招生单位提出异议、申诉或举报。招生单位应当进行调查、处理，属于对政策执行存在异议的，应当及时书面或口头答复申请人；属于对违规违纪行为举报的，应当组织纪检监察等机构进行调查，并按《信访条例》等有关规定做出书面答复。

考生对招生单位做出的书面答复不服的，可向招生单位所在地省级教育行政部门或其委托的省级教育招生考试管理机构申请复查。对复查结论不服的，可按相关规定向省级教育行政部门或其委托的省级教育招生考试管理机构的上一级机关提出复核。

第十四章　附　则

第八十九条　国防生和现役军人报考硕士研究生及军队系统的招生单位招收硕士研究生的办法由解放军总政治部参照本规定另行制订；推荐免试工作及招收港澳台地区人士、外籍人士为硕士研究生的管理办法由教育部另文规定。

第九十条　本规定自发布之日起施行。